中国公文写作研究会公文文献研究室
鲁东大学公文文献研究中心

中国公文学研究

主　编　柳新华
副主编　徐艳华　张玉禄

中国公文史学

ZhongGuo GongWen ShiXue

主编　张晓青　副主编　王贞俭　张艳玲
撰稿　苑　刚　张艳伟　高秀萍

经济科学出版社
Economic Science Press

图书在版编目（CIP）数据

中国公文史学/张晓青主编．—北京：经济科学出版社，2014.6
（中国公文学研究）
ISBN 978-7-5141-4698-1

Ⅰ.①中… Ⅱ.①张… Ⅲ.①公文-历史-研究-中国 Ⅳ.①G279.29

中国版本图书馆CIP数据核字（2014）第115070号

责任编辑：柳　敏　宋　涛
责任校对：杨　海
版式设计：齐　杰
责任印制：李　鹏

中国公文史学

主　编　张晓青
副主编　王贞俭　张艳玲　苑　刚
　　　　张艳伟　高秀萍

经济科学出版社出版、发行　新华书店经销
社址：北京市海淀区阜成路甲28号　邮编：100142
总编部电话：010-88191217　发行部电话：010-88191522
网址：www.esp.com.cn
电子邮件：esp@esp.com.cn
天猫网店：经济科学出版社旗舰店
网址：http://jjkxcbs.tmall.com
北京汉德鼎印刷有限公司印装
710×1000　16开　19.5印张　370000字
2014年10月第1版　2014年10月第1次印刷
ISBN 978-7-5141-4698-1　定价：50.00元
（图书出现印装问题，本社负责调换。电话：010-88191502）
（版权所有　翻印必究）

《中国公文学研究》编委会

名誉主任　苗枫林

主　　编　柳新华

副 主 编　徐艳华　张玉禄

成　　员（排名不分前后）

苗枫林　柳新华　徐艳华　张玉禄　姜德照　王东海
董相志　王红霞　丁洪荣　孙彩惠　李忠朋　蔡江涛
邵明媚　张艳伟　王　佳　乔卫星　刘国明　张晓青
兰　玲　史守海　李瑞芬　曲俊义　崔胜显　邵建国
刘玉坤　刘明洋　刘　璐　高　慧　张　晨　朱绘锦
史林林　乔雨菲　赵　慧

《中国公文史学》

主　　编　张晓青

副主编　王贞俭　张艳玲　苑　刚
　　　　张艳伟　高秀萍

序

  公文在中华文明的历史进程中一直担当着重要角色，历经几千年的演变和发展，始终发挥着治国安邦、革故鼎新、传递政令、凝聚民心、推动经济与社会发展的重要作用，但公文学作为一门独立学科被世人所重视，时间却相当短暂，充其量不过二十几年的历史。

  27年前，苗枫林的《中国公文学》（齐鲁书社1987年）一书出版，第一次较为系统地把公文作为一门学科进行研究，创造性地提出具有很高理论价值和实用价值的公文学观点，从理论和实践的结合上论述了公文学的基本规律，由此填补了中国公文学理论上的空白，成为中国公文学研究史上的里程碑。

  此前我国公文学的研究，一直依附于其他学科，在秘书学、档案学、写作学、语言学、行政学等学科的边缘徘徊，可谓犹抱琵琶半遮面，藏在深闺人不识。伴随着苗枫林《中国公文学》问世，公文学有了"名"，有了较为科学的界限和定位，我国公文学研究逐渐自立门户，崭露头角。随后成立的中国公文写作研究会，在推动公文学研究方面做了大量工作，许多专家学者加入到公文学研究队伍中来，大批优秀公文学研究成果不断涌现，理论研究与实践应用的结合也越来越密切，公文学成为一个内容日渐丰富、目标日趋清晰、体系逐渐完备的学术领域。时至今日，公文学研究已呈现出生机蓬勃的发展态势，越来越受到社会和理论学界的关注。

  从《中国公文学》出版之后二十几年的时间里，出版社出版了大量公文方面的书籍。据中国公文写作研究会不完全统计，20世纪90年代以后，关于公文学和公文写作的各种版本的教材、专著约计有200多种。但绝大多数是为满足社会需要及后来公务员考试的急需，而编辑出版的公文写作与处理方面的应用类书籍。这些著作对于普及公文知识、提高公文写作与处理水平、服务于社会及党政机关工作发挥了重要作用，但就公文学理论研究方面而言，迄今为止尚未有超过苗枫林《中国公文学》的突破与建树。由于公文学理论研究滞后，致使公文写作领域长期囿于"格式加例文"的仿制模式，未能对我国公文的改革与发展以及文风建设发挥应有的作用。至今公文学的一些基本理论问题，诸如公文的定义、公文学的研究对象、公文学的学科体系、公文规范化理论以及公文文种归类等，均未有权威定论，各执一词，莫衷一是。这种状况显然不利于公文学科建设以及更好地服务于社会和公务活动。

发展是硬道理，没有发展，任何事物都没有生命力。尽管公文学研究已经取得可喜的成绩，但同其他新兴学科一样，公文学同样面临打破"瓶颈"深入发展的问题，传统单一的研究方法和手段、固定不变的研究对象和内容，严重制约了公文学科的深度建构，研究成果陷入狭窄、重复、肤浅，难以突破飞跃的泥淖中。苗枫林生前就多次说过，要使公文从单纯的应用技术进入学术领域，必须深入开展理论研究，推动我国公文学科建设进程。否则，将导致公文的发展与应用误入歧途，甚或对党政机关作风和社会发展产生不良影响。为此，中国公文写作研究会会长桂维民指出，公文学界要努力做好三方面的改变：一是更新观念和思路，将公文学研究视野放得更宽、更广；二是拓宽研究范围和角度，促进公文学全方位、深层次发展；三是创新研究手段和方法，将公文学建立在科学论证的基础之上。

许多公文学界的专家学者在为公文学的健康发展进行着坚持不懈地努力和探索。2007年7月"苗枫林公文学术思想暨《中国公文学》出版发行20周年研讨会"和2011年7月"公文学的发展现状与展望和公文文献服务平台建设研讨会"期间，与会专家学者对公文学的现状与前景取向表示极大的关切，苗枫林先生出席会议，会上会下与有关人士多次谈到要加强公文学理论研究，并希望鲁东大学公文文献研究中心师生在这方面多做一些工作，并表示他正在做中国公文名篇赏读和公文史学方面的研究工作，如果出版，可以作为这方面研究的丛书之一。

根据苗枫林先生的建议，鲁东大学公文文献研究中心拟定了《中国公文学研究》丛书写作计划，落实了研究撰稿人员，结合公文学的教学、科研的需要展开工作。最初拟定的书目有《中国公文名篇赏析》（苗枫林）、《公文学的现状与展望》（柳新华）、《当代中国公文学》、（柳新华、徐艳华）、《简明公文类编》（柳新华、徐艳华、张玉禄）、《中国公文史学》（张晓青）、《公文语言与修辞》（丁洪荣）、《公文格式规范》（姜德照）、《新编公文写作》（王红霞）、《电子公文撰制》（柳新华、王东海、董相志）等，并议定根据研究工作的进展，篇目作适当的增加或减少。

《中国公文学研究》丛书编写工作，从一开始就坚持理论与实践相结合、研究与应用相结合，但侧重于公文理论方面的研究，力求走出公文类书籍格式加例文的窠臼，在公文的深领域、广覆盖、系统化上做文章。丛书作为一个整体，力求全面反映公文学的主体框架内容，并努力在以往无人涉及的领域拓展，同时，考虑读者学习使用方便，各个分册又各自独立成编，不追求形式上的统一。因此在公文研究领域一些重要问题上不惜笔墨，展开论述，而对社会已见著述较多的内容一掠而过，甚或仅作简单介绍。

几年来，担纲任务的鲁东大学公文文献研究中心的师生以不畏艰难、勇于探索的精神，取得了一大批有价值、有见地、开创性的研究成果，完成多项重大课题研究，发表了一批优秀论文，建立了在全国颇具影响的公文数据库、公文服务平台和公文研究网站，经中国公文写作研究会批准建立了该会直属的公文文献研究室，开启了公文学研究新的阵地和良好的发展模式，受到各方的关注和重视。

正当《中国公文学研究》丛书在有计划、有步骤地全面展开之际，不幸的是2013年1月苗枫林先生因病去世，使丛书的编写工作失去了一位重要的领导者和指导者。临终前他委托家人将他已经完稿的《中国公文名篇赏析》转交给鲁东大学公文文献研究中心安排出版事宜。为了表达对苗枫林先生的敬慕和怀念，鲁东大学公文文献研究中心师生以最快的速度组织校对、编审，在苗枫林先生逝世一周年之前将《中国公文名篇赏析》提前交由经济科学出版社出版发行，随后陆续完成其他书稿，于2013年下半年到2014年上半年由经济科学出版社完成编辑出版。

我们虽然尽最大努力完成了《中国公文学研究》丛书的编撰，但我们深知，由于能力和水平的限制，我们的研究离苗枫林先生的期望还有很大差距，完成苗枫林先生的未竟事业，真正确立公文学的学科地位，使之形成一门独立、严整的学科，还有大量的工作要做，还有很长的路要走。我们愿意与广大公文学研究者一道继续迎难而上，拼搏奋进，深入思考问题，脚踏实地进行研究，为公文学科的建立与发展作出积极的贡献。

最后，需要说明的是，《中国公文学研究》丛书在编写过程中，参考借鉴了公文学界专家学者近年来的大量研究成果，查阅了大量出版物和网络有关数据库，虽然在各个分册参考书目和引文中已分别表达谢忱，但仍然有大量研究者、作者的名字未能一一列出，在此，谨以编委会的名义，向所有提供研究成果、著作、资料信息和对丛书编辑出版给予关心、支持和帮助的朋友表示衷心的感谢！

柳新华

2014 年 1 月 12 日

（序作者柳新华为中国公文写作研究会副会长、中国公文写作研究会公文文献研究室主任、鲁东大学公文文献研究中心主任）

前　言

中国公文自产生至今已有约四千多年历史，有关中国公文历史的研究已有许多著述，但涉及中国公文史学方面的著述十分罕见，作为中国公文学的不可或缺的重要组成部分，它的缺位显然是不合适的，这是我们编撰本书的一个主要原因之一。另外，2012年在我国公文发展史上发生了具有里程碑意义的事件，即中共中央办公厅和国务院办公厅联合印发了《党政机关公文处理工作条例》，这个条例的实施使目前我国现行公文最核心部分的党政机关公文在公文处理工作制度、公文用纸、公文格式上实现了统一。贯彻落实好新《条例》成为当前公文理论研究者和实际工作者的共同责任。正是基于上述二点，我们不揣冒昧地接受了中国公文写作研究会公文文献研究室、鲁东大学公文文献研究中心的研究任务，即编撰一部既能反映中国公文发展全貌，又能适应当前公文处理工作实际的，且构成一个完整学科体系的中国公文发展史的著作——中国公文史学。经过参与此书编写工作全体同仁的共同努力，历时近三年，终于完成任务，期盼不辱使命与厚望。

本书共分六个部分，内容简述如下：

绪论，讨论了中国公文史学的研究对象、主要内容、研究意义与作用、研究的基本方法，并对公文的概念与特点、公文的起源与开端进行了探讨。

第一章，介绍了我国奴隶社会公文的发展情况，探析了夏朝公文，并从公文载体、公文制度、公文文种、公文特点、典型作品等方面，对商周时期公文和春秋战国时期的公文进行了系统研究。

第二章，介绍了我国封建社会时期的公文发展情况，主要从公文制度、公文文种、职官制度、公文理论、公文名家与典型作品等方面对秦汉时期、三国两晋南北朝时期、隋唐时期、宋元时期、明清时期的封建社会公文进行研究。

第三章，介绍了我国半殖民地半封建社会时期的公文发展情况，主要对晚清时期、太平天国、中华民国临时政府、北洋政府、中华民国国民政府及新民主主义革命时期公文的公文制度、公文文种、公文特点、公文改革等等方面的内容进行研究。

第四章，介绍了我国进入社会主义时期后的公文发展情况，系统研究了社会主义公文的类型、公文格式、公文制度、公文文种、公文处理程序、公文改革等方面内容。

第五章，介绍了台港澳地区的公文发展情况，并对海峡两岸和香港、澳门的现行公文进行了简单的比较，对海峡两岸和香港、澳门公文的互相借鉴、整合等方面内容进行了研究。

第六章，介绍了我国电子公文的发展情况，主要对电子公文概念、电子公文与纸质公文的区别与关系、我国电子公文的发展与现状、我国的电子公文制度、我国电子公文发展存在的问题及发展方向进行了研究。

全书由张晓青研究馆员拟定提纲、统编定稿。绪论由张晓青撰写，第一章由王贞俭撰写，第二章由苑刚主写，张晓青、王贞俭参加部分小节内容的编写，第三章由张艳玲撰写，第四章由张晓青、张艳伟撰写，第五章由张晓青、张艳伟、王贞俭撰写，第六章由张晓青、高秀萍撰写。

本书在编写过程中得到柳新华教授的悉心指导，并得到丁洪荣老师的大力支持，在此一并致以衷心的感谢！

尽管作者为编写本书进行了较长时间的准备，但由于水平和能力所限，疏漏、欠妥之处在所难免，敬请读者不吝指教。

编著者
2012 年 9 月

内 容 提 要

本书阐述了中国公文史学的研究对象、内容、意义、方法及公文的概念与特点、起源与开端，并从中国社会发展的角度系统介绍了我国奴隶社会、封建社会、半殖民地半封建社会、社会主义社会公文的发展历史，对电子公文和台港澳地区的公文进行了扼要叙述。本书在公文史的研究过程中，注重根据不同社会时期的特点，从公文制度、公文文种、职官制度、公文特点、公文改革、典型代表、写作理论及其发展变化的规律等方面入手，深入研究与系统探索，历史地再现了中国公文发展全貌。

本书史料丰富、图文并茂，构成了中国公文史学研究的完整的学科体系，是一本能够全面反映中国公文发展历史并能适应当前我国公文处理工作实际的教科书，可作为大中专院校文秘专业公文史学课程的教材，也可供党政机关和企事业单位从事公文写作应用的文秘人员参考。

目　　录

序 ·· 柳新华 1
前言 ·· 编著者 1
绪论 ·· 1
　　一、中国公文史学研究的对象与主要内容 ·· 1
　　二、中国公文史学研究的意义与作用 ··· 3
　　三、中国公文史学研究的基本方法 ·· 4
　　四、公文的概念与特点 ··· 6
　　五、公文的起源与开端 ·· 10

第一章　奴隶社会公文 ·· 15

第一节　公文的萌芽——夏朝公文探析 ·· 15
　　一、关于夏朝公文的推断 ·· 15
　　二、追记的夏朝公文探析 ·· 16

第二节　商周时期公文 ·· 20
　　一、商周时期公文概况 ·· 20
　　二、甲骨公文 ·· 21
　　三、金文公文 ·· 24
　　四、公文典籍——《尚书》《周礼》 ·· 30
　　五、商周时期的公文特点及公文制度 ·· 35
　　六、典型文种介绍 ··· 40

第三节　春秋战国时期公文 ·· 47
　　一、春秋战国时期公文概况 ··· 47
　　二、公文制度 ·· 51

三、典型文种介绍 ……………………………………………… 52

第二章 封建社会公文 …………………………………………… 58

第一节 秦汉时期公文 …………………………………………… 58
一、秦汉时期公文概况 ……………………………………… 58
二、秦朝公文体制的确立 …………………………………… 59
三、秦朝公文发展 …………………………………………… 59
四、汉代公文发展概论 ……………………………………… 62
五、秦汉时期公文发展特点 ………………………………… 63

第二节 三国两晋南北朝时期公文 ……………………………… 70
一、三国两晋南北朝时期公文概况 ………………………… 70
二、时代特征对公文发展的影响 …………………………… 71
三、公文理论的发展 ………………………………………… 73
四、法定文种的发展和功用 ………………………………… 80

第三节 隋唐时期公文 …………………………………………… 80
一、隋唐时期公文概况 ……………………………………… 80
二、隋唐时期的职官制度和公文制度 ……………………… 81
三、公文名家与隋唐公文 …………………………………… 85
四、隋唐时期文种发展和公文特点 ………………………… 99

第四节 宋元时期公文 …………………………………………… 101
一、宋元时期公文概况 ……………………………………… 101
二、主要公文文种介绍 ……………………………………… 102
三、职官制度与公文制度 …………………………………… 103
四、公文名家与宋元公文 …………………………………… 107

第五节 明清时期公文 …………………………………………… 119
一、明清时期公文概况 ……………………………………… 119
二、公文制度 ………………………………………………… 120
三、文种发展与完备 ………………………………………… 125
四、公文特点和文风发展 …………………………………… 126

第三章 半殖民地半封建社会公文 ……………………………… 129

第一节 清王朝后期公文 ………………………………………… 130

一、公文处理制度 …………………………………………… 130
　　二、公文特点和文种发展 …………………………………… 135
第二节　太平天国公文 …………………………………………… 142
　　一、公文处理制度 …………………………………………… 142
　　二、公文改革 ………………………………………………… 143
　　三、公文特点和文种发展 …………………………………… 148
第三节　中华民国临时政府公文 ………………………………… 154
　　一、公文处理制度 …………………………………………… 155
　　二、公文特点和文种发展 …………………………………… 157
第四节　北洋政府公文 …………………………………………… 163
　　一、公文处理制度 …………………………………………… 163
　　二、公文特点和文种发展 …………………………………… 165
第五节　中华民国国民政府公文 ………………………………… 168
　　一、公文处理制度 …………………………………………… 169
　　二、公文特点和文种发展 …………………………………… 171
　　三、公文发展中的四次改革 ………………………………… 174
第六节　新民主主义革命时期公文 ……………………………… 181
　　一、公文制度的发展 ………………………………………… 181
　　二、公文改革 ………………………………………………… 184
　　三、文种的发展与优劣 ……………………………………… 187
　　四、新民主主义时期公文的重要意义 ……………………… 190

第四章　社会主义社会公文 ………………………………………… 193
　第一节　社会主义公文概述 …………………………………… 193
　　一、社会主义公文的类型 …………………………………… 193
　　二、社会主义公文格式 ……………………………………… 198
　第二节　社会主义公文制度 …………………………………… 200
　　一、新中国成立初期到"文革"前的我国公文制度 ……… 200
　　二、"文革"时期我国的公文制度 ………………………… 201
　　三、改革开放以来我国的公文制度 ………………………… 202
　　四、现行公文制度的不足 …………………………………… 205
　第三节　社会主义公文文种 …………………………………… 208

一、社会主义公文文种的历史考察 ……………………………… 208
　　二、现行社会主义公文文种枚举 ……………………………… 209
　　三、现行社会主义公文文种的比较 …………………………… 211
　　四、社会主义公文文种发展变化 ……………………………… 213
　　五、社会主义公文文种发展成就与问题 ……………………… 216
　　六、社会主义公文文种发展和改革的方向 …………………… 223
　第四节　公文处理程序 …………………………………………… 228
　　一、公文处理概述 ……………………………………………… 228
　　二、公文处理程序 ……………………………………………… 230
　第五节　社会主义公文改革 ……………………………………… 241
　　一、新中国成立以来社会主义公文的重要改革 ……………… 242
　　二、未来公文制度改革的方向 ………………………………… 245

第五章　台港澳地区公文 …………………………………………… 248
　第一节　台湾地区公文 …………………………………………… 248
　　一、台湾地区公文制度的发展 ………………………………… 248
　　二、台湾地区现行公文文种 …………………………………… 248
　　三、台湾地区公文格式 ………………………………………… 249
　第二节　香港地区公文 …………………………………………… 252
　　一、香港地区中文公文的发展 ………………………………… 252
　　二、香港地区现行公文文种 …………………………………… 253
　　三、香港地区现行公文格式 …………………………………… 255
　第三节　澳门地区公文 …………………………………………… 257
　　一、澳门地区中文公文沿革 …………………………………… 257
　　二、澳门地区公文文种 ………………………………………… 259
　　三、澳门地区公文格式 ………………………………………… 262
　第四节　海峡两岸及香港、澳门公文比较与整合 ……………… 267
　　一、海峡两岸及香港、澳门公文的比较 ……………………… 267
　　二、海峡两岸及香港、澳门公文整合的发展方向 …………… 270

第六章　电子公文 …………………………………………………… 273
　第一节　电子公文概述 …………………………………………… 273

一、电子公文与相关概念 …………………………………………… 273
　　二、电子公文与纸质公文的区别与关系 …………………………… 274
　　三、我国电子公文的发展及现状 …………………………………… 277
　第二节　电子公文制度 ………………………………………………… 280
　　一、我国电子公文制度发展简述 …………………………………… 280
　　二、我国现行电子公文制度 ………………………………………… 281
　第三节　我国电子公文发展存在的问题及发展方向 ………………… 283

主要参考文献 ……………………………………………………………… 287
跋 ………………………………………………………………… 柳新华　289
后记 ……………………………………………………………… 张晓青　293

绪 论

一、中国公文史学研究的对象与主要内容

中国公文史学是一门研究中国公文产生与发展历史的学科，是研究中国公文的来龙去脉、发展渊源、演变规律的学科。斯大林曾经指出："生产往前发展，出现了阶级，出现了文字，出现了国家的萌芽，国家进行管理工作就需要比较有条理的文书。"[①] 这就明确地告诉我们，公文是国家进行管理必不可少的一种工具，是伴随着国家的产生和社会的发展而产生发展的。中国公文起源于夏商时期，作为治理国家、管理社会的工具，一直服务于各个时期、各个社会阶段的统治者、管理者、领导者，其产生和发展的历史轨迹是和中国社会的历史进程相吻合的。中国社会的发展自夏商以来，经历了奴隶社会、封建社会、半殖民地半封建社会和社会主义社会。因此，从中国社会发展的角度出发，我们可以将中国公文的发展分为四个历史时期：

（1）奴隶社会时期，约从公元前2070年到公元前476年，即从夏代开始，经商（殷）、西周、春秋，约1600年。迄今为止，发现最早的甲骨公文、金文公文和公文典籍《尚书》都出现在这个时期。

（2）封建社会时期，从公元前475年至1840年鸦片战争，历经秦、汉、三国、两晋、南北朝、隋、唐、宋、元、明、清，共约2300多年。期间中国公文的发展经历了秦汉时期的发展期，魏晋南北朝时期的发展成熟期，隋、唐、宋时期的发展高峰期，元、明、清时代的发展稳定期。

（3）半殖民地半封建社会时期，从1840年鸦片战争至1949年中华人民共和国成立，历经100多年。期间，早期（1840~1912）主要涉及清王朝晚期的公文和太平天国公文，晚期（1912~1949）主要涉及中华民国南京临时政府、北洋政府、国民政府和中国共产党领导的新民主主义革命政权的公文。

（4）社会主义社会时期。从1949年10月中华人民共和国成立后至今，在新民主主义革命公文的基础上经过进一步改革和发展，创立和发展了社会主义的公文系统。应当说明的是，此期间社会主义公文系统仅限于中国内地，而中国香

---

① 斯大林：《马克思主义与语言学问题》，载《斯大林文集》（1934~1952），人民出版社1985年版，第565页。

港、中国澳门、中国台湾的非社会主义公文同时并行于世。

进入信息社会后，随着电子政务系统的出现和发展，电子公文的出现和发展成为历史的必然。我国的电子政务从办公自动化开始，经过20余年的发展，技术形态和应用形态几经变迁，发展态势良好，由此，我国的电子公文得到了迅速发展并已经进入一个相对成熟稳定的发展期。这使得传统意义上的公文制作、传输、存储、归档产生了革命性的变化。

不论是传统公文，还是电子公文，其基本范畴都是一致的，即必须受公务活动事项涵盖的限制。中国公文史学作为一门研究中国公文产生与发展历史的学科，其研究的主要内容应该包括不同历史时期的公文制度、公文文种、公文的特点、典型代表、写作理论及其发展变化的规律。

历代官制是政治制度史的主要组成部分之一。列宁说过："国家一直是从社会中分化出来的一种机构，一直是由一批专门从事管理、几乎专门从事管理或主要从事管理的人组成的。人分为被管理者和专门管理者，后者居于社会之上，称为统治者，称为国家代表"。[①] 因此，官吏实际上就成了国家的代表。而公文恰恰就是这些"国家代表"在拟定、制发、管理、使用，因而对不同历史时期的职官制度进行研究，有利于我们对中国公文发展史的深入了解。

公文制度涉及公文的办理、处理、流转、管理等方方面面，有效的公文制度，能迅速、准确地完成各级机关之间的信息往来，实现中央政府的有效统治，维护其统治秩序，在国家的行政管理上发挥着极其重要的作用。中国历代政府无不重视建立有效的公文制度。不同历史时期诸多庞杂的行政事务活动有力地促进了中国公文制度的发展和完善，中国公文制度及其历史演变是中国公文史学研究的一项极为重要的内容。

文种指文章的类别、种类。公文文种泛指公文的种类，是人们赋予各种公文一个能概括表明其性质、用途的统一规范的称谓。公文文种决定了公文的格式、语言表达和语体特征。公文是一种特殊的文体，它既不是诗歌、小说、散文、戏剧之类的文学文体，也不是议论文、说明文、记叙文之类的普通文体，它是一种应用文。公文是历代统治者、领导者用于处理公共事务的文体，这一文体比其他任何种类的文体要复杂得多，它由不同历史时期的不尽相同的多个文种组成，形成一个体系。因为不同历史时期，国家的政治经济与社会形态各异，作为管理国家治理社会的工具，历朝历代的统治者都会根据管理国家治理社会的需要采用相关的公文文种。例如，在奴隶社会时期，从迄今发现的最早的殷商文字甲骨卜辞中，已可见"令"、"告"、"册"等公文的雏形，但尚无明确的文种名称。周代

---

① 列宁：《论国家》，载《列宁文选》第四卷，人民出版社1960年版，第47页。

文献《尚书》和青铜铭文中,出现了"命"、"诰"、"誓"等王命公文,分别用于授官赐爵、发布政令或训诫臣僚、征伐誓师等重要活动。春秋战国时期的公文文种,除了在"命"的基础上新增了"令",适应于各国政治改革中政策法令的颁布外,主要增加了各诸侯国之间的横向文种,如移书、盟书等。也就是说,在公务活动中选择什么样的文种,是由公务活动的目的、行文主体的职权及其与行文客体之间的关系决定的,公文文种的发展变化是随着国家社会的发展变化而变化的。在奴隶社会时期,中国公文文种随着中国社会的发展,随着统治阶级治理国家的实际需要的发展,经历了一个从无到有,从少到多的发展过程。公文文种的发展变化贯穿于历史长河中。在中国公文四千多年的发展历史中,并非每一个文种都能一直延续下去,它们都必须接受时代的选择,经历一个大浪淘沙的过程。往往在一个朝代盛行的文种,在另一个朝代可能废止;有的虽然延续下来,却有所变更,中国公文文种的这种兴衰生灭的发展变化是随着中国社会的发展变化而变化的。所以,不同历史时期,不同的统治阶层其使用的公文文种既有继承性,也有差异性,各有特定的适用范围。中国公文文种及其发展演变实际上是中国社会发展演变的缩影,它必然反映出中国社会形态和政治体制的变迁,对于研究中国公文的中国公文史学来说,对不同历史时期公文文种及其发展演变规律的研究自然是不可或缺的重要内容。

古今公文是社会发展的历史记录,其内容当属古代史、近代史、现代史研究的对象。但不同历史时期、不同朝代公文的特点却是以中国公文的产生与发展历史为研究对象的中国公文史学研究的内容,因为不同历史时期、不同朝代的公文的特点实际上反映了当时中国社会管理现状与发展变化。公文特点往往体现于具体的公文当中,即体现于各朝各代公文的内容与文种当中。要对中国公文的产生与发展历史进行深入透彻的研究,必须对不同历史时期、不同朝代的不同文种的典型代表甚至典型人物进行系统深入的剖析,唯有如此才能求得不同时代中国公文的特点、中国公文文种及其写作理论发展演变规律的真知灼见。

二、中国公文史学研究的意义与作用

中国公文史学作为一门研究中国公文产生与发展历史的学科。其研究意义与作用主要有六个方面:

其一,全面系统地追溯了中国公文产生与发展的历史,上至"上古三代"的"夏朝公文"、甲骨公文和金文公文,下迄当今的社会主义公文、港澳台公文、电子公文,完整地再现中国公文的来龙去脉及其发展变化的历史面貌,具有一定的史学价值。

其二,通过对不同历史时期中国公文的公文制度、公文文种、公文特点和典型代表的深入剖析，从特定的视角再现了中国社会发展的历史脉络，揭示公文在中国社会发展的历史长河中对国家管理和社会治理的重要作用。

其三，全面系统地对中国公文产生以来的公文制度、公文文种、公文特点、典型代表、载体形式进行剖析，揭示历代公文和公文处理的特点及内在规律，揭示中国公文制度、公文文种、公文载体的发展演变规律。

其四，通过对历代中国公文典型代表的剖析，全面系统地揭示中国公文这一特殊文体的诞生、语言表达的发展变化及文体的发展演变历程，从一个侧面反映我国语言文化的发展演化历史，对我国语言文化发展历史的研究是有益的补充。

其五，中国公文史学不仅全面系统地研究了历朝历代中国公文的发展进程，而且对现代电子公文给予了特别关注，使其成为有关中国公文史研究完整学科体系的重要组成部分。

其六，通过对中国现行公文的分类、特点、公文文种及发展、公文处理程序、公文处理制度的优势与不足、公文处理制度的改革及海峡两岸、香港、澳门公文文种比较、公文发展方向等方面的研究与分析，为读者了解现代中国公文的发展历史和全貌提供翔实的史料。

三、中国公文史学研究的基本方法

历史唯物主义是人类社会发展一般规律的科学，是马克思主义哲学的重要组成部分，是科学的社会历史观和认识、改造社会的一般方法论，亦称唯物史观。中国公文史学研究的基本历史观与方法论就是马克思主义唯物主义历史观。中国公文史学偏重的是中国公文产生和发展的历史，其具体的研究方法更借重有关历史的研究方法，在实际研究过程中，涉及的基本研究方法主要有：史料分析法、比较研究法、文献研究法、描述性研究法、考据等等。

1. 史料分析法

史料，或称历史资料，是研究和编纂历史所用的材料。广义的史料，包括人类社会在历史发展过程中所遗留下来的一切痕迹。这些遗迹有的是有形的，如遗址、遗物等；有的是无形的，如文化风俗和其他观念形态的东西；还有的是有形和无形的结合，如以文字、图画等形式保存下来的历史材料。中国公文史学研究的史料主要是不同历史时期各种形式的公文原始资料，如甲骨卜辞、钟鼎铭文、缣帛公文、简牍公文等，及中国历史长河中有关公文整理和研究的古代典籍，如《尚书》《周礼》《典论·论文》《文心雕龙》等，在有关历史的研究中，古今中外的历史学家都非常重视史料问题，英国学者柯林武德说："历史学是通过对证据的解释而进行的","历史学的程序或方法根本上就在于解释证据"。① 胡适也说,历史学就是根据事实来推断造成这些事实的原因,所以历史学家"全靠用最勤劳的功夫去搜求材料,用最精细的功夫去研究材料,用最严谨的方法去批评审查材料。"② 所以史料分析是中国公文史学研究过程中一种基本的研究方法。

2. 比较研究方法

所谓比较研究是指对两个或两个以上的事物或对象加以对比,以找出它们之间的相似性与差异性的一种分析方法。比较研究的目的有两个,一是求同,一是求异。求同比较是寻求不同事物的共同点以寻求事物发展的共同规律。求异比较是比较两个事物的不同属性,从而说明两个事物的不同,以发现事物发生发展的特殊性。通过对事物的"求同"、"求异"分析比较,可以使我们更好地认识事物发展的多样性与统一性。这种研究方法更多是运用于公文文种和公文制度发展演变规律的研究。

3. 描述性研究法

描述研究法是一种简单的研究方法,它将已有的现象、规律和理论通过自己的理解和验证,给予叙述并解释出来。它是对各种理论的一般叙述,更多的是解释别人的论证,但在中国公文史学研究过程中是必不可少的。因为中国公文史学是集中国历史长河中有关公文研究和公文史研究成果之大成的,许多研究成果均是前人研究所得。

4. 考据

即"考证"。研究文献或历史问题时,常根据资料来考核、证实和说明。考据的方法按照考据中证据形式的不同有三种:理证、书证、物证。

理证:有些史料,从道理上讲值得怀疑,但是又无确凿的证据,只得根据逻辑推理来判断其正误,这便是理证。

书证:是指利用谓书、上书等各类档案资料以及各种书籍为依据,考证史料正误的一种考据方法。

物证:是指以出土的龟甲、金石以及其他考古器物为依据,考证史料正误的一种考据方法,如刻在甲骨上的卜辞、青银器上的文字,以及石碑上的碑铭等。

书证和物证的研究方法在奴隶社会时期公文文种、公文制度、公文特点的研究过程中常常用到。

5. 文献研究法

文献研究法是根据一定的研究目的或课题,通过调查文献来获得资料,从而全面地、正确地了解掌握所要研究问题的一种方法。在中国公文史学研究中,有

---

① 柯林武德:《历史的观念》,中国社会科学出版社1986年版,第10页。
② 胡适:《历史科学的方法》,载《胡适文选》,上海远东出版社1995年版,第423页。

些问题的界定，必须要全面系统地了解涉及该问题的史料及研究成果，所以在中国公文史学的研究过程中，文献研究法也是一种有益的补充。

必须指出的是，在中国公文史学的研究过程中，实际是综合运用上述各种研究方法及其他相关方法来达成研究目标的。

四、公文的概念与特点

1. 公文的概念

公文是公务文书的简称，是应用于社会公务活动之中，直接为社会公务活动服务的所有文书的集合。换言之，凡是在社会公务活动中产生并直接发挥作用的文字书面材料都可称之为公文。①

我们说中国公文史学是一门研究中国公文产生与发展历史的学科，是研究中国公文的来龙去脉、发展渊源、演变规律的，那么首先我们必须对公文的内涵、公文的范畴有一个客观准确的认识，舍此无从确定研究对象，更无从探索其发展演变规律。综合目前有关公文内涵研究成果，我们可以对公文的范畴进行如下界定。②③ 第一，公文的内容必须是公文活动中的事项，非公务活动不能写入公文。第二，公文的制发主体是法定作者。就是依照法律和其他有关法规规章性文件成立，并能以自己名义依法行使权利和承担一定义务的社会组织或代表该组织的领导人，才有权制发公文。法定作者必须是法定的社会组织，或能代表一级组织的公职人员。第三，公文具有法定效力。公文是法定作者制发的公务文书，由于法定作者具有依法管理本系统范围内公务活动的权利，因此它制发的公文就具有法定的效力，对受文对象具有权威性和约束力。即它要求直接对公务活动发挥效用，要求受文者照此办理，无条件执行。第四，公文是具有规范体式的文书。公文有一定的程式要求，它的文种、格式、语言表达等形式因素被规定之后，在一定的历史时期内一般不轻易更改。第五，公文与文书的关系是"种"与"属"的关系。"种"与"属"是相对的两个概念。一类事物属于另一类邻近的事物，前者是后者的种。前面的概念指出，公文是公务文书的简称，是应用于社会公务活动之中，直接为社会公务活动服务的所有文书的集合。也就是说，"文书"是公文的属概念。

2. 公文及相关概念的历史渊源

公文在不同历史时期有不同的称谓。最初的公文总称当算"书契"。书契，就是把人们社会生活中提倡和反对的事情刻在木头上，"立为公信"，社会成员皆

---

① 吕发成：《中国公文史》，甘肃文化出版社1995年版，第2页。
② 吕发成：《中国公文史》，甘肃文化出版社1995年版，第2～3页。
③ 李昌远：《中国公文发展简史》，复旦大学出版社2007年版，第5～7页。

得遵守。这个总称，见之于《周易·系辞下》："上古结绳而治，后世圣人易之以书契，百官以治，万民以察。"从这段记述中可以看出，书契有两个作用：一是官治，即百官用书契来治理国家；一是民察，即万民用书契来鉴戒自己。这里所说的书契的作用，与现代公文某些体式的作用很相吻合。不过，书契这个概念，后来日渐宽泛，由官府而及民间，由公务文书而及私人文书。在这样的情况下，用书契作为公文总称就名不符实了。现在，书契这一概念早已不为人们通用，成为偏僻用语了。①

《周礼》称公文为"六辞"。这是因为当时的公文有六种体式，即祠（辞）、命、诰、会、祷、诔。因为六种体式不可能是常数，这种称谓经不起历史演变，时代的发展可能出现七种、八种，以至几十种公文体式。所以，"六辞"这个公文总称没有被历史所公认，很快就被淘汰了。②

我国古代，公文更多地被称之为"公牍"、"简牍"或"官文书"。许同莘《公牍学史》云："曰公信，曰简牍，此为公牍二字之滥觞。古人但云简牍，不云公牍者，后世私人笔札，亦谓之牍，故加公字以别之。古人治事，有公而无私。凡书于牍书者，其事皆公事，其言皆公言，言牍则公字之义已具，不待言也。"③

"公文"一词的出现大约是三国时期以后。西晋陈寿《三国志·赵俨传》："辄白曹公，公文下郡，绵绢悉以还民。"随后，南朝刘宋时范晔所著《后汉书·刘陶传》记："州郡忌讳，不欲闻之，但更相告语，莫肯公文。"其意是说，东汉末年张角领导的黄巾起义，人多势众，可能威胁朝廷，州郡官员对此虽然顾忌，害怕听到这个消息，但口头上仍互相转告，不肯以公文上奏。在以上两则记载中讲的"公文"，显然是公务文书的统称。这一基本含义，至今仍沿袭下来。④

在中国公文的发展过程中，除公文这一概念外，还经常使用文书和文件这两个概念。

"文书"一词最早见于西汉贾谊的《新书·过秦（下）》："禁文书而酷刑法，先诈力而后仁义。"这里的"文书"泛指古代的文籍图册。"文书"作为公务文书的含义被确定下来，大致始于东汉。班固在《汉书·刑法志》中说："文书盈于几阁，典者不能遍睹。"这里讲的"文书"，就是指的公务文书。文书除指公务文书外，还包括私务文书，即个人、家庭或家族因处理私事而形成的文书，如书函、日记、契约、遗嘱等。从古至今，公务文书与私务文书是同时发展、相辅相成的。古代公务文书中有些文种，如书、颂、吊等也用于私务文书；现代公务

---

① ② 苗枫林：《中国公文学》，齐鲁书社1988年版，第13页。
③ 吕发成：《中国公文史》，甘肃文化出版社1995年版，第2页。
④ 李昌远：《中国公文发展简史》，复旦大学出版社2007年版，第3~4页。

文书使用的一些非法定文种，如书信类文种的便函、证明信、介绍信、感谢信、贺信、表扬信等，告启类文种的启事、讣告等，记录类文种的大事记、电话记录等也可广泛用于私务文书。也就是说，文书的外延较大，涵盖了在公务和私务活动中所形成的具有一定体式的文字材料。此外，文书还指各类机关或其他单位中从事文件收发、运转、催办、拟办、缮印、立卷、归档等工作的人员，即用于对从事文书工作人员工作职务的称谓。①

"文件"一词大约在清朝末期开始使用。宣统三年（1911）五月，清朝颁布了《内阁属官官制》，规定设承宣厅，其职责之一是掌管"本阁公牍文件"。这里讲的公牍，如前述，系指公文。将"公牍"与"文件"放在一起，它们之间的关系可从两方面理解：一是两者为并列关系；二是为包含关系，即公牍是公文的总称，文件是公文的一部分。有的学者从前一种理解出发，再联系目前机关对公文、文件的使用习惯，认为公文与文件没有实质上的区别；有的学者从后者出发，认为两者有原则区别，公文的外延应大于文件，文件是设有完整版头的公文。如果将文件、公文与文书相比较，它们的外延最大的是文书，公文次之，文件再次。②

3. 公文的特点

毛泽东同志曾经指出："对于物质的每一种运动形式，必须注意它和其他各种运动形式的共同点。但是尤其重要的，成为我们认识事物的基础的东西，则是必须注意它的特殊点，就是说，注意它和其他运动形式的质的区别。只有注意了这一点，才有可能区别事物。"③ 对于公文的研究也是这样。必须抓住这种事物与其他事物的质的区别，才能发现其特有的规律。概括起来，公文特点主要有五个方面：④⑤

（1）工具的政治性。人类走出了原始状态而进入阶级社会之后，政治就成了人类社会全部的精神文化以至物质文化的最高统帅，成了社会上层建筑中最强劲最有力量的核心。人类社会的一切活动都要受社会政治的制约，公文也不例外。由于公文的行文主体是法定作者，是为了满足法定作者的需要而用它来处理公务，进行社会管理活动的工具，因此，公文总是从属于法定作者及其社会管理活动的要求的。在阶级社会中，法定作者及其社会管理活动势必要打上阶级的烙印，而任何阶级的利益又通过政治集中体现出来。因此，在阶级社会里，公文不

---

① 李昌远：《中国公文发展简史》，复旦大学出版社2007年版，第3页。
② 李昌远：《中国公文发展简史》，复旦大学出版社2007年版，第4页。
③ 《毛泽东选集》第一卷，人民出版社1967年版，第308页。
④ 吕发成：《中国公文史》，甘肃文化出版社1995年版，第4~6页。
⑤ 李昌远：《中国公文发展简史》，复旦大学出版社2007年版，第9~12页。

是一般的社会管理的工具，而是具有阶级性、政治性的管理工具。统治阶级的国家政治制度及其政治思想观点，制约着公文的内容，公文反映统治阶级的政治要求并为其政治服务。奴隶制时代的"左史记言、右史记事"所表现的是奴隶主贵族独霸公文的政治现象，一条"王大令众人曰协田"的甲骨公文，明显地反映出奴隶主强迫奴隶们耕种的社会现实；许许多多的王命诏令，都反映着统治阶级的政治意志。封建时代的公文必然反映着封建专制的政治形态，资本主义社会的公文也必然体现着资本主义制度的政治需要。而当社会发生巨大裂变的时代，公文的政治色彩更为明显。革命阶级或集团的公文，体现着正义的革命的进步的政治愿望；反动统治者的公文，则表现出落后的反动的逆历史潮流而倒退的政治倾向。如本世纪上半叶，中国共产党的公文则从内容到体式都表现出进步的革命的面貌，而北洋军阀政府的公文却回归到封建文化形态的老路，这是不同的阶级和集团的公文体现不同的政治态度，为不同的政治需要服务的鲜明例证。在社会主义新中国，其政治特点是以马列主义毛泽东思想为指导思想的中国共产党领导人民大众实行人民民主专政，公文也就必然体现马列主义毛泽东思想的革命观点，体现中国共产党的正确领导，体现人民大众的意志和愿望，为维护无产阶级政党的权威，维护人民大众的根本利益服务。

（2）使用的实用性。公文是应用于社会公务活动之中，直接为社会公务活动服务的公务文书，它能直截了当地解决现实生活中的某些具体问题，它要求现实的效用和显而易见的社会效果，这就是它的实用性特征。例如，一份"誓"书，就是为了鼓动士兵去勇敢参战；一项命令，就是为了调动人力物力去执行某项任务；一纸通知，就是为了号召人们去做某件事情；一个决定，就是明确提倡某种行为而限制与之不符的行为；一份报告，就是为了反映某一现象；一纸任命书，就是明确某人承担某项工作职责。所有这些无不说明了公文的实用性。

（3）权力的约束性。依照国家法律和其他有关法规性文件成立的社会法人组织，都被赋予一定的职责和权力。社会法人组织在规定的权限内撰制的公文在社会公务活动中具有权力的约束性。这种权力的约束性主要表现在公文的法令效力。公文的法定效力一是对社会某个方面的或大或小的管理工作具有法定的权威。即它不是以潜移默化的启发来感染熏陶读者，而是要求照此办理，无条件执行，是指挥人们该做什么、不该做什么和如何去做的行动准则与规范。二是在发文者和收文者之间产生一定的法定效力和作用。如具有领导权力的上级机关向所属下级机关发出指示，下级机关的行为就应无条件地被纳入指示的轨道上去，解决同指示相违背的具体问题；下级机关无权力处理的问题，需请求上级批准或指示，经上级批复后才能确定自己的行动准则。在平行机关或不相隶属的机关之间，多数情况下是通过函去商治工作，它则体现出一种平等的权利关系，并产生相应的效力和作用。

（4）体式和程序的规范性。公文的规范性表现在它的制作程序，它的文体格式，它的处理过程，都要求遵循一定的规范。从文体格式来说，公文要求具备种种固定而规范的规格程式。在一个特定的历史时期内，不论作者和读者有何变化，这种相对固定的体式不能变更，否则，就难以得到社会的理解和承认，也就起不到它应有的作用。比如什么样的行文主旨和内容要选择什么样的文种，有一定之规，做到"量体裁衣"；公文应具备哪些结构要素，印制公文的版面如何安排，有一定要求，做到格式规范；公文语言的运用应怎样把握，也有特殊要求，使之合体。公文内容决定体式，体式反作用于内容。没有体式上的严格规范性，公文的政治性、权力约束性就会受到损害，甚至不成其为公文。当然，公文体式上的规范性是不断发展变化的，不同历史阶段的公文有不同的规范，甚至同一历史阶段不同时期的公文规范也有不同的要求。

从公文处理过程来说，公文处理的各个环节按规定的方式组织起来，并保持一定的秩序，就是公文处理的程序性。这种程序性，是按照公文的运行规律，经过公文法规确定下来的。公文的处理，从总体上讲是在发文与收文双方之间进行的，具体讲是在上下级机关之间、平行与不相隶属的单位之间及机关内部展开的。公文处理的全过程分为公文的制成、传递、办理和实施等阶段。凡是重要的公文，必须经过这些阶段才算完成了处理的全过程，这时行文的目的才算实现或基本实现了。所以，公文处理的程序性是使公文生命力得以充分发挥的有力保证。

（5）载体的史料性。公文内容是法定作者在从事公务管理活动中所表达的思想主张，因此公文也是法定作者的主观意志的直接记录。这种记录，实际上是把行文主体的思想主张，在甲骨、竹简、纸张等物质载体上，转化成为具体的文字，从而把思想物化了。这种物化的思想可以超时空进行传递和保留。所以，每件公文当它的实用目的实现后，只要它的载体存在，文字没有消失，其思想内容就能永久保存下来，不会泯灭。这是公文具有历史记录性以及由此产生的延续性的表现。从公文记录历史事实及其承载的信息具有时空的延续性看，我们可以毫不夸张地说，没有公文也就没有人类的文明史。

五、公文的起源与开端

（一）公文产生的条件

1. 国家的产生是公文产生的前提

根据史料记载，我国最早出现的国家形态可追溯至夏朝。原始氏族社会末期，禹时期的夏部落活动于黄河下游一带，随着社会生产力得到进一步发展，原有以血缘划分氏族部落的方式被打破，开始慢慢走向以地理环境划分的方式。

《左传·襄公四年》记载"茫茫禹迹,画为九州",《尚书·禹贡》中列出了禹治水之九州"冀、豫、雍、扬、兖、徐、梁、青、荆。"由此可见,禹统治时期的夏朝已经冲破了血缘的旧规。禹死后,禹的儿子子启继承王位,建立夏朝,原始的禅让制度被世袭制度所取代。至此,我国历史上最早的国家诞生了。

国家的本质就是一个阶级压迫另一个阶级的工具。国家的本质特点是和人民大众分离的公共权力,主要是常备军、刑法、监狱和官吏等。

《墨子兼爱子》引《禹誓》中描述禹征三苗的军队已是"济济有众";夏启在讨伐有扈氏做《甘誓》,向他的军队宣布严厉的军纪;后来少康又能以"一族兴夏",证明了夏朝已经拥有强大的常备军队。

据《左传·昭公六年》记载"夏有乱政,而作禹刑","禹刑"应是我国历史上第一部奴隶制法典。《史记·夏本纪》记载"桀谓人曰:'吾悔不遂杀汤于夏台,使至此'"。《竹书纪年》记载:"夏后芬三十六年作圜土"。其中的"夏台"(又称钧台)、"圜土"都是夏王用于维护其统治的监狱。

夏王为了维护和巩固自己的政权,必然要建立起一整套新的从中央到地方为王权服务的官僚机构,以管理包括政治、经济、文化、宗教、军事等一系列国家事务。据历史文献记载,夏朝时的政治机构已经相当庞大了。夏王设有"三政"、"四辅"、"六事"等主要官职。"六事"也称六卿是中央设置的六个行政事务管理机构的长官,权力很大,可直接参与中央的决策。"六事"中的官占掌管占卜;遒人负责宣布政令;太史令掌管记事和图籍,大理掌管诉讼,官师负责教育贵族子弟,啬夫负责收取贡赋等等。

如此复杂的国家组织机构,必然会有纷繁复杂的国家事务。君王与官吏们管理国家事务,仅靠口口相传显然是不够的。为适应社会的需要,可以跨越地域和时间限制的管理工具——公文就应运而生了。

2. 文字的出现使公文产生成为可能

公文是用文字按照一定格式记录下来的材料,它的形成离不开文字。由于公文不是简单文字符号的堆砌,而要通过较系统准确的文字去表达某一思想,所以,文字必须要发展到一定的程度并且规范化的条件下,公文才能产生。

远古时代,人类在长期的共同生产劳动中,为了相互交流生产活动经验和方法,表达思想感情,组织活动,逐渐产生了语言。但随着社会关系的复杂化,语言由于受到时空的限制,已经越来越不能满足人类的需求。

在文字产生之前,为了记事的方便,我们的祖先先后发明了结绳和刻契的方法。

结绳就是通过在绳子上打上大大小小、各种各样的结,来表达不同的意思。《庄子·胠箧》记载:"伏羲氏、神农氏,当是时也,民结绳而用之。"唐代李鼎祚的《周易集解》引《九家易》说："结之多少，随物之众寡，各执以相考，亦足以相治也。"这里的"相治"就是通过结绳的方法进行管理，这说明上古时期已经将"结绳"作为一种管理方法。

结绳的作用在于帮助记忆，其本身不能完整准确地记录事件，也不能表示词的读音，因此结绳并不具备文字的性质。但是，结绳的一些形象却可能与某些汉字的构形有着直接的联系。比较明显的是"十"和"十"的倍数。如在古文字中，"十"写作ϟ，"廿"写作ϋ，"卅"写作ϋ，即是取象于结绳。由此可见，结绳对汉字的产生也有一定影响。

刻契是继结绳记事之后的另一种方法。所谓刻契，就是在木棍、竹片、骨板上锯齿或似字非字的纹路，用来记录财务的数量，或代表某件事，留作记忆的凭证。《旧唐书》在记述东谢蛮时说："俗无文字，刻木为契"。这表明刻契也是文字产生以前的一种记事符号。"契"字本身的构成就说明它具有"契约"的含义，契是一个复合结构，它的意思可以通过《说文解字》中对"丯、韧、栔"三个字的解释得到进一步的诠释，即："丯，帅蔡也，读若介。韧，巧韧也。栔，刻也。"清代的朱骏声说："上古未有书契，列齿于竹木以记事，丨象竹、木，三象齿形，韧疑即契字之古文"。"契"的异体是"栔"，"木"字底，正表明刻木为契，以为凭据。①

刻契记事的方法是人类在发展过程中普遍使用过的记事表意方法，我国的一些民俗调查表明，一些少数民族中一直还在使用这种方法。如红河哈尼族农民给地主交租，按租金多少在木片或竹片上刻缺口，然后一剖为二，地主和农民各执其一。契木为约作为一种传统凭信手段，在文字产生以后仍然继续被采用。

木契上这些似字非字的记号，虽然只能记识简单的事实和具体的事物，不能表述复杂的事件和抽象的思想意识，但它们已经脱离了所记实物的原体，以符号的形式出现，并且有了简单的表意功能，在这一点上与文字是相通的。孙诒让在《契文举例序》中说："文字之兴，原始于书契。"可以说刻契是文字的源头。

从结绳、刻契的管理功能和信约功能看，可以说它们是公文的前身。

随着文明的发展，我们的祖先在原来记事的图画符号的基础上，经过世世代代的积累和筛选，终于产生了文字。文字与结绳、刻契相比，有着巨大的飞跃。它能表达更复杂、更抽象的事物，并能跨越时空保存下来。

关于汉字的起源，自古以来众说纷纭，其中影响最大的，流传最广泛的当属"仓颉造字"说。仓颉，传说是黄帝的史官，距今约四千五百年左右。关于仓颉造字的记载，有些过于离奇。我们认为仓颉作为黄帝的史官，可能首次对人们创

---

① 许同莘：《公牍学史》，档案研究系列丛书，档案出版社1989年版，第2页。

造出来的文字进行搜集、整理、统一并普及推广使用,在汉字的演变过程中起过非常重要的作用,因而后人认为他是汉字的发明人。这正如鲁迅先生在《门外文谈》中说:"但在社会里,仓颉也不止一个,有的在刀柄上刻一点图,有的在门户上画一些画,心心相印,口口相传,文字就多起来,史官一采集,便可以敷衍记事了。中国文字的由来,恐怕也逃不出这例子的。"据考古发现,大汶口文化遗址发现的文字是我国目前发现最早的文字,距今已有四千八百年至四千三百年,这大致同传说中黄帝时期创造文字传说相吻合。许慎《说文解字序》中有"仓颉之初作书,盖依类象形,故谓之文,其后形声相益,故谓之字。"文字既有表意功能又有表音功能,是人类传递信息、记载事实的重要工具,它的出现使公文的产生成为可能。在文字产生初期,认识、掌握文字只能是极少数人的事情。要完成在竹、木、玉、石等载体上刻写文字,并编纂成册,传递保管等等一系列艰难繁重的工作,非专门的几个、非专门的人才是无法完成的。因此,也必然会产生一批脱离生产劳动,专门从事文字撰写、整理和管理工作的人,这也为公文的产生创造了条件。

(二) 公文产生的历史时期

有关中国公文产生的年代,学界主要有两种意见:一是"五帝"说,理由是"五帝"时代已有了多种公务活动,而且推断当时已经有了文字,因此认为初步形式的公文已经形成了;另一种意见是"夏朝"说,认为公文是在中国的夏朝时期产生的。也就是说,公文是阶级与国家出现后的产物,而且同夏朝时文字的产生紧密联系在一起的。[①]

公文的产生必须依赖于文字的产生和使用。关于中国文字(汉字)起源的时间和标志,学术界迄今还有不同的认识。一些学者将出土的新石器时代的各种陶器上的简单记事符号视作最早的汉字,或汉字的原始形态。这主要指考古发现的原始氏族社会晚期(大体相当于"五帝"时代,距今约 4000～6000 年)的两种资料:一种是在黄河流域以及江浙一带的广大地区发现的仰韶、马家窑、龙山和良渚等文化的刻画记号;一种是分布于山东省及江苏北部、河南东部的大汶口文化的象形符号,因首次发现于山东泰安县大汶口而得名。多数古文字研究专家比较一致的意见:大汶口文化遗址所发现的九种文字符号,已释的有六种。这些符号不同于过去仰韶、龙山等文化遗址陶器上刻画的记事符号,它们的笔画公正,繁复多样,结构有规则,趋于固定化;有的符号反复出现于不同地点,写法如出一人之手。因此,它们就是我国早期使用的原始文字,同汉字有着一脉相承的关系。这种原始文字通称陶文,属于大汶口晚期的遗存。目前,考古工作者界定大

---

① 刘雨樵:《公文起源与演变》,档案出版社 1988 年版。

汶口文化晚期的年代为公元前2800至前2300年,即距今约四千八百年至四千三百年。

我国迄今为止发现的最早的公文是从殷墟发掘出来的甲骨公文。从陶文到殷商时代成体系的甲骨文,其间按理有一段过渡期。如前所述,商代以前的夏王朝是我国历史上第一个阶级社会。目前,我们虽然还没有发现夏代的文字和公文,但从后世大量的古文典籍片段中,我们还是可以找到许多有关夏代公文的线索(详见后文——夏朝公文探析)。所以,基于古文字的产生、阶级社会的出现,最早的甲骨公文的发掘、后世古文典籍的记载,中国公文起始于夏商时期,距今已有约四千余年的历史应该是一个科学合理的论断。

第一章　奴隶社会公文

经过漫长的蒙昧和野蛮的原始社会，从"大道之行，天下为公，选贤与能，讲信修睦"的"大同之世"，人类社会开始走向"天下为家，各亲其亲，各子其子"的阶级社会。公元前 21 世纪禹传位于子启建立了我国第一个奴隶制王朝。从公元前 21 世纪至公元前 771 年，约 1300 年，先后经历了夏、商、西周，史称"上古三代"，是我国奴隶制国家的形成与发展时期。从公元前 770 年，周平王东迁之后至公元前 221 年，秦始皇统一中国，约 500 年，这一时期是我国由奴隶制向封建制过渡的大变革时期，史称春秋战国时期。

夏、商、周三代是中华文明的起源和奠基时期。在这一历史阶段，社会结构和社会文化发生了巨大变革，公文就是在这种条件下诞生的，同时公文体制也开始慢慢形成，从最初的简单粗糙最终走向完善成熟，并进一步发展成为一门完整系统的学科。

第一节　公文的萌芽——夏朝公文探析

夏王朝打破了上古原始社会氏族部落形式，建立了第一个奴隶制王朝，诞生了真正意义上的国家。与此同时，人类传递信息、记载事实的工具——文字也开始形成。由此，形成公文的必要条件已经具备。虽然，目前从考古发现方面来看，我们还没有真正见到夏朝公文的原貌。但从大量的古文典籍片段中，我们可以找到许多有关夏代公文的线索。因此我们可以认为夏朝是公文的萌芽期。

一、关于夏朝公文的推断

《史记·夏本纪》[①] 就是夏王朝一部兴亡史，记载了从禹至桀，十七个君王，十四朝，近五百年的兴衰更替。夏朝作为中国第一个奴隶制王朝的诞生，标志着中国若干万年的原始社会基本结束，数千年的阶级社会从此开始，她的诞生成为中华文明史上的一个重要里程碑。无论是夏民族、夏朝还是夏文化都是我们中华民族的立国基点。

---

① 司马迁著，韩兆琦评注：《史记评注本》，岳麓书社 2004 年版。

由于流传至今有关夏代的史料十分匮乏，所以历史上是否有夏代存在，曾被许多人怀疑。但是《史记·夏本纪》中记载的夏代世系与《史记·殷本纪》中所记载的商代世系一样明确，《五帝本纪》的谱系却是不连贯、相互矛盾的，两者形成鲜明的对比。而且，商代世系在安阳殷墟出土的甲骨卜辞中得到证实。因此，如果没有可靠清晰的夏王朝原始档案，仅凭口口相传是不可能编制出如此明确清晰的帝王系谱。将夏朝帝王世系谱与《竹书纪年》比照，发现与《史记·夏本纪》几乎无二，这些都进一步说明了，夏代一定有正规的记录夏王朝册典。因此可以推断《史记·夏本纪》中夏代世系记载是可靠的。

夏代公文的原貌，目前虽没有发现，但在诸多史籍中仍可找到能够说明夏朝有比较成熟公文的可靠证据。如《国语·晋语》[①]记载"周襄王赐晋文公以阳樊之田，阳人不服，文公围阳，将残阳人，仓葛呼曰：'阳人有夏商之嗣典，有周室之师旅，樊仲之官守在焉，其非官守，则皆王之父兄甥舅也。'"《国语》是信史，这则记载可作为夏朝有文献记录的旁证材料。

在《左传》《国语》《吕氏春秋》等先秦典籍中还引用了一些《夏书》《夏令》《夏训》的断章。孔子在《论语·八佾》[②]中说："夏礼吾能言之，杞不足徵也；殷礼吾能言之，宋不足徵也。文献不足故也。足，则吾能徵之矣。"在《论语·为政》里说："殷因于夏礼，所损益可知也。"从孔子在《论语》中的记载可以看出，孔子对夏商的礼仪制度非常熟悉，还能通过比较判定殷礼与夏礼的差异。并且，孔子在《论语·八佾》中认为对夏商之礼的说明，要靠足够的历史典籍来证明，反映了他的求实精神。很显然，孔子生活的时代，人们是可以看到一些夏商时期留下的文字材料。以此看，虽然夏朝没有完整的公文全貌，今人所能见到的都是后人的追记，但也有一定的原始材料为依据，可以从中窥见夏朝公文的特点。这些可以看成是公文的滥觞。

二、追记的夏朝公文探析

《尚书》中收录了《禹贡》《甘誓》《胤征》《五子之歌》四篇夏代公文；清朝严可均编纂的《全上古三代秦汉三国六朝文》[③]中收入了《禹誓》《禹禁》《夏箴》《教稷》四篇夏代公文。这八篇夏代公文虽然是后人追记的，但多数学者认定其内容还是比较可信的，从分析这几篇典型公文中，可窥见夏朝公文的某些特点。

[①] （春秋）左丘明撰，鲍思陶点校：《国语》，齐鲁书社2005年版。
[②] 杨伯峻译注：《论语》，中华书局1980年版。
[③] （清）严可均校辑：《全上古三代秦汉三国六朝文》，中华书局1958年版。

第一章　奴隶社会公文

《甘誓》① 是《尚书·夏书》里收录夏朝的公文之一，其原文如下：

启与有扈战于甘之野，作《甘誓》。

大战于甘，乃召六卿。

王曰："嗟！六事之人，予誓告汝：有扈氏威侮五行，怠弃三正，天用剿绝其命，今予惟恭行天之罚。左不攻于左，汝不恭命。右不攻于右，汝不恭命。御非其马之正，汝不恭命。用命，赏于祖，弗用命，戮于社，予则孥戮汝。"

《史记·夏本纪》中记载了夏启因诸侯有扈氏不服自己继承帝位而要出兵讨伐，这篇非常简短的公文就是夏启在举兵讨伐有扈氏之前，发表的临战檄文。"誓"是君王告诫将士的一种文体。其行文格式大致是先谴责敌方违抗天命，祸国乱政、罪不容诛，继而宣称自己奉天承运、为民除害，为自己的讨伐张目。最后激励将士不畏强暴，不怕牺牲。

《甘誓》的基本体式分为文头和正文两部分。

文头部分明确行文关系包括：发令人和受命人的身份和职务。其中，"王曰"，标明发令人为帝王。"六事之人"是受命的臣子。"予誓告汝"一句表明了行文关系为上级发给下级的下行文。

在正文部分"有扈氏威侮五行，怠弃三正，天用剿绝其命，今予惟恭行天之罚。"简明扼要的指出发令事由。接着"左不攻于左，……予则孥戮汝。"阐明政令的事项，明确规定了违令的标准和严格的赏罚措施。整篇公文短短不足百字，却具有非常强的权威性和感召力，语言简洁果敢、震撼人心。

《禹贡》② 为《尚书·夏书》收录的另一篇公文，也是目前学术界研究较多的一篇文献，全文约1100余字，反映了远古时代禹在对国土进行大规模治理和勘察后所采取的一系列符合国家发展实际，方便国家行政管理的赋税制度。全书分"九州"、"导山"、"导水"和"五服"四部分。

《禹贡》开篇"九州"这样写道：

"冀州：……厥土惟白壤，厥赋惟上上错，厥田惟中中……；兖州：……厥土黑坟，厥草惟繇，厥木惟条。厥田惟中下，厥赋贞……；青州：……厥土白坟，海滨广斥。厥田惟上下，厥赋中上……；徐州：……厥土赤埴坟，草木渐包。厥田惟上中，厥赋中中……；扬州：……厥土惟涂泥。厥田惟下下，厥赋下上上错……；荆州：……厥土惟涂泥。厥田惟下中，厥赋上下……；豫州：……厥土惟壤，下土坟垆。厥田惟中上，厥赋错上中……；梁州：……厥土青黎，厥田惟下上，厥赋下中三错……；雍州：……厥土惟黄壤，厥田惟上上，厥赋中下……。"

该段从土壤性状、肥沃程度以及生产环境这几个方面详细说明了九个州的情

---

① 陈经：《尚书详解》之卷七《夏书甘誓》，商务印书馆1939年版。
② 陈经：《尚书详解》之卷六《夏书禹贡》，商务印书馆1939年版。

况,并将田地按土质肥沃程度分为三等九级。详细地分析了每州的地理条件,为"五服"的制定提供可靠的依据。正如注疏家所言:"然制贡赋必先辨其土性与色,土性不同,所宜之谷亦异。"①

"导山"描绘了禹根据九州各山势的走向,开通道路;"导水"介绍了禹以"疏"的方法,疏导从弱水起至洛水止,共九条河流,还分别指出了各自的支流。"导山"和"导水"表面上是说明禹治水的过程,而其实质是在确定各州向中央政府交纳贡赋的水陆交通路线。

"导山"、"导水"之后的一段文字被历代研究者认为是全篇的中心:

"九州攸同,四隩既宅,九山刊旅,九川涤源,九泽既陂,四海会同。六府孔修,庶土交正,厎慎财赋,咸则三壤成赋。中邦锡土、姓,祗台德先,不距朕行。"②

该段首先总结了禹"画九州"、治理水土之后,天下大同,百姓安居乐业的局面,在此基础上,提出了水害既除,水利已兴,农业生产恢复,水路交通发达,经济日益兴旺,就应该设立专门的政府机构——"六府",建立起统一的专门的赋税制度,委派征收赋税的官员,按各州的情况征收赋税。并且要求各地税收官员必须谨慎有节,不能巧取豪夺。一律严格依照土地上、中、下等级确定赋税数额,全国实行统一的征收赋税制度。因此这段很类似于公文开头的发文事由,紧接着是公文的主体部分——"五服",从而起到了承上启下的作用。

"五服"部分应该说是《禹贡》的主体,详细地阐述了赋税的具体措施。其原文如下:

"五百里甸服:百里赋纳总,二百里纳铚,三百里纳秸服,四百里粟,五百里米。

五百里侯服:百里采,二百里男邦,三百里诸侯。

五百里绥服:三百里揆文教,二百里奋武卫。

五百里要服:三百里夷,二百里蔡。

五百里荒服:三百里蛮,二百里流。"③

"五服"包含了三个要素分别是:以"服"为单位确定朝廷与周边地域的隶属关系;以"里数"为基本单位,以距都城的远近确立各个地方与朝廷的"服"事关系;以"甸服、侯服、绥服、要服、荒服"五服,确立朝廷与地方及周边国家的政治经济文化军事关系。④ 这三个要素组成了夏朝国家政治经济框架。这是

---

①②③ 陈经:《尚书详解》之卷六《夏书禹贡》,商务印书馆1939年版。
④ 曾宪年:《"尚书·禹贡":我国远古时期赋税制度的萌芽》,载《武陵学刊》2011年第36卷,第5期。

我国古代国家针对当时国家的实际情况而采取的切实可行的赋税政策，是对《禹贡》篇中所阐述的"任土作贡"税赋政策的进一步完善和补充，以妥善协调古代国家皇权与下属诸侯及周边邻国的政治经济关系，体现了我国古代国家行政管理中，国家政治经济政策的多样性、灵活性和实用性。

这篇赋税方面的公文，从写作特点上来说，其文笔流畅，阐述全面，而且层层递进式地引出了"五服"制度，具有很强的说服力。可以说它开创了我国赋税方面公文的先河。

另外，清朝严可均编纂的《全上古三代文》①收录的《禹禁》篇，颇有点禁令类公文的意味：

春三月，山林不登斧，以成草木之长。夏三月，川泽不入纲罟，以成鱼鳖之长。且以并农力，执成男女之功。

除《尚书·夏书》里有夏朝公文的收录外，在《左传》《国语》《吕氏春秋》等先秦典籍中还引用了一些《夏书》《夏令》《夏训》的片段，如：

《左传·庄公八年》："《夏书》曰：'皋陶迈种德，德乃降。'"

《左传·僖公二十七年》："《夏书》曰：'赋纳以言，明试以功，车服以庸。'"

《左传·襄公四年》："《夏训》有之曰：'有穷后羿。'"

《左传·襄公六年》："《夏书》曰：'惟彼陶唐，帅彼天常。有此冀方，今失其行。乱其纪纲，乃灭乃亡。'"

《左传·襄公十四年》："《夏书》曰：'遒人以木铎徇于路，官师相规，工执艺事以谏。'"

《左传·昭公十四年》："《夏书》曰：'昏、墨、贼、杀。'皋陶之刑也。"

《左传·昭公十七年》："《夏书》曰：'辰不集于房，瞽奏鼓，啬夫驰，庶人走。'"

《国语·周语上》："《夏书》曰：'众非元后，何戴？后非众，无与守邦。'"

《国语·周语中》："《夏令》曰：'九月除道，十月成梁。'"

《吕氏春秋·谕大》："《夏书》曰：'天子之德广运，乃神，乃武乃文。'"

这些典籍中所提到几则夏朝公文片段，其涉及的内容极为广泛，有国家纲纪，天子令德，选拔任用人才，征询民众意见，刑罚设置，祭天礼仪等多个方面，都是关系安邦治国之大计。这些古籍在引用时明确标出《夏书》《夏令》《夏训》三种类别，可知夏朝的公文除誓之外，还有令、训等种类。由于所引用的都是断章择句，无法看出这几种公文的基本体式。

---

① （清）严可均：《全上古三代秦汉三国六朝文》之上古三代，卷 1～5，中华书局 1965 年版。

第二节 商周时期公文

一、商周时期公文概况

夏王朝结束了500年的统治之后,在夏的基础上建立的商王朝已经是比较成熟的奴隶制国家。商朝进一步完善了奴隶制度的国家机构,国家的官员和公务开始不断增多。而且,商王朝又是神权政治最鼎盛的时期,其中,甲骨公文就是其神权政治的产物之一。也正是从这个时期开始,产生了我国在世界上保留下来的,有考古依据的最古老的公文。公文也是从商朝开始以甲骨为载体得以延续和发展。

西周在经历了夏商两个奴隶制王朝之后,开始进入了奴隶制社会的鼎盛时期,生产力有了很大的提高,青铜制造业较商时期在技术上更纯熟。因此青铜制造业的发展将商末出现的金文公文推向了顶峰,这在公文的载体形式方面起到了极大的推进作用。同时,西周时期公文的篇幅开始增加,公文的内容和表现形式也越来越丰富。

商周时期的公文特点是与神权和王权紧密地结合在一起。在内容和形式上都处于幼稚的阶段。

商周时期的公文,主要包括:甲骨公文、金文公文、《尚书》和《周礼》。

甲骨公文是商周时期刻在龟甲兽骨上的一种应用文字。也叫"契文"、"卜辞"。甲骨公文,是1899年在河南省安阳县小屯村发现的。绝大部分是殷商后期(大约从武丁到纣,约在公元前1300年至公元前1100年左右)的王室活动记录和奴隶主的文告。从朝代上看,在商周甲骨中,以殷商甲骨为大宗。

金文公文是商周时期铸在青铜器上的铭文,以记录历史事件和表彰祖先功德的内容居多,时代比甲骨公文略晚。商代的铭文较少,周代的铭文较多。

《尚书》是我国上古历史文件和部分追述古代事迹著作的汇编。相传古代《尚书》3000余篇。至孔子编选为百篇。但有些篇,如《尧典》《禹贡》等,显然是后来儒家补充进去的。《尚书》原称《书》,到汉代改称《尚书》,即上古文书的意思。

《尚书》在西汉初已散佚。后由济南伏生传授,存28篇,因为用当时的通行文字隶书抄写,故又称《今文尚书》。

《周礼》,初名《周官》《周官经》,是古文经学最重要的典籍之一。它与《仪礼》《礼记》并称为"三礼"。《周礼》也是中国上古唯一一部关于政治、经济制度的文献。

商周时期的公文载体，即书写材料，除甲骨、青铜之外，还有竹木，只是因年代久远，这些易烂的竹木文书，未能完全保留下来。

商周时期，已有专门从事公文写作的人员。在殷商时期，从事甲骨公文写作的人叫做"贞人"。贞人是代国王进行卜问的史官，是当时具有很高社会地位的专职的神职人员。在西周时期，从事国家公文写作的人叫做"史"。"史，掌官书以赞治。"[①] 所谓"赞治"，就是起草公文。贞人直接隶属于国王，史则直接隶属于宰夫（副宰相）。

由于甲骨公文和金文公文分别是商和西周时期的产物，它们反映了商和西周时期公文的主要特点，因此，下面先要对甲骨公文和金文公文这两种公文进行探析。

二、甲骨公文

"甲骨"是龟甲和兽骨的合称。龟在古人的心目中是神灵之物；兽骨主要是牛的肩胛骨，而牛在古代也是行太牢礼的祭祀品，因此龟甲和牛骨就被用来当做占卜的工具。甲骨文是刻写在甲骨和兽骨上，用来记录占卜和祭祀等活动的文字，它又称"卜文"、"贞卜文"、"卜辞"等。如图1-1，图1-2所示。由于甲骨文最早发现于殷商的废墟（今河南安阳小屯村），所以又称"殷文"、"殷墟文字"、"殷墟书契"。

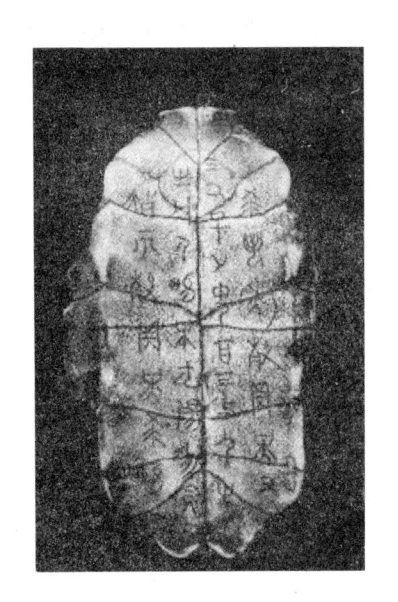

图1-1   图1-2

---

① 吕友仁译注：《周礼·天官冢宰第一》，中州古籍出版社2004年版。

(一) 甲骨公文的产生

我国奴隶制社会的政治,完全是神权政治。自夏朝建立第一个奴隶制国家之后,就产生了由国家直接掌握,以天神崇拜、祖先崇拜为核心的宗法性国家宗教。商朝是我国奴隶制社会神权政治的鼎盛时期,商王通过国家宗教将其王权神化,以达到统治目的。因此,《礼记·表记》① 中曾说"殷人尊神,先鬼而后礼。"国家的各项事务包括政治、经济、军事各个方面,都先要通过占卜,假以上帝的名义来实现他们的统治。而商王朝的这些占卜活动都是由专门的宗教官员来掌管和完成的。他们的分工很细,官职很多,仅见于甲骨卜辞和先秦典籍的官职就有巫、史、大史、小史、东史、西史、贞人、乍册等多种职位,不同的职位有不同的分工。但大体上可分为巫和史两类。虽然他们都是负责掌管占卜、记事和祭祀,但也有分职,巫重于占卜和祭祀,史则重于记事和参政。在商朝两者往往是合二为一的。从这些商朝史官的职能可以看出,他们是重要的执政官员,充当着天神的代言人,负责向商王传达神祖的旨意,并参与大政的决策和王命的制发。商朝的一切事宜都要由史官占卜,甚至是"每日必卜,每事必卜",因此商朝巫史官在国家机构中有着十分特殊的重要作用和显赫地位。

史官们占卜的方法是:在占卜之前,先将龟腹甲或牛胛骨的背面钻出圆洞和橄榄核形槽穴,仅留薄薄的一层不穿透甲或骨面。占卜时用炭条在甲骨洞槽边上灼炙,甲骨一受热,就会在正面出现各种不同形状的裂纹。这种裂纹,古人称之为"卜兆",而且认为上帝的意旨就从这些卜兆中委婉传达出来。占卜史官就能根据这种卜兆裂纹的粗细、长短、曲直、横斜、隐现等,来判定事之吉凶。然后将占卜时间、事由、占卜的结果以及事后应验的情况,详细地刻在卜兆的旁边。刻写的文字有多有少,大多为十几字、几十个字,最多九十多个字,今天称作"卜辞",也就是最早的甲骨公文。目前,我国最早发掘的甲骨公文是公元前13世纪至公元前11世纪,即商朝后期武丁之后的九个王朝统治时期形成的甲骨公文。截至目前,考古发掘的甲骨公文总数已达15万片以上。

(二) 甲骨公文的内容

甲骨公文的内容十分广泛。每篇卜辞字数虽然多寡不一,但其涉猎的内容却包含了从商殷时期的经济、政治、生产、生活等各个方面。郭沫若主编的《甲骨文合集》② 将其内容分为四个方面和二十二个小类:其一,阶级和国家。包括奴隶和平民,奴隶主贵族,官吏,军队,刑罚,监狱,战争,方域,贡纳等七类;其二,社会生产。包括农业,渔猎,畜牧,手工业,商业,交通;其三,思想文

---

① 杨天宇撰:《礼记译注》,上海古籍出版社1997年版。
② 郭沫若主编、中国社会科学院历史研究所编:《甲骨文合集》,中华书局1982年版。

化。包括天文，历法，建筑，疾病，生育，鬼神崇拜，祭祀，吉凶梦幻，卜法，文字；其四，其他。这些甲骨公文内容全面、集中地记载了以殷王朝为中心的活动。当然，这些丰富的甲骨卜辞也为现代史学研究，尤其是殷商时期公文史的研究提供了真实可贵的原始材料。

（三）甲骨公文的体式

甲骨公文主要用于记事，虽然没有标题，也没区分上行文与下行文，但却有固定的体式。一篇完整的甲骨公文由四部分构成：叙辞，又称前辞，记载卜问的时间以及占卜者（贞人）的名字；命辞，又叫问辞，记述向神祖卜问求告之事，询问吉凶，即贞辞之问；占辞，记述占卜的结果，也就是判断吉凶之辞；验辞，即记录占卜后应验的情况，是经过事实验证后补刻上去的。例如：

癸巳卜，殻贞：旬亡祸？王占曰："有祟！其有来艰。"迄至五
　　叙辞　　　命辞　　　　　　占辞
日，丁酉，允有来艰，自西。戛告曰："土方正（征）于我东鄙，
　　　　　　　　验辞
灾二邑；方亦牧我西鄙田。"

这是罗振玉的《殷墟书契菁华》①中收录的一篇商王武丁时期的卜辞。这是一篇包含叙辞、命辞、占辞、验辞的完整的甲骨公文。叙辞部分：说明了癸巳这一天，从事占卜的史官叫"殻"；命辞部分说明事由：询问十天内有无祸患？占辞部分为占卜的结果即：有灾，将有大祸来临；最后部分是验辞即事后的验证：过了五天，丁酉日时，果然发生了来自西部的进犯。戛警告说：土方正侵扰我东部边境，祸及两邑；方亦侵我西部边境土地。通过叙辞、命辞、占辞、验辞四个部分完整地记述了整个占卜活动的全过程，同时也是统治者的一项措施，从提出、咨询、决策、执行直到最后检验的全过程。

又如：

壬申卜，殻贞：叀毕麋。丙子阱麋。允毕二百蚩九。
　　叙辞　　命辞　　占辞　　　验辞

这也是一篇完整的甲骨公文，叙词部分说明占卜时间为壬申日，占卜官员叫"殻"；命辞是询问畋猎狩鹿之事；占辞是应在丙子日用阱猎鹿；验辞说明了用阱猎鹿的结果是二百零九头鹿。

在甲骨公文中，像上述两篇叙辞、命辞、占辞、验辞四项完整的比较少，有相当一部分甲骨公文只有其中的两项或三项。如《甲骨文合集》中的第14732片和14743片：

---

① 罗振玉：《甲骨文研究资料汇编》第三册，北京图书馆出版社2008年版。

辛未卜，殷贞：今来甲戌酒王亥？
　　叙词　　　　　命辞
甲辰卜，宾贞：翌辛卯燎于王亥三牛？
　　叙词　　　　　命辞

对于这种情况有这样几种解释：一种解释认为是出于时间上的差异，甲骨公文的体式经历了一个从不完整到完整的过程，即早期的甲骨公文体式不完整，后期的甲骨公文体式完整；一种解释是出于简繁差异，四项俱全的是完整式，具有两项或三项为简略式；还有一种解释认为验辞是事后应验之后才追加上的。不论何种情况，可以说甲骨公文已经形成了统一固定的体式。

（四）甲骨公文的行款格式

甲骨公文的行款也有一定的规则。1929 年甲骨学专家董作宾曾在《商代龟卜之推测》①中指出："沿中缝而刻辞者向外，在右右行，在左左行；沿着尾之两边而刻辞者向内，在右左行，在左右行。"

商朝的书写行款是竖写直行，由右到左。但在甲骨上刻写卜辞时，则要根据卜辞的位置而定。刻写在龟甲上的卜辞一般分为两种：一种是位于龟甲左右边缘部位的卜辞，刻写时由外向里，即位于龟甲左边的行款由左向右，位于右边的则由右向左；另外一种龟腹甲中缝两边的刻辞，则由里向外，即在左边的从右向左，而右边的从左向右。牛胛骨上的卜辞一般多刻在靠近骨边的部位，其行款大多是从外向内。甲骨上一般刻写的卜辞不止一条。当时对于同一件事常常有正反相对应的两种卜问，其卜辞叫做"对贞卜辞"，对贞卜辞往往刻写在甲骨上左右对称的相应位置上。此外，还有一种对于同一事件反复卜问多次的卜辞，他们在牛胛骨上大多由下向上依次分段排列。

三、金文公文

青铜器的使用经历了从殷商时期的发展、西周至东周的鼎盛直至秦汉时期的衰落三个阶段，约有一千五六百年的历史。青铜是红铜、锡等几种金属的合金，呈纯青色。以青铜为基本原料加工而制成的器具，则为青铜器。金文是铸刻在青铜器上的文字，我国上古时代称青铜器为金，因此把青铜器铭文称为金文。钟、鼎是青铜器中乐器、礼器的代表，所以金文又叫钟鼎铭文。钟鼎上的文字有阴文和阳文两种，阴文叫款，阳文叫识，所以金文又叫钟鼎款识。青铜器在商周时期是王权的象征，等级的标志，通过在青铜器上以金文的形式纪功烈、昭明德、记誓约、铸刑典，以此来维护王权和家族的显赫地位。

---

① 董作宾：《商代龟卜之推测》，载《安阳发掘报告》1929 年，第 59~218 页。

（一）金文公文的形成

铭文的产生和发展，与文字的形成发展，以及青铜器铸造技术的进步，有着极为密切的关系。夏代晚期，中国文字虽已产生，但可能由于尚处在早期阶段，青铜器铸造技术也较原始，故此时还没有产生铭文。

根据考古发现，在商朝早期已经有了青铜器铭文。到了商代中期特别是盘庚迁殷以后，青铜器铸造技术有了较大的发展，甲骨卜辞的书契也迅速进步，青铜器铭文的铸造也就在这个时候逐渐兴盛起来。但青铜器上铸的铭文字数并不多，一般只有一两字，多则四五字。一直到殷商末期，这种状况基本不变，青铜器的铭文都很短，最多没有超过 50 个字。而且这一时期的青铜器铭文的内容也较简单，一般没有重要意义。铸铭的目的在于标记器主的族氏，主要用途是用于识别。铭文铸造的位置也都不是在青铜器的显著位置上。正如郭沫若在《周代彝铭之进化观》①一文中所说"彝铭之起，仅在自名，自勒其私名或图记，以示其所有。"1976 年，河南安阳出土的妇好墓青铜器铭文就是殷商时期的典型代表。妇好墓出土青铜器共 468 件，其中礼器 210 件。这些青铜器的铭文有"妇好"、"司母辛"、"司母"、"亚"、"亚其"、"亚启"、"束泉"以及"官"等 9 种，这些青铜器中，铭"妇好"的器物最多，也最隆重，即是器物的主人。"辛"是妇好死后的庙号，"司母辛"表示妇好的子辈为祭祀母亲所铸祭器。

到了殷商末期，随着青铜器铸造工艺和社会文明的进步，带铭文的青铜器越来越多，并出现了十几个乃至几十个字的铭文。这些铭文的内容涉及家族任务的活动及具体的历史事件。这些带有记事性质的铭文是在上述祭祀铭文的基础上发展起来的。例如《殷周金文集成》②中的 2174 号青铜器铭文为"田农作宝尊彝"，第 3335 号器刻有"舟作宝簋"，这些铭文初步具备了叙述功能，为语言表述提供了经验，成篇铭文在此基础上成形。如商末最长的铭文《小子逢卣》：

乙子，子令小子逢先以人于堇，子光商逢贝二朋。子曰："贝，唯蔑女历。"逢用乍母辛彝。在十月二，隹子曰："令望人方。"③

该铭文记载了商代晚期帝乙在位时，某贵族子曾在某年十二月乙巳日，命小子（商代的官名或是诸侯）逢带领人前往堇地办事。事成之后，子赏赐逢"贝二朋"，以彰明他的功绩。逢用贝来铸造祭祀母辛的卣。铭文在记叙作者受到"蔑历"（即嘉奖）后，即云"逢用作母辛彝"。在盖铭上有小子逢家庭的徽记，

---

① 郭沫若著：《青铜时代》，科学出版社 1965 年版。
② 中国社会科学院考古研究所编：《殷周金文集成释文》，香港中文大学中国文化研究所 2001 年版。
③ 马承源编：《商周青铜器铭文选》第三卷：商、周青铜器铭文释文及注释，文物出版社 1988 年版。

以及"母辛"二字，用以标记器主的族氏，表明器为祭母辛而作的用途。从族徽看，中间有"子"，与商王室同姓，可知这个家庭是商的宗室之亲。从整个卣器的铭文结构来看，盖铭可以视作文书的标题，而整个铭文的内容则是铭功记事。虽然是一种私人文书，但因其反映了商王帝乙在位期间的历史事件，因此又可视为金文公文的雏形。这种私人文书与公务文书共生现象，说明了金文公文是从私人文书中孕育和产生的。

金文公文在西周时期开始兴盛，周初青铜器铭文创作已经达到一定的水平，铭文的性质、内容、形式、数量，以及书体等方面，都较商时期有了很大的变化。成篇的铭文制作逐渐成为一种时尚，数十字乃至百字以上的铭已经屡见不鲜。如《天亡簋铭》[1]记载了武王克商后的第十二天，祭祀上帝，向文王在天之灵报告成功的事件，全文已有七十八字。作于成王时期，记载武王克商事件的《利簋铭》[2]三十二字。记载成王平叛的《禽簋铭》[3]二十四字。周武、成王时期的铭文创作是西周铭文创作的发轫期。这一时期公文比较简短，史官以直接记言或记事的方式，记录历史事件。如《何尊铭》《大保簋铭》《沬司徒疑簋铭》《大保方鼎铭》[4]等都是这一时期较为简短的金文公文。

康、昭、穆三王时期，西周铭文创作进入全面成熟时期，百字以上铭文大量出现。名篇如康王时期的《宜侯矢簋铭》《大盂鼎铭》《小盂鼎铭》[5]，昭王时期的《麦方尊铭》《令方彝铭》《令簋铭》《燕侯克鼎铭》《它簋盖铭》，穆王时期的《班簋铭》[6]等。

穆王以后，西周金文创作进入高潮时期，特点是创作长篇铭文成为一种时尚，似乎存在作器者竞相争富的现象，百字长文层出不穷，因而成就了许多鸿篇巨制。自此，金文创作进入"黄金时代"，而且一直延续到西周晚期。被誉为晚清四大国宝之一的《毛公鼎铭》[7]是刻在西周宣王时的青铜器"毛公鼎"上，共有497个字，是已知西周青铜器铭文中最长者。记录了周王对毛公的五次训诰，其行文格式、内容与《尚书·文侯之命》[8]十分相似。另外还有比较典型的青铜器铭文是1976年和1978年分别在宝鸡周原地区出土的《史墙盘铭》和《㝬簋铭》。史墙盘有铭文284字，记述了文、武、成、康、昭、穆诸王的功业和史墙的家史。㝬簋是周厉王胡所作的重器，为现知商周铜簋中最大的一件，有"簋王"之称。㝬簋腹底有铭文12行124字，另外康王时的大盂鼎，以及西周晚期的《虢季子白盘铭文》等都是这一类篇幅较长的铭文。周初的铭文延续了商朝时期的特点，主要为贵族铭功而做，但记事方面较商朝更详细。内容涉及政治、军

---

[1][2][3][4][5][6][7] 马承源编：《商周青铜器铭文选》第三卷：商、周青铜器铭文释文及注释，文物出版社1988年版。

[8] 李民、王健撰：《尚书译注》，上海古籍出版社2004年版。

事及社会制度等方面，并有了记言的方式，如《何尊铭》①就是一篇典型的记言铭文。记言铭文往往记录了国王给贵族嘉奖时发表的告诫训导之辞。

由于周朝实行的是分封制、宗法制、世卿世禄制，公务与私务很难分开。所以，虽然从作者身份、铭文性质上看，带有私人文书的成分，但其记载的内容已是国事，应该是公文。

（二）金文公文的内容及格式

中国上古时代具有史料价值的青铜器铭文数量庞大，罗振玉的《三代吉金文存》②收录了金文墨拓4831篇。郭沫若《两周金文辞大系考释》称"两周彝器其铭者在三四千具上"。③这些铭文的内容和格式丰富多彩，像《何尊铭》《矢令尊铭》《大盂鼎铭》等记述贵族们接受周王的训诰和册命典礼的鸿篇巨制，屡见不鲜。在大量的青铜器铭文中，记载着王室的政治谋划、历代君王事迹、祭典训诰、宴飨、田猎、征伐方国、政治动乱、赏赐册命、奴隶买卖、土地转让、刑事诉讼、盟誓契约，以及家史、婚媾等等，都是反映当时社会的政治、经济、军事、法制、礼仪情况的重要资料。其中那些记载国事的金文公文，从内容和格式上，大致可分为：册命、训诰、记事、约剂、律令、符节诏令等六类。

1. 册命公文

册命公文是西周王室正式任命或晋升官吏的记录。册命制度最早见于西周初期，穆王时期以后逐渐形成了一套固定的典礼仪式。册命这套仪式在青铜器铭文中已经成为一定的礼制。册命铭文的格式主要包括册命时间、地点、受册命者、册命辞、称扬辞、作器、祝愿辞等内容。其中时间记载最完备，具体到干支记录某年某月某日以至于某个时辰，之后是受封之地，然后再转入主体部分，即描述受封的过程，这其中包括受封仪式，册命辞、称扬或祝愿辞等。铭文的最后记录受命人的答谢，作器以表纪念。到了西周晚期，册命格式进一步完备，除了上述基本部分外，还有记录王位、授册、宣命、受册等部分，在册命辞里还有命官、赏赐、勉励三个内容。如《颂鼎》和《善夫山鼎》就是最典型的格式完整的册命类公文。

2. 训诰公文

训诰是周王为了实现训诫、治国、育民而对臣民及子孙后代所发布的重要言论。而史官以铭文的形式将这些言论记录下来。在《尚书·周书》④中就有不少训诰体的公文，如《大诰》《康诰》《酒诰》《召诰》《洛诰》等。但以青铜器为

---

① 马承源编：《商周青铜器铭文选》第三卷商、周青铜器铭文释文及注释，文物出版社1988年版。
② 罗振玉编：《三代吉金文存》，中华书局1983年版。
③ 《郭沫若全集——两周金文辞大系考释》，科学出版社2002年版。
④ 李民、王健撰：《尚书译注》，上海古籍出版社2004年版。

载体的训诂公文只在西周时期比较多见,到了春秋和战国时期已很少。

西周金文公文除了在铭功记事和册命公文中附记训诰辞外,还有专门记载训诰的金文公文。其格式一般包括诰文的时间、地点、受诰者、诰辞、赏赐、作器等内容。1963年出土的《何尊铭》就是西周成王时期比较典型的训诰类金文公文:①

"唯王初迁宅于成周,复禀武王礼,福自天,在四月丙戌,王诰宗小子于京室。曰:'昔才(在)尔考公氏克迷文王,肆文王受兹大令,唯武既克大邑商,则延告于天曰:余其宅兹中国,自之民。呜呼,尔有唯小子亡哉,视于公氏,有劳于天,彻令。敬享哉,唯王恭德裕天,顺我不敏,王咸诰'。何易(赐)贝卅朋,用乍(作)口公宝障彝。唯王五祀。"

这篇训诰公文记叙了周成王对包括作器者"何"在内的宗族小子进行训诰,"唯王初迁宅于成周,……王诰宗小子于京室。"部分记载了诰文的发布时间、地点及受诰者;"昔才(在)尔考公氏克……顺我不敏,王咸诰"部分是该公文的主体部分,记录了周成王的诰辞内容,其大意是:何的先父公氏追随文王,文王受上天大命统治天下。武王灭商后则告祭于天,以此地作为天下的中心,统治民众。铭文的最后是赏赐和作器,格式完备严整。另外周康王时期的《大盂鼎铭》、战国时期的《中山王鼎铭》都是极其典型的训诰类金文公文。而宣王时期的《毛公鼎铭》除了具有一般训诰的格式,在其最后部分还有称扬辞和祝愿辞。

3. 记事公文

在西周时期颇为盛行的一类公文是记事类公文,这类公文从数量和题材方面都是最丰富的。而且其格式也比较随便,没有严格统一的格式。一般是在开头记录事件发生的时间和地点,其次是事件的全过程,最后是作器。记录的内容包括记功、获赏、从征、出使等,有的还记录王的劝勉训诰之词或赏赐的物品等。《利簋铭》记录了甲子日周王伐商纣这一历史事件以及当天的天象。周康王时期的《小盂鼎铭》则是记录与鬼方战斗后的情景:在征伐的过程中,第一次就抓获鬼方首领3人,杀死4800人,俘虏13000多人,缴获战车30辆,获牛355头,羊38只,第二次又取得了收获颇多的辉煌战果。班师回朝之后,他们还在宗庙进行献俘、燎祭等仪式以禘祭文王、武王、成王。此外,铭文中也有对叛乱的诸侯国如噩(鄂)国的征伐描述。再如《天亡簋铭》《令鼎铭》等都属于记事类金文公文。

4. 约剂公文

约剂,即古代用作凭据的文书、契券。《周礼·秋官·司约》②:"凡大约剂

---

① 《金文今译类检》编写组:《金文今译类检·殷商西周卷》,广西教育出版社2003年版。
② 杨天宇撰:《周礼译注》,上海古籍出版社2004年版。

书于宗彝，小约剂书于丹图。"于是有所谓"治民之约"和"治地之约"。这些事情都是与个人和家族的财产权利有关的大事。"治民之约"是有关税收、贸易、讼事等内容；"治地之约"是有关土地的使用、拥有、分配和转移等内容。如岐山董家村西周窖藏出土的《卫盉铭》就是典型的约剂类金文公文，如图1-3所示。

其原文如下：①

唯三年三月，既生霸壬寅，王爯旂于豊，矩白庶人取瑾璋于裘卫。才（裁）八十朋，厥贮，其舍田十田。矩或取赤虎（琥）两、两鞈（韦合）一，才（裁）廿朋。其舍田三田。裘卫乃雉（矢）告于伯邑父，荣伯，定伯，亮伯，单伯，乃令（命）参（三）有司，司徒，微邑，司马单舆，司工（空）邑人，服遝受田。燹、（走甫）、卫小子瑶逆者（诸）其卿（飨），卫用作朕文考惠孟宝盘，卫其万年永宝用。

这篇铭文共132个字，主要记载了周恭王三年，一个名叫矩伯的奴隶主向裘卫

图1-3 卫盉铭

分两次索取了觐见天子的东西，即价值八十朋的玉质礼器和价值二十朋的皮裘礼服，矩伯分两次付给了裘卫1300亩农用土地，作为索取礼品的代价。裘卫把这件事情报告了执政大臣，得到了大臣们的认可，还进行了授田仪式，从而确认了转移土地归属的合法手续。

5. 律令

所谓"律令"，顾名思义，就是指政府的法律条令。律令是属于约剂的一种，但它是政府的法律条令，而不是个人之间的。这类铭文一般也是刻铸在用于祭祀的青铜器上。如西周晚期的《兮甲盘铭》。铭文共133字，记载兮甲（即尹吉甫）随从周宣王征伐玁狁，对南淮夷征收赋贡之事。铭文中对"南淮夷"和"诸侯百姓"的赋税、交易提出明确的规定，并对可能的违规提出制裁警告，具有明确的政府法令性质，刻铸于青铜器之上，以显示其权威性。

6. 符节诏令

除了政府律令之外，还有一种更加权威、直接的法令，是属于非青铜器的铸

———

① 马承源：《中国青铜器修订本》，上海古籍出版社2006年版。

铭，如兵符、证件、诏书等。这些都是从君王那里获得的特权凭信和依据，具有极高的法律依据和权威性。如《噩君启舟节》就是典型的符节诏令。《噩君启舟节》共5件，舟节2件，车节3件，合在一起呈圆筒状。节面文字错金，各有9行，舟节163字，车节154字。符节的内容可分为三部分，一是符节的铸造时间，其二是楚怀王六年，怀王颁发给封地在今湖北鄂城的鄂君启于水陆两路运输货物的免税通行证。铭文主体是严格规定了水陆运输的范围、船只的数量、载运牛马和有关折算办法，以及禁止运送铜与皮革等物资的具体条文。

四、公文典籍——《尚书》①《周礼》②

甲骨公文和金文公文是我国商周时期有实体考证的公文，这类公文是我国商周时期可靠的作证材料。而另一方面商周时期的两部著名的公文典籍——《尚书》和《周礼》与甲骨公文和金文公文相互结合、相互印证，共同勾画出我国商周时期公文史的历史脉络。《尚书》和《周礼》对秦汉之后的公文体例、格式、内容等方面有着深远的影响。对后世的公文写作具有借鉴意义。

（一）《尚书》

《尚书》是我国最早的公文作品集。班固在《汉书》③中指出：《尚书》为"古之号令，号令于众，其言不立具，则听受施行者弗晓。"《尚书》，又名《书经》，其主要内容为虞、夏、商、周四代的政府公文、誓词及政治论文、学术论文。《尚书》有古文本和今文本两个版本，今文本《尚书》原有100篇，秦焚书后，相传由伏胜传授，并以隶书体写就，因此叫做今文《尚书》。今文《尚书》在汉初时共收集到29篇；古文本《尚书》相传是从孔子的住所发现，并由其后代孔国安整理完成，这个版本是用古文字写成，因此称为古本《尚书》，古本《尚书》共有45篇，是用先秦古文字所写。由于二者的差异性，也就出现了对于古文《尚书》和今文《尚书》研究的两个学派。直到清代的阎若璩在梅鷟论证的基础上潜心研究20多年，著成《古文尚书疏证》，论定了古文《尚书》是伪作。至此，基本终结了旷日持久的《尚书》辨伪工作。古文《尚书》作为伪书基本定案了。当然，古文《尚书》也有较高的训诂学价值。清代和近现代的学者多注重研究孔传古文《尚书》中与今文《尚书》相似的篇目。这些篇目通常称为"今文《尚书》二十八篇"。

《尚书》呈现了我国早期公文、公文写作的发展脉络和轮廓，初步确定与统一了当时常用公文的体式或类别，为自秦代开始的公文拟制全面规范化、制度化

---

① 李民、王健撰：《尚书译注》，上海古籍出版社2004年版。
② 杨天宇撰：《周礼译注》，上海古籍出版社2004年版。
③ 班固撰：《汉书》，中华书局2007年版。

开辟了道路。

1. 古代公文文种的确定始于《尚书》

最初的公文不分体式，也无所谓文种。但随着人类社会的不断发展变化，社会管理活动的日益纷繁复杂，社会管理对公文效用的要求也随之日益深化和提高。公文的撰制意图、行文目的、行文方向、行文对象、中心内容等也随之渐次走向明朗化、稳定化和多样化，于是公文便日渐增多地演化出了许多不同的体式来。这些体式，由于起先完全是在自发状态中无序、无形和渐进地出现的，所以相互间的界限很不分明，相同或相近的体式名称很不统一，运用中也常有交叉、错位的现象。《尚书》正是在这种背景下孕育和诞生的。它初步确定与统一了当时常用公文的体式或类别，为自秦代开始的公文拟制全面规范化、制度化开辟了道路。

《尚书》有典、谟、训、诰、誓、命六个文种。这六个文种是《尚书》以其所记载的公文名称定出的体例。虽然有些篇名不是六体之列，但后世根据其行文内容，也大致做了归类。"典"用于记载典章制度，如《尧典》《舜典》；"谟"用于记载帝王言论和他们的治国之策，如《皋陶谟》《大禹谟》；"训"用于教诲开导，给后人以警示，如《伊训》；"诰"用于告诫鼓舞民众，是训诫勉励的文告，有《仲虺之诰》《汤诰》《大诰》《康诰》《酒诰》《召诰》《洛诰》《康王之诰》；"誓"是军队统帅对战前将士们发表的应战宣言，如《甘誓》《汤誓》《牧誓》《费誓》；"命"即命令的意思，是君主奖励、赏赐大臣时所宣布的命令。如《说命》三篇、《微子之命》《蔡仲之命》《顾命》《毕命》《囧命》《文侯之命》九篇。

2.《尚书》的文体写作特点

《尚书》中所见的誓词、文告、训诰之类，有的已形成条理的结构，周详的思想内容，并且带着激动的感情，富于形象的语言，已经是相当完备的政论文献。

《尚书》从周开始各个体式的公文，其行文结构趋于严整。条理分明，首尾呼应，少数篇章尤其堪称典范。如《尧典》《无逸》《酒诰》《秦誓》等篇都是结构严谨的典范。《尧典》以人物为中心组织材料，记载的是尧、舜之事，《尧典》全文共七段，采用总分式的结构方式记事，先总写，后分写，集中而条理清晰地用事实来反映尧舜的政绩和功德。《无逸》是对殷商统治经验的总结，首节是全篇的纲领，周公提出："君子所，其无逸"，强调人君"无逸"必须先知道耕种收获的艰难和老百姓生活的痛苦，把人君的逸乐同人民的痛苦联系起来，说得非常深刻。周公引述大量历史事实，从正反两方面详细论证了"无逸"的重要。《无逸》全文论述事理中心明确，层次清楚，语言流畅，是《尚书·周书》

中结构严谨的典范。

《尚书》公文在语言风格方面也开始运用反映身份等级的用语。如帝王的诰、誓、命等若由他人代为宣布，则第一节就由"王若曰"开始，其次各节则称"王曰"；若王亲言，则称为"王曰"。帝王常用的代名词有"我"、"予"、"朕"等。臣向王进谏的行文，常有尊王的习惯用语"拜手稽首"。如《立政》的起首是："周公若曰：拜手稽首，告嗣天子王矣。"这种反映等级制度的用语，为后世开了先河。

另外，《尚书》公文的不同文种也有不同的语言特点。比如"典"作为一种文种，用来记录上古帝王或部落联盟首领在社会管理活动中重要言行的大事记，语言特点多平易简洁、洗练精审。如《尧典》以叙事为主要表达方式，语言简约流畅。如叙述巡守之礼，先详载东巡守仪式，接着说："五月南巡守，至于南岳，如岱礼。八月西巡守，至于西岳，如初。十一月北巡守，至于北岳，如西礼"。文意在重复处，措辞极简约，把繁复的仪式简称曰"如岱礼"、"如初"、"如西礼"，整齐中有错落变化，笔墨极经济；再如"诰"一般为史官实录当时帝王的重要言论，一般为商周口语，与现代语言差距很大。诰体最充分地体现了上古语言的特色。从另一方面也反映出诰体语言的质直写实；"谟"作为君臣之间讨论国事的摘要记录，其语言既生动活泼又精练凝重。有些演变成汉民族的成语，至今还应用在我们的语言中。如"孜孜不倦"即出自《皋陶谟》的"予思日孜孜"。

（二）《周礼》

《周礼》，初名《周官》《周官经》，是古文经学最重要的典籍之一。它与《仪礼》《礼记》并称为"三礼"。《周礼》也是中国上古唯一一部关于政治、经济制度的文献。《周礼》所涉及范围极其广泛。大至天下九州，天文历象；小至沟洫道路，草木虫鱼。凡邦国建制，政法文教，礼乐兵刑，赋税度支，膳食衣饰，寝庙车马，农商医卜，工艺制作，各种名物、典章、制度，无所不包。它是我们了解、认识和研究我国古代官制、政治史、文化史的一把钥匙。尤其是其涉及的制度、典章方面是对我国古代公文史料的有力补充。

许多学者在其作者及成书年代上有很大争议，但无论《周礼》是周公手定，还是周公之后的春秋、战国、汉初之人所定，甚或为刘歆伪造，我们都应该承认，《周礼》是一部以官吏制度体系与政治思想体系相结合的理想政治典章。在其官制体系里，汇集了周秦以来实存和虚拟的官名与职掌。作为传世的政治经典、一种理想官制，在此后的中国封建社会的政治生活中产生了深远的影响。

1. 《周礼》的结构

《周礼》全书约45000多字。原为六篇，即《天官》、《地官》、《春官》《夏官》《秋官》《冬官》，因为第六篇《冬官》遗失，后补入《考工记》来代替。

《周礼》结构的特点是体例完整、结构严密。《周礼》全书除《考工记》外，其余五篇都有着整齐的布局和统一的体例。五篇的每篇开头都有一段序官。每篇序官开始的文词，是完全相同的五句话，即："惟王建国，辨方正位，体国经野，设官分职，以为民极。"这是全书的总纲，也是每篇的总纲，开宗明义，强调了王在政治权力中至高无上的地位。在五句相同的文词之后，分别是四个格式相同、对称整齐、文字略异的句子，如"……天官冢宰，……邦治，……均邦国。治官之属……；……地官司徒，……邦教，……安抚邦国。教官之属……"等。简明扼要地介绍了五大官的职掌及其职责。在"…官之属"后，分别叙述各官的编制，即五大官之下官员的名称、爵位、人数。在开头一段序官之后，再分述各大官的属官的职权范围，篇篇如此，无一例外。所以，《周礼》从这五篇而言，其结构可称得上体例完整、结构严密，恰如朱熹所称赞的："《周礼》一书也是做得缜密，真个盛水不漏。"①

2.《周礼》的各种制度

《周礼》行文的最突出特点是在讲官职的同时阐述与之相连的各种制度。《周礼》是讲官制的书，因此它的各篇都以叙述各官的职掌为主要内容。但各级官吏又都是在一定的制度下工作的，因此其职掌的叙述（即所谓职文）就必然紧密联系着各方面的制度。这些制度主要是政治和经济两个方面，如行政制度、法律制度、赋税制度、人口管理制度等，这些制度反映了先秦时期公文的大致轮廓，后世的许多制度都是在《周礼》的基础上形成的。因此《周礼》是研究先秦公文不可多得的史料依据。

（1）行政制度。《周礼》的"建邦之六典"是对西周行政制度的高度概括。在《周礼》中王是国家的最高统治者，在六官设置中虽没有提及王的设置，但王却是高居六官之上，地位最高。正如每篇序文开头："惟王建国，辨方正位，体国经野，设官分职，以为民极。"强调了王在政权机构中的中枢作用。分田授土、分封诸侯、授官任职、设立制度等决定权均归于王，六官都为王服务，执行王命。"天官篇"反映了整个国家的主要官员设计方案。规定了"大宰"为王之下最高长官，掌管"六典"、"八法"、"八则"等典章制度。之后又设立"小宰"、"宰夫"、"大府"等十一类官员，协助大宰。勾画出了由行政、立法、财政、文书五部分构成的整个国家行政制度的骨干框架。

同时，又对整个国家的行政区域做了详细的规划，通过"畿内"、"畿外"将国家分成两部分。"畿内"是天下的中心，是王畿。王畿的中心为方九里的王城。在王城之外的行政区划分是以王城为中心，呈正方形辐射的层层相包、大小

---

① （宋）黎靖德：《朱子语录》，中华书局1986年版。

相套的五级行政区,由近至远分别为郊、甸、稍、县、疆,五者分别以百里为界。王畿之外则是畿外,畿外的划分以王畿为中心呈正方形向外辐射分为层层相套的九畿。

(2)经济制度。除了政治制度,《周礼》中还涉及了详细的经济管理方面的制度,包括土地分配、财会、赋税、市场管理等。

《周礼》设计了非常详细的土地分配制度。明确地强调王是土地的所有者,土地分配、授予的决定权在于王,同时对田地的优劣做了明确的等级划分。不同等级的田地分配不同等级的臣民。

财务管理是国家政务活动最重要的部分之一,因此,《周礼》中这方面的记载较多。如《周礼·天官·大宰》:"岁终,则令百官各正其治,受其会。"《周礼·天官·小宰》:"月终,以官府之,受群吏之要"和《周礼·天官·司会》云:"以参互考日成,以月要考月成,以岁会考岁成。以周知四国之治,以诏王及大宰废置"等等,这些都是反映年终或月终各级官员如何管理财务的文字。其中"会"、"要"和"成"都是指财务公文。其中"成"一般是指官员对其财务工作的阶段性总结,如"日成"、"月成"、"岁成"等。"要"记录某一阶段的财务账目明细如"月要"、"贰要"、"比要"等都是基本的账册。"岁会"是年度财政经济的总决算。另外还有"总"和"大凡"也都是财会公文中的一种。"总"是簿书的种别,为分类明细账。"大凡"是总账。

《周礼》对市场管理制度的记载也颇多,可从中窥见西周时期市场管理制度的概貌。"司市"是制定市场管理公文的官员,其职责是"掌市之治、教、政、刑、量度、禁令"。司市治所中的"史"和"府"则是负责书写、收藏和保管司市制定的市场管理公文的官员。这些管理制度规定了民、商、贾、工应如何遵守市场秩序,进行买卖。如"禁诈伪、禁饰行、禁儥慝","工不得作、贾不得粥、商不得资、民不得畜"等等。另外,除了这些市场禁令制度外,在市场贸易中,还经常采用契约文书的方式来相互制约彼此的行为。契约方式除了贸易外,在政治、军事、法律、社交等领域也普遍存在。如"以质剂结信而止讼"、"质人掌成市之货贿,人民、牛马、兵器、珍异,凡卖价者质剂焉。大市以质,小市以剂"、"质,大贾;剂,小贾"、"云判,半分而合者,即质剂,傅别分支合同,两家各得其一者也。"其中"傅别"是把议定条文的内容写在一块竹简或木版上,并在中骑缝处大写数字,然后从中劈开,双方各执其半札,札边内侧的字均为半个字;"质剂"则是在竹简或木版上写完议定条文后,从中劈开,各执一半,合在一起才是全文,当中没有半字。"质剂"和"傅别"都是人与人之间进行买卖中用来相互制约对方的契约。

赋税是国家聚敛财富的直接有效的手段。《周礼》以精确的人口统计和详密的土地分配为基础,制订了征收赋税的方案。《周礼》规定的赋税共有九种,即"九赋"。而土地税占有六种,根据行政区域它们分别为邦中之赋、四郊之赋、邦甸之赋、家削之赋、邦县之赋和邦都之赋。其余三种为关市之赋、山泽之赋、弊余之赋。并且对其征收上来的赋税都有其明确的用途。据《天官·大府》载:"邦中之赋供招待宾客之用;四郊之赋供作牲畜的饲料;邦甸之赋供工匠制造器物之用;家削之赋供王赏赐群臣之用;邦县之赋供出使诸侯致送礼物之用;邦都之赋供祭祀之用。"

总之,正如郑玄所言,《周礼》"括囊大典,网罗众家"。它设计了一套理想化的国家行政模式;构建了系统而又完备的国家管理体制;宣扬了旨在富国安邦的经济思想与政策;阐述了对万民进行统治的手段及途径;安排了大小各类官员的职位以及职能。在先秦典籍中,能够以法典化的语句提供详尽的管理制度,包括国家、民众、土地、军事、礼仪、刑事、劳动等情况的,唯有《周礼》。

五、商周时期的公文特点及公文制度

(一) 公文特点

从对甲骨公文到金文公文乃至公文典籍《尚书》和《周礼》的分析来看,商周时期的公文文风总体上保持着古朴、严谨、纪实、言简而意赅的特点,随着公文写作的发展,其文体结构、写作手法和语言表达在日渐趋于丰富多彩。

商朝的神权政治决定了整个国家机构的管理模式以及公文的特点。统治阶级通过占卜的方式来管理国家事务,并利用卜辞将这些活动记录下来。因此,这些就决定了甲骨公文的中心思想是神权。其写作特点以记事为主,内容简单,一文一事。语言极其简短明了,没有说理、议论性文字,以记事或记言为主,带有较强的神秘色彩。甲骨卜辞虽然简短,但卜辞却有固定和完整的行文结构,一般由事由、情况、办法及占卜时间、"起草"的贞人姓名构成。而卜辞的书写也有特定的文字行款规则。

金文公文作为西周公文的代表,它在保持甲骨公文简洁、纪实特点的基础上,在行文结构、写作手法和语言表达方面有了很大的发展。首先中心思想开始由神权思想向王权思想转移,其次金文公文的记事更简明完整、纪实。与甲骨公文相比,金文公文的记事不仅完整而且简要。刘勰在《文心雕龙·铭箴》[①] 中说:"其取事也必核以辨,其摘文也必简而深。"非常精辟地描述了金文公文的写作特点。从几十个字直至几百字的金文都是如此。如《利簋铭》:"珷(武王)征商,唯甲子朝,岁鼎(贞),克闻(闻)。夙又(有)商。辛未,王在闌师。

---

① 刘勰著:《文心雕龙》,岳麓书社2004年版。

易（赐）又（右）史利金，用作檀公宝尊彝。"① 短短33字，却记录了一个很完整的重大历史事件：武王征讨商朝，是在甲子那天早晨，首先进行岁祭贞卜，已为上帝所知，果然，迅速灭了商。过了8天，武王来阑地，赐右史利若干青铜，利用这些青铜铸就彝篡为纪念。这篇铭文有时间、地点，有事件，有结果。既完整又简要纪实，可称得上是铭文佳作。另外，金文公文的语言表达方式开始趋于多样化。出现了记事与记言相间，说理与指令相间，叙述与抒情相结合的语言表达方式。如著名的《大盂鼎铭》② 可算是金文公文中的典范（见图1－4）。

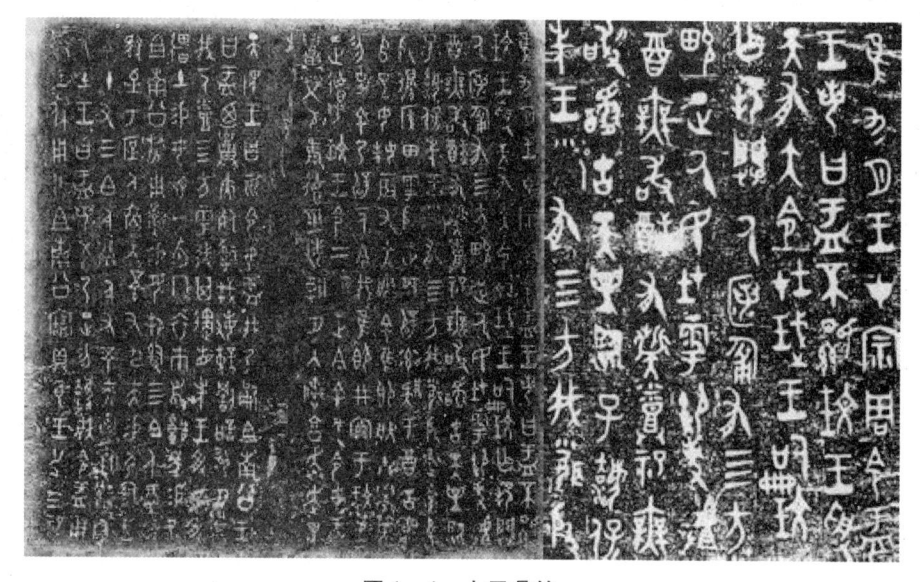

图1-4 大盂鼎铭

唯九月，王在宗周命盂。王若曰：盂，丕显玟王受天有大命，在珷王嗣玟作邦，辟厥匿，匍有四方，畯正厥民。在于御事，[虘又]酒无敢酖。有柴丞祀，祀无敢醻，故天翼临子，法保先王，王少有四方。我闻殷坠命，唯殷边侯甸粤殷正为辟，率肆于酒，故表追祀。汝妹辰有大服，余唯即朕小学，汝勿克，余乃辟一人。今我唯即型宪于文王之德，若玟王令二三正。今余唯命盂绍荣敬雍德经，敏朝夕入谏，享奔走，畏天威。

王曰：于，令汝盂型乃嗣祖南公。王曰：盂乃绍夹死司戎，敏谏罚讼，凤夕绍我一人丞四方，粤我其过省先王，受民受疆土；赐汝鬯一卣，冂衣、舄、辇、马；赐汝祖南公伐用遃，赐汝邦司四百人鬲，使驭至巧庶人六百又五十又九夫，

---

①② 马承源：《中国青铜器修订本》，上海古籍出版社2006年版。

赐尾伺王臣十又三百人鬲，千又五十夫，徼国遣捕纪土。

王曰：盂，若敬乃政，勿辞朕命。

盂用取王你用，作祖南公宝鼎隹王廿又三祀。

这篇铭文的开头和结尾运用了单纯的记事手法。但在其中心部分却以"王若曰"、"王曰"等记言的语言表达方式来实现了记事。将王的命令实事求是地摘录下来，保持了公文的真实性和权威性。这种表达方式与《尚书》中的诰命公文相同。另外，康王的诰命部分又不仅仅是单纯的命令，而是在命令中兼容着说理。先以"王若曰：盂，丕显玟王……故丧追祀。"通过说理的方式，说明了周兴商灭的道理。之后的"王曰：于，令汝盂型乃嗣祖南公……勿辞朕命。"部分则是直接转达王的命令。此种语言表达方式是开中国古代公文夹叙夹议范例之先河。另外，修辞手法也开始在金文铭文中开始出现。如《大盂铭文》中运用了对比的修辞手法阐述了文王、武王的廉政贤明和商朝国君的暴虐无道，从而增加了语言的说服力。

《尚书》中的许多篇章已经开始能够根据不同的行文对象采用不同的语体。如"诰"、"誓"、"训"，由于行文对象不同，其语体的运用也不同。"训"是大臣劝诫、训导国君的公文。因此这类公文的语言多委婉诚挚，出于肺腑，忠肝义胆，心表日月，引古述今，具有较强的说服力，如《无逸》篇等。"诰"和"誓"一般是帝王颁布的重要命令或战斗誓言，这类公文的语言有很强的震慑力和权威性，同时又寓情寓理，不容辩驳。如《盘庚》篇中，君王对"百姓"（贵族）讲话时，完全是劝导和说服的语气；而对"畜民"（奴隶）讲话时，则是一味地恐吓威逼，态度完全不同。又如在"誓"这种文体中，因讲话对象是将士，其中包括广大士兵，因此，除阐述作战理由和要求外，在结尾部分往往要训示奖惩之辞，其语气一般都很严厉。

比喻、引用、对比等修辞手法在《尚书》中有大量的运用。如《盘庚》中用"若火之燎于原，不可向迩"比喻煽动群众的"浮言"，用"若乘舟，汝弗济，臭厥载"比喻群臣坐观国家的衰败，都很形象。在《酒诰》中引用古语"人无于水监，当监于民"论述当从殷纣王的骄奢淫逸直至亡国的历史中吸取教训，增强了推行戒酒令的必要性。在《牧誓》中，周武王通过引用"古人有言：'牝鸡无晨，牝鸡之晨，惟家之索。'"这一古语，形象地揭示了殷商灭亡的必然性。对比的论证手法在《尚书》的诰体中使用也非常多，正反对比的强烈反差，丰富的史实所展现的充分证据，使诰文有着强大的说服力。如《立政》《无逸》等篇从正反两个方面的史实展开论证，使文章的观点鲜明，论证有力。

（二）公文制度

公文是在公文活动中产生并发挥作用的。它从出现到销毁，必然要经过许多环节许多人之手。因此，为了使公文能正常地发挥作用，就需要有一套制度来保证。商周时期的公文机构，虽然还属于初建阶段，但已经有了相应的公文制度和史官组织体系。

1. 商朝的公文制度

商较之夏，已经是比较成熟的奴隶制国家，随着国家公务的增多，开始形成了专门的公文管理机构和公文管理人员——史官。史官是殷商时期最为显赫的执政官，分为贞卜史官、祭祀史官、作册史官、记事史官等，分别负责占卜、祭祀、公文作册、记录大事等职责。而且到了商末，已有专门的公文管理机构——太史寮。因此，专门的公文管理机构必然会使公文的制作、管理和收藏制度化。虽然，目前反映商朝公文制度的史料不是很丰富，但从一些资料中我们还是可以看出一些公文制度的概貌。

第一，公文有固定的制作程序。商代出现的以甲骨、竹片、青铜为载体的公文，都有一定的制作程序。而以商代甲骨公文的制作程序最为典型。商代甲骨公文的制作一般要经过选材、加工、刻辞、涂辞等四道工序。一般要选取龟的腹甲或兽骨加工为原料，将其锯削、刮磨，使之光滑平整。之后在甲骨板上钻凿出圆穴。每块甲骨板上凿钻的数量，视板的大小而定，少则几个，多则上百。然后再对这些圆穴进行烧灼，甲骨受热产生裂纹（即卜兆），贞人根据这些卜兆来判断所谓上帝传达的旨意。最后将这些占卜的内容和结果书刻在卜兆旁。为了使刻辞庄严美观，要将所刻卜辞涂上朱色或墨色。经过这样的四道程序，一份甲骨公文才算制作完成。

第二，署名制度。商代公文已有了署名的规矩，在出土的甲骨残片上，不仅刻有人的名字，而且在骨面、骨臼或甲桥、甲尾刻有"示者"、"气者"的署名。这不仅显示出一份公文所涉及的人物，而且有表示对其所刻公文负责的含义。不可否认，这种现象是我国公文实行签名制度的开端。

第三，编号归档制度。商代的公文已有简单的编号和归档制度，河南安阳小屯庄出土的殷墟甲骨公文就是很好的佐证材料。发掘出土的甲骨残片存放整齐，排列序数从一到十井井有条，有一片上还刻有"册六"二字，这说明甲骨公文制作时已有了固定的编号。同时，还发现一些不在殷地的甲骨公文也在殷墟出土，这说明其他地方使用过的公文是被集中收藏，这就近似于我们现代公文的立卷归档制度了。

第四，收藏制度。商代公文的收藏由专门的官员负责。商代的公文大都被收藏在都城的宗庙和社稷之内，这是国家严加保护的神圣之地。并且收藏以载体为分类标准。这大概是后世档案分类收藏的源头。

2. 西周的公文制度

西周王朝经过商朝几百年奴隶制社会发展的积淀，达到了中国奴隶制社会的鼎盛时期。西周的公文档案工作比商朝也有了长足的发展。商末产生的太史寮得到进一步的发展、定型。太史寮是以太史为首，与其属官组成的官署。其职责是掌管起草公文、策命诸侯卿大夫、记载史事、保管国家典籍以及天文历法、祭祀、教育等事务。大史、小史掌王朝全局公文档案，内史掌册命公文档案，御史掌中央公文档案，外史掌地方公文档案，这些职能决定了西周史官在国家政权中不可动摇的尊贵地位。如此完备的公文管理机构，必将促成公文制度进一步的建立健全，从而使西周时期的公文制度呈现出了较为完整的全貌。

第一，公文拟制审批制度。从周室到诸侯各国，都设有史官来掌管公文的起草和记录工作。拟制完毕之后交由主管机关长官审定，重要公文经周王亲自审批后方可发出。

第二，公文副本制度。西周时期已建立起公文制作的副本制度。即在撰制一份公文的同时，复制一份或几份作为副本。正本藏于"天府"，供周王考察吏治之用，并长期保存。其他副本如《周礼·秋官·司寇》记载，分别保存于"太史、内史、司会及六官"等处，以备查对。正如《周礼·春官·内史》记载："掌书王命，遂贰之。"这里的"贰之"即是副本之意。西周时期所实行的公文副本制度一直沿用至今。

第三，公文保管制度。西周时期，中央和地方各个司政部门使用的各种公文正本，一律报送中央专门的公文保管机构——天府来保管。如《周礼·春官》所载："天府掌祖庙之守藏，与其禁令……凡官府乡州及都鄙之治中，受而藏之，以诏王察群吏之治。"《周礼·秋官·大司寇》载："及大比，登于天府，内史、司会、冢宰贰之，以制国用……岁终，则令群士计狱弊讼，登中于天府。"从《周礼》的记载可以看出，西周时期的公文保管工作做得非常细致。从中央到地方各个官府部门颁发使用的各种公文，包括法典、禁令、盟书、簿册、名册等，正本一律抄送"天府"，统一保管。副本由各个部门分管，"以制国备用"。"天府"是我国历史上有文字记载的最早的档案机构。天府中不仅存放公文档案而且还存放"守藏"，即一类大祭、大丧时用的礼器和国宝，可见其公文档案的重要性。

第四，公文书写规范制度。西周时期，以竹木为书写材料，所形成的公文被称为"简册文书"。为了整齐划一，便于保管，西周王朝对每一简，每一方，每一册的书写都有明确规定。《仪礼·聘礼》[①] 中说："百名以上书于策，不及百名书于方。"简，长而窄的竹签。方，即方形的木板。策，即册，许多竹简或木板用绳串联起来为册。据考古发掘的竹简看，大多是每根竹简刻三四十字，这就是

---

① 杨天宇撰：《仪礼译注》，上海古籍出版社2004年版。

说，三四十字以内的公文用竹简书写，百字以内用木板书写，百字以上的公文要串编成册。

六、典型文种介绍

商周时期公文的种类较之夏已有了很大的增加。特别是到了西周不仅公文分类系统化，而且文种数量增加，用途也更加广泛。从行文方向上可分为上行文、下行文、平行文和专用公文等。商朝比较典型的公文有誓、诰、训三种。西周时期主要的文种有典、誓、诰、训、命、约剂、事书、盟书等。

（一）商朝公文典型文种

商朝时期的典型文种始见于《尚书·商书》，主要有誓、诰、训三种。

1. 誓

商朝时的誓体公文与夏朝的誓体公文一样，主要用于军旅，或为最高统帅郑重严正告诫将士之令辞，或为战争发动前夕的动员令，或为战争刚刚结束后，总结经验教训的诏令。后来誓体演变为檄文。誓体公文的特点是：言简意赅，精炼有力；层次清晰，结构严谨；文风庄严肃穆，气势非凡。《尚书·商书》里有《汤誓》[①]一篇：

王曰："格尔众庶，悉听朕言。非台小子敢行称乱！有夏多罪，天命殛之。今尔有众，汝曰：'我后不恤我众，舍我穑事而割正夏？'予惟闻汝众言，夏氏有罪，予畏上帝，不敢不正。今汝其曰：'夏罪其如台？'夏王率遏众力，率割夏邑。有众率怠弗协，曰：'时日曷丧？予及汝皆亡。'夏德若兹，今朕必往。尔尚辅予一人，致天之罚，予其大赉汝！尔无不信，朕不食言。尔不从誓言，予则孥戮汝，罔有攸赦。"

《汤誓》的全文由文头和正文两部分构成。文头部分用"王曰"，"格尔众庶，悉听朕言"，标明发令人是国王，受命者为"众庶"，明确了下行文的行文关系。正文部分先说明了发文事由"夏氏有罪，予畏上帝，不敢不正"，说明了发动战争的原因。最后是宣布对违令者的惩罚措施"尔不从誓言，予则孥戮汝，罔有攸赦"。

2. 诰

诰体公文是历史上出现最早，使用时间最长的公文文种之一。诰，告也，以上告谕众下也。诰体文多是史官实录当时统治者宣布的重大事项和重大决策。它是君王对下发布命令使用的常用公文类型。由于诰体文为当时统治者重要言论的实录，因此其语言多为当时口语，与现代语言差距很大，故韩愈有"周诰殷盘，

[①] 李民、王健撰：《尚书译注》，上海古籍出版社2004年版。

佶屈聱牙"的评论。诰体最充分地体现了上古语言的特色，古奥朴拙。同时，诰体文的结构脉络清晰，布局严整，多以史立论，以历史事实的不可辩驳性，展示了强大的说服力，使闻者动心，知者足诫。如《尚书·商书》的《汤诰》①篇：

汤既黜夏命，复归于亳，作《汤诰》。

王归自克夏，至于亳，诞告万方。王曰："嗟！尔万方有众，明听予一人诰。惟皇上帝，降衷于下民。若有恒性，克绥厥猷惟后。夏王灭德作威，以敷虐于尔万方百姓。尔万方百姓，罹其凶害，弗忍荼毒，并告无辜于上下神祇。天道福善祸淫，降灾于夏，以彰厥罪。肆台小子，将天命明威，不敢赦。敢用玄牡，敢昭告于上天神后，请罪有夏。聿求元圣，与之戮力，以与尔有众请命。上天孚佑下民，罪人黜伏，天命弗僭，贲若草木，兆民允殖。俾予一人辑宁尔邦家，兹朕未知获戾于上下，栗栗危惧，若将陨于深渊。凡我造邦，无从匪彝，无即慆淫，各守尔典，以承天休。尔有善，朕弗敢蔽；罪当朕躬，弗敢自赦，惟简在上帝之心。其尔万方有罪，在予一人；予一人有罪，无以尔万方。呜呼！尚克时忱，乃亦有终。"

《汤诰》是商汤即位时在商都亳邑对诸侯们的训示。这篇诰文由文头和正文两部分构成。文头部分的"王曰"，"尔万方有众，明听予一人诰"说明了发令人是商王，受命人为"万方有众"，明确了行文关系。正文部分从天命灭夏、天意兴商、治国方略三个方面论证了讨伐夏桀的正当性，也是这篇诰文的核心所在。

3. 训

训的本义是训诫、规劝的意思。商时期的训体公文一般分为上行文和下行文两种。下行文用于帝王训诫、开导臣民，带有指导性质。多是针对臣民在重大决策的实施过程中产生的分歧意见，剖析事理，陈说利害，并要求臣民遵照执行，也警告臣民，违者将受到惩罚。《尚书·商书》中的《盘庚》三篇就是商王盘庚针对一些臣民对迁都不满、怠于政事而发的三篇训词。下行文的基本体式也由文头和正文构成。文头部分以"王曰"、"王若曰"、"予告汝训汝"等习惯用语，明示示训人和受训人的身份，标明下行训的行文关系。正文部分一般是提出问题，分析问题，解决问题的顺序叙写。先概述基本情况，提出所争议的问题，然后针对实际问题展开讨论，引经据典，陈说利害，最后提出具体要求，予以训诫。例如《盘庚上》：②

王若曰："格汝众，予告汝训汝，猷黜乃心，无傲从康。古我先王，亦惟图任旧人共政。王播告之修，不匿厥指。王用丕钦；罔有逸言，民用丕变。今汝聒聒，起信险肤，予弗知乃所讼！"

---

①② 李民、王健撰：《尚书译注》，上海古籍出版社2004年版。

非予自荒兹德，惟汝含德，不惕予一人。予若观火，予亦拙谋作，乃逸。若网在纲，有条而不紊；若农服田，力穑乃亦有秋。汝克黜乃心，施实德于民，至于婚友，丕乃敢大言汝有积德。乃不畏戎毒于远迩，惰农自安，不昏作劳，不服田亩，越其罔有黍稷。

"汝不和吉言于百姓，惟汝自生毒。乃败祸奸宄，以自灾于厥身。乃既先恶于民，乃奉其恫，汝悔身何及？相时憸民，犹胥顾于箴言，其发有逸口，矧予制乃短长之命！汝曷弗告朕而胥动以浮言，恐沈于众？若火之燎于原，不可向迩，其犹可扑灭。则惟汝众自作弗靖，非予有咎！"

迟任有言曰："人惟求旧，器非求旧，惟新。"古我先王暨乃祖乃父胥及逸勤，予敢动用非罚？世选尔劳，予不掩尔善。兹予大享于先王，尔祖其从与享之。作福作灾，予亦不敢动用非德。予告汝于难，若射之有志。汝无侮老成人，无弱孤有幼，各长于厥居，勉出乃力，听予一人之作猷。无有远迩，用罪伐厥死，用德彰厥善。邦之臧，惟汝众；邦之不臧，惟予一人有佚罚。凡尔众，其惟致告：自今至于后日，各恭尔事，齐乃位，度乃口。罚及尔身，弗可悔！"

《盘庚上》的文头部分明确了下行训的行文关系。正文部分先讲述迁都的原因，并阐明迁都不会危及他们利益；接着训戒他们要奉命从迁，不要浮言动众，并申明不忘其祖辈功劳；结尾再以刑罚相诫。有理有据地论述了迁都的正确主张，批评了反对迁都的错误意见。最后提出具体要求。整篇训文说理充分，情感起落变化，语气由徐而急，自急转徐，对众戚喻之以理，晓之以利，动之以威，生动展现了盘庚力排众议，稳重坚毅，有胆有识的政治家风采。

上行训用于臣下劝诫、开导君王，对朝政提出建议性意见。商朝的上行训没有文头，只是在训词前面的记事中交代行文关系。《伊训》就是一篇上行训，是商汤的重臣伊尹在新君即位之际作训，意在告诫新君要继承先王大业，以德为政。

（二）西周时期公文典型文种

西周时期，公文的功能更加广泛，形态更为成熟，因有其特定的作者、特定的收受对象、特定的内容和目的，遂发展为不同类型的文种，使公文的职能扩大，开始被作为处理国家事务的重要工具。

1. 典

典是西周时期的中央集权颁布的制度、法规性公文。在《周礼·天官·大宰》记载了所谓的"建邦六典"。包括了治典、教典、政典、刑典、事典等多个方面。典是当时最高级别的公文，不常用。典的集合就是"范"，范者，模式也。《尚书·周书·洪范》篇，就规定了治理国家的根本法则"洪范九畴"，即：五行（金、木、水、火、土）；五事（貌、言、视、听、思）；八种政务官员（食、货、祀、司空、司徒、司寇、宾、师）；五种记事方法（岁、月、日、星辰、历数）；建立君权的法则；君王三德（正直、抑制刚强、推崇柔顺）；考察决定大事的方法；各种征兆（雨、晴、暖、冷、风）；五福（长寿、富贵、康宁、好德、善终）；六极（夭折、疾病、贫穷、忧愁、邪恶、懦弱）。可见"典"、"范"都是当时国家的根本大法。

2. 命

西周时期，命主要是用来授官赐爵的公文文种。命又称册命、册、书、命书，青铜器铭文称为书、令书、令册等。周天子任命王官和分封诸侯，使用命书。这类命书原件多以竹简为载体，现在原件已不可得见。目前流传于世的西周命书一般是有两个途径：一是《尚书·周书》部分，以及《诗经》《左传》等典籍中对王命的节录；二是受命者为了证明自己的地位，将命书的内容铸刻在彝器上。因此青铜器铭文中的王命当是册命的迻录。《颂鼎铭文》[①] 就是一篇典型的册命公文的迻录。

唯三年五月既死霸甲戌，王在周康邵宫。旦，王各大室，即位。宰引佑颂，入门，立中廷。尹氏授王命书，王乎史虢生册命颂。王曰："颂，命汝官成周贮二十家，监新造贮用宫御。赐汝玄衣黹纯、赤市、朱黄、銮旂、攸勒，用事。"颂拜稽首，受命册，佩以出，反入觐璋。颂敢对扬天子丕显鲁休，用作朕皇考龚叔、皇母龚姒宝尊鼎。用追孝祈介康纯佑通禄永命。颂其万年眉寿，畯臣天子灵终，子子孙孙宝用。

《颂鼎铭文》是西周晚期的册命铭文。该铭文记录了受命者颂受命的整个过程，包括策命时间、策命地点、王、秉册史官与宣册史官的授册、宣命，受命者等。铭文中"王曰"以下则是命书的具体内容。先称呼受命者的名字，接着叙述劳绩，追述先王与受命者先祖的关系，列举赏赐和职官，以及诫勉等。

另外，《尚书·周书》里的《蔡仲之命》[②] 也是有代表性册命文种。

蔡叔既没，王命蔡仲，践诸侯位，作《蔡仲之命》。

惟周公位冢宰，正百工，群叔流言。乃致辟管叔于商；囚蔡叔于郭邻，以车七乘；降霍叔于庶人，三年不齿。蔡仲克庸祗德，周公以为卿士。叔卒，乃命诸王邦之蔡。王若曰："小子胡，惟尔率德改行，克慎厥猷，肆予命尔侯于东土。往即乃封，敬哉！尔尚盖前人之愆，惟忠惟孝；尔乃迈迹自身，克勤无怠，以垂宪乃后；率乃祖文王之彝训，无若尔考之违王命。皇天无亲，惟德是辅。民心无常，惟惠之怀。为善不同，同归于治；为恶不同，同归于乱。尔其戒哉！慎厥初，惟厥终，终以不困；不惟厥终，终以困穷。懋乃攸绩，睦乃四邻，以蕃王室，以和兄弟，康济小民。率自中，无作聪明乱旧章。详乃视听，罔以侧言改厥

---

① 吕济民等主编：《中国传世文物收藏鉴赏全书·青铜器上》，线装书局2006年版。
② 李民、王健撰：《尚书译注》，上海古籍出版社2004年版。

度。则予一人汝嘉。"王曰："呜呼！小子胡，汝往哉！无荒弃朕命！"

这篇公文是周成王赐封蔡仲为诸侯的任命书。全文由文头和正文两部分构成。文头，以"王若曰"领起，直接称呼受命人"小子胡"，明确了下行文的行文关系。正文宣布了任命的爵位，并对受命人提出要求。全文语言简洁，事项明确，谆谆嘱托，语重心长。

3. 诰

西周时期的诰体公文涉及的内容比较广泛，应用的范围也不尽相同。从受文对象看，下行诰又可分为向民众发布的诰和向大臣发布的诰。

凡是关系到国家长治久安的重大决策，如迁民政策、平定安抚政策、在卫国中实行戒酒令等都是受文对象为民众的下行诰文。其基本体式由文头和正文两部分组成。文头以"王曰"领起，明确行文关系，称呼受命人，如"明大命于妹邦"①、"我惟大降尔命"②，一般用命令的语气。正文一般先写发文事由，之后是决策命令。《尚书·周书》中记载了许多向民众发布的下行诰，如《多士》③ 就是其中一篇。

成周既成，迁殷顽民，周公以王命诰，作《多士》。

惟三月，周公初于新邑洛，用告商王士。

王若曰："尔殷遗多士！弗吊旻天，大降丧于殷。我有周佑命，将天明威，致王罚，敕殷命终于帝。肆尔多士！非我小国敢弋殷命。惟天不畀允罔固乱，弼我，我其敢求位？惟帝不畀，惟我下民秉为，惟天明畏。"

"我闻曰：'上帝引逸。'有夏不适逸，则惟帝降格，向于时夏。弗克庸帝，大淫泆有辞。惟时天罔念闻，厥惟废元命，降致罚；乃命尔先祖成汤革夏，俊民甸四方。"

"自成汤至于帝乙。罔不明德恤祀。亦惟天丕建保乂有殷，殷王亦罔敢失帝，罔不配天其泽。在今后嗣王，诞罔显于天，矧曰其有听念于先王勤家？诞淫厥泆，罔顾于天显民祇，惟时上帝不保，降若兹大丧。惟天不畀不明厥德，凡四方小大邦丧，罔非有辞于罚。"

王若曰："尔殷多士，今惟我周王丕灵承帝事，有命曰：'割殷，告敕于帝。'惟我事不贰适，惟尔王家我适。予其曰惟尔洪无度，我不尔动，自乃邑。予亦念天，即于殷大戾，肆不正。"

王曰："猷！告尔多士，予惟时其迁居西尔，非我一人奉德不康宁，时惟天命。无违，朕不敢有后，无我怨。"

"惟尔知，惟殷先人有册有典，殷革夏命。今尔又曰：'夏迪简在王庭，有服

---

① 李民、王健撰：《尚书译注·酒诰》，上海古籍出版社2004年版。
② 李民、王健撰：《尚书译注·多方》，上海古籍出版社2004年版。
③ 李民、王健撰：《尚书译注·多士》，上海古籍出版社2004年版。

在百僚。'予一人惟听用德。肆予敢求尔于天邑商，予惟率肆矜尔。非予罪，时惟天命。"

王曰："多士，昔朕来自奄，予大降尔四国民命。我乃明致天罚，移尔遐逖，比事臣我宗多逊。"

王曰："告尔殷多士，今予惟不尔杀，予惟时命有申。今朕作大邑于兹洛，予惟四方罔攸宾，亦惟尔多士攸服奔走臣我多逊。尔乃尚有尔土，尔乃尚宁干止。尔克敬，天惟畀矜迹；尔不克敬，尔不啻不有尔土，予亦致天之罚于尔躬！今尔惟时宅尔邑，继尔居；尔厥有干有年于兹洛。尔小子乃兴，从尔迁。"

王曰："又曰时予，乃或言尔攸居。"

《多士》是周公代周成王发布的关于移民政策的诰命，史官记录下来，定题目为《多士》。尽管是记录时截取的几段，仍可以看到西周时期带命令性质的诰体公文的基本体式。文头以"王若曰"点明发令人，接着是直呼受命人"尔殷遗多士"，明确了下行诰的行文关系。正文先写发文缘由，以天命不可违的天道观历述朝代更迭。然后宣布决定事项，只要肯顺从，迁往成周即可，否则将予以惩罚。从《多士》的内容可以看出，向民众发布的下行诰，所决定的事项是不可违抗的，必须无条件执行，命令性很强。

向大臣发布的下行诰，用于告诫、开导群臣。这种下行诰与商朝的下行训相近，一般是在某一重大问题的决策上产生分歧，君王针对不同意见，就事论理，陈述利害，训诫开导，以达到统一思想和行动的目的。重在教化，以理服人，而非命令性和强制性。如《尚书·周书》中的《大诰》就是以周成王的名义发布的告诫、开导群臣的诰文。其目的就是要大臣统一认识，同意东征平叛。

4. 誓

西周时期的誓体公文与夏、商时期的誓体公文一样，是军事公文，用于战前动员，有很强的命令性。《史记·周本纪》记载，周武王伐纣，每次大战之前都有誓词。如《牧誓》《秦誓》三篇等。誓文的结构与商时期的誓文接近，一般也分为文头和正文部分。文头标明发令人和受命人，然后是正文，先申明发文的事由，紧接着是命令和奖惩措施。语气肃杀斩决，语言简捷峻急，刚劲有力。

5. 训

西周时期的训体公文与商朝的训体公文不同，没有下行训，只有上行训，用于臣下劝谏、开导君王，其内容多是关于君王修身养德，勤政爱民，或对国事提出建议。《无逸》《周官》《立政》《旅獒》都是典型的训体公文。其中《无逸》[①]篇可算是训体公文的典范之作。

---

① 李民、王健撰：《尚书译注·周书》，上海古籍出版社2004年版。

周公曰:"呜呼,君子所,其无逸,先知稼穑之艰难,乃逸,则知小人之依。相小人,厥父母勤劳稼穑,厥子乃不知稼穑之艰难,乃逸乃谚。既诞,否则侮厥父母,曰:'昔之人无闻知'。"

周公曰:"呜呼,我闻曰:昔在殷王中宗,严恭寅畏,天命自度,治民祗惧,不敢荒宁。肆中宗之享国七十有五年。其在高宗,时旧劳于外,爰暨小人;作其即位,乃或亮阴,三年不言,其惟不言,言乃雍;不敢荒宁,嘉靖殷邦,至于小大,无时或怨。肆高宗之享国五十有九年。其在祖甲,不义惟王,旧为小人;作其即位,爰知小人之依,能保惠于庶民,不敢侮鳏寡。肆祖甲之享国三十有三年。自时厥后,立王生则逸。生则逸,不知稼穑之艰难,不闻小人之劳,惟耽乐之从自时厥后,亦罔或克寿。或十年,或七八年,或五六年,或四三年。"

周公曰:"呜呼,厥亦惟我周太王、王季,克自抑畏。文王卑服,即康功田功;徽柔懿恭,怀保小民,惠鲜鳏寡;自朝至于日中昃不遑暇食,用咸和万民;文王不敢盘于游田,以庶邦惟正之供。文王受命惟中身,厥享国五十年。"

周公曰:"呜呼,继自今嗣王,则其无淫于观、于逸、于游、于田,以万民惟正之供。无皇曰'今日耽乐'。乃非民攸训,非天攸若,时人丕则有愆。无若殷王受之迷乱,酗于酒德哉。"

周公曰:"呜呼,我闻曰:古之人犹胥训告,胥保惠,胥教诲,民无或胥诪张为幻。此厥不听,人乃训之,乃变乱先王之正刑,至于小大。民否则厥心违怨,否则厥口诅祝。"

周公曰:"呜呼,自殷王中宗及高宗及祖甲,及我周文王,兹四人迪哲。厥或告之曰:'小人怨汝詈汝,则皇自敬德。厥愆,曰:'朕之愆允若时。'不啻不敢含怒。此厥不听,人乃或诪张为幻,曰:'小人怨汝詈汝',则信之。则若时,不永念厥辟,不宽绰厥心,乱罚无罪,杀无辜。怨有同,是丛于厥身。"

周公曰:"呜呼!嗣王,其监于兹!"

这篇训文记载了西周杰出的政治家周公对周成王的训辞。该文共分为七个自然段,每段开头都有"周公曰",既显示了"记言"的特点,又显得层次清楚。首先,文章开宗明义,提出"君子所,其无逸,先知稼穑之艰难"这一全篇的主题和论述核心。紧接着,周公引述大量历史事实,说明了殷王中宗不敢荒废政事,在位长达七十五年;高宗和帝甲父子都曾经生活在民间,知道老百姓的痛苦,勤政爱民,高宗在位五十九年,帝甲在位三十三年;周文王中年即位,为君王还穿着平民的衣服,垦荒种地,不遑暇食,咸和万民,在位五十年。而帝甲以后历代王,只知道追求逸乐,没有一个人长寿,在位有的十年,有的五六年,有的仅三四年。这些史实从正反两方面论证了"无逸"的重要。《无逸》全文论述事理中心明确,层次清楚,语言流畅,是《周书》中结构严整的典范。

6. 事书

事书是一种上行公文,《周礼·春官·内史》曾记载:"凡四方之事书,内史读之。"是诸侯、中央和地方官吏向君主阐述自己的政治主张、汇报事情、请示问题或上谏规谏时所用的公文体式。事书的功能类似于现代的"请示"、"报告"。

7. 盟书

盟书,亦称载书。西周时期的盟书是诸侯之间就政治、军事等重大事件达成一致后,在结盟仪式上立下的对各方都有约束力的誓约。《周礼·秋官·司盟》记载:"掌盟载之法。凡邦有疑,会同,则掌其盟书之载,及其礼仪。北面昭神明,即盟,则贰之。"

8. 约剂

约剂是西周时期的一种法律性公文,是"典"的实施细则和补充规定。周王为了加强自己的统治,在原有法律公文"典"的基础上订立了天子与诸侯之间、诸侯与民众之间的邦国之约和民众之约,并用"约剂"这种公文形式下发执行。相当于今天的"准则"、"规定"、"条例"等,有时类似于"盟书",故有"盟约"之合称。

9. 丹书

记载奴隶的名籍,因用朱笔书写而得名。为记载其奴隶身份,便于奴隶主世代奴役他们。

10. 谱牒

记录王室世系的家谱。这是册命和分封的重要依据。

11. 版图

记载周王朝人口户籍和山川境土的公文。《周礼·天宫·小宰》记载:"版谓夫家生齿之版,图谓土地风气之图。"版图是周王朝摊派贡赋和处理人头、土地纠纷的凭据。

第三节 春秋战国时期公文

一、春秋战国时期公文概况

春秋战国的五百多年间,是我国从奴隶制逐步走向封建制的大变革时期。这一时期的社会特点是王权衰微、礼崩乐坏、群雄争霸。政治制度和国家机构都发生了重大变化。因此也给公文及公文工作带了深刻的影响。从而引起公文文种的变化和新的公文制度的产生。而且这一时期,由于私学的大量兴办,使得史官(秘书)的来源不仅仅是世袭贵族,许多受过私学教育的士开始担任秘书工作。同时,百家争鸣的出现，也为公文的发展起到了极大的促进作用。儒、墨、法等学派对公文语言以及公文的应用都有所论述。这些论述对公文的发展有着极其深刻的影响。

（一）公文的形式和内容发生改变

公文是历史的真实反映。在社会发生深刻变革的春秋战国时期，公文从内容到形式也随之发生变化，从而形成这一时期公文的特点。

军事内容多于政务内容，是春秋战国时期公文的特点之一。由于连年战争，军事谋略、出兵征讨、战后结盟等军事活动成为各国朝廷议事的重要内容。为了适应兼并战争的需要，军事公文的种类明显增多，不仅出现了檄文、盟书等新的文种。即使在其他种类的公文里，诸如遗书、上书、命、令等也多涉及军事内容。

产生了平行公文。西周时期，周王是天下宗主，分封不久的众多诸侯，尚处于小国寡民状态，共同效忠周王室，各国之间往来较少。春秋战国时期，周王室削弱直至灭亡，失去了王室约束的诸侯国，各行其是，战战和和，相互之间往来频繁，用于国与国之间事务交涉的移书应时而生。各国诸侯相对独立，但毕竟是从一个周王朝分裂出来的，是一时失去宗主的各个地方势力。随着秦统一六国，移书也就成为各部门、各州县之间沟通、联络的平行公文。

与此同时，上行公文也有了进一步的发展。商朝的上行训和西周时期的上行诰从行文方向上看是上行公文，但作训、作诰的都是辅佐君王的重臣，他们本来就承担着提供咨询、开导劝诫君王的任务，这种言事是决策层内部的意见交换，地位、等级并不悬殊，只能说是上行文的源头。春秋战国时期的上书，把上行公文向前发展了一步，用于臣下，有的是没有具体官职的客卿、幕僚、说客直接向国王陈述政见，上下级的界限分明，这才是真正意义上的上行公文。所以，《颜氏家训·省事》[①] 说："上书陈事，起于战国。"

（二）公文载体种类增加

1. 简牍公文

春秋战国时期，甲骨文作为公文书写材料虽仍占据一席之地，但已失去了原来的广泛性和重要性。金文公文由于耗时费力，制作工程巨繁而逐渐被废弃，各国虽然也铸鼎，但已不再用于公文记载而是单纯的礼仪。西周时已经开始使用的竹木载体，到了春秋战国时期开始盛行。以竹木为材料的简牍，因其材料普通，制作简单，刻写容易且便于整理保管而受到青睐和广泛使用。国君向国内颁布的法令和诏诰以及大臣用来表达意见、反映情况的奏章大都用竹木简牍来书写。目前有大量的实物出土，如1978年湖北随县出土的215片"曾侯乙墓战国竹简"和1975年湖北云梦睡虎地秦墓中发现的1100多片"云梦秦简"（见图1-5）都

---

① 颜之推著，程小铭译注：《颜氏家训全译》，贵州人民出版社2008年版。

是这一时期简牍流行的很好物质证明。

图 1-5 云梦秦简

2. 缣帛公文

春秋战国时期，随着纺织业的发展，人们开始用缣帛亦即丝、棉织品制作公文，这就是缣帛公文。《墨子》① 中屡屡提到的"书于竹帛"，《韩非子·安危》② 中记载"先王寄理于竹帛"，其中"帛"即是缣帛。这说明缣帛作为一种公文载体在当时已被广泛应用。现在出土最早的缣帛公文为战国时期的楚帛书（见图 1-6）。

缣帛作为公文书写材料，具有柔软、轻便、便于写作的特点，同时可以随便剪裁和舒卷，所以，便于收藏、运输、携带和阅读，远比笨重的简牍公文方便。但是由于缣帛的制作工艺复杂，产量有限，价格昂贵，当时尚未推广，只能在有限的范围内使用。根据古籍记载，缣帛公文在秦皇宫中被经常使用，皇上的诏令一般都以缣帛来书写，以显地位之尊贵。

3. 石刻公文

春秋战国时期，出现了一种镌刻在石头上的公文——石刻公文。《墨子》中记载"镂于金石"，这说明最晚在春秋末期就出现了石刻公文。春秋战国时期最有名的石刻公文是故宫博物院内保存的"石鼓文"。

由于石刻记事原材料丰富，刻石工序简单，又兼有金文公文难以破坏，能够永久保存的优点，所以石刻公文出现后，就逐渐取代了青铜铭文，直至秦统一中国，石刻公文就更盛行了。

---

① 墨子著，周才珠、齐瑞端译注：《墨子全译》，贵州人民出版社2009年版。
② 张觉等撰：《韩非子译注》，上海古籍出版社2007年版。

图1-6 马王堆帛书

（三）史官地位衰落与士的参政议政

1. 史官地位的衰落

在我国的公文初创期，史官为公文的诞生和形成立下了汗马功劳。是他们最早记录下了各朝大事，初创了公文的雏形体式。特别是在商周时代，公文几乎全部出自史官之手。然而进入春秋战国之后，人们的天道观发生改变，崇拜鬼神的原始宗教信仰开始逐渐减弱，转而重视人治的作用。于是在尊神文化中崛起的史官就逐渐失去了往日的崇高地位。爵位世袭制也因各国实行"察能而授官"的改革开始动摇。这样，伴君左右且世代世袭的史官就逐渐失去了参与政务的权力。公文的撰写不再是史官的世袭领地了。

2. 私学的兴办为士的培养提供了条件。

春秋战国时期，政治经济的多元状态、诸侯各国相互争霸的局面必然促成学术思想的繁荣和多元化。各国的统治者从维护自身统治，壮大政治、经济、军事力量出发，鼓励和支持各种学术思想的发展。战国时除了孔、墨显学外，还有道德、阴阳、名辩等家，甚至一家之内也分化出不同的门派。各家都抱着以学易天下的宗旨，对各国国君进行游说，希望其采纳自己的政治主张，一时之间出现了百家争鸣的局面。

各个学派为了争取更多的人支持或使其学说得以推广，纷纷办私学、招纳门徒，培养士子。这就使得更多的人受到文化知识的教育和学术思想的熏陶，使士的队伍得到发展壮大。在此基础上，各学派门徒开始深入钻研兴邦治国的策略和方法，这使得士辅助统治者成就霸业的能力有所增强，士子队伍的素质得到很大提高。

3. 士在政务活动中充分发挥作用

由私学培养出的大批士逐渐成为一个新兴的知识分子阶层。他们文化修养高，知识丰富，文章练达，善于辞令，有一定的政治见解。春秋战国时期特殊的政治环境和学术思想背景为士创造了很好的参与各诸侯国政务活动的机会。他们的满腹经纶以及活跃的思想使其很快在各诸侯国中得到重用，成为国君的谋臣策士。因此由他们写出了很多治国安邦的公文。由于他们参与公文的写作，不仅给公文注入了新的思想，新的血液，而且使公文的数量和范围都骤然增多，公文写作的水平也大幅度提高。

二、公文制度

春秋战国时期，随着公文应用的日益广泛，公文管理制度较之西周时期也得到了进一步的强化和发展。在继续沿用西周的副本制度、收藏制度的基础上，又形成了一些新的公文工作制度。这些公文制度主要包括拟文制度、用印制度、职官制度和公文传递制度。

（一）公文的拟文制度

春秋战国群雄争霸的局面使得各国公文的写作要求越来越严格。公文必须有较高的质量才能适应当时的需要并发挥其重要作用。《论语·宪问》记载了郑国已经确立了拟文程序："为命，裨谌草创之，世叔讨论之，行人子羽修饰之，东里子产润色之"。即一篇公文在颁布之前，要经过起草、讨论、修改、润色四个环节，每个环节都有人负责。其他诸侯国也是如此。这样的约束制度不仅保证了公文的质量，而且确保了公文的权威性和语言准确性，从而能更有效地发挥管理国家的作用。春秋战国时期出现了不少优秀公文，这与公文拟文制度的确立是分不开的。

（二）公文的用印制度

印章在西周时已经出现。《礼记·掌节》有"货贿用玺节"。玺，即印章。西周时期印章用于私人封检货物，但在公文中尚未使用。到了春秋战国时期，各诸侯国机构繁杂，为了表明身份，证实权力，印章就开始流行，并应用到公文之中。当时的印章称为"玺"，不仅各诸侯国的国君有玺印，各国的卿大夫也有官印。印章是官员地位和身份的象征，也是其合法地位的凭证。任职时授予，免职时收回。因此，各国国君或官员发出公文时都要加盖自己的印章，以证明其有效性。由于当时的公文大多是刻写在简牍之上，因此在将要发出简册的结绳处糊上一块粘泥，并在粘泥处加盖印章，即所谓的"封泥"。这种用印封泥制度保证了公文的严肃性，防止公文被伪造，是公文管理的一大进步。

（三）公文的职官制度

夏商周几代的公文人员均为史官，而且位高权重，在官制上实行父死子承的世袭制度。然而，随着天道观的衰退，取而代之的是人道思想。统治者急需大量有新观念、新思想的人才参政议政，而传统的贵族世袭制下的史官观念陈旧、死守礼仪，难以适应新的形势以满足统治的需要。所以史官的地位开始下降，职能日削，取而代之的是新的公文职官。同时，私人办学培养的大批士，由于其思想开放，怀有兴邦治国之道，并利用自己丰富的知识和文化修养为君主们出谋划策，向君主们进言劝谏，以达到说服人主的政治目的。因此，他们很快占据了许多与公文创作和管理息息相关的职位，成为公文职官新生力量。

春秋时期，各国新设置的公文机构名称、官职都不尽相同，即使是在一个国家的不同时期也不尽相同。但职能却是相近的。如"尚书府"，又称主书府或掌书府。秦、魏、齐三国都设置过这一机构，其职能是掌管公文奏章。如《战国策·秦策》[①]记载："司马空说赵王曰：'文信侯相秦，臣事之为尚书，司奏事。'""御史府"是齐、秦、赵三国都曾设置过的机构，主要职能是掌管监察、记事。另外还有齐、楚两国设置过的太史府。楚之"左徒"、鲁之"令正"、齐之"掌书"、秦之"尚书"等都是这一时期各国公文职官。著名文学家屈原就曾任楚怀王的左徒，为怀王起草过很多重要公文。

（四）公文传递制度

春秋战国时期，由于各国之间频繁的战争和外交往来，各诸侯国已经有了邮驿，往返传送官府文书。《孟子·公孙丑》[②]中曾引用孔子的话："德之流行速于置邮而传命。"孔子用邮驿作对比，说明当时邮驿已为人们熟知。当时全国的陆上交通四通八达，内河和海上交通更为发达，长江、淮河、汉水、钱塘江等水系，北方的济、沂等都能通航，为公文的传递创造了良好的条件。

三、典型文种介绍

春秋战国时期的经济发展、社会变革、思想解放和文化繁荣为公文的发展创造了条件。开放自由的社会环境，形成了公文特有的色彩。清章学诚在《文史通义·诗教上》[③]说："后世之文，其体皆备于战国。"此话虽不免夸张，但亦可略见公文在此时的繁荣程度。这一时期的公文主要集中于《战国策》《左传》《国语》等先秦典籍中，主要有各诸侯国的军事公文、外交公文，改革家的法令公文

---

① 缪文远、罗永莲、缪伟译注：《战国策》，中华书局2006年版。
② （战国）孟轲著，杨伯峻、杨逢彬注译：《孟子》，岳麓书社2000年版。
③ （清）章学诚原著，严杰、武秀成译注：《文史通义全译》，贵州人民出版社1997年版。

等。其中《左传·同盟于亳载书》《战国策·报燕惠王书》《战国策·苏秦献书赵王》以及李斯《谏逐客书》等，都是流传千古的名篇。时代的争鸣气氛造就了灿烂的辞章，这一时期的公文长于雄辩、气势恢宏、文采绚丽、炫人耳目，无论是在思想上还是在艺术上都表现出绝无仅有的独创性和丰富性。

1. 命

春秋战国时期的命体公文，一是用于君王对诸侯、大臣委以重任，二是用于嘉奖、册封有功诸侯，也属于君王使用的专用公文体，但这时的周王室逐渐衰微，因此命体公文也明显减少。但王室制度存在，使得命体公文仍然沿用，如周平王的《命晋之侯》、周灵王的《赐齐灵公命》等，其内容和作用与西周时期的命体公文基本相同。

2. 誓

誓体公文依然沿用，但这时的誓文，已经不仅仅局限于激励士气的誓师辞范围内，进而扩展成为达到某一种神圣目标而做的誓言。如勾践的《与国人誓》，就是为了复仇，通过誓文达到让国人同仇敌忾的目的：

寡人闻古之贤君，四方之民归之，若水之归下也。今寡人不能，将率二三子夫妇以蕃。令壮者无取老妇，令老者无取壮妻，女子十七不嫁，其父母有罪，丈夫二十不取，其父母有罪。将免者以告，公令医守之。生丈夫，二壶酒一犬，生女子，二壶酒一豚。生三人，公与之母；生二人，公与之饩。当室者死。三年释其政，支子死，三月释其政，必哭泣葬埋之，如其子。令孤子、寡妇、疾疹、贫病者纳官其子。其达士，洁其居，美其服，饱其食，而摩厉之于义。四方之士来者必庙礼之"。①

《与国人誓》是越王勾践败于吴国之后，在会稽对其臣民所做的重新建国的动员令。誓文从经济和政治两个方面阐述了重建家园，强盛国力的具体措施，包括：鼓励臣民多生育，增加人口来发展生产以奠定坚实的经济基础；同时要招贤纳士，加强政治军事方面的力量。奖惩政策阐述得翔实具体，具有很强的可行性和感召力。

3. 檄文

檄文是帝王、诸侯或军队首领在战前用来声讨敌方，誓师宣言，说明出师的原因、目的及任务，很接近于西周时期的誓体公文。除了这种公开性的檄文外，还将其用来征调军队，这是一种秘密文件，如插上羽毛，则表示军情万分紧急。正如许慎在《说文解字》②所说："以木简为书，长尺二寸，用以号召；若有急则插鸡羽而遗之，故谓之羽檄，言如飞之急也。"

---

① （春秋）左丘明撰，鲍思陶点校：《国语》，齐鲁书社2005年版。
② （汉）许慎撰，（清）段玉裁注：《说文解字》，中州古籍出版社2006年版。

檄文的内容，往往是向天下昭示被声讨一方的罪责，矜夸己方的声威兵势和正义性，威之以势，晓之以理，恩威并加，敦促对方投降，或于其他方面迫使对方接受其命令等。

檄文在政治军事斗争中扮演了重要角色，典籍中常有"传檄而千里定"，"承檄而降"等语句，可见檄文威慑力量之大。

明代吴讷的《文章辨体序说·檄》说："檄，军书也。春秋时，祭公谋父称文告之辞，及檄之本始。至战国张仪檄告楚相，其名始著"①。刘勰《文心雕龙》认为："古有威让之令，有文告之辞，即檄之本源也"。由此可知，檄文的雏形就是文告之辞。《左传》中的《吕相绝秦》是一篇完整的文告之辞，可以看做是檄文公文的雏形。刘勰在《文心雕龙》中说："晋厉伐秦，责箕郜之焚，管仲吕相，详其意义，即今之檄文。"这篇公文是春秋时期，晋厉王派大夫吕相问责秦国，向秦国宣布绝交的檄文。整篇公文运用了大量夸大手法申明己方的仁德友好，斥责秦国的种种罪行。为晋国赢得其他诸侯国的联盟制造了强大的舆论和声势。虽然当时在春秋时期没有称为檄文，但其行文格式已与檄文体一致，因此可以说此文开后来檄文之先河。

最早的檄文体公文是在战国时期开始出现的。《史记·张仪列传》②中的《为文檄告楚相》就是最早的檄文公文：

"始吾若饮，我不盗而璧，若笞我。若善守汝国，我顾且盗而城！"

这篇檄文是张仪做秦相后，为报受辱之仇而做，文章非常简短，但气势恢宏，是有关"檄"名称的最早记录。

4. 盟书

春秋战国时期，周王室衰微，各国之间的关系错综复杂，时而交战，时而和好，会盟结盟非常频繁。因此，从西周产生的盟书这一公文文种在这个时期得到了快速的发展。这一时期的盟书主要分为两类。一类是在战争中，盟国之间就某一事项经协商一致结成的双边或多边同盟时订立的条约。其基本体式由约定事项、司盟诸神、惩罚条款三部分构成。如周襄王卿士王子虎的《盟诸侯于王庭要言》，燕召公的《共头盟》，晋文公的《合诸侯盟》，郑桓公的《与商人盟》，秦昭襄王的《与夷人刻石为盟要》等都属此类。《左传·襄公十一年》③记载了七姓十二国诸侯与郑国缔结的盟约内容：

秋七月，同盟于亳……载书曰："凡我同盟，毋蕴年，毋雍利，毋保奸，毋留慝，救灾患，恤祸乱，同好恶，奖王室。或间兹命，司慎、司盟、名山、名

---

① （明）吴讷：《文章辨体序说》，人民文学出版社1998年版。
② 司马迁著，韩北琦评注：《史记评注本》，岳麓书社2004年版。
③ 冀昀主编：《左传》，线装书局2007年版。

川、群神、群祀、先王、先公、七姓十二国之祖。神明殛之，俾失其民，队命亡氏，踣其国家。

其中"毋蕴年……奖王室"为约定事项，"司慎……七姓十二国之祖"是司盟诸神部分，最后是规定的惩罚条款。另一类是诸侯国内新兴地主阶级联合起来，向旧贵族夺权的协议。这类盟书的体式与第一类体式接近，只是结盟的对象不同而已。山西侯马晋国出土的《侯马盟书》就是属于这一类。这篇盟书是晋国新兴地主阶级赵简子（赵鞅）为结盟赵氏集团，与晋阳赵氏订立的盟约。其目的就是反对招纳奴隶，共约讨伐旧贵族荀寅、范去射等人。近年来在河南温县出土的《温县盟书》也是这类盟书。

5. 移书

移书，又称遗书。用于国与国之间的外事交涉，属于外交公文。春秋战国时期，国内事务繁杂，各国之间交往密切，移书这种外交性公文体就应运而生了。也涌现出许多著名的外交家，郑国的子产、齐国的晏婴、赵国的蔺相如、魏国的唐雎等都留下了许多脍炙人口的外交公文。这些外交辞令温文尔雅，有理有据，在《左传》中记载了不少移书佳作，这其中以郑子产的移书最为精彩，他的外交公文集中反映在《左传》中。其中有《子产告范宣子轻币》《子产坏晋馆垣》《子产献捷于晋》等篇最为精彩。《子产坏晋馆垣》①现录如下：

公薨之月，子产相郑伯以如晋，晋侯以我丧故，未之见也。子产使尽坏其馆之垣而纳车马焉。

士文伯让之，曰："敝邑以政刑之不修，寇盗充斥，无若诸侯之属辱在寡君者何？是以令吏人完客所馆，高其闬闳，厚其墙垣，以无忧客使。今吾子坏之，虽从者能戒，其若异客何？以敝邑之为盟主，缮完葺墙，以待宾客。若皆毁之，其何以共命？寡君使匄请命。"

对曰："以敝邑褊小，介于大国，诛求无时，是以不敢宁居，悉索敝赋，以来会时事。逢执事之不闲，而未得见；又不获闻命，未知见时。不敢输币，亦不敢暴露。其输之，则君之府实也，非荐陈之，不敢输也。其暴露之，则恐燥湿之不时而朽蠹，以重敝邑之罪。侨闻文公之为盟主也，宫室卑庳，无观台榭，以崇大诸侯之馆，馆如公寝；库厩缮修，司空以时平易道路，圬人以时塓馆宫室；诸侯宾至，甸设庭燎，仆人巡宫；车马有所，宾从有代，巾车脂辖，隶人、牧、圉各瞻其事；百官之属，各展其物。公不留宾，而亦无废事，忧乐同之，事则巡之；教其不知，而恤其不足。宾至如归，无宁灾患；不畏寇盗，而亦不患燥湿。今铜鞮之宫数里，而诸侯舍于隶人，门不容车，而不可逾越，盗贼公行，而天厉

---

① 冀昀主编：《左传》，线装书局2007年版。

不戒。宾见无时，命不可知。若又勿坏，是无所藏币，以重罪也。敢请执事，将何所命之？虽君之有鲁丧，亦敝邑之忧也。若获荐币，修垣而行，君之惠也，敢惮勤劳。"

文伯复命。赵文子曰："信！我实不德，而以隶人之垣，以赢诸侯，是吾罪也。"使士文伯谢不敏焉。

晋侯见郑伯，有加礼，厚其宴、好而归之。乃筑诸侯之馆。叔向曰："辞之不可以已也，如是夫！子产有辞，诸侯赖之，若之何其释辞也？《诗》曰：'辞之辑矣，民之协矣；辞之怿矣，民之莫矣。'其知之矣。"

这篇外交公文记录了郑子产出使晋国，却受到晋侯冷遇后，拆除宾馆的围墙，并遭到晋国大夫士文伯的斥责，而引出了一篇精彩的外交公文。郑子产面对士文伯的指责，不仅阐述了充足的理由，而且作了鲜明的今昔对比。进一步说明了拆墙的合理性，层层递进，最后将士文伯说服，并得到了晋侯的厚待。全篇以事实为依据，以情理为准绳，叙述细腻、周全、得体，从而取得了外交上的完全胜利。

6. 上书

上书，又称献书。用于臣下向君王上谏、规谏，是战国时期开始出现并很快流行起来的公文种类。在商周时期，臣下一般是通过训、诰或事书来向君王上言、陈事。春秋之后，周天子虽在，但王权衰微，各诸侯国势力均分，因此，臣下向国王陈事、进言，不再用训用诰，一律通称为上书。春秋战国时期各国普遍沿用群臣议事制度，凡国中大事，由国王召集群臣，当朝议决，大臣对朝政的见解、主张，都可以向国王当面陈述，若没有面陈机会，则上书言事。上书首句，多以"臣闻"领起，文中也自称"臣"，以此表示对国王的尊敬。正文的写法没有固定格式，重在剖析论理，阐明主张。具有代表性的上书公文有乐毅的《报燕王书》，黄歇的《上书说秦昭王》，范雎的《献书昭王》以及著名的李斯《谏逐客书》等。

7. 令

与命相似，是春秋战国时期新出现的一种公文，是一种指挥性的行政公文体裁。令可以由王发布，也可以由重臣或军事统帅发布，用于颁布法令及指挥军队。如秦国商鞅的《变法令》、魏国李悝的《习射令》，吴王夫差的《礼越王令》，这其中以商鞅的《变法令》最为著名。其先后进行了两次变法，这里以第一变法的《变法令》[①]为例：

令民为什伍，而相牧司连坐。不告奸者腰斩，告奸者与斩敌首同赏，匿奸者

[①] 司马迁著，韩北琦评注：《史记评注本·商君列传》，岳麓书社2004年版。

与降敌同罚。民有二男以上不分异者，倍其赋。有军功者，各以率受上爵；为私斗者，各以轻重被刑大小。僇力本业，耕织致粟帛多者复其身。事末利及怠而贫者，举以为收孥。宗室非有军功论，不得为属籍。明尊卑爵秩等级，各以差次名田宅，臣妾衣服以家次。有功者显荣，无功者虽富无所芬华。

这则变法令从政治和经济两个方面剥夺了旧贵族的特权，为秦统一中国奠定了基础。商鞅的法令公文中的一些内容对以后整个封建社会的建设有着极其深远的影响。

第二章　封建社会公文

本书所讲的"封建社会"沿用马克思主义史学之"封建社会"的划分,指自公元前221年秦始皇统一六国至1840年鸦片战争中国沦为半殖民地半封建社会两千多年的历史时期,[①] 这一漫长的历史时期经过几番小乱后的"大治",从文景之治到昭宣中兴,从贞观之治到开元盛世,最后再到康雍乾盛世,无不是中国政治、经济乃至文化大发展的时期。古代公文制度在这一发展过程中,自秦朝公文体制确立始,经过历朝历代的继承与沿革日趋成熟。

第一节　秦汉时期公文

一、秦汉时期公文概况

公元前221年,秦始皇完成了统一中国的大业,建立了第一个封建中央集权制国家,为我国封建专制国家的确立奠定了基础。公元前206年,秦灭汉兴,汉承秦制,汉王朝在政治、经济等方面进一步完善了封建集权制的国家体制,至武帝时,出现了政治经济大发展的第一个高峰。

秦汉时期的公文,是与其政治的统一和变化紧密相关的。具体地说,秦汉时期的公文,大致有以下几个方面的特点:

一是统治者自觉地使用公文这一有力工具,从而充分地发挥了公文的社会效能。

二是封建集权的公文制度已基本确立。

三是公文体式基本定型并且已经趋于成熟。

四是公文写作文风的对立已经形成。

五是从这个时期开始出现"公文"一词。它出现于东汉末年,是刘陶等人给

[①] 学界尤其是台湾、西方学者有不同看法,他们认为马克思主义史学家的"封建社会"与他们所说的"封建社会"是两个不同的概念,因为都使用了同一个名词,使人混淆。马克思主义史学家的"封建社会"是指地主或领主占有土地并剥削农民或农奴的社会形态,西方及台湾学者的"封建社会"是指由共主或中央王朝给王室成员、王族和功臣分封领地,是一种国家管理"制度"而不是一种"社会",属于政治制度范畴。观点之争虽不在本文讨论的范围之中,然而仍需提醒读者知晓,愿闻其详者请见罗建在《书屋》2001年第5期(总第43期)中发表的《糊涂的"封建"》一文。

汉灵帝上疏时第一次使用的。此事载《后汉书·刘陶传》："但更相告语，莫肯公文。"

总之，秦汉时期是封建公文体制确立的时期。

二、秦朝公文体制的确立

秦王嬴政诛灭六国，统一天下，"今名号不更，无以称成功，传后世。其议帝号。"[①]丞相王绾、御史大夫冯劫、廷尉李斯等都建议说："昔者五帝地方千里，其外侯服夷服，诸侯或朝或否，天子不能制。今陛下兴义兵，诛残贼，平定天下，海内为郡县，法令由一统，自上古以来未尝有，五帝所不及。臣等谨与博士议曰：'古有天皇，有地皇，有泰皇，泰皇最贵。'臣等昧死上尊号，王为'泰皇'。命为'制'，令为'诏'，天子自称曰'朕'。"[②]始皇说，去"泰"留"皇"，采用上古"帝"之位号，称"皇帝"。自此，"天下之事无小大皆决于上[③]"的中央集权制国家正式成立。"文字专制，三代之所无也。专制而及于文字，则自秦始。"[④]这句话的大体意思是说，文字制度（也就是公文制度）是从秦朝开始的。秦朝的公文制度主要包括避讳制度、顶格书写制度及公文邮递制度三个方面。具体内容文后会详细介绍。

三、秦朝公文发展

秦朝时期，由皇帝下达的文件也即下行公文称作"制"、"诏"，大臣给皇帝上呈的文件也即上行公文被称为"奏"。

（一）下行公文

1. 制书

制书就是皇帝发布的法令性公文，主要用于大赦和赎罪。所谓"天子之言曰制，书则载其言。"在周代，帝王的命令叫命。秦始皇灭六国后，改命为制，制即成为用以颁布皇帝重要法制命令的专用公文。《秦会要》卷六："制者，王者之言，必有法制也"。嬴政的《除谥法制》是著名的制书，他认为谥法之制是子议父、臣议君，不利于专制统治，因此决定废除谥法，其文曰：[⑤]

朕闻太古有号毋谥，中古有号，死而以行为谥。如此，则子议父，臣议君也，甚无谓，朕弗取焉。自今已来，除谥法。朕为始皇帝。后世以计数，二世三世至于万世，使之无穷。

---

①②⑤ 司马迁撰：《史记·秦始皇本纪》，中华书局2008年版。
③ 蔡邕著：《独断》，中华书局1985年版。
④ 许同莘：《公牍学史》.档案研究系列丛书，档案出版社1989年版，第24页。

2. 诏书

《说文解字》解释"诏":"告也,从言从召。",诏是皇帝或依照皇帝既定指示精神发布的指令性公文。诏书有三种表达形式。第一种是皇帝主动发布的,开头写明官职和大臣姓名,如一般规定的格式。第二种是回答群臣的奏请,中间经过尚书令转达,如皇帝作了答复,则写:"制曰:可。"第三种是尚书令根据皇帝的既定指示精神,回复有关大臣的奏请,写法上不写"制"字,只回复"已奏",意思是已经有人奏请过,皇帝已然指示,并告其按指示意见办理。简言之,第一种是主动指令式,第二种是批复式,第三种是尚书令代复式。①

秦始皇传世诏版中较为有名者是其为统一度量衡颁布的诏书,诏曰:"廿六年(公元前221年),皇帝尽并兼天下诸侯,黔首大安。立号为皇帝,乃诏丞相状、绾,法度量,则不壹,歉疑者,皆明壹之"②。诏版为长方形铜版,四角有孔,可供钉于木上,有的镶嵌在铜铁板上。诏版书法虽是小篆,但与秦几件刻石如泰山刻石、峄山刻石等风格大相径庭,主要原因在于刻石出自当时名家之手,如李斯丞相。实物图片如图2-1所示。

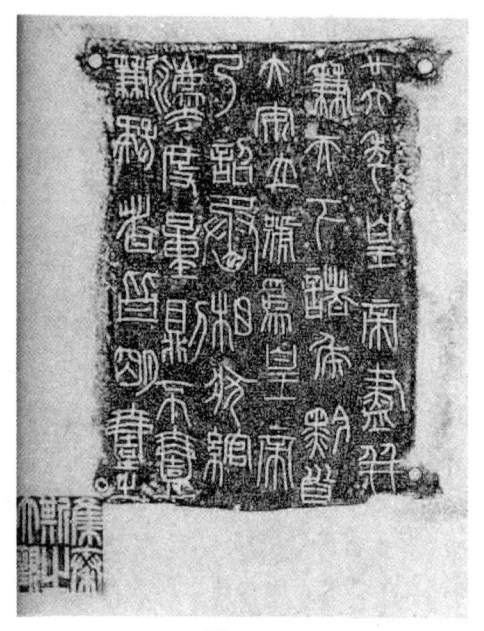

图2-1

---

① 闵庚尧著:《中国公文研究》,中国社会科学出版社2000年版,第1318~1319页。
② 学界另有其他断句方式,如:"廿六年,皇帝尽并兼天下诸侯,黔首大安。立号为皇帝,乃诏丞相状绾法度量,则不壹歉疑者,皆明壹之。"或"廿六年,皇帝尽并兼天下诸侯,黔首大安,立号为皇帝。乃诏丞相状、绾:法度、量则,不壹、歉疑者,皆明壹之。",笔者更倾向于认同文中所用格式。

（二）上行公文

刘勰《文心雕龙·奏启》文载，"陈政事，献典仪，上急变，劾衍谬，总谓之奏。"奏，一般而言，是指大臣对政务有所陈述、批评、建议以及要对某官进行弹劾时所上呈给皇帝的一种陈述性公文。

战国末期，离秦最近的、力量相对薄弱的韩国经常遭到秦国的攻击，危在旦夕。为挽救危局，韩国派一名懂水利的名为郑国的人到秦，劝说秦王修一条从泾水到洛水长约三百公里的长渠，目的在于消耗秦国的国力。水渠工程近半便被秦国发现，于是朝廷大臣提出逐客的建议，他们认为"诸侯人来事秦者，大抵为其主游间于秦耳①"，于是嬴政下逐客令。当时已官拜客卿的李斯也在被逐之列。然后李斯完成了史上著名的《谏逐客书》（见图2-2），说服秦王收回逐客令，也恢复了自己的职位。其文曰：②

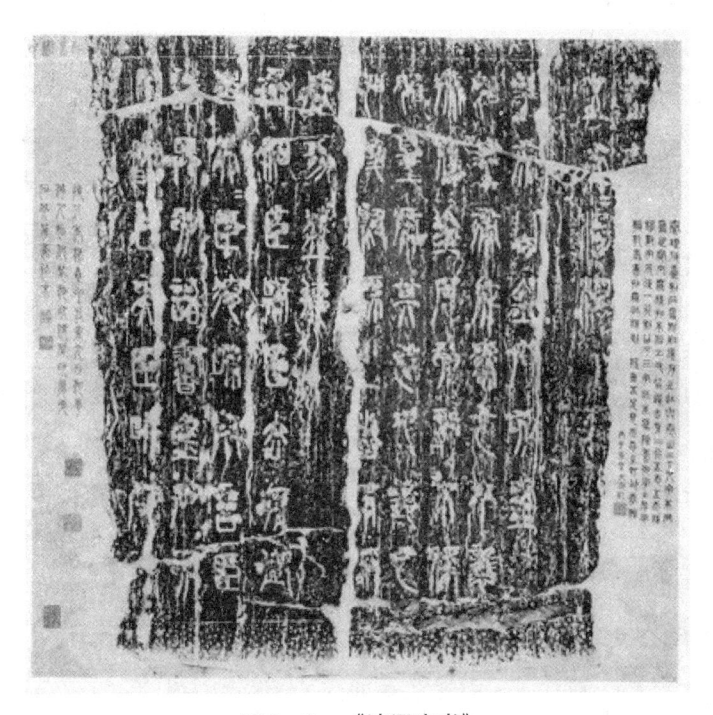

图2-2 《谏逐客书》

臣闻吏议逐客，窃以为过矣！昔穆公求士，西取由余於戎，东得百里奚於宛，迎蹇叔於宋，求丕豹、公孙支於晋，此五子者，不产於秦，而穆公用之，并

---

① ② 司马迁：《史记》卷八十七《李斯列传》第二十七，中华书局2008年版。

国二十，遂霸西戎。孝公用商鞅之法，移风易俗，民以殷盛，国以富强，百姓乐用，诸侯亲服，获楚、魏之师，举地千里，至今治强。惠王用张仪之计，拔三川之地，西并巴、蜀，北收上郡，南取汉中，包九夷，制鄢、郢，东据成皋之险，割膏腴之壤，遂散六国之从，使之西面事秦，功施到今。昭王得范雎，废穰侯，逐华阳，强公室，杜私门，蚕食诸侯，使秦成帝业。此四君者，皆以客之功。由此观之，客何负於秦哉！向使四君却客而不内，疏士而不用，是使国无富利之实，而秦无强大之名也。

今陛下致昆山之玉，有随、和之宝，垂明月之珠，服太阿之剑，乘纤离之马，建翠凤之旗，树灵鼍之鼓。此数宝者，秦不生一焉，而陛下说之，何也？必秦国之所生然后可，则是夜光之璧不饰朝廷，犀象之器不为玩好，郑、卫之女不充后宫，而骏良駃騠不实外厩，江南金锡不为用，西蜀丹青不为采。所以饰后宫、充下陈、娱心意、说耳目者，必出於秦然后可，则是宛珠之簪、傅玑之珥、阿缟之衣、锦绣之饰，不进於前，而随俗雅化、佳冶窈窕，赵女不立於侧也。夫击瓮叩缶、弹筝搏髀，而歌呼呜呜快耳者，真秦之声也。《郑》《卫》《桑间》，《韶虞》《武象者》，异国之乐也。今弃击瓮而就郑、卫，退弹筝而取韶虞，若是者何也？快意当前，适观而已矣。今取人则不然，不问可否，不论曲直，非秦者去，为客者逐。然则是所重者在乎色乐珠玉，而所轻者在乎人民也。此非所以跨海内、制诸侯之术也。

臣闻地广者粟多，国大者人众，兵强则士勇。是以泰山不让土壤，故能成其大；河海不择细流，故能就其深；王者不却众庶，故能明其德。是以地无四方，民无异国，四时充美，鬼神降福，此五帝、三王之所以无敌也。今乃弃黔首以资敌国，却宾客以业诸侯，使天下之士退而不敢向西，裹足不入秦，此所谓藉寇兵而赍盗粮者也。

夫物不产於秦，可宝者多；士不产於秦，而愿忠者众。今逐客以资敌国，损民以益仇，内自虚而外树怨於诸侯，求国无危，不可得也。

四、汉代公文发展概论

至汉代，公文制度有所发展，两汉规定："汉天子正号曰皇帝，自称曰朕，臣民称之曰陛下。其言曰制诏。……其命令，一曰策书，二曰制书，三曰诏书，四曰戒书。……群臣上书于天子者，有四名：一曰章，二曰奏，三曰表，四曰驳议。"[①] 由此可见，汉代在继承秦朝公文制度基础上，下行公文发展增加了策书和戒书，上行公文发展增加了章、表和驳议。除以上8种文体之外，下行文还有

---

① 蔡邕著：《独断》，中华书局，1985年版，第1页。

谕、教、檄、移、玺书等，上行文还有封事（密件）、状、启等。

策书是汉代皇帝用来命封、谏谥、罢免诸侯王及三公的命令性公文。戒书又称敕或戒敕，是皇帝对新任刺史、太守及边疆军事将领进行训导所使用的一种指示教导性公文。

章是受封赠的大臣向皇帝谢恩的公文。表是大臣向皇帝陈述政事、表达衷情的报告性公文。驳议又称议，是大臣向皇帝陈述不同政见的一种论辩性公文。

除文种方面的发展之外，文风也大为改观。"汉之初兴，犹袭秦法，而其文气象宽博，与秦人迥殊。"① 从汉高祖刘邦的《求贤诏》便可领略一二。西汉建国之初，汉高祖刘邦虽然认识到人才的重要性，但他认为他的天下"于马上得之"，厌恶甚至拒斥知识分子。陆贾反驳他说："于马上得之，宁可以马上治之乎？"刘邦于是有所觉悟，终于在其退位也就是死亡前一年，公元前196年颁布了著名的《求贤诏》②，其文曰：

盖闻王者莫高於周文，伯者莫高於齐桓，皆待贤人而成名。今天下贤者智能岂特古之人乎？患在人主不交故也，士奚由进？今吾以天之灵，贤士大夫定有天下，以为一家。欲其长久，世世奉宗庙亡绝也。贤人已与我共平之矣，而不与我共安利之，可乎？贤士大夫有肯从我游者，吾能尊显之。布告天下，使明知朕意。

御史大夫昌下相国，相国酂侯下诸侯王，御史中执法下郡守，其有意称明德者，必身劝，为之驾，遣诣相国府。署行、义、年，有而弗言，觉，免。年老癃病，勿遣。

文章开篇即以古代的贤王霸主自比，提出了他们成功的原因在于任用贤能。接着指出当今天下也有像古代一样的贤才，还把天下的兴衰治乱与贤才的能否进身致用联系起来。最后，提出了自己的旨意：要求他的下属官吏举荐贤才，有而不荐的还要受到惩罚。于是他将自己经天纬地的宏图大略与招纳贤才的实际行动结合了起来，表现了一代帝王的雄才大略。这篇文章从古代的有为帝王谈起，引出了举荐贤才的重要性；又由举荐贤才联系到治理天下，层层展开；最后提出了自己诏告天下举贤任能的旨意，环环紧扣、不枝不蔓，写得十分简短而紧凑。

五、秦汉时期公文发展特点

包括公文文种、公文用语、行文格式及公文载体等在内的公文体式在秦汉前尚未统一，也未明文规定。秦汉时期不仅确立了古代公文的基本文种，也确立了书写古代公文的其他体式。总的来说，秦汉时期公文的发展具备以下几个明显特点。

---

① 许同莘：《公牍学史》，档案研究系列丛书，档案出版社1989年版，第27页。
② 赫经撰：《二十五史7-9续后汉书1-3》，齐鲁书社2000年版。

（一）规定了体现皇帝名位制度及其神圣性的公文专用语

皇帝名位制度是维护皇权的一种重要规定。秦始皇在确定皇帝称号的同时，还建立了与之配套的名位制度，以维护皇帝的尊严，突出正统并加以神化。汉朝沿用这些名号，又作了许多修订和补充：皇帝自称"朕"，臣民称他为"陛下"；皇帝使用的车马衣服器械百物曰"乘舆"，所在曰"行在"，所居曰"禁中"，后宫曰"省中"；皇帝的印曰"玺"，所至曰"幸"，所进曰"御"；皇帝的命令一曰"策书"，二曰"制书"，三曰"诏书"，四曰"戒书"等。唐、宋、元、明、清各朝又在此基础上发展、强化、调整、充实，围绕皇帝的名号形成了系统严密的不容僭用侵越的名位制度，并长期固定下来。皇帝名号制度还扩大延伸到皇亲国戚。皇帝的亲属也有特定的尊号，诸如"太上皇"、"皇太后"、"皇后"、"妃"、"嫔"、"皇太子"、"皇子"、"公主"、"皇弟（妹）"、"皇孙"等，甚至连皇帝同一宗族的人也被称为宗室皇族，按其亲疏辈分享有不同等级的特权。

皇帝的名号制度还包括皇帝生前使用的年号，死后的谥号、庙号、陵寝号等。

（1）年号是反映在位皇帝的执政纪年。自西汉武帝刘彻在公元前140年定为建元元年起，至1911年清朝末代皇帝爱新觉罗·溥仪的宣统年号被废止，历朝诸帝皆立年号纪元，亦有中途改元的。

（2）谥号是皇帝死后按其生平事迹评定褒贬的称号。早在西周时期，谥号便已在贵族之间普遍采用。秦始皇为突出帝王的尊严，不允许群臣和后人对自己有所评议和指摘，下令废去对皇帝之谥。西汉吕后当权时加以恢复，一直沿用到清末。谥号本应反映去世皇帝一生的功过，但实际上多用推崇溢美之词，而且字数越来越多。如清光绪帝爱新觉罗·载湉1908年去世，被谥为"同天崇运大中至正经文纬武仁孝睿智端俭宽勤景皇帝"，这是中国封建社会最后一个皇帝的谥号。谥号一般是在皇帝死后由礼官拟定，报请新皇帝裁定公布。在改朝换代之际，也有由新王朝为前朝末帝定谥号的，如清朝建立后，曾为明朝的崇祯帝朱由检定谥为庄烈愍皇帝。

（3）庙号是皇帝死后在太庙立室奉祀特起的名号。秦始皇自以为其统治可传万世，因此以世系为庙号。汉代恢复古礼，以"祖"或"宗"作为庙号，在"祖"或"宗"之上再选择一个符合去世皇帝"功业"的字眼，如西汉创业的刘邦，其庙号为"高祖"；唐朝李世民的庙号为"太宗"等，其他如"世祖"、"真宗"、"仁宗"等不一。清末光绪帝死后被称为"德宗"，此亦为中国封建社会最后一个皇帝庙号。

（4）陵寝是皇帝死后安葬的地方，其名号一般是根据去世皇帝生前的功过和世系而命名。开国皇帝之陵一般称为"长陵"，其后诸帝则应依其事迹和世系来命名，诸如"康陵"、"定陵"、"显节陵"等。也有以所在地命名的，如"霸陵"、"首阳陵"等。为皇帝建陵后,还要设置守陵奉祀之官以及禁卫和陵户。

(二)规定了尊君抑臣的避讳、抬头书写等书面格式方面的制度

(1)避讳起源于周代,至秦时,随着专制中央集权的建立,避讳的制度才初步确立。秦始皇名政,于是下令全国改正月为端月;秦始皇的父亲名楚,楚这个字就被改称为荆。汉代律法规定,臣民上书言事若触犯帝王名讳属犯罪。到了晋代,避讳制度日臻严密,在许多方面都有严格规定,如"授官与本名同宜改"、"山川与庙讳同应改"等等。

甚至皇后的名字也在避讳之列,简文帝郑太后名阿春,当时凡有春字的地名都以阳字代替,如富春改为富阳,宜春改为宜阳。晋代人还特别重视家讳,别人言谈中若涉及自己父亲、祖父的名字就得赶快哭泣,以表对父、祖之孝心。《世说新语》中就记载,东晋桓温之子桓玄一日设宴待客,有位宾客嫌酒太凉,要侍者"温一温",桓玄一听此"温"字,马上痛哭流涕,一直哭到不能出声。由于在言谈中容易触犯别人的家讳,很多人都很重视谱学研究,以免言语不慎触怒他人。

在南北朝时,士大夫都以善避私讳为荣。南朝刘宋太保王弘,精通谱学,能"日对千客,不犯一人之讳",当时竟被传为美谈。在唐朝,避讳成为政府颁布的法律,不少人因不慎触讳丢官去职,断送仕途。著名诗人李贺的父亲名晋肃,由于"晋"与"进"同音,当时人认为他不能中进士,虽然有韩愈帮忙,专门写了《讳辩》为之辩白,但李贺最终没能参加进士科考。恶讳(表示深恶痛绝的避讳)也首先在唐朝兴起。安史之乱后,唐肃宗憎恶安禄山之名,改安化郡为顺化郡,广东宝安县也被改为东莞县。宋代是避讳最严的一个朝代,庙讳就达到50个字,科举考试中,举子试卷,小涉疑似,辄不敢用,一或犯之,往往暗行黜落,失去中榜机会。宋孝宗时,应避讳的文字达到278个,文人士子遣词造句如履薄冰,举步维艰。至于因避讳不敢做某事、担任某官的更是常有。宋司马光被遣出使辽国,但因辽主名耶律德光,司马光只好以同名难避而辞退了这一差使。元朝,由于是少数民族的政权,几乎没有避讳制度了,大臣上书也敢直呼皇帝的大名。清朝统治者嫉恨中原人民视其为外族,除皇帝名之外,胡、夷、虏、狄等字都在避讳之列。乾隆四十二年,江西举子王锡候在《字贯》中触犯了康熙、乾隆帝名讳,满门抄斩,令天下士子心惊胆战。避讳制度在中国存在了3000多年,直到辛亥革命后才彻底废除。

历代王朝的讳制或弛或密,讳禁或宽或严,据其政治需要而有其独自的特点,但就避讳方法而言,可有改字法、空字法、缺笔法等几种,在此不详细介绍。

(2)顶格书写制度。"周时钟鼎文字,凡'王曰'、'惟王某月'等辞句,不提行亦不空格。君臣一体，不以直书为嫌，此古义也。"① 秦时则规定所有公文每逢"皇帝"、"始皇帝"、"制曰可"等字样时，要顶格写，以示尊敬。这种制度在公文上也叫抬头制度，将特定的词句或空一至数格，或另起一行平格，或另起一行并高出数格。其中空格书写的称"空抬"，另起一行平格书写的成为"平抬"，另起一行高出一格书写的称为"单抬"，高出两格的自然是"双抬"，甚至还有"三抬"乃至"四抬"。目前国内已发现的最早采用抬头格式书写的文字是秦始皇二十八年的琅琊台刻石，但因年代久远，原来歌颂秦始皇的文字以及从臣姓名都已无法辨认，仅存后来秦二世续刻的一些文字，从这些文字中依稀可辨其中第二、三行相间稍远，前两行当是秦始皇刻石的残存文字，第三行始则应为秦二世文字。刻石碑文每行八字，其中第三行第八字空格，第四行"始皇帝"起，显然是抬写。另外，第三行首"皇帝"、第六行首"始皇帝"、第八行首"成功盛德"及第十三行"制曰可"皆为提行抬写。

　　无论是避讳制度还是顶格书写制度，都是皇权专制统治者为了维护其皇权统治，维护严格的等级关系，把专制扩大到文字领域，以此在公文上烙上深深的尊君抑臣的烙印。

（三）对公文的载体及其制作有一定的程序和要求

　　秦汉时期公文写作的主要载体是竹木、缣帛，被称为简牍公文或缣帛公文。

　　简由竹或木加工而成，通常是削成长条形，将写字的一面磨光；竹质的还要在火上炙干，这道工序叫做"汗青"或叫"杀青"，目的是使其易于着墨和防蠹。简的宽度一般为 0.5～1 厘米，厚数毫米，长度根据需要而定，在汉代有 3 尺、2.4 尺、1.2 尺、0.8 尺（以上均汉尺，一尺约等于现代的 23.3 厘米）等。汉代似有定制：儒家经典和政府颁发的律令用长简，诸子百家著作用短简。各时代所用简的尺寸不尽相同。每枚简上书写一行字。也有少数简加宽约一倍，书写两行，称为"两行"。很多枚简用麻绳或丝绳编连起来，叫做"册"。一般编 2～5 道，也有个别编 1 道的，通常视简的长度而定，大多数是先编后写。简册这种形制（或称简册制度）到汉代已臻于完善。例如，编连以后，书写时除少数以外，大多上下都留有少许空白，犹如纸质文献的天头地脚。简册的最前面的两枚一般是空白简，叫首简或赘简，这是后世书籍扉页的起源。有的简册在每段文字之前有小题，末简有尾题和总计本篇字数，有的在每枚简末或简背上都标有"页码"。还有的简册以扁方框、圆点、圆圈、三角形等符号标明篇、章、句的所在位置。简册的存放方式，是以最末一简为轴心，将有字的一面向里卷起来。为了不用打开即知该卷内容，在首简背面从右到左题有篇名和篇次。现已发现的秦代

---

① 许同莘：《公牍学史》，档案研究系列丛书，档案出版社 1989 年第 1 版，第 27 页。

简册，有的却以第一枚简为轴心，故篇名题在末简的简背上。

牍则多为木质，与简不同之处是加宽好几倍，有的宽到 6 厘米左右，个别的达 15 厘米以上，呈长方形，故又叫做"方"或"版"。牍多用来书写契约、医方、历谱、过所（通行证）、书信等。书信多用 1 尺（汉尺）的牍，所以人们常将书信称为"尺牍"。皇帝诏书用尺一牍（汉尺 1.1 尺）。牍也用来画地图，这是后世称一国疆域为"版图"的由来。牍同时也用来书写一部书内所包含的篇名，这或许就是后世一书中目次的起源。更多的牍是用作书写随葬品的名目（清单），称为"赗方"（如写在简册上则叫"遣策"）。

帛的本意为白色丝织物，即本色的初级丝织物。最晚在春秋战国时代，帛已经泛指所有的丝织物。当时，帛的用途相当广泛，其中作为书写文字的材料，常常"竹帛"并举，并且帛是其中贵重的一种。最晚汉代古籍上已有"帛书"一词，如《汉书·苏武传》载："言天子射上林中，得雁，足有系帛书。"而帛书的实际存在当更早，可追溯至春秋时期，如《国语·越语》曰："越王以册书帛。"不过，由于帛的价格远比竹简昂贵，它的使用当限于达官贵人。帛书指书写在帛上的文字。书写前，先在帛面划上或织上黑色或红色的行格，称"界格"或"栏线"，黑色的叫"乌丝栏"，红色的叫"朱丝栏"。据《汉书·食货志》记载，古代"布帛广二尺二寸为幅，长四丈为匹"。汉承古制，帛书宽度应为二尺二寸。现存最早的、春秋战国时代唯一的完整帛书，1942 年 9 月发现于湖南省长沙子弹库楚墓。根据同墓出土的帛书残片分析，可能原有帛书 4 件。完整的一件长约 33 厘米，宽 41 厘米，图文并茂，中间部分有两组方向相反的文字，一组 13 行，一组 8 行。四周有图像及简短的注文。整个帛书共 900 多字，内圆外方，修饰紧密。郭沫若在《古代文字之辨证的发展》中指出"体式简略，形态平扁，接近于后世的隶书"。

（四）建立了较为完善的公文工作系统

秦汉公文大体围绕着中央政府、州郡和县乡三个层次运转。公文运转又包含着公文转呈、公文下达和公文批复三个核心环节。秦汉国家行政管理也主要通过这三个环节表现出来。

1. 中央政府的公文运转

中央政府在整个公文运转程序中处于核心层和决策层，拥有对上行公文批复和发布下行公文实施统治的高度集权。中央政府对上行公文的批复有三个层次，即皇帝批复、公府批复和九卿批复。为加强中央集权，"天下之事无小大皆决于上，上至以衡石量书，日夜有呈，不中呈不得休息。"[①] 但这并不是秦汉皇帝批

---

① 司马迁撰：《史记·秦始皇本纪》，中华书局 2008 年版。

复公文的唯一形式。一般来说皇帝批复公文的常用形式之一是将公文内容向某一部分或全体朝官公布，令其会议，皇帝根据自己的意愿从中选择作为批复，也就是说批复的内容由臣下议定，而批复的形式是以皇帝的名义；皇帝批复的形式之二是根据公文的不同性质转发给中央有关机构具体处理，皇帝让哪个机构来处理，固然大体与该机构的职能有关，但绝非严格制度化的。皇帝批复公文的形式之三是根据臣下拟定的有关制度决议，皇帝本人不提具体建议，仅加"制曰可"三字，作为诏书下达；还有的皇帝根据上书内容及上书者本人的状况，用较多的文字表述自己的看法，近似于皇帝给上书者本人的回信。秦汉的丞相府、太尉府、御史大夫府，后又演化为三公府，是皇权之下最重要的权力中枢之一，也拥有对公文的独立审批权。秦汉的九卿大多为处理皇室家事而设立，涉及全国性的事务不多，因此处理地方上行公文的也仅限少数几个机构，如廷尉、大司农、宗正等。九卿处理公文实际上有两层含义，一是直接批复，上行公文到此为止，一是九卿处理不了，再向公府乃至皇帝继续转呈，起的是中介作用。

秦汉帝国集权统治的重要手段之一，是依靠下达公文实施行政管理。在中央政府里，诏书是最重要的公文，涉及的范围十分广泛。诏书下达除表示皇帝本人对帝国统治的宏观认识外，还有许多是中央各部门将有关事务呈报给皇帝，再以诏书的形式下发。此类公文虽然名义上是皇帝的诏书，但实际内容是中央各主管部门的具体事务。根据诏书的不同性质和内容，下达的范围也不一样，有的是逐级下达，也有的是针对不同部门和个人而发，有的是公开的，有的是秘密的，涉及一般民众之事，还要传达到普通百姓，《汉书·贾山传》说："臣闻山东吏布诏令，民虽老羸癃疾，扶杖而往听之。"

在中央政府公文运转中，我们要特别注意尚书作用的变化。在秦及汉初相当长的时间里，尚书只是"在殿中主发书"，"受公卿章奏"而已，地位很低。西汉中后期至东汉，尚书的权势日趋发展，因此在中央公文运转中的作用也显著提高，尚书及其机构替代公府成为向君主转呈公文的关键，尚书处理或参与处理公文乃至下发公文。《唐六典》说："光武帝亲总吏职，天下事皆上尚书，（尚书）与人主参决，乃下三府。"尚书从一个掌管传送文书的小吏，演变为君主和臣民之间公文往来的必经机构，并且可处理、下发公文，是秦汉中央公文运转制度中的最重要变化。

2. 州郡公文运转

州设于汉武帝时，本为监察机构，不干预地方行政。但西汉后期州刺史由监察官、中央特派官向行政官、地方官转化，成为一级正式的公文转发、下达机构。但就职能而言，它的作用还主要是考课和监督，它的行政管理作用远不如郡。郡是秦汉地方公文运转最重要的环节。中央公文往往由郡直接派人下达，下级收到公文后不仅要立即回文，而且要将执行状况汇报给郡。郡与郡系平级机构，因此别郡不能直接向它郡所辖机构下文，而须由它郡太守、都尉府转发。郡的意义不仅在于它是一级重要的公文转承机构，更重要的是郡也为发布地方公文的重要机构，这些公文史书上常称为"条教"、"记"等，细致而具体地指导属下的行政管理。《汉书·王尊传》说安定太守王尊："到官，出教告属县曰"；《冯奉世传》说太守冯立"好为条款"；《后汉书·王景传》说庐江太守王景："遂铭石刻誓，令民知常禁。又训令蚕织，为作法制，皆著于乡亭，庐江传其文辞。"凡此种种，说明郡下达的公文非常繁琐、具体涉及各个方面。

（五）"焚书坑儒"、"罢黜百家"对公文发展的影响

秦始皇在政治、经济上实行的改革，并不是一帆风顺的。还在统一之初，就在要不要分封诸子为王的问题上发生了一场争论。以丞相王绾为首的一批官吏，请求秦始皇将诸子分封于占领不久的燕、齐、楚故地为王。认为这样有利于巩固秦的统治。但廷尉李斯则坚持反对态度。认为，春秋战国诸侯之所以纷争，完全是西周分封制造成的恶果。只有废除分封制，才可免除祸乱。

秦始皇采纳了李斯的意见，认为立封国就是树敌兵，于是在全国确立了郡县制。事隔八年之后，到始皇三十四年（公元前213年），在秦始皇于咸阳宫举行的宫廷大宴上，又发生了一场师古还是师今的争论。焚书之举正是由此引发的。在宴会上，仆射周青臣面腴秦始皇，"自上古不及陛下威德"。博士淳于越针对周青臣的谀词提出了恢复分封制的主张。他说：臣闻殷周之王千余岁，封子弟功臣，自为辅枝。今陛下有海内，而子弟为匹夫，卒有田常、六卿之臣，无辅拂，何以相救哉？事不师古而能长久者，非所闻也。今青臣又面谀，以重陛下之过，非忠臣。秦始皇把淳于越的建议交给群臣讨论。丞相李斯反驳说：三代之争，何可法也。儒生不师今而学古，道古以害今，如不加以禁止，则主势降乎上，党与成乎下，统一可能遭到破坏。为了别黑白而定一尊，树立君权的绝对权威，李斯向秦始皇提出焚毁古书的三条建议：（1）除《秦纪》、医药、卜筮、农家经典，诸子和其他历史古籍，一律限期交官府销毁。令下三十日后不交的，处以鲸刑并罚苦役四年；（2）谈论《诗》《书》者处死，以古非今者灭族，官吏见知不举者，与同罪；（3）有愿习法令者，以吏为师。秦始皇批准了李斯的建议。在宴会散后第二天，就在全国各地点燃了焚书之火。不到30天时间，中国秦代以前的古典文献，都化为灰烬。留下来的只有皇家图书馆内的一套藏书。

在焚书的第二年，又发生了坑儒事件。坑儒不是焚书的直接继续，而是由于一些方士、儒生诽谤秦始皇引起的。秦始皇在攫取到巨大权力和享受到荣华富贵之后，十分怕死。在统一中国之后，他异想天开地要寻求长生不死药。方士侯生、卢生等人迎合其需要，答应为秦始皇找到这种药。按照秦律谎言不能兑现，

或者所献之药无效验者，要处以死刑。侯生、卢生自知弄不到长生不死药，不但逃之夭夭，而且诽谤秦始皇天性刚愎自用，事情无论大小，都由他一人决断，贪于权势等等。秦始皇得知后大怒，以妖言以乱黔首的罪名，下令进行追查，并亲自圈定460余人活埋于咸阳。这即是历史上所说的坑儒事件。焚书坑儒在中国历史上是极其残暴的事件。秦朝统治者的目的在于打击复活的旧贵族政治思想，强化思想统治。但造成的后果极其严重深远：一是使先秦大批文献古籍被付之一炬，给中国文化造成重大损失；二是使春秋末叶以来蓬勃发展起来的自由思索的精神，遭受了一次致命打击。最后落了个"竹帛烟销帝业虚，关河空锁祖龙居"（唐·章碣《焚书坑》）的结局。

作为中国历史上一位著名的专制帝王，汉武帝在思想文化界首开"罢黜百家，独尊儒术"之政策，确立了儒家思想的正统与主导地位，使得专制"大一统"的思想作为一种主流意识形态成为定型，而作为一种成熟的制度亦同样成为定型；是他完成了专制政治结构的基本工程，所谓"内圣外王"，刚柔相济，人治社会的政治理想第一次因为有了一套完备的仕进制度而得以确立；是他使得大家族的生活方式成为一个社会牢固、安定的势力，并进一步推而广之，最终使之成为整个宗法制国家的基础。

第二节 三国两晋南北朝时期公文

一、三国两晋南北朝时期公文概况

东汉末年的黄巾起义，虽被镇压下去，但统一的东汉帝国已奄奄一息。从此开始了地方势力的武装割据。经过长期混战，终于在建安十三年赤壁之战以后，形成了魏、蜀、吴三国鼎峙的局面。三国曾出现了一个恢复生产、安定社会秩序的时期。随之，魏国灭掉蜀国，司马氏夺取了魏政权，建立晋王朝，于公元280年（晋武帝太康元年）灭吴，统一了全国，是为西晋。晋王朝，由于内部统治集团之间长期的权力之争，加之民族矛盾的激化，只经历了几十年，就被少数民族统治者所推翻。司马睿（晋元帝）和一部分门阀士族南渡，在长江流域建立了偏安的晋王朝，是为东晋。继东晋之后，南方依次出现了宋、齐、梁、陈四个朝代，是为南朝。

西晋灭亡后，北方几个少数民族建立了十几个国家，即所谓"五胡十六国"，经过长期混战，最后统一于鲜卑拓跋氏的魏王朝。魏后又分裂为东魏、西魏，以后又分别演变为北齐、北周。从魏到北齐、北周，是为北朝。

从魏、蜀、吴三国的形成到南朝的陈国被隋灭亡，有将近四百年的历史。这是中国历史上最混乱的时期。这个时期的阶级矛盾、民族矛盾和统治阶级内部之间的矛盾，都非常尖锐，政治上长期的动乱与黑暗，给人民带来了极大的痛苦。

这个时期的公文概况，总的来看是处于转折变化的时期。这些转折和变化主要反映在文体的变化与公文理论的确立上。

文体的转折变化似乎形成了一个马鞍形，由东汉逐步形成的骈体，到三国时曹操以自由体代之；不久，再由自由体导致更为严整的骈体；最后由北周苏绰提出一种复古的大诰体，以期代替骈体。这是从宏观上来观察骈散文体的变化。或者说，是从总的倾向方面而言。实际上，在很多情况下，骈与散又往往是并存的。另外，就骈体本身而言，总的来说是因追求形式而显得内容空洞；也有少数篇章，运用得较好，内容与形式基本上能够统一，但这不是主流。

纵观这一历史时期公文写作的情况，大致可分为三期，即：三国时期、两晋时期、南北朝时期。这三个时期的作家和作品，颇有一种倒金字塔的味道：三国时期多有名人名作，两晋则次之，南北朝则更次。这种逐步衰退的历史现象，很值得研究。

这个时期是公文写作理论发展的时期，出现了一些比较著名的理论家，如曹丕、陆机、刘勰、颜之推等，而以刘勰的成就为最。

二、时代特征对公文发展的影响

三国两晋南北朝时期是我国继秦、汉的统一国家破裂以后，至隋唐重新统一之间的过渡时期，这三四百年时间，是中国历史上分裂动荡的时期，是一个全国性民族重新组合的时期。从三国至隋的370年中，除西晋灭吴后有20年的短暂统一外，中国长期处于分裂动乱，是这一时期中国政治的基本特点。这一历史特点，对这一时期的国家制度和政权机构有着极其深刻的影响。

魏晋、南北朝时期的政治制度，就国体来说，仍然是地主阶级专政的封建国家，整体仍然是君主制。不过君主的权利不再像秦、汉时期主要由君主掌握，且比较强大稳固。两汉400年间，皇权的主要支柱是外戚和宦官，这两个集团操纵国家机构和互相争夺，引起统治阶级内部错综复杂的矛盾斗争，最后导致汉政权的覆灭。魏晋、南北朝时期代之外戚和宦官集团的是士族地主集团。士族地主是土地兼并和官僚政治结合的产物，也是掌握封建文化和统治经验比较丰富的一个阶层。三国时期他们曾取代外戚和宦官集团，一度给政治统治带来一些生气，在挽救和维护地主阶级的统治中起到一些积极作用。但士族阶层也有本身无法克服的保守性、腐朽性。由于他们操纵干预朝政，皇权受到很大削弱。

这一时期朝代更替频繁，受各自政治制度和政权机构以及官僚制度等的影响，各个阶段公文的发展也受到巨大的影响，这些影响主要体现在文种发展、公文工作制度、公文载体及用印制度方面，其中文种发展方面的影响留待后面详细介绍。

（一）军政合一对公文工作的影响

魏、晋王朝都是由手握军事力量的权臣逐步建立的。南朝的四个开国皇帝，都出身于庶族，也是先掌握军权而后取得皇位的。这是这一时期的普遍现象，形成了一种军事与政治合二为一的局面。

在割据混战的非常时期，军事集团内部，许多制度往往临时措置，起草公文之类的事也往往临时差遣一些有文才的幕僚。所以，他们一般都在手下网罗一批人物，组成幕僚集团，在正规官制以外建立临时机构。因为处在战争的非常时期，这种机构往往集军、民、财政为一体，行使着超过正规政权机构的权力。历史上称这些权臣独自掌握的政权为霸府，霸府的中心人物是幕僚与将领，待到权臣登上皇位，他所掌握的霸府便自然变为行政中枢，在霸府中谋事的幕僚便自然成为谋臣。这是军政合一的产物。比如曹丕即帝位以后，立即以他的幕僚长担任中书监及中书令，因为曹操曾以丞相的名义挟天子而令天下，后来曹丕取汉朝而代之，所以不再设丞相，并三公也就是作为优礼大臣的崇高官位，不授予政治权力。而中书监令在实际上也只等于皇帝的秘书长，脱不了幕僚性质。但作为幕僚长，它又带有政务的性质，这就是后来中书令成为宰相的起源。

由于当皇帝的多出身于军事权臣，他们掌握政权以后，也比较重视军事，因此，任命的高级谋臣及秘书人员多半带将军称号，虽然不一定统兵，这是由于动乱频繁，军事占首要地位，让谋臣官吏挂上军事称号，有利于提高其地位。至于出任地方军政长官的，自然更要加挂将军称号。这一时期特别尊贵的官僚在加将军称号时还要再加大字，称某某大将军，若单称大将军则必是把持朝政最有实力的权臣，这使得这一时期的秘书职官军事化。

由于军政合一的影响，这一时期提拔选择秘书人员，一般要经过霸府的幕僚阶段。这一时期出仕的人多是士族子弟，凡是士族出身的人多半初任即任秘书郎、著作郎等，以后则转任将军、都督的幕僚，也有直接为王府幕僚的。总之，几乎出仕的人都要经过充任幕僚的阶段，极少例外。这种习惯，即使在唐、宋推行科举的时代也还保留着一些痕迹。而幕僚却又是不在正规职官系统以内的。

（二）纸作为法定的公文载体的开始

东汉末年，蔡伦发明造纸术，使公文载体发生了重大的历史变革，从此我国公文史进入了一个飞跃发展的时代，一系列公文制度的建立和完善都以此为基础。

纸张被发明之初，虽然已被作为书写载体，但尚未普及，简帛仍是最主要的公文载体。至东晋末年，桓玄下令，公文全部用纸书写，纸张遂成为唯一的普通公文书写材料。当时的公文用纸分为黄、白两种，较为重要的公文用黄纸，其他用白纸。黄纸是用黄檗汁染过的，这种方法称为"入潢"，入潢后可长年防蛀。

（三）用印制度的改变

公文采用纸张作为载体前，都是在封泥上加盖玺印，以确保公文的效用和秘密。采用纸张后，改用朱色水印方法加盖印章。纸张的使用同时催生了公文的签押制度，签押也叫画敕。依照这一制度，只有经过帝王或长官的签押，公文才能生效。《陈书·世祖沈皇后》记载，"高宗因囚师知，自入见后及帝，极陈师知之短，仍自草敕请画，以师知付廷尉治罪。"这里所说的"请画"，就是请求画押，请求签字批准之意。《三国志·魏·少帝齐王纪》嘉平六年注引《世语》及《魏氏春秋》并云："此秋，姜维寇陇右。时安东将军司马文王镇许昌，征还击维，至京师，帝于平乐观以临军过。中领军许元与左右小臣谋，因文王辞，杀之，勒其众以退大将军。已书诏于前。文王入，帝方食栗，优人云午等唱曰：'青头鸡，青头鸡。'青头鸡者，鸭也。帝惧不敢发。"① 青头鸡为鸭，与"押"同音。这段史料是说，一些臣僚谋划并督促少帝曹芳押诏书杀司马师。可见，签押之制，三国时即已实行。

这个时期还建立了官印移交制度。汉代一官一印，罢官时其印或上交，或带走，皆可。从南朝宋开始，采用孔琳之的建议，实行官印移交制度。孔琳之在建议中说："夫玺印者，所以辨章官爵，立契符信。官莫大于皇帝，爵莫大于公侯，而传国之玺，历代递用，袭封之印，弈世相传。贵在仍旧，无取改作。今世唯尉一职独用一印，至于内外郡官，每迁悉改，讨寻其义，私所未达。若谓官各异姓，与传袭不同，则未若异代之为殊也；若论其名器，虽有公卿之贵，未若帝王之重；若以或有诛夷之臣，忌其凶秽，则汉用秦玺，延祚四百，未闻以子婴身戮国亡而弃不佩。帝王公侯之尊，不疑于传玺，人臣众僚之卑，何嫌于即印？载籍未闻其说，推例自乖其准，而终年刻铸，丧功消实，金银铜炭之费，不可称言，非所以因循旧费，易简之道。愚请众官即用一印，无烦改作，若新置官，只官多印少，文或零失，然后乃铸，则仰禅天府，非唯小益。"② 自此以后，除官刻印之事就很罕见了。

三、公文理论的发展

魏晋南北朝时期，是我国公文理论发展非常重要的一个时期，公文的创作实践和思想活跃是公文理论大发展的主要原因。许多重要的公文理论论述，均产生于这一历史时期。像曹丕的《典论·论文》、曹植的《与杨祖德书》、蔡邕的

---

① （西晋）陈寿撰：《三国志》卷四，中州古籍出版社1996年版。
② （唐）李延寿著：《二十四史·南史》卷二十七，列传第十七，现代教育出版社2011年版。

《独断》、挚虞的《文章流别论》、萧统的《文选序》、刘勰的《文心雕龙》等，涉及公文文体的发展演变、公文的分类、公文的写作技巧与风格、公文的语言、公文的作用等诸多方面的问题，基本构建起了我国公文理论的体系。而其中以曹丕的《典论·论文》首开研究公文理论的先河。另外，最引人瞩目的是刘勰的《文心雕龙》，这部著作体大思精，对公文理论的有关问题论述都非常系统、精辟、深刻、周详。下面我们分别论述这两篇著作的主要理论。

(一)《典论·论文》

首先，曹丕在这篇文章里专门讨论了公文文体问题。文中说："夫文本同而末异。盖奏议宜雅，书论宜理，铭诔尚实，诗赋欲丽。"[1] 其中奏议书论为公文文体，在八类之中占了一半。关于这段话，后人一般认为主要是阐述的风格问题，认为曹丕旨在阐明四类文体所应有的风格。这种观点自然也不错，奏议类公文是呈给皇帝的，应该"雅"，书论则旨在阐明道理，所以"宜理"。但风格却并不是曹丕所要论的主要目的，他的主要目的还在于辨体。综观《典论·论文》，我们发现，作者无论是论批评态度、作家个性，还是文章风格，都与文体辨析有关。如论批评态度，曹丕反对文人相轻，即各以所长，相轻所短的态度，这一观点的根据是"文非一体，鲜能备善"[2]，因为文体非一种，作家仅擅长一种或几种而已，不可兼能。别的人往往针对他不擅长的文体进行批评，这种批评态度是不对的。在论作家个性时，曹丕具体分析了王粲、徐干、刘桢、陈琳、阮瑀、孔融、应玚七子，认为七子于文体各有所长，亦各有所短。陈琳、阮瑀长于章表书记，"然于他文，未能称是"[3]。各文体辨析清楚，作家根据自己的实际情况，选择适合自己的文体进行写作，才能"自骋骥騄于千里"[4]，这就把公文与诗赋等文艺性很强之文给分辨开了。这自然是文学的自觉，但从另一方面来说，也正是公文意识的自觉。所以，公文文体辨析是《典论·论文》的一个重要的公文理论。

其次，曹丕高度肯定了公文的社会价值和功用。曹丕强调有内容、有价值的实用性公文，这也是对东汉以后骈体文风的一种否定。由于两汉时期辞赋的发展俪辞骈句盛行，至东汉则登峰造极，散文的骈体化导致公文写作受到影响，也出现骈体倾向。汉末曹操以实际行动著文否定、反对公文写作的这种倾向。而曹丕则又从理论上肯定了实用性公文的社会价值。父子之功，殊途同归。曹丕在《典论·论文》[5]讲到：

盖文章，经国之大业，不朽之盛事。年寿有时而尽，荣乐止乎其身，二者必至之常期，未若文章之无穷。是以古之作者，寄身于翰墨，见意于篇籍，不假良

---

[1][2][3][4][5]　郁沅、张明高：《魏晋南北朝文论选》，人民文学出版社1996年版，第13页。

史之辞，不托飞驰之势，而声名自传于后。

曹丕将文章分为四科八类，公文不仅占了一半，而且排在纯文学之前，从排列顺序中，我们就可看出曹丕对公文这种能在国家管理活动中发挥特殊作用的文体的重视。所以当他说"盖文章，经国之大业，不朽之盛事"时，首先应当理解为是对公文价值与功用的肯定。"经国之大业"与杨修"经国之大美"虽只有一字之差，含义却大不相同。什么文章才是经治国家大业的重要工具呢？自然是公文。由此，曹丕首次将公文推向前台，提到经治国家的高度，他的评价和提倡对推动公文的写作和理论研究的发展具有深远意义。

最后，曹丕对当时的公文写作大家及其作品作了扼要而中肯的评价。如称"琳、瑀之章表书记，今之隽也"①，《又与吴质书》中论陈琳"章表殊健，微为繁富"，阮瑀"书记翩翩，致足乐也"②。在《典论》佚文中论贾谊《过秦论》："余观贾谊《过秦论》，发周秦之得失，通古今之制义，洽以三代之风，润以圣人之化，斯可谓作者矣。"③

（二）《文心雕龙》④

众所周知，《文心雕龙》是一部文学理论巨著，其实，它的范畴远不止于文学。《文心雕龙·序志》在篇首解释书名时说："夫'文心'者，言为文之用心也。"意思是讲作文的用心。从刘勰的论述中我们可以看到，他的这个"文"是包括了文学作品和非文学作品在内的文章的大概念。所以，我们说，《文心雕龙》是一部文学理论著作，也是一部文章学理论著作。

《文心雕龙》的理论构架包括四个部分，即文源论、写作论、文评论与文体论。《序志》一篇乃全书之序言，作为全书写作的总体说明。

文源论是讲写作的哲学基础的，包括《元道》《征圣》《宗经》《正纬》及《辩骚》共5篇。除《正纬》《辩骚》外均与公文有关。在刘勰看来，"文之枢纽"在于"本乎道，师乎圣，体乎经，酌乎纬，变乎《骚》"（《序志》）。在《宗经》中，刘勰提出："文能宗经，体有六义"之说，意思是写文章要效法儒家经典，经书的各种文体有六个优点："一则情深而不诡，二则风清而不杂，三则事信而不诞，四则义贞而不回，五则体约而不芜，六则文丽而不淫。"这六点，实际上是刘勰提出的对一切文章写作总的要求，当然也包括公文在内。刘勰认为，后代的各种文体，都是从儒家经典中繁衍、派生出来的，所以写文章，必须"宗经"。

---

① 郁沅、张明高：《魏晋南北朝文论选》，人民文学出版社1996年版，第13页。
② 郁沅、张明高：《魏晋南北朝文论选》，人民文学出版社1996年版，第10页。
③ 郁沅、张明高：《魏晋南北朝文论选》，人民文学出版社1996年版，第15页。
④ 刘勰著：《文心雕龙》，岳麓书社2004年版。

写作论，从总体上论述文章的写作理论，诸如内容、形式、谋篇、语言等。包括从《神思》到《物色》计20篇，其中《神思》《体性》《风骨》《通变》《定势》《情采》《熔裁》《事类》《练字》《养气》《附会》《总术》等13篇与公文有关。

文评论，主要关于文章的发展变化、作家作品评述，仅有4篇：《时序》《才略》《知音》和《程器》。除《知音》外均与公文有关。

刘勰的公文理论，主要集中在他的文体论部分，即从《明诗》到《书记》的20篇。其中《祝盟》《铭箴》《奏启》《议对》《书记》等12篇与公文有关。在文体论中，刘勰把文章分为有韵之"文"和无韵之"笔"两类，有韵之"文"指的是偏重于抒情的、文学性较强的文体，如诗、赋、乐府，"笔"则指无韵的散文作品。无韵之笔中的诏策、檄移、封禅、章表、奏启、议对、书记等篇，是论述公文的。刘勰研究文体，严格按照这样一个原则和步骤进行：先叙述文体名称含义，再论其流变与规律，进而选取不同文体的历代作家作品进行评论，最后提出各种文体的写作要求。用他自己的话说就是："释名以章义，原始以表末，选文以定篇，敷理以举统。"

现就《文心雕龙》的具体理论价值，逐项说明：

1. 进一步肯定了公文的社会价值并对各类公文进行了细致的划分和界定

刘勰在《章表》中说："章表奏议，经国之枢机。"这比曹丕的"盖文章，经国之大业、不朽之盛事"更进一步，更加明确、直接地指出了公文的社会价值及其本质所在。在《程器》篇中也说道："安有丈夫学文，而不达于政事哉？""擒文必在纬军国，负重必在任栋梁。"

对公文文体的划分，也并非始于刘勰。前文讲到，曹丕的《典论·论文》是第一篇正式提出文体问题的文章。曹丕把当时流行的文体分为八类，归为四科。晋初的陆机，在他的《文赋》中也谈到了文体问题，把曹丕的四科扩大到十类，并分别论述它们的主要特征和创作要求。刘勰的《文心雕龙》在继承前人文体论成果的基础上，对文体的划分更加精密、周详。刘勰把文体分为34类，其中我们今天意义上的公文，有诏、策、檄、移、封禅、章、表、奏、启、议、对、书记。而在"书记"这一大类中，又分出谱、籍、律、令、法、制、契、疏、关、刺、解、牒、状、列辞等许多细类。可以说《文心雕龙》是一部在当时包罗最广的文体论著作，为前人所不及。

在文体的划分问题上，刘勰还注意同类文体的异同比较、研究。刘勰论文体，不是一个一个分别论述，而是一组一组合而论之，如诏、策同为下行文，奏、启同为上行文，檄、移同为平行文。这种方法的使用，使我们能在比较和鉴别中，更准确地把握住每种文体的本质特征，正确地加以运用。如《檄移》篇在对檄移两种文体分别释义后，又比较了两者的异同："故檄移为用，事兼文武。其在金革，则逆党用檄，顺命资移，所以洗濯民心，坚同符契，意用小异，而体义大同。"① 两者的联系与差异，非常鲜明。

2. 第一次系统总结各类公文文体的发展流变历史

刘勰之前，对公文理论的研究，大多停留在静态的描述上，即对公文风格、特点的论述，极少论及流变。刘勰则把目光投射到公文文体的纵深发展历史中，力求在公文的演变发展中探求规律，从而在理论上加以总结，这就使公文理论的动态研究大大向前推进了一步。

在《文心雕龙·诏策》篇中，刘勰对下行文的发展线索归纳如下："昔轩辕、唐、虞，同称为命。命之为义，制性之本也。其在三代，事兼诰誓。誓以训戒，诰以敷政。……降及七国，并称曰令。令者，使也。秦并天下，改命曰制。汉初定仪，则命有四品：一曰策书，二曰制书，三曰诏书，四曰戒敕。敕戒州部，诏诰百官，制施赦命，策封王侯。"②

在《文心雕龙·章表》中，作者对上行文的演变也作了总结："言事于主，皆称上书。秦初定制，改制曰奏。汉定礼仪，则有四品：一曰章、二曰奏、三曰表、四曰议，章以谢恩，奏以按劾，表以陈请，议以执异。"③ 在另一篇《奏启》中，又介绍了"奏"的名称的进一步演变："奏者，进也。……自汉以来，奏事或称上疏。"

了解这些公文的来龙去脉，是我们准确把握每种公文特点必不可少的条件。与此同时，刘勰还对一些公文的起源有深刻的分析。如《檄移》中对"檄"体的论述，作者先以形象的比喻起兴："震雷始于曜电，出师先乎威声。"接着说："昔有虞始戒于国，夏后初誓于军，殷誓军门之外，周将交刃而誓之。故知帝世戒兵，三王誓师，宣训我众，未及敌人也。至周穆西征，祭公谋父称古'有威让之令，有文告之辞'即檄之本源也。"④ 我们可以清晰地看出，檄体起源于国家间的战争中对敌人威慑的需要。

3. 对历代公文作家及作品做出了恰当的评价

选取每种文体中有代表性的作家作品分析、评论其基本风格和主要特点，是刘勰公文理论的第三部分。在品评作家作品时，刘勰力求做到："无私于轻重，不偏于爱憎。"总体说来，他比起他的前代理论家来要更为全面一些。这一方面体现在他对某一个作家作品的评论上，另一方面也体现在他所评价的作家作品的范围上。我们看到，当时各种公文文体的作家作品，刘勰全部都研究过，如此才能逐一做出恰当的评价，其严肃认真的治学态度和深厚的学术功底，令人钦佩。

---

①②③④ 刘勰著：《文心雕龙》，岳麓书社2004年版，第193、177、203、188页。

这样，就使他的动态的"史"的研究具有更杰出的成就。

以"移"为例，刘勰评曰："相如之《难蜀老》，文晓而喻博，有移檄之骨焉。及刘歆之《移太常》，辞刚而义辨，文移之首也。陆机之《移百官》，言约而事显，武移之要者也。"① 对刘歆和陆机的两篇风格不同的移文分别作了简要的评论，虽无"移"之名，但有"移"之实的《难蜀老》，刘勰也把它划在移文中加以评价，是比较恰当的。

再如："观隗嚣之《檄亡新》，布其三逆，文不雕饰，而意切事明，陇右文士，得檄之体矣。陈琳之《檄豫州》，壮有骨鲠，虽奸阉携养，章密太甚，发丘摸金，诬过其虐，然抗辞书衅，皦然露骨矣。敢撄曹公之锋，幸哉免袁党之戮也。"② 对魏晋时两篇著名的檄文：隗嚣的《移檄告郡国》和陈琳的《为袁绍檄豫州》，从内容到形式也都做出了深刻、细致的分析和精到的评论。

4. 对公文文体风格及写作手法的透辟阐述

每种公文应该怎样写，形成什么样的风格和规范，是有不同要求的。在对公文发展历史的介绍之后，刘勰公文理论的这一部分内容，期望对现实写作有所指导。

如同为皇命撰写公文：诏、策、制、敕各有不同的写法。《诏策》中讲到："故授官选贤，则义炳重离之辉；优文封策，则气含风雨之润；敕戒恒诰，则笔吐星汉之华；治戎燮伐，则声有洊雷之威；眚灾肆赦，则文有春露之滋；明罚敕法，则辞有秋霜之烈。"③ 这段文辞优美的精彩叙述，把六种不同的皇帝公文的写法讲得既清楚明白又生动形象，六种写法，显现出六种不同的色调和风格。

再如《章表》中谈到"表"的写法："……表体多包，情伪屡迁，必雅义以扇其风，清文以驰其丽，然恳恻者词为心使，浮侈者情为文屈，必使繁约得正，华实相胜，唇吻不滞，则中律矣。"④

在阐述各种文体写法的同时，作者很自然地对其风格也做了相应的描述，从而把文体与风格联系起来。以作者的观点来看，一种文体确定后，由于它特定的要求，也就形成了它特有的风格。有关风格与文风的论述，主要集中在《体性》《风骨》《定势》和《情采》几篇。其主要观点如下：

《体性》⑤中讲到：

夫情动而言形，理发而文见，盖沿隐以至显，因内而符外者也。然才有庸俊，气有刚柔，学有浅深，习有雅郑，并情性所铄，陶染所凝，是以笔区云谲，文苑波诡者矣。……若总其归途，则数穷八体：一曰典雅，二曰远奥，三曰精约，四曰显附，五曰繁缛，六曰壮丽，七曰新奇，八曰轻靡。……

---

①②③④⑤ 刘勰著：《文心雕龙》，岳麓书社2004年版，第193、189、183、209、257页。

若夫八体屡迁，功以学成，才力居中，肇自血气；气以实志，志以定言，吐纳英华，莫非情性。是以贾生骏发，故文洁而体清；长卿傲诞，故理侈而辞溢；子云沈寂，故志隐而味深；子政简易，故趣昭而事博；孟坚雅懿，故裁密而思靡；平子淹通，故虑周而藻密；仲宣躁竞，故颖出而才果；公干气褊，故言壮而情骇；嗣宗俶傥，故响逸而调远；叔夜俊侠，故兴高而采烈；安仁轻敏，故锋发而韵流；士衡矜重，故情繁而辞隐。触类以推，表里必符，岂非自然之恒资，才气之大略哉！

《风骨》[①] 中讲到：

是以怊怅述情，必始乎风；沈吟铺辞，莫先于骨。故辞之待骨，如体之树骸；情之含风，犹形之包气。结言端直，则文骨成焉；意气骏爽，则文风生焉。……

鹰隼乏采，而翰飞戾天，骨劲而气猛也。文章才力，有似于此。若风骨乏采，则鸷集翰林；采乏风骨，则雉窜文囿；唯藻耀而高翔，固文笔之鸣凤也。

《定势》[②] 中讲到：

章、表、奏、议，则准的乎典雅；赋、颂、歌、诗，则羽仪乎清丽；符、檄、书、移，则楷式于明断；史、论、序、注，则师范于核要；箴、铭、碑、诔，则体制于宏深；连珠、七辞，则从事于巧艳；此循体而成势，随变而立功者也。

《情采》[③] 中讲到：

昔《诗》人什篇，为情而造文；辞人赋颂，为文而造情。何以明其然？盖《风》、《雅》之兴，志思蓄愤，而吟咏情性，以讽其上，此为情而造文也；诸子之徒，心非郁陶，苟驰夸饰，鬻声钓世，此为文而造情也。

不难看出，刘勰在论述各种文体的写作手法时，是融入了自己的经验和审美观的，但也并不要求别人完全按照自己所讲的标准去写，而他所讲的，只是每种文体的一般特征和写作方法。在《文心雕龙·通变》中，作者指出："夫设文之体有常，变文之数无方。""有常"指的是每种文体都有自己区别于其他文体的基本特点和写作规范，这是在历史的演变发展中逐渐固定下来的，而历朝历代具体的作品面貌又是千差万别、变化无常的，这就是"无方"。刘勰为后代的公文写作既提供了一个基本的规范，又开辟了个性发挥的广阔天地，体现了刘勰在继承和创新问题上辩证和发展的态度，是非常可取的。

综上所述，刘勰的《文心雕龙》在前人研究成果的基础上，对公文理论有重大的发展，其研究规模和范围都是空前的，尤其在对各体公文的历史层面的研究等方面，贡献尤为突出。刘勰的公文理论，奠定了我国古代公文理论的基本格

---

①②③ 刘勰著：《文心雕龙》，岳麓书社 2004 年版，第 266、306、318 页。

局，在历史上具有承前启后的重要作用和不可动摇的地位。

四、法定文种的发展和功用

大体上讲，除沿用秦汉制外，又新增了一些文种："赦文"（始于魏文帝赦辽东吏民的文告）、"启"（始于晋，上言于王公时用）、"符"（始于魏晋，在传达命令、调兵遣将时用）、"贺表"（始于六朝，臣子在国家大庆典时用）、"列"（六朝诉状之一种）等。另外，恢复了秦始皇废除的"令"，用于皇太子、丞相和诸侯王下达公文。曹操就曾以丞相名义下达过不少"令"，如《置屯田令》《举贤不拘品行令》等，作为政权运作的主要活动之一。

第三节　隋唐时期公文

一、隋唐时期公文概况

隋唐时期是我国封建社会继秦汉以后又一个重要的历史时期。历史往往有很多惊人的相似，隋唐和秦汉有很多相似之处，隋和秦一样，虽然历史较短，但却建立了中央集权的国家机构和各种政治制度，承前启后，影响深远。而唐则像汉一样，在前朝的基础上建立发展起来，历经290余年，把我国封建社会推向了一个全面大发展的高峰，成为当时世界上在各个领域都处于领先地位的封建大帝国。

这个时期的公文，总的来看，是整顿发展期。整顿主要是指文风的整顿，发展主要是指公文写作与公文制度的发展。具体地说，有以下几个方面的情况：

在文风方面，由隋代发起的反骈俪、正文体的文风改革，到唐代由陈子昂、韩愈所继承。这对东汉以来的骈体，虽未完全铲除，但却是一次比较认真的大整顿。

在整顿文风的基础上，公文写作逐步形成了一种骈散结合、明快易读的文体风格。东汉以后至魏晋南北朝的公文，或骈或散，或二者结合，但往往晦涩冗长，如读天书。而隋唐时期的公文，尽管隋和唐初竞尚文辞，但总体来说，一般都较为明快、好读，这是一个很大的进步。

在公文工作制度、公文机构和职官设置方面，不仅较为完备，而且更加制度化、法律化。有些公文制度，以法律的形式载入了律书（如《唐律》）。这个时期，还出现了一大批公文写作大家，以唐代而论，较为著名即有10人，即：魏徵、马周、陈子昂、骆宾王、张说、苏颋、陆贽、韩愈、元稹、李德裕等。这些公文写作大家，多是政治家、文学家兼而有之，故所写之公文，往往立意高远，文采斐然。

二、隋唐时期的职官制度和公文制度

(一) 隋唐时期的职官制度

我国古代职官制度发展到隋唐有了巨大的变化，北周模仿《周官》的六官体制废除了，政府组织系统的紊乱局面随之结束。取而代之的是以三省六部制为核心的中央政府新体制。在中央，三公不常设，亦无衙门僚佐，无论是名义上还是实际上，都不再是宰相。三省长官为实质上的宰相（开元天宝以后，尚书省长官不再是宰相），位尊权重。尚书六部正式成为中央的最高行政机构。九卿之制仍存，与尚书六部平行，依尚书六部政令行事，分管各种具体事务。地方则又改为州县（或郡县）两级制。

隋唐两朝跨时三百余年，职官制度演变繁复，这里自不可一一详述，只能简单介绍与公文制度相关的职官制度。

三省即内史省、门下省和尚书省，其机构分工是：内史省负责草拟制诏文书，门下省负责审核、收发，尚书省负责执行。至唐朝，内史省改称中书省，设中书令2人，佐天子掌军国之政令。除中书令外，另有副职侍郎2人，负责参议朝廷大政，传达皇帝制令并掌管外交公文。舍人6人，参议进言给皇帝的表章，参与起草皇帝下行公文。主书4人，主事4人。下设令史、书令、能书、蕃书译话、传制、亭长、掌固、装制敕匠等若干。通事舍人16人，掌朝见引纳、殿廷通奏。此外还有起居舍人、右散骑常侍、右谏议大夫等若干人。

依隋制，门下省正职2人，称纳言，副职4人，称给事黄门侍郎，录事、通事令史各6人，员外散骑常侍6人，通直散骑侍郎4人，并掌部从朝直。此外，还有给事、员外散骑侍郎、奉朝请等若干，掌管门下省日常有关事务。至唐，则规定门下省正职2人，称侍中，掌管传达皇帝命令。凡国家之政务，要与中书令参总，协同办理。所办之上行文，按照规定共6种：奏钞、奏弹、露布、议、表、状。副职2人，称门下侍郎，负责祭祀及日常事务。左散骑常侍2人，负责规讽过失，侍从顾问。左谏议大夫4人，负责讽喻得失，侍从赞相。给事中4人，负责弘文馆的缮写校对等事宜。此外还有录事、主事、左补阙、左拾遗、起居郎等职，负责一般日常工作。

依隋制，尚书省正职1人，称尚书令，副职称尚书左、右仆射，各设1人。尚书省作为执行机构，统管全局，具体负责吏部、礼部、兵部、都官、度支、工部等行政机构。至唐，尚书省正副职承隋制，负责范围大致相同，仍然是统管全局（此时六部为吏部、户部、礼部、兵部、刑部和工部）。另外设左丞1人、右丞1人，掌管六部的礼仪制度，劾御史举不当者。左右丞之下设郎中、员外郎若干人，办理六部有关具体事务。此外还有都事、主事、考功等若干人，各司其职。

"三省"之职实际就是宰相之职。唐初，以三省之长中书令、侍中、尚书令共商国事，代宰相之职。其后，因太宗做过尚书令，臣下便避而不居此职，于是以仆射代尚书省之长。此后一段时间，名位有些乱。太宗时，杜淹的"吏部尚书"、魏徵的"秘书监"以及其后的"参议得失"、"参知政事"等名号，虽称呼不一，但都相当于宰相之职。高宗以后，凡当宰相的必加"同中书门下三品"，以后改为"同三品"、"平章事"，其本质是不变的。

另有一个机构，不得不提到，那就是翰林院，也即学士院，唐玄宗始置。唐初，就常有一些名儒学士侍从皇帝左右，既做文学顾问，又偶尔参政，唐太宗曾把秘书监虞世南等18名文人学者和秦府故僚及当时才彦，都以弘文馆学士的名义聚拢于禁中，内参谋献，延引讲习，出侍舆辇，入陪宴私，十数年间，多至公辅。当时号称"18学士"、"北门学士"，后又有集仙之比。但当时并未列入政府职官编制，属于私臣，主供文学侍从。至于诏诰所出还是中书舍人之职。

"玄宗初，置'翰林待诏'，以张说、陆竖、张九龄等为之，掌四方表疏批答，应和文章。①"后四隩大同，军兴之际，促迫应务，万枢委积。"中书务剧，文书多壅滞②"，中书舍人起草诏诰，时因时间紧迫而不能周全。于是选择有词艺学识的朝官和文士，入居翰林，供奉敕旨，称作翰林供奉，与集贤院学士分掌制诏书敕。开元二十六年（738），又改翰林供奉为学士，置学士院，专掌内命。这样，相对于中书舍人起草诏书而言，便形成所谓内、外两制：外制，即由中书舍人所掌的国家正式诏敕，写在黄麻纸上；内制，即由翰林学士掌写的皇帝的特殊文告，写在白麻纸上，内容多涉及军国要事，"凡白麻制诏，皆在廷代言，命辅臣，除节将，恤灾患，讨不庭，则用之③"。

（二）隋唐时期的公文制度

隋唐两代，尤其是唐代，公文工作制度是比较健全的，有些是以法律的形式规定下来的。现就其主要条款介绍如下（主要限于唐代）：

1. 公文签发前的执论制度

执论，就是决策、论证的意思。此制度订于唐贞观三年（629），并且起于太宗的倡议。当年春天，太宗向身边从事公文工作的大臣说："中书、门下，机要之司。擢才而居，委任实重。诏敕如有不稳便，皆须执论。此来惟觉阿旨顺情，唯唯苟过，遂无一言谏诤者，岂是道理？若惟署诏敕，行文书而已，人谁不堪？何烦简择，以相委付？自今诏敕疑有不稳便，必须执言，无得妄有畏

---

①② 欧阳修：《新唐书·百官一》第46卷，中华书局1975年版，第1183页。
③ 王溥：《唐会要》第57卷，中华书局1955年版，第979~980页。

惧，知而寝默。"①

在此之前，即贞观元年（627），太宗还对黄门侍郎王珪说过："中书所出诏敕，颇有意见不同，或兼错失而相正以否。元置中书、门下，本拟相仿过误。人之意见，每或不同，有所是非，本为公事。或有护己之短，忌闻其失，有是有非，衔以为怨。或有苟避私隙，相惜颜面，知非政事，遂即施行。难违一官之小情，顿为万人之大弊。此实亡国之政。"②

贞观三年四月，房玄龄依照太宗的旨意，就文件签发前的执论问题，做了具体规定：凡军国大事，中书舍人要充分开动脑筋，各执己见，并且要就所提意见，亲自签署，以示负责，然后，送上级官员中书侍郎、中书令加以审示。之后，转送门下省，由门下省官员给事中、黄门侍郎审查、执论，提出修改意见或反驳意见。依此程序办理，"由是鲜有败事"。③

唐代初期公文签发前的执论制度，至今依然有其借鉴价值。

2. 文书的避讳、称谓和平缺制度

避讳之规定，起于秦，历代都承袭下来。到了唐朝，就以法律的形式规定下来。《唐律疏义·职制》记载："上书若奏事，皆需避宗庙讳，有误犯者杖八十。若奏事口误及余文书误犯者，各笞五十。"④ 依此，在公文中要讳"民"字，民字须用"人"字代之。因为写"民"字，就是犯了唐太宗李世民的名讳。

称谓的规定，如天子自称"朕"，臣民称之为"陛下"，亦起于秦。到了唐代，又有发展。《唐六典》尚书礼部卷规定，对天子称为"圣上"、"皇上"、"陛下"、"万岁"等。

依唐制，在行文中，遇有"皇上"、"陛下"等词，要提行顶格，即所谓"平头"，接下来所叙之文字，要低两格，即所谓"缺行"。合谓"平缺"。此制为秦汉时"抬头"制的进一步发展，一直追续至明清。不依此办理，则被视为"对上不恭"。

3. 公文的用纸和"贴黄"制度

从东晋末期，公文书写全部改为用纸。南北朝时期，黄白两种兼用。唐高宗上元三年（676年）规定，下行文敕书用黄纸，称为"黄敕"，征讨性的命令用白麻纸；臣民上书和官府往来之平行文，只能用白纸。唐代还有一种"绫纸"，专用于皇帝颁发给臣僚和内外命妇的"告身文书"（宋以后称"诰命文书"）。关于公文用纸的尺寸，皇帝的诏敕公文规定高一尺三寸，长三尺；一般臣僚的公文尺寸，要小于这个标准。

唐代的敕书是用黄纸写的，如有需要改正的地方，就用黄纸贴上，然后改写。

---

① ② （唐）吴兢撰：《贞观政要·政体》，岳麓书社1991年版，第16、13页。
③ （宋）司马光：《资治通鉴》，中华书局2007年版，第2336页。
④ 长孙无忌：《唐律疏议》，商务印书馆1933年版，第84页。

这种做法，称为"贴黄"。到了宋代，这个概念有所变化。宋代的"贴黄"，是指表章意犹未尽，则摘要书写于后。后来明清实行的章奏贴黄，即来源于此。

4. 公文的判署、签押和用印制度

汉代，主管官员如同意部属人员所拟的公文稿，就在文稿之末签字，称之为"画诺"。隋唐时期，改在文稿之前写上"依"、"从"、"可"、"闻"等字样，称之为判署。同时，作为长官，还要签上自己的名字，以示负责，称之为签押。名字的字体，要用草体，称之为"花押"，或"花书"。

用印的制度，起始于秦。唐代，公文稿经主管长官判署、签押并经誊写、校对以后，要交监印官审核，经审核无误后，方可盖印。并规定，一文一印。一件公文如有两页以上的公文纸，则要盖"骑缝印"。

唐代，有不少公文制度方面的条款，是以法律的形式固定下来的。根据《唐律疏议》①的记载，大约有30条之多。其主要条项如：

对公文传递延期的制裁，第111条："稽缓制书官文书"项规定："诸稽缓制书者，一日笞五十，一日加一等，十日徒一年"。"其官文书稽程者，一日笞十，三日加一等，罪止杖八十。"

对违令抗旨的制裁，第112条；"被制书施行有违"项规定："诸被制书，有所施行，而违者，徒二年。失错者，杖一百"（失错，谓失其旨）。

对内容遗漏或书写错误的制裁，第113条："受制忘误"项规定："诸受制忘误，及写制书误者，事若未失，笞五十；已失，杖七十。转受者，减一等。"

对上书奏事有误的制裁，第116条："上书奏事误"项规定："诸上书，若奏事而误，杖六十。口误，减二等。"

对臣下应奏不奏的制裁，第117条："事应奏不奏"项规定："诸事应奏而不奏，不应奏而奏者，杖八十。应言上而不言上；不应言上而言上；及不由所管而越言上，应行下而不行下；及不应行下而行下者，各杖六十。"

对越权签署的制裁，第118条："事直代判署"项规定："诸公文有本案，事直而代官司署者，杖八十；代判者，徒一年。亡失案而代者，各加一等。"

对滞发公文的制裁，第132条："公事应行稽留"项规定："请公事应行而稽留，及事有期会而违者，一日笞三十，三日加一等，过杖一百，十日加一等，罪止徒一年半。"

对奏事、上书不实的制裁，第368条："对制上书不以实"项规定："诸对制及奏事、上书，诈不以实者，徒二年；非密而妄言有密者，加一等。"

其他如私自篡改公文格式、盗窃官印、伪造官印、官文书等，均要绳之以法，

---

① 长孙无忌著：《唐律疏议》，商务印书馆1933年版。

给以相应的制裁；对一些触及国家根本利益者，如严重的泄密，即要处以绞刑。

《唐律疏议》中所规定的各项公文律条，为以后公文制度进一步趋向严密化奠定了坚实的基础。

三、公文名家与隋唐公文

隋朝时期由于政局动荡，天下未安，历时又短，故而也未出现所谓公文名家。本书提到的公文名家主要是来自唐代，大抵有魏徵、马周、张说、姚崇、陆贽五人。

（一）魏徵（580～643）

唐初杰出的政治家、思想家、史学家。河北巨鹿人，祖籍为四川省广元剑阁。从小丧失父母，家境贫寒，但喜爱读书，不理家业，曾出家当过道士。早年值隋末战乱，又曾投瓦岗起义军。后入唐充太子建成掌管图籍的洗马官。太宗即位，先充谏议大夫，继任中央行政长官之一的侍中。贞观十七年正月十七日（643年2月11日）病卒于任。魏徵以性格刚直、才识超卓、敢于犯颜直谏著称。作为太宗的重要辅佐，他曾恳切要求太宗使他充当对治理国家有用的"良臣"，而不要使他成为对皇帝一人尽职的"忠臣"。每进切谏，虽极端激怒太宗，而他神色自若，不稍动摇，使太宗也为之折服。为了维护和巩固李唐王朝的封建统治，曾先后陈谏200多次，劝诫唐太宗以历史的教训为鉴，励精图治，任贤纳谏，本着"仁义"行事，无一不受到采纳。贞观十三年（639）所上《十渐不克终疏》，在当时和后世都有重要影响。

在法律思想上，遵循封建儒家正统，强调"明德慎罚"，"惟刑之恤"。认为治理国家的根本在于德、礼、诚、信。指出一个明哲的君主，为了移风易俗，不能靠严刑峻法，而在于行仁由义；光凭法律来规范天下人的行为是办不到的。"仁义，理之本也；刑罚，理之末也"。他把治理国家之需要有刑罚，比作驾车的人之需要有马鞭，马匹尽力跑时，马鞭便没有用处；如果人们的行为都合乎仁义，那么刑罚也就没有用了。但法律或刑罚毕竟是不可少的，他认为法律是国家的权衡，时代的准绳，一定要使它起到"定轻重"、"正曲直"的作用。要做到这一点，关键在于执法时"志存公道，人有所犯，一一于法"，而决不可"申屈在乎好恶，轻重由乎喜怒"，否则便不可能求得"人和讼息"。这一点对君主来说尤其重要。所以在进谏时，他总是特别要求太宗率先严格遵守法制以督责臣下。在听讼理狱方面，他特别强调"必本所犯之事以为主"，做到"求实"，而不"饰实"，严防狱吏舞文弄法，离开事实去严讯旁求，造成冤滥。他自己每奉诏参与尚书省评理疑难案件，都按照这些思想，着眼于大体，公平执法，依情理处断，做到"人人悦服"。

魏徵主持编写了《隋书》《周书》《梁书》《陈书》《齐书》，时称五代史。其中《隋书》的《序论》和《梁书》《陈书》《齐书》的《总论》均为魏徵所撰，时称良史。魏徵的作品另有《次礼记》20卷，和虞世南、褚亮等合编的《群书治要》（又名《群书理要》）50卷。他的重要言论大都收录在唐时王方庆所编《魏郑公谏录》和吴兢所编《贞观政要》两书里。

魏徵所奏二百余事，对于大唐帝国政权的巩固起了重要作用。其主要奏疏如《谏太宗十思疏》（见图2-3）和《十渐不克终疏》（见图2-4），已成为历代散文的名篇。这两篇奏疏，前面一篇作于贞观十一年，后面一篇作于贞观十三年。当时，国家已出现了四海升平的局面，魏徵居安思危，及时指出要太宗保持忧患意识，严防不能善始善终，希望太宗保持贞观初年那种兢兢业业的作风。这是两篇奏疏写作的背景与宗旨。现将其《十渐不克终疏》[①]收录，以供鉴赏：

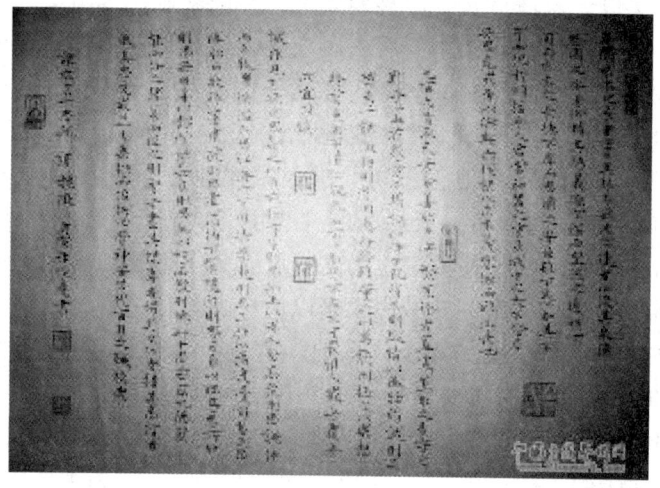

图2-3 谏太宗十思疏

图2-4 十渐不克终疏

[①] 杜涌、左羽主编：《历代上皇帝书文白对照》，中国政治大学出版社1996年版，第295页。

臣观自古帝王受图定鼎，皆欲传之万代，贻厥孙谋。故其垂拱岩廊，布政天下。其语道也必先淳朴而抑浮华；其论人也必贵忠良而鄙邪佞；言制度也则绝奢靡而崇俭约；谈物产也则重谷帛而贱珍奇。然受命之初，皆遵之以成治；稍安之后，多反之而败俗。其故何哉？岂不以居万乘之尊，有四海之富，出言而莫己逆，所为而人必从，公道溺于私情，礼节亏于嗜欲故也？语曰："非知之难，行之惟难；非行之难，终之斯难。"所言信矣。

伏惟陛下，年甫弱冠，大拯横流，削平区宇，肇开帝业。贞观之初，时方克壮，抑损嗜欲，躬行节俭，内外康宁，遂臻至治。论功则汤、武不足方，语德则尧、舜未为远。臣自擢居左右，十有余年，每侍帷幄，屡奉明旨。常许仁义之道，守之而不失；俭约之志，终始而不渝。一言兴邦，斯之谓也。德音在耳，敢忘之乎？而顷年以来，稍乖曩志，敦朴之理，渐不克终。谨以所闻，列之于左：

陛下贞观之初，无为无欲，清静之化，远被遐荒。考之于今，其风渐坠，听言则远超于上圣，论事则未逾于中主。何以言之？汉文、晋武俱非上哲，汉文辞千里之马，晋武焚雉头之裘。今则求骏马于万里，市珍奇于域外，取怪于道路，见轻于戎狄，此其渐不克终，一也。

昔子贡问理于孔子，孔子曰："懔乎若朽索之驭六马。"子贡曰："何其畏哉？"子曰："不以道导之，则吾雠也，若何其无畏？"故《书》曰："民惟邦本，本固邦宁。"为人上者奈何不敬？陛下贞观之始，视人如伤，恤其勤劳，爱民犹子，每存简约，无所营为。顷年以来，意在奢纵，忽忘卑俭，轻用人力，乃云："百姓无事则骄逸，劳役则易使。"自古以来，未有由百姓逸乐而致倾败者也，何有逆畏其骄逸，而故欲劳役者哉？恐非兴邦之至言，岂安人之长算？此其渐不克终，二也。

陛下贞观之初，损己以利物，至于今日，纵欲以劳人，卑俭之迹岁改，骄侈之情日异。虽忧人之言不绝于口，而乐身之事实切于心。或时欲有所营，虑人致谏，乃云："若不为此，不便我身。"人臣之情，何可复争？此直意在杜谏者之口，岂曰择善而行者乎？此其渐不克终，三也。

立身成败，在于所染，兰芷鲍鱼，与之俱化，慎乎所习，不可不思。陛下贞观之初，砥砺名节，不私于物，唯善是与，亲爱君子，疏斥小人。今则不然，轻亵小人，礼重君子。重君子也，敬而远之；轻小人也，狎而近之。近之则不见其非，远之则莫知其是。莫知其是，则不间而自疏；不见其非，则有时而自昵。昵近小人，非致理之道；疏远君子，岂兴邦之义？此其渐不克终，四也。

《书》曰："不作无益害有益，功乃成；不贵异物贱用物，人乃足。犬马非其土性不畜，珍禽奇兽弗育于国。"陛下贞观之初，动遵尧、舜，捐金抵璧，反朴还淳。顷年以来，好尚奇异，难得之货，无远不臻，珍奇之作，无时能止。上好奢靡而望下敦朴，未之有也。末作滋兴，而求丰实，其不可得亦已明矣。此其终不克终，五也。

贞观之初，求贤如渴，善人所举，信而任之，取其所长，恒恐不及。近岁以来，由心好恶，或众善举而用之，或一人毁而弃之，或积年任而用之，或一朝疑而远之。夫行有素履，事有成迹，所毁之人，未必可信于所举，积年之行，不应顿失于一朝。君子之怀，蹈仁义而弘大德；小人之性，好谗佞以为身谋。陛下不审察其根源，而轻为之臧否，是使守道者日疏，干求者日进。所以人思苟免，莫能尽力。此其渐不克终，六也。

陛下初登大位，高居深视，事惟清静，心无嗜欲，内除毕弋之物，外绝畋猎之源。数载之后，不能固志，虽无十旬之逸，或过三驱之礼。遂使盘游之娱，凡讥于百姓，鹰犬之贡，远及于四夷。或时教习之处，道路遥远，侵晨而出，入夜方还。以驰骋为欢，莫虑不虞之变，事之不测，其可救乎？此其渐不克终，七也。

孔子曰："君使臣以礼，臣事君以忠。"然则君之待臣，义不可薄。陛下初践大位，敬以接下，君恩下流，臣情上达，咸思竭力，心无所隐。顷年以来，多所忽略。或外官充使，奏事入朝，思睹阙庭，将陈所见，欲言则颜色不接，欲请又恩礼不加，间因所短，诘其细过，虽有聪辩之略，莫能申其忠疑，而望上下同心，君臣交泰，不亦难乎？此其渐不克终，八也。

"傲不可长，欲不可纵，乐不可极，志不可满。"四者，前王所以致福，通贤以为深诫。陛下贞观之初，孜孜不怠，屈己从人，恒若不足。顷年以来，微有矜放，恃功业之大，意蔑前王，负圣智之明，心轻当代，此傲之长也。欲有所为，皆取遂意，纵或抑情从谏，终是不能忘怀，此欲之纵也。志在嬉游，情无厌倦，虽未全妨政事，不复专心治道，此乐将极也。率土义安，四夷款服，仍远劳士马，问罪遐裔，此志将满也。亲狎者阿旨而不肯言，疏远者畏威而莫敢谏，积而不已，将亏圣德。此其渐不克终，九也。

昔陶唐、成汤之时，非无灾患，而称其圣德者，以其有始有终，无为无欲，遇灾则极其忧勤，时安则不骄不逸故也。贞观之初，频年霜旱，畿内户口并就关外，携负老幼，来往数年，曾无一户逃亡、一人怨苦，此诚由识陛下矜育之怀，所以至死无携贰。顷年已来，疲于徭役，关中之人，劳弊尤甚。杂匠之徒，下日悉留和雇；正兵之辈，上番多别驱使。和市之物不绝于乡闾，递送之夫相继于道路。既有所弊，易为惊扰，脱因水旱，谷麦不收，恐百姓之心，不能如前日之宁帖。此其渐不克终，十也。

臣闻"祸福无门，唯人所召。"人无衅焉，妖不妄作。伏惟陛下统天御宇十有三年，道洽寰中，威加海外，年谷丰稔，礼教聿兴，比屋喻于可封，菽粟同于水火。暨乎今岁，天灾流行，炎气致旱，乃远被于郡国；凶丑作孽，忽近起于毂下。夫天何言哉？垂象示诫，斯诚陛下惊惧之辰，忧勤之日也。若见诫而惧，择善而从，同周文之小心，追殷汤之罪己，前王所以致理者，勤而行之，今时所以败德者，思而改之，与物更新，易人视听，则宝祚无疆，普天幸甚，何祸败之有乎？然则社稷安危，国家治乱，在于一人而已。当今太平之基，既崇极天之峻；九仞之积，犹亏一篑之功。千载休期，时难再得，明主可为而不为，微臣所以郁结而长叹者也。

臣诚愚鄙，不达事机，略举所见十条，辄以上闻圣听，伏愿陛下采臣狂瞽之言，参以刍荛之议，冀千虑一得，衮职有补，则死日生年，甘从斧钺。

这篇奏疏，以极其高远的立意，强烈的政治责任感和刚直的措辞，充分地论述了历代帝王治国的得失，指出了善始不能善终的通病，批评了太宗在十个方面不能克终的事实与迹象，希望太宗保持唐初的俭朴作风，不要功亏一篑。魏徵的"犯颜直谏"，其中不少是通过奏疏提出的。我们从这些直谏的奏疏中，不仅可以看到作者的思想与人品，而且也可以体会出公文在治国安邦中所起的巨大的社会效用。

太宗"自得公疏，反复研寻，深觉词强理直，遂列为屏障，朝夕瞻仰"。[①] "词强理直'也正是魏徵公文的写作特点。这种词强理直的写作风格，对后世的公文是颇有影响的。也正是由于这篇直谏的奏疏对巩固唐王朝的统治有好处，因而受到太宗的嘉奖，并给魏徵赏赐黄金骏马。太宗曾和侍臣们说："贞观以前，跟随我平定天下，周旋艰险，功劳最大的，是房玄龄。贞观以后，尽心于我，献纳忠说，安国利民，犯颜正谏，纠正我的过错的，唯魏徵一人而已。古之名臣，没有一个能和他们二人相比。"可见太宗对魏徵的倚重，从这里也可以看到，太宗也算得上是一位明君。

魏徵一代名臣，已载史册，其所作奏疏，可为万代王者法。此不为过也。

(二) 马周（601～648）

马周，唐初政治家，公文写作家。周，字宾王，博州茌平（山东省茌平县茌平镇马庄）人。据《新唐书》记载，周少失父母，家境清贫，"嗜学，善《诗》《春秋》。"太宗贞观五年（631），马周作为中郎将常何家的舍人，因为常何是个武夫，不善公文，便让马周代向太宗写了一个奏疏，"为条二十余事，皆当世所切"，太宗深感惊奇，一个家臣能有如此韬略。于是，太宗召见，官拜监察御史、中书令等职，从此成为唐太宗的肱股之臣。

《大唐新语》记载："马周雅善敷奏，动无不中。"岑文本对人说："吾观马周论事多矣，援引事类，扬榷古今，举要删芜，言辩而理切。奇锋高论，往往间

[①]（唐）吴兢撰：《贞观政要·慎终篇》，岳麓书社1991年版，第354页。

出，听之靡靡，令人忘倦。"

作为政治家，常以古今帝王兴衰的历史教训，提醒太宗，要太宗不要过分地使用民力，时刻注意不要奢纵。这一点和魏徵颇为相似。

《新唐书》作者欧阳修在《马周传》后评论说，马周由"一介草茅"而得到太宗的赏识，"其自视与筑岩、钓渭亦何以异！迹夫帝锐于立事，而周所建皆切一时，以明佐圣，故君宰之间不膠漆而固，恨相得晚，宜矣。然周才不逮傅说、①吕望，②使后世未有述焉，惜乎！"欧阳修认为，马周虽自比为傅说吕望，但才能不及他们，所以后世很少记述他的事迹。对此，作为革命领袖和政治家的毛泽东不同意欧阳修的看法，在欧阳修评语的天头上，毛泽东批注：傅说、吕望何足道哉，马周才德，迥乎远矣。

据《旧唐书》的《马周传》记载，贞观十二年（637），马周向太宗上了一篇奏疏，即后人所称的《陈时政疏》，在这篇疏中，第一，建议太宗节俭治国，力戒奢侈，关心百姓疾苦。第二，建议太宗重视人民群众的作用。第三，建议太宗分封诸王、功臣要得当，要加强郡县基层的人选。贞观之治是唐代的鼎盛时期，马周居安思危，看到了政治上的种种弊端和隐患，实属不易。这篇奏疏，切中时弊，说理透彻，有政治远见。

《陈时政疏》③的全文如下：

臣历观前代，自夏、殷及汉氏之有天下，传祚相继，多者八百余年，少者犹四五百年，皆为积德累业，恩结於人心。岂无僻王，赖前哲以免。自魏、晋已还，降及周、隋，多者不过五六十年，少者才二三十年而亡。良由创业之君，不务广恩化，当时仅能自守，后无遗德可思，故传嗣之主政教少衰，一夫大呼而天下土崩矣。今陛下虽以大功定天下，而积德日浅，固当思禹、汤、文、武之道，广施德化，使恩有余地，为子孙立万代之基。岂欲但令政教无失，以持当年而已。然自古明王圣主，虽因人设教，宽猛随时，而大要唯以节俭於身、恩加於人二者是务。故其下爱之如父母，仰之如日月，敬之如神明，畏之如雷霆，此其所以卜祚遐长而祸乱不作也。

今百姓承丧乱之后，比於隋时才十分之一。而供官徭役，道路相继，兄去弟还，首尾不绝，远者往来至五六千里，春秋冬夏，略无休时。陛下虽每有恩诏令其减省，而有司作既不废，自然须人，徒行文书，役之如故。臣每访问，四五年来，百姓颇有怨嗟之言，以为陛下不存养之。昔唐尧茅茨土阶，夏禹恶衣菲食，

---

① 傅说，商朝人，相传原是傅岩（地方名）从事版筑的奴隶，武丁在这个地方发现了他，提拔他为宰相，后助武丁大治于天下。
② 吕望，即姜太公。他晚年钓鱼于渭水，文王出猎发现了他，拜为师。后协助武王灭纣，有殊功。
③ 刘昫等撰：《旧唐书》，中华书局1975年版，第2615~2618页。

如此之事，臣知不复可行於今。汉文帝惜百金之费，辍露台之役，集上书囊以为殿帷，所幸慎夫人衣不曳地。至景帝以锦绣纂组妨害女功，特诏除之，所以百姓安乐。至孝武帝虽穷奢极侈，而承文、景遗德，故人心不动。向使高祖之后，即有武帝，天下必不能全。此於时代差近，事迹可见。今京师及益州诸处，营造供奉器物，并诸王妃主服饰，议者皆不以为俭。臣闻昧旦丕显，后世犹怠，作法於理，其弊犹乱。陛下少处人间，知百姓辛苦，前代成败，目所亲见，尚犹如此，而皇太子生长深宫，不更外事，即万岁之后，固圣虑所当忧也。

臣寻往代以来成败之事，但有黎庶怨叛，聚为盗贼，其国无不即灭，人主虽改悔，未有重能安全者。凡修政教，当修之於可修之时，若事变一起而后悔之，则无益者也。故人主每见前代之亡，则知其政教之所由丧，而皆不知其身之失。是以殷纣笑夏桀之亡，而幽、厉亦笑殷纣之灭，隋炀帝大业之初又笑齐、魏之失国。然今之视炀帝，亦犹炀帝之视齐、魏也。故京房谓汉元帝云："臣恐后之视今，亦犹今之视古。"此言不可不戒也。

往者贞观之初，率土霜俭，一匹绢才得粟一斗，而天下帖然。百姓知陛下甚怜之，故人人自安，曾无谤讟。自五六年来，频岁丰稔，一匹绢得粟十馀石，而百姓皆以为陛下不忧怜之，咸有怨言。又今所营为者，颇多不急之务故也。自古以来，国之兴亡不由积蓄多少，唯在百姓苦乐，且以近事验之，隋家贮洛口仓，而李密因之；东都积布帛，而世充据之；西京府库，亦为国家之用，至今未尽。向使洛口、东都无粟帛，则世充、李密未必能聚大众。但贮积者固是国之常事，要当人有馀力而后收之。岂人劳而强敛之，更以资寇，积之无益也。然俭以息人，贞观之初，陛下已躬为之，故今行之不难也。为之一日，则天下知之，式歌且舞矣。若人既劳矣而用之不息，倘中国被水旱之灾，边方有风尘之警，狂狡因之窃发，则有不可测之事，非徒圣躬旰食晏寝而已。古语云"动人以行不以言，应天以实不以文。"若以陛下之圣明，诚欲励精为政，不烦远求上古之术，但及贞观之初，则天下幸甚。

昔贾谊为汉文帝云可恸哭及长叹息者，言当韩信王楚、彭越王梁、英布王淮南之时，使文帝即天子位，必不能安。又言赖诸王年少，傅相制之，长大之后，必生祸乱。历代以来，皆以谊言为是。臣窃观今诸将功臣，陛下所与定天下者，皆仰禀成规，备鹰犬之用，无威略振主如韩、彭之难驾驭者。而诸王年并幼少，纵其长大，当陛下之日，必无他心。然即万代之后，不可不虑。自汉、晋以来，乱天下者，何尝不是诸王？皆为树置失宜，不预为节制，以至於灭亡。人主熟知其然，但溺於私爱，故使前车既覆而后车不改辙也。

今天下百姓极少，诸王甚多，宠遇之恩，有过厚者，臣之愚虑，不唯虑其恃恩骄矜也。昔魏武帝宠陈思，及文帝即位，防守禁闭，有同狱囚。以先帝加恩太多，故嗣王疑而畏之也。此则武帝宠陈思，适所以苦之也。且帝子何患不富贵，身食大国，封户不少，好衣美食之外，更何所须，而每年加别优赐，曾无纪极。俚语曰，"贫不学俭，富不学奢"，言自然也。今大圣创业，岂唯处置见在子弟而已，当制长久之法，使万代遵行。

临天下者，以人为本。欲令百姓安乐，唯在刺史、县令。县令既众，不能皆贤，若每州得良刺史，则合境苏息。天下刺史悉称圣意，则陛下端拱岩廊之上，百姓不虑不安。自古郡守县令，皆妙选贤德，欲有擢升宰相，必先试以临人，或从二千石入为丞相。今朝廷独重内官，县令、刺史，颇轻其选。刺史多是武夫勋人，或京官不称职，方始外出。而折冲果毅之内，身材强者，先入为中郎将，其次始补州任。边远之处，用人更轻，其材堪宰位，以德行见称擢者，十不能一，所以百姓未安，殆由於此。

太宗曾说过："我与马周，暂不见则便思之。"可见其对马周的器重程度。对于马周的这篇上疏，太宗不仅"称善"，而且闻过则改，太宗曰："近令造小随身器物，不意百姓遂有嗟怨，此则朕之过误。"于是下令停止。

马周，"一介草茅"，以自己的才能与胆识，屡次上书陈政，得到太宗的重用。周先后任监察御史（司国法）、谏议大夫（掌规谏）、中书令（掌军国政令）、中书舍人（掌上下行公文）、给事中（掌驳正违失）等重要职务。然英才早逝，享年仅48岁，令人十分惋惜！

（三）张说（667~730）

张说，唐代文学家，政治家，公文写作家。字道济，一字说之。洛阳（属河南）人。武后时，授左补阙，擢升凤阁舍人。中宗即位，历次迁升工部、兵部传郎、修文馆学士。睿宗时，拜中书侍郎。开元初，进为中书令，封燕国公。有《张燕公集》。张说善文辞，朝廷重要公文多出于他的手，与苏颋（许国公）齐名，时称"燕许大手笔"。所写公文，刚健朗畅，注重实用，一扫齐梁以来的浮艳文风。现举其《谏止幸三阳宫疏》[①] 以观其概：

陛下屯万乘，幸离宫，暑退凉归，未降还旨。愚臣固陋，恐非良策，请为陛下陈其不可。

三阳宫去洛城一百六十里，有伊水之隔，嶾坂之峻，过夏涉秋，水潦方积，道坏山险，不通转运，河广无梁，咫尺千里。扈从兵马，日费资给，连雨弥旬，即难周济。陛下太仓、武库，并在都邑，红粟利器，蕴若山丘。奈何去宗庙之上都，安山谷之僻处？是犹倒持剑戟，示人镡柄，臣窃为陛下不取。夫祸变之生，在人所忽，故曰："安乐必诫，无行所悔。"此不可止之理一也。

---

① 刘昫等撰：《旧唐书》，中华书局1975年版，第3049页。

告成褊小，万方辐凑，填城溢郭，并锸无所。排斥居人，蓬宿草次，风雨暴至，不知庇讬，孤惸老病，流转衢巷。陛下作人父母，将若之何？此不可止之理二也。

池亭奇巧，诱掖上心，削峦起观，竭流涨海，俯贯地脉，仰出云路，易山川之气，夺农桑之土，延木石，运斧斤，山谷连声，春夏不辍。劝陛下作此者，岂正人耶？《诗》云："人亦劳止，汔可小康。"此不可止之理三也。

御苑东西二十里，所出入来往，杂人甚多，外无墙垣扃禁，内有榛丛溪谷，猛兽所伏，暴慝是凭。陛下往往轻行，警跸不肃，历蒙密，乘崄峨，卒然有逸兽狂夫，惊犯左右，岂不殆哉！虽万全无疑，然人主之动，不宜易也。《易》曰："思患预防。"愿陛下为万姓持重。此不可止之理四也。

今国家北有胡寇觑边，南有夷獠骚徼。关西小旱，耕稼是忧；安东近平，输漕方始。臣愿陛下及时旋轸，深居上京，息人以展农，修德以来远，罢不急之役，省无用之费。澄心澹怀，惟亿万年，苍苍群生，莫不幸甚。臣自度刍议，十不一从。何者？沮盘游之娱，间林沚之玩，规远图而替近适，要后利而弃前欢，未沃明主之心，已忤贵臣之意。然臣血诚密奏而不爱死者，不愿负陛下言责之职耳。轻触天威，伏地待罪。

这篇劝武则天离宫回京都理政的公文上达后，结果是"疏奏不省"，武则天未能接受张说的意见。在本篇疏奏中，张说讲了四条理由，都是从国家利益出发，防患于未然的角度论述的。武则天为何未能接受？是否认为张说的看法有些过虑了？还是乐以忘忧？就不得而知了。

张说除善写奏疏之外，碑状也写得很好。碑传文后来成为具有独特风格的传记文学，张说对此是作出了贡献的。

张说一生从政，经历了武后、中宗、睿宗、玄宗几个朝代，"掌文学之任凡三十年，文字俊丽，用思精密，朝廷大手笔，皆特承中旨撰述，天下词人，咸讽诵之。尤长于碑文、墓志，当代无能及者"[1]。

（四）姚崇（650～721）

姚崇，唐代政治家，公文写作家。崇，字元之，陕州硖石（今河南三门峡市）人。崇以文才出众而入仕。武则天时任夏官（兵部）侍郎。圣历元年（698）为同凤阁鸾台（即中书门下）平章事，第一次担任宰相。中宗即位，出为亳州、常州刺史等职，睿宗即位后，任兵部尚书同中书门下三品，不久升为中书令，与宋璟一起任宰相之职。在李隆基与太子公主的斗争中，尽管姚崇始终站在李隆基一边，但迫于当时形势，李最后只好牺牲崇以自保。于是，姚被

---

[1] 许嘉璐、黄永年分史主编：《二十四史·旧唐书》卷九十七，列传第四十七，汉语大词典出版社2004年版。

贬为申州刺史。先天二年（716），刚即位的李隆基借到渭州打猎之机，召姚崇入朝为相。开元九年（721）卒，时年72岁。他与宋璟并称"姚宋"，被后世称为良相。

姚崇在武则天、中宗、睿宗、玄宗几个朝代屡任宰相，史书记载，崇"少倜傥，好气节，长乃好学"，"下笔成章"。契丹扰边，众臣无策，而姚"奏决如流"。武则天很赏识他的才学，委以重任，掌拟制策诏令。

玄宗即位之初，励精图治，准备任用姚崇为相，崇针对时弊，提出十条意见，问玄宗是否同意，能否做到？如不能做到，他就不愿接受此任命。这十条意见说：（1）武则天执政以来，以酷法治天下，你能不能施行仁政？（2）朝廷往青海出兵，而边界并无再扰，你能不能不再贪边功？（3）对你所宠爱的亲信，你能不能制裁他们的不法行为？（4）你能不能不让宦官参政？（5）你能不能除租赋外不收大臣的礼物？（6）你能不能禁止自己的亲朋出任公职？（7）你能不能以严肃的态度和应有的礼节对待大臣？（8）你能不能允许大臣们"批逆鳞，犯忌讳"？（9）你能不能禁止营造佛寺道观？（10）你能不能接受汉朝王莽等乱天下的教训？所有这些，玄宗均一一接受，并任命他为"兵部尚书，同中书门下三品。封梁国公。迁紫微令"。

这十条意见，自然是一篇重要的公文，全文也只有三百多字。毛泽东非常赞赏这十条意见，认为是治国的"政治纲领"，赞叹它"古今少见"，并称姚崇是"大政治家"。

姚崇乃唐朝一代奇才英杰，而这，多反映在其公文奏疏中。下面请看其《十事要说》（即十条意见书）：[①]

上方猎于渭滨，公至，拜马首。上曰："卿颇知猎乎？"元崇曰："臣少孤，居广成泽，目不知书，唯以射猎为事。四十年方遇张憬藏，谓臣当以文学备位将相，无为自弃，尔来折节读书。今虽官位过忝，至于驰射，老而犹能。"于是呼鹰放犬，迅速称旨；上大悦。上曰："久不见卿，思有顾问，卿可于宰相行中行。"公行犹后，上纵辔久之，顾曰："卿行何后？"公曰："臣官疏贱，不合参宰相行。"上曰："可兵部尚书、同平章事。"公不谢，上顾讶焉。至顿，上命宰相坐，公跪奏："臣适奉作弼之诏而不谢者，欲以十事上献，有不可行，臣不敢奉诏。"上曰："悉数之，朕当量力而行，然定可否。"公曰："自垂拱已来，朝廷以刑法理天下，臣请圣政先仁义，可乎？"上曰："朕深心有望于公也。"又曰："圣朝自丧师青海，未有牵复之悔；臣请三数十年不求边功，可乎？"上曰："可。"又曰："自太后临朝以来，喉舌之任，或出于阉人之口；臣请中官不预公

[①] 韩泰伦主编：《新资治通鉴》，中国文联出版社1999年版，第758~759页。

事,可乎?"上曰:"怀之久矣。"又曰:"自武氏诸亲猥侵清切权要之地,继以韦庶人、安乐、太平用事,班序荒杂;臣请国亲不任台省官,凡有斜封、待阙、员外等臣,悉请停罢,可乎?"上曰:"朕素志也。"又曰:"比来近密侵幸之徒,冒犯宪纲者,皆以宠免;臣请行法,可乎?"上曰:"朕切齿久矣。"又曰:"比因豪家戚里,贡献求媚,延及公卿、方镇亦为之;臣请除租、庸、赋税之外,悉杜塞之,可乎?"上曰:"愿行之。"又曰:"太后造福先寺,中宗造圣善寺,上皇造金仙、玉真观,皆费钜百万,耗蠹生灵;凡寺观宫殿,臣请止绝建造,可乎?"上曰:"朕每见之,心即不安,而况敢为者哉?"又曰:"先朝褒狎大臣,或亏君臣之敬,臣请陛下接之以礼,可乎?"上曰:"事诚当然,有何不可?"又曰:"自燕钦融、韦月将献直得罪,由是谏臣沮色;臣请凡在臣子,皆得触龙鳞,犯忌讳,可乎?"上曰:"朕非唯能容之,亦能行之。"又曰:"吕氏产、禄几危西京,马、窦、阎、梁亦乱东汉,万古寒心,国朝为甚;臣请陛下书之史册,永为殷鉴,作万代法,可乎?"上乃潸然良久曰:"此事真可为刻肌刻骨者也。"公再拜曰:"此诚陛下致仁政之初,是臣千载一遇之日,臣敢当弼谐之地,天下幸甚。天下幸甚。"

(五) 陆贽 (754~805)

唐代政治家,公文写作家。贽,字敬舆,苏州嘉兴(今浙江嘉兴)人,因去逝后被滥"宣",故世称陆宣公。其父侃为县令,少年丧父的陆贽,特立不群,勤奋学习儒家经典。18岁时进士及第,然后参加吏部的选拔,以博学宏词登科,授华州郑县尉。任满后东归探望母亲,然后在参加铨选时以书判拔萃授渭县县尉。不久迁为监察御史。公元779年德宗即位,召贽为翰林学士,其后虽翰林之职掌不变,而其官职不断提升,最后升至宰相。从这一简要的历史进程,我们可以看出,陆贽完全是靠个人的勤奋与才智,由一个基层官员之子升入高层统治阵营的。

陆贽不仅有预事之能更有撰文之才。德宗初年,正值两河用兵,贽分析军事形势,预测可能发生内变。建中四年,果然发生了泾源兵变,叛将朱泚在长安称帝,德宗逃往奉天(今陕西乾县);不久李怀光与朱泚联兵,德宗又逃至梁州(今陕西汉中)。这期间,贽随德宗出奔,所有诏令均出自贽手。史书记载;"时天下叛乱,机务填委,征发指踪,千端万绪,一日之内,诏书数百。贽挥翰起草,思如泉注,初若不经思虑,既成之后,莫不曲尽事情,中于机会,胥吏简札不暇,同舍皆伏其能。……尝启德宗曰:'今盗遍天下,舆驾播迁,陛下宜痛自引过,以感动人心。昔成汤以罪己勃兴,楚昭以善言复国。陛下诚能不吝改过,以言谢天下,使书诏无忌,臣虽愚陋,可以仰副圣情,庶令反侧之徒,革心向化.'德宗然之。故奉天所下书诏，虽武夫悍卒，无不挥涕感激，多贽所为也。"① 陆贽劝德宗"痛自引过，以感动人心"，并且在德宗同意的情况下，为其撰写了有名《奉天改元大赦制》。据说，诏书颁发下去，四方人心大悦。《奉天改元大赦制》② 的大致内容如下：

门下：致理兴化，必在推诚；忘己济人，不吝改过。朕嗣守丕构，君临万方，失守宗祧，越在草莽。不念率德，诚莫追於既往；永言思咎，期有复於将来。明徵厥初，以示天下。惟我烈祖，迈德庇人，致俗化於和平，拯生灵於涂炭，重熙积庆，垂二百年。伊尔卿尹庶官，洎亿兆之众，代受亭育，以迄于今，功存于人，泽垂于後。肆予小子，获缵鸿业，惧德不嗣，罔敢怠荒。然以长于深宫之中，暗于经国之务，积习易溺，居安忘危，不知稼穑之艰难，不察征戍之劳苦，泽靡下究，情不上通，事既壅隔，人怀疑阻，犹昧省已，遂用兴戎。徵师四方，转饷千里。赋车籍马，远近骚然；行赍居送，众庶劳止。或一日屡交锋刃，或连年不解甲胄。祀奠乏主，室家靡依，生死流离，怨气凝结，力役不息，田莱多荒。暴命峻於诛求，疲甿空於杼轴。转死沟壑，离去乡闾，邑里丘墟，人烟断绝。天谴於上而朕不悟，人怨於下而朕不知。驯致乱阶，变兴都邑。贼臣乘衅，肆逆滔天，曾莫愧畏，敢行凌逼。万品失序，九庙震惊。上辱於祖宗，下负于黎庶。痛心腼貌，罪实在予。永言愧悼，若坠深谷。赖天地降佑，神人叶谋，将相竭诚，爪牙宣力，屏逐大盗，载张皇维。将弘永图，必布新令。朕晨兴夕惕，惟念前非。乃者公卿百寮，累抗章疏，猥以徽号，加于朕躬。固辞不获，俯遂舆议。昨因内省，良用瞿然！体阴阳不测之谓"神"，与天地合德之谓圣，顾惟浅昧，非所宜当。"文"者所以化成，"武"者所以定乱，今化之不被，乱是用兴，岂可更徇群情，苟膺虚美，重余不德，祗益怀惭！自今以後，中外所上书奏，不得更称"圣神文武"之号。

夫人情不常，繁于时化；天道既隐，乱狱滋丰。朕既不能弘德导人，又不能一法齐众，苟设密纲，以罗非辜，为之父母，实增愧悼！今上元统历，献岁发生，宜革纪年之号，式敷在宥之泽，与人更始，以答天休。可大赦天下，改建中五年为兴元元年。自正月一日昧爽以前，大辟罪已下，罪无轻重，咸赦除之。李希烈、田悦、王武俊、李纳等，有以忠劳，任膺将相，有以勋旧，继守藩维。朕抚驭乖方，信诚靡著，致令疑惧，不自保安。兵兴累年，海内骚扰，皆由上失其道，下罹其灾，朕实不君，人则何罪？屈己弘物，予何爱焉！庶怀引慝之诚，以洽好生之德。其李希烈、田悦、王武俊、李纳及所管将士、官吏等，一切并与洗涤，各复爵位，待之如初。仍即遣使，分道宣谕。朱滔虽与贼泚连坐，路远未必

---

① 许嘉璐、黄永年分史主编：《二十四史·旧唐书·陆贽传》，汉语大词典出版社2004年版。
② 陆贽撰：《陆贽集·上》，中华书局2004年版，第1~16页。

同谋,朕方推以至诚,务欲弘贷,如能效顺,亦与惟新。其河南、北诸军兵马,并宜各於本道,自固封疆,勿相侵轶。……大兵之後,内外耗竭,贬食省用,宜自朕躬。当节乘舆之服御,绝宫室之华饰,率已师俭,为天下先。诸道贡献,自非供宗庙军国之用,一切并停。应内外官有冗员,及百司有不急之费,委中书门下即商量条件,停灭闻奏。布泽行赏,仰惟旧章,今以馀孽未平,帑藏空竭,有乖庆赐,深愧于怀。赦书有所未该者,委所司类例条件闻奏,敢以赦前事相言告者,以其罪罪之。亡命山泽,挟藏军器,百日不首,复罪如初。赦书日行五百里,布告遐迩,咸使闻知。

这篇制书中"长于深宫之中"数语,不独痛自刻责,不是一般的代笔者所敢撰拟的。即文格而论,可说是高人一筹。说到"天谴于上而朕不悟,人怨于下而朕不知",真可谓垂泪而道,只觉得深切坦白而不觉得文字冗长重复了。就此一点,也可以悟到文章的好处不在于字句的表面修饰,而在于表情达意;文章最后提出改建年号、大赦地方将官,达到了以安军心的目的。这些,虽以德宗之口气行文,实为陆贽的全部心计与说辞。

以上这篇《奉天改元大赦制》,又称《罪已大赦诏》,写于公元784年。此时德宗已回长安。一年前,即783年,因朱泚作乱,德宗出奔,跑到奉天。到奉天后,物品极度缺乏,甚至连兵卫的衣服也不齐全。后来各地陆续送到一些贡赋,朝廷就在行宫两厢设库放藏贡品,并挂上琼林、大盈两块匾额,以示宫廷之物。在此之前,德宗所调遣的抗击李希烈的兵士,因不给犒赏,兵士哗变。变兵声称京师的琼林、大盈两库积金帛无数,应该拿来大家分。变兵攻入京城,德宗才逃到奉天的。而今,德宗又把各地送来的贡品,挂上了琼林、大盈的牌子。伤疤未好,疼痛已忘。所以,陆贽写了《奉天请罢琼林大盈二库状》,要求废除两库,德宗接受了这一意见。

近2000字的《奉天请罢琼林大盈二库状》,首先论述了天子不应积蓄财货的道理。接下来叙述了琼林、大盈二库的来历,指出玄宗失邦,库藏徒以资寇。说明现在大难未平,在奉天新设二库,军情离怨,足以酿成危机。进一步指出,在国难当头,应散财货以收人心,并应与士卒同甘共苦,在论事的基础上,进一步说明设置二库必然引起离怨的原因,呼应"作法于贪,弊将安救"之理、最后敦促德宗下决心改过散财,当机立断,迅速废罢二库。请看该文:①

右臣闻作法于凉,其弊尤贪;作法于贪,弊将安救?示人以义,其患犹私;示人以私,患必难弭。故圣人之立教也,贱货而尊让,远利而尚廉。天子不问有无,诸侯不言多少,百乘之室,不畜聚敛之臣。夫岂皆能忘其欲贿之心哉?诚惧

---

① 陆贽撰:《陆贽集·上》,中华书局2004年版,第420~427页。

贿之生人心而开祸端，伤风教而乱邦家耳。是以务鸠敛而厚其帑楗之积者，匹夫之富也；务散发而收其兆庶之心者，天子之富也。天子所作，与天同方：生之长之，而不恃其为；成之收之，而不私其有。付物以道，混然忘情。取之不为贪，散之不为费。以言乎体则博大，以言乎术则精微。亦何必挠废公方，崇聚私货，降至尊而代有司之守，辱万乘以效匹夫之藏？亏法失人，诱奸聚怨，以斯制事，岂不过哉！

今之琼林、大盈，自古悉无其制，传诸耆旧之说，皆云创自开元。贵臣贪权，饰巧求媚，乃言："郡邑贡赋所用，盍各区分。税赋当委之有司，以给经用；贡献宜归乎天子，以奉私求。"玄宗悦之，新是二库，荡心侈欲，萌柢于兹。迨乎失邦，终以饵寇。《记》曰："货悖而入，必悖而出。"岂非其明效欤！

陛下嗣位之初，务遵理道，敦行约俭，斥远贪饕。虽内库旧藏，未归太府，而诸方曲献，不入禁闱。清风肃然，海内丕变。议者咸谓汉文却马，晋武焚裘之事，复见于当今。近以寇逆乱常，銮舆外幸，既属忧危之运，宜增儆励之诚。

臣昨奉使军营，出由行殿，忽睹右廊之下，榜列二库之名，矍然若惊，不识所以。何则？天衢尚梗，师旅方殷。疮痛呻吟之声，噢咻未息，忠勤战守之效，赏赉未行，而诸道贡珍，遽私别库，万目所视，孰能忍怀。窃揣军情，或生觖望，试询候馆之吏，兼采道路之言，果如所虞，积憾已甚，或忿形谤讟，或丑肆讴谣，颇含思乱之情，亦有悔忠之意。

是知町俗昏鄙，识昧高卑，不可以尊极临，而可以诚义感。顷者六师初降，百物无储，外扞凶徒，内防危堞，昼夜不息，迨将五旬，冻馁交侵，死伤相枕，毕命同力，竟夷大艰。良以陛下不厚其身，不私其欲，绝甘以同卒伍，辍食以啖功劳。无猛制而人不携，怀所感也；无厚赏而人不怨，悉所无也。

今者攻围已解，衣食已丰，而谣讟方兴，军情稍阻，岂不以勇夫恒性，嗜货矜功，其患难既与之同忧，而好乐不与之同利，苟异恬默，能无怨咨？此理之常，固不足怪。《记》曰："财散则民聚，财聚则民散。"岂非其殷鉴欤！众怒难任，蓄怨终泄，其患岂徒人散而已，亦将虑有构奸鼓乱，干纪而强取者焉！

夫国家作事，以公共为心者，人必乐而从之；以私奉为心者，人必咈而叛之。故燕昭筑金台，天下称其贤；殷纣作玉杯，百代传其恶；盖为人与为己殊也。周文之囿百里，时患其尚小；齐宣之囿四十里，时病其太大；盖同利与专利异也。为人上者，当辨察兹理，洒濯其心，奉三无私，以壹有众；人或不率，于是用刑。然则宣其利而禁其私，天子所恃以理天下之具也。舍此不务，而壅利行私，欲人无贪，不可得已。

今兹二库，珍币所归，不领度支，是行私也；不给经费，非宣利也；物情离怨，不亦宜乎！智者因危而建安，明者矫失而成德。以陛下天姿英圣，傥加之见

第二章 封建社会公文

善必迁,是将化蓄怨为衔恩,反过差为至当,促殄遗孽,永垂鸿名,易如转规,指顾可致。然事有未可知者,但在陛下行与否耳。能则安,否则危;能则成德,否则失道;此乃必定之理也,愿陛下慎之惜之!

陛下诚能近想重围之殷忧,追戒平居之专欲,器用取给,不在过丰,衣食所安,必以分下。凡在二库货贿,尽令出赐有功,坦然布怀,与众同欲。是后纳贡,必归有司;每获珍华,先给军赏,环异纤丽,一无上供。推赤心于其腹中,降殊恩于其望外。将卒慕陛下必信之赏,人思建功;兆庶悦陛下改过之诚,孰不归德。如此则乱必靖,贼必平,徐驾六龙,旋复都邑,兴行坠典,整缉棼纲。乘舆有旧仪,郡国有恒赋,天子之贵,岂当忧贫!是乃散其小储,而成其大储也,损其小宝,而固其大宝也。举一事而众美具,行之又何疑焉!吝少失多,廉贾不处;溺近迷远,中人所非;况乎大圣应机,固当不俟终日。不胜管窥愿效之至,谨陈冒以闻。谨奏。

骈文到了陆贽的手中,可以说得到了进一步的解放,《四库提要》说陆贽的奏疏"真意笃挚,反复曲畅,不复见排偶之迹"。这一评述,道出了陆贽的公文写作特点,也成为以后公文写作家学习的楷模。

四、隋唐时期文种发展和公文特点

(一) 文种发展

"隋有天下,三十余年,而文体屡变。"至唐朝,文种渐趋稳定,天子之言通过公文下达,形7种:一曰册书,立后建嫡,封树藩屏,宠命尊贤,临轩备礼则用之;二曰制书,行大赏罚,授大官爵,厘革旧政,赦宥降恩则用之矣;三曰慰劳制书,褒贤赞能,劝勉勤劳则用之;四曰发日敕,谓御画发敕也,增减官员,废置州县,征发兵马,免除官爵,授六品已下官,处流已上罪,用库物五百段、钱二百千、仓粮五百石、奴婢二十人、马五十匹、牛五十头、羊五百口已上,则用之;五曰敕旨,谓百司承旨,而程式奏事请施行者;六曰论事敕书,慰谕公卿,诫约臣下则用之;七曰敕牒,随事承旨,不易旧典则用之。[①]

(二) 公文特点

隋朝三十多年的时间里,文风几多变迁,但总的来说,讲究表面文章、浮夸之风还是非常严重。左补阙薛谦光注释的《唐会要》中讲到,开皇中,李谔论之于文帝曰:"魏之三祖,更好文辞,世俗以此相高,朝廷以兹擢士,故文章日烦,其政日乱。"文帝对此深表同意并采纳了他的建议,下令严禁文笔浮辞。当年泗州刺史司马幼之,因为上表"不典实"被治罪,于是"风俗改励"。待到隋炀帝

[①] 解缙、姚广孝、王景等撰:《永乐大典卷之一万三千四百九十六卷》,中华书局 1960 年版。

执掌朝政以后，进行了改革，建立科举考试制度，"后生复相仿效，缉缀小文，名之曰策学"。文风复又"不以指实为本，而以虚浮为贵"。

唐王李渊兴业之初，他的文章"兼清绮贞刚之体"，即位之前就曾在秦府开文学馆，广引文学之士。等即位之后，设立弘文学馆，精选天下文儒之士，夜以继日地攻读修习。到了李世民时代，太宗文武兼资，其文当属唐人之佼佼。《贞观政要》中记载，太宗谓房玄龄曰："为人大须学问。朕往为群凶未定，东西征讨，躬亲戎事，不暇读书。比来四海安静，身处殿堂，不能自执书卷，使人读而听之。君臣父子政教之道，共在书内。古人云：'不学，墙面，莅事惟烦。'不徒言也。"又谓侍臣曰："朕每日坐朝，欲出一言，即思此一言于百姓有利益否，所以不敢多言。"又下书李大亮曰："公事之闲，宜观典籍。荀悦《汉纪》，叙致简要，论议深博，极为政之体，尽君臣之义。今以赐卿，宜加寻阅。"李世民的这些话，不可谓不指出为学写文之根本，当然，实际执行起来又是另一回事，事实上并未达到太宗的要求。

至中唐，文宗尝谓侍臣曰："近日诸侯章奏，语太浮华，有乖典实，宜罚掌书记，以诫其流。"李石曰："古人因事为文，今人以文害事。惩弊抑末，实在盛时。"

"唐人重门第、严流品，犹六朝也"，因此，婚姻方面特别重视门当户对，而加官进爵又要通过科举考试取得。所以文章风气，只能由有势力、地位的人所倡导，影响也大。既然唐朝以科举选拔人才，则文体随科举程文而变，也是必然的。唐人以诗赋取士，被后世之人广为诟病。其实，这件事情不能一概论之。深入研究诗词的人，必然"笃于性情，明于物理"。北宋时期以经义取士，以义理论，经义胜矣。而士大夫互相争胜于义理，厚己而薄他，党同而伐异。诗学则不然，顶多也就是让人为文华而不实，为情流荡而忘返。相比而言，诗学轻薄之习比之经义的水火之争，误国伤事并不那么严重。另外，唐朝诗人政绩卓著者不乏其人，如元次山、白乐天等。

《唐诗纪事》[①]："自贞元后，唐文甚振，以文学科第，为一时之荣。及其弊也，士子豪气骂吻，游诸侯门，诸侯望而畏之。如刘鲁风、姚岩杰、柳棠、平会之徒，其文皆不足取，余故载之者，以见当时诸侯争取誉于文士，此盖外重内轻之牙蘖。如李益者，一时文宗，犹曰：'感恩知有地，不上望京楼。'其后如李山甫辈，以一名第之失，至挟方镇，劫宰辅，则又有甚焉者矣。一篇一韵，初若虚文，而治乱之萌系焉"（《唐诗纪事》卷五十八）。

唐朝公文格式的规定，有《翰林学士院旧规》，唐学士杨钜撰，杂记院中事

---

① （宋）计有功撰：《唐诗纪事·上下》，中华书局1965年版，第892页。

例及公文格式。

唐朝有很多善于书法的人，颜元孙《干禄字书》，采用四声隶字，每字分正俗通三体，以为公文章表之用，故曰干禄。书判字体亦分正俗，其辨别可谓谨严。

第四节 宋元时期公文

一、宋元时期公文概况

宋元时期是我国封建经济继续发展和民族矛盾不断扩大的时期。宋王朝的建立，结束了五代的纷争局面；国家的统一和中央集权的强化，使得封建经济得以恢复和发展；宋代官僚地主对农民的压榨和由此而引起的农民起义，生存于北方的辽、夏、金封建贵族政权的崛起和不断南侵，都构成了对宋王朝政权的严重威胁。

北宋虽然结束了五代十国的纷乱局面，但它在中国历史上是一个积弱的朝代。北方少数民族建立起来的辽和西夏政权相继割据称雄，五代石晋时割赂与辽的燕云十六州没有恢复。北宋统治者解除地方兵权，把权力集中到中央，偃武修文，使武备废弛，加之北宋王朝对外族实行屈辱求和的政策，从"澶渊之盟"（1004）开始，一再卑躬屈膝，坚持投降路线，终于在1127年被金兵攻下汴京，北宋遂告灭亡。

南宋小朝廷是在风雨飘摇、岌岌可危的境况下建立起来的。宋高宗赵构为了维持他的个人统治，一贯坚持投降的政策，只是在万分危急的时候，才起用主战派暂时救急。南宋向金称臣称侄，献币纳贡，以乞取偏安局面，是中国历史上最可耻的一个朝代。

然而，也正是在这样一个国家处于困难、蒙受民族屈辱的时代，产生了不少伟大的政治家、改革家、军事家和爱国士人，他们在国家危难的时期，最先发出了经世救国的最强音。这最强音不是诗歌，不是小说，而是奏议，是公文。这些公文的作者是：范仲淹、包拯、欧阳修、刘敞、曾巩、王安石、司马光、苏轼、宗泽、李纲、陈东、胡铨、虞允文、朱熹、辛弃疾等。

元朝结束了我国从五代开始的三个多世纪的分裂状态，是我国历史上第一个由北方游牧民族统治者建立的统治全国的强大的封建王朝。忽必烈基本上采用汉法治理汉地，同时又保存了许多蒙古旧制，确立了蒙汉各族封建阶级联合进行统治的体制，同时又使这种统治具有强烈的民族压迫的色彩。为了加强文治，学习汉法，他任用刘秉忠、姚枢、许衡、郭守敬等定朝仪，治礼乐，设学校，建官制，并且奖励农桑，兴修水利。这些措施，对加强元帝国的统治和恢复国内经济起到了积极的作用。由于推广汉法，使得大批汉族官吏参政，参政必有上陈奏议之公文，元代奏议写作的名家主要有，刘秉忠、郝经、姚枢、许衡、窦默、孟棋、陈天祥、张珪、李元礼、虞集等。

宋元时期的公文，总观其貌，依然是公文的发展时期。其概况大致如下：

宋代因为是一个多事的朝代，阶级矛盾、民族矛盾异常尖锐，抗战与求和，改革与因循，几乎成了社会生活的主题，国家决策的中心。在这样一个典型的社会环境中，作为反映国家意志的公文，不可避免地要以此作立意的中心。因此，宋代公文在内容上是和当时的社会状况、政治斗争紧密地结合在一起的。

宋代是古文运动继续深入发展的时代。宋代的古文运动，从宋初柳开提出要写韩柳式的散文开始，到欧阳修的大力倡导，随之曾巩、三苏、王安石的竭诚追随与实践，使宋代散文出现了空前繁荣的可喜局面。散文的改革成就，直接影响了公文的写作文风，使之向更健康的方向发展。因此，宋代公文的朴实文风是和当时古文运动的伟大成就紧密地联系在一起的。

宋代公文长于说理，但这种说理，不同于当时新儒家理学的空论。宋代公文的说理，基本上是在叙事的基础上，以事实作为出发点的论事说理。

宋代的公文作者，或为政治家，或为军事家，或为文学家，或数家兼具。因此，宋代公文不仅数量多，而且质量高，不少名篇凝聚着民族的真善美，至今读来，仍有其振荡人心的魅力。

元代公文在数量和质量上都不及宋代公文。由于种种原因，元统治者其初重武轻文，重蒙回等少数官吏，而轻汉族官吏，很多机要均由蒙回等官吏掌管，其公文的写作，往往随意而行，不重章法用语，或雅俗杂出，或漫衍恣肆。忽必烈执政后，虽学汉法，汉族官吏亦多所起用，奏章公文遂有典式，然而在中书省及地方的蒙族官员所撰写的公文中，蒙语、俚俗的语言时常出现，缺乏规范。但事情总有其两面性，由于俚语俗话纳入公文，形成了对传统的以文言为主要表达形式的公文书面语的冲击。这种冲击，使得元代的一些公文，在语言上较前代的唐宋公文通俗明白了许多。从文言的书面语向通俗的口语化迈进，这在公文语言上无疑是一大进步，这也是元代公文在语言上的一个特点。

在元代，也有议论精辟的精彩篇章，只是为数不是很多。

二、主要公文文种介绍

宋元时期（960～1368）是古代经济继续发展和各民族联系进一步加强的时期。宋王朝的建立结束了唐末以来的五代十国（907～960）纷争的局面，又一次实现了国家统一，中央集权制得到加强，史称北宋。这个时期的公文文种除沿用隋、唐的以外，又有所发展。增加的皇帝示下文种有"诰命"（任命、封赠官僚用)、"御札"(皇帝公布登封、郊祀、宗祀及大号令用)、"敕榜"(皇帝戒勉百官,晓谕军民用);臣僚向皇帝的上行文种新增了"箴"(对国事提出意见和建议用)。官府新增的下行文有"劄子"(中书省指挥公事用。后又发展为上下行皆可通用的文种)、"故牒"(一般官府上达下时用);上行文种有"呈状"(中央各部上行公文)、"申状"(用以昭雪冤,亦谓之中理,舒陈所见谓之申奏);平行文有"咨"(用于翰林院与三省及枢密之间往来行文)。

北宋时,生存于北方的辽、夏、金的少数民族政权崛起和不断南侵。公元1126年(靖康二年),金兵攻入京城汴梁(今河南省开封市),北宋灭亡,南宋偏安(首都临安)。接着,由北方崛起的蒙古族再一次实现了中国的大统一。公元1271年,元世祖忽必烈定国号"元"后,仿照宋朝机制建立起中央机构,规定帝王诏令用蒙古新字书写。其他"公式文书,咸遵其旧",但对公文文种也有变革。皇室示下文种新增的有"圣旨"(皇帝使用的制、诏等文种的总称,用于颁布日常政令用。其中公开告谢臣民的文书,因用黄纸书写,称为黄榜或皇榜)、"宣命"(封赠五品官员用)、"敕牒"(封赠六品以下官员用)、"令旨"(皇太子、诸王颁布事项用)、"懿旨"(皇太后颁布事项用)。官府新增的下行文种有"札付"(中央官府用)、"劄"(中书省用)、"指挥"(地方府州县用);上行文种有"申"、"咨呈"(用于有隶属关系的官府);平行文种有"平关"(中央官府用)、"平牒"(地方府州县用)、"牒上"(或牒呈上,品级低的衙门向不相隶属的品级高的衙门行文用)、"牌面"(凡使臣过驿,驿官及差官凭以给马之文书)等。

三、职官制度与公文制度

(一) 宋元时期的职官制度

每一王朝,在其完成统一以后,必着手制定其以官吏体制为核心的政治体制,以期政权统治的长久巩固。唯有宋代,在五代十国长期混乱之后,虽然取得了统一,却没有及时另外制定一套新制度,甚至没有将支离破碎的旧制加以修整,反而加剧了混乱,以至在政治上形成一种参差复杂、变动不常的乱象。最后不得不于元丰年间对政治制度进行较大调整和整顿,史称"元丰改制",力图使混乱不堪的政治制度有所条理。

宋代以加强皇权为中心,对中央行政机构进行了较大调整。趋势就是改变魏、晋以来的"三省制"为"二府三司"制。宋初官制,表面悉沿唐制,但实际改变很多。据《宋史·职官志一》记载:"宋承唐制,抑又甚焉。三师、三公不常置,宰相不专任三省长官,尚书、门下并列于外,又别置中书禁中,是为政事堂,与枢密对掌大政。天下财赋,内庭诸司,中外管库,悉隶三司。中书省但掌册文、覆奏、考帐；门下省主乘舆八宝，朝会版位，流外考较，诸司附奏挟名而已。"由此可知，宋初之制，三省名存实亡，"不与政事"。唐代创设的凌驾于三省之上的"中书门下"之名号虽有，但实质也发生变化，不再是宰相集体议政中心。而又"别置中书于禁中"，也就是政事堂。宋朝新设的禁中中书政事堂才是行政中枢，与枢密合称二府。

元丰改制，撤销了中书门下，堂后官废除，恢复三省制，以左右仆射为宰相。左仆射兼门下侍郎，右仆射兼中书侍郎。恢复了中书省取旨、门下省审复、尚书省执行的制度。尚书省六曹事应取旨者皆由尚书省按照规定上报中书省，门下、中书省已得旨者，不得随意批札行下，皆送尚书省施行。恢复这种制度和程序，一则促进了决策的规范化和科学化，二则加强了皇帝的权力，一切悉听皇帝裁断。实行三省制，在公文用纸等方面也有规定。中书省、枢密院面奉宣旨，别以黄纸书。中书令、侍郎、舍人宣奉行讫，录送门下省为书黄。受批降若覆请得旨及入状得画事，别以黄纸，亦书宣奉行讫，录送门下省为录黄。难以白纸录送，面得旨者，为录白。批奏得画者，为画旨。门下省接受录黄、画黄、录自画者，皆留为底以黄纸书，传中、侍郎、给事中省审读讫，录送尚书省施行。

元丰改制以后，门下、中书各增建后省。门下后省设官左散骑常侍、左谏议大夫、左司谏、左正言各1员，给事中4员，起居郎1员，符宝郎2员，分设6个部分：上案、下案、封驳、谏官、记注、符宝郎，以给事中为长官。专主封驳、书读、录黄、书黄、录自。六曹奏钞，章奏房入进文字，校吏部奏拟六曹以下职事官任历功状。金押前省诸房公文封驳者，随字给付门下省，枢密院仍申知置令史一名，书令史2人，守当官5人，守阙守当官2人，分为四个部分：上案，掌大朝会应行遣之事；下案，掌受付五案文书之事；封驳，掌录封驳公文及本省人吏试补之事；记注，掌录起居注事。中书后省设官有右散骑常侍、右谏议大夫、右司谏、右正言各1员，中书舍人6员，起居舍人1员。分为五个部分：上案、下案、制诰、谏官、记注。中书后省以中书舍人为长官，编制6员，常设置2员，一以领吏房、左选及兵工房；一以领吏房、右选及礼刑上下房，掌行诰命，随所领房命之司定词。金押前省诸房文书及召试人聚议选题，试毕，考试定，缴申三省。置点检1名、令史2人、守当官5人、守阙守当官2人，设四个部分：上案，掌册礼及大朝会应行遣之事；下案，掌受付五案文书之事；制诰，掌录制词及本省人吏试补之事；记注，掌录起居注之事。又以起居郎1员、起居舍人1员，专掌修起居注，仍轮流在后殿及崇政廷和殿侍立。有史事应奏陈者，并直前陈述，及遇讲筵亦许入侍。皇帝出巡，两后省各差人吏5人随从。因两后省所掌封驳、制诰及朝廷付下机密看详利害等文字事体至重，比其他官司不同。从上述记载可以看出，中书、门下后省是对中书、门下前省的监督，实际上架空了中书、门下省，制诰、封驳的实际工作由中书、门下省移交给了后省。这自然造成机构重叠、人浮于事，比较典型地反映了宋朝官制的主要弊端。

宋朝在中书、门下省，均设有言路之臣，用以指陈时政得失。一种是给舍，主要责任接受咨询，为皇帝出谋献策，目的是防患于未然。一种是台谏，包括御史台官和谏院之官。但宋代的谏院主要不是为谏君主而设，其目的是为了检举臣下的不法行为，不过性质较御史纠弹要轻，范围也更为广泛。

宋末，国难深重，二帝蒙尘，都城南迁，中枢机构也多变易，南宋孝宗改左右仆射为左右丞相。左右丞相为正宰相。"三省之政合乎一"，自魏、晋以来的三省之制，至此寿终正寝。在结束三省制的过程中，宋朝统治者为了维护皇权，仍然分割相权。变名义的三省制为实质的"二府三司"体制。行政方面以中书惟主"政事"，同时建立枢密院为中央最高军事行政领导机关，"掌军国机务、兵防、边备、戎马之政令，出纳密命，以佐邦治。凡侍卫诸班直、内外禁兵招募、阅试、迁补、屯戍、赏罚之事，皆掌之"。[①] 枢密院设枢密使、副使、知枢密院事等官，其品级相当于宰相。故时人把中书和枢密院称为"二府"，乃"陛下之朝廷发号布政所以出也"。北宋在中央政府中，继续设置五代以来地位仅次于中书和枢密二府的三司机关——盐铁司、度支司、户部司，为国家最高财政管理机关。"二府三司"实行事权分割，各不相知。政事属于中书，军事属于枢密，财政属于三司。

在宋代中央机构中还有几个秘书工作部门值得一提，这就是进奏院、银台通进司、登闻鼓院和登闻检院。进奏院，是一个极为重要的公文收发机构。太平兴国八年（983），将其直接隶属于门下后省给事中点检。银台司，在元丰改制前，代表朝廷接受天下各种公文，抄录事目进呈，并发付有关机构检查、监督执行。通进司，主要接转银台司所领的各种章奏，授受在京百司奏牍、文武近臣的表疏，转送皇帝阅览，需要公布的则代表朝廷颁下执行。元丰改制后，银台司业务由章奏房代替，通进司也改隶为门下省给事中管理。登闻鼓院和登闻检院是宋代中央的信访机构。

在宫廷中供职者，又有东西上阁门使、副使、宣赞舍人等，此为朝会礼仪之官，本为鸿胪寺之职，寺既虚设，遂内阁门使代行。但宋之阁门使亦颇能预闻政事，得以乘机弄权。宋代为皇室服务的后勤管理机构有殿中省、内侍省等。后来内侍省又分出入内内侍省，与内侍省并称前后省，是宦官的管理机构。

---

① 脱脱等：《宋史职官志二》第162卷，中华书局1977年版，第3797页。

至元朝，中央行政机构由中书省一省制代替三省制。中书省之下设六部，即吏、户、礼、兵、刑、工六部。从属于六部的院、寺、监、府等基本上沿袭唐朝的九寺五监，略有增损而已。新建置有蒙古翰林院，主管起草皇帝诏旨；通政院管理驿站；亲佩监为天子特别司务机关；尚乘寺为掌理天子交通工具及兼理特别司法业务的机关等等。

（二）宋元时期的公文制度

宋元时期的公文制度，较之隋唐又有所发展。

1. 公文一文一事制度

一文一事，就是在一篇公文里只能叙述一件事。这种写作方法，有利于行文和办事。此种写作方法古已有之，但成为一种制度并加以正式确立是在宋代①。南宋《庆元条法事类·卷十六·文书门》规定，群臣陈奏公事"皆直述事状，若名件不同，应分送所属，而非一宗事者，不得同为一状"。此种制度，一直沿用至今。

2. 公文的用纸和缮写制度

宋代公文用纸，在尺寸上有明确规定，皇帝的诏敕公文高一尺三寸，长二尺，其他官员大臣的公文高度和长度不得与此相同。纸的种类，一般用黄、白两种，重要的公文则用绫纸。宋代为了防止公文改动，规定公文在缮写中的改动处，要加盖印章。

元代特别重视文字的准确性，在缮写中对时间、数字都有明确的规定，如时间必须写明具体年号、月、日，不得写"去年"、"今年"、"本月"、"前月"等；数字要写具体，并且不能用小写。五品以上官员上奏表意，要用两种文字书写：以蒙文为正本，以汉文为副本。"执政出典外郡，申部公文，书姓不书名。"②

3. 公文的编号、登记和承办制度

宋代公文即已开始编号。凡应实封的公文，均要编号。所谓实封，即分封的一种形式，凡属于机密紧急之务，均应实封。宋代公文已有登记制度，登记的目的是为了承办、催办。催办的形式，大致有：（1）以公文的收发登记簿来进行催办。（2）以公文上填写的各环节办理的时间，作为催办的根据。（3）以回报单进行催办。

元代的承办程序亦大致如此：文件来后首先登记，并写明日期发放给有关司部办理；承办人员要相互接交签字；主办人员要立卷办理；完后归档，年终交

---

① 依照《中国文书工作史纲要》记载，一文一事制大约于唐宋确立，但有确切史料证明的，只有宋代。

② （明）宋濂：《元史2》，中华书局1976年版，第1737页。

案。为了避免漏办文案，元代还建立了注销文簿。即将应办之大小公事，全部逐一登记，按照程期及完成情况依次勾销。这一制度的建立，对加速办案进程有积极的作用。

4. 办文时限制度

宋代大理寺决定的案牍，大事限 25 日，中事 20 日，小事 10 日。审刑院详复，大事 15 日，中事 10 日，小事 5 日。

元代至元八年（1271）确定所有行移公事程限，大事 30 日，中事 10 日，小事 7 日。公事催限，在京都各司局，10 日催，5 日再催；外地至京都，500 里内，15 日，再 10 日；500 里外，30 日，再 20 日；1000 里外，50 日，再 40 日；3000 里外，70 日，再 60 日。三催不报，即问罪。

这种以法规的形式所规定的时限，对提高行政效率有着积极意义。

四、公文名家与宋元公文

宋代公文分为北宋和南宋两个时期，这一时期公文名家非常多。下面仅列举部分耳熟能详的作者。

（一）范仲淹（989～1052）

北宋政治家、文学家。真宗大中祥符八年进士，仁宗康定元年以龙图阁直学士与韩琦并任陕西经略安抚使。庆历三年任参知政事，力主革新政治。提出十项改革主张。因受吕夷简等保守派的反对而未被采纳。范仲淹为人正直，论事慷慨激厉，重风节；其文气势畅茂，通达流利；论文主张"羽翼教化"，反对浮靡。著有《范文正公集》二十九卷。其主要奏疏有：《奏乞罢陕西近里州军营田》《奏乞许陕西四路经略司回易钱帛》《奏乞请减放宫人》和《上十事疏》等。现将其《上十事疏》[①] 要点收录如下：

一曰明黜陟。二府非有大功大善者不迁，内外须在职满三年，在京百司非选举而授，须通满五年，乃得磨勘，庶几考绩之法矣。二曰抑侥幸。罢少卿、监以上乾元节恩泽；正郎以下若监司、边任，须在职满二年，始得荫子；大臣不得荐子弟任馆阁职，任子之法无冗滥矣。三曰精贡举。进士、诸科请罢糊名法，参考履行无阙者，以名闻。进士先策论，后诗赋，诸科取兼通经义者。赐第以上，皆取诏裁。余优等免选注官，次第入守本科选。进士之法，可以循名而责实矣。四曰择长官。委中书、枢密院先选转运使、提点刑狱、大藩知州；次委两制、三司、御史台、开封府官、诸路监司举知州、通判；知州通判举知县、令。限其人数，以举主多者从中书选除。刺史、县令，可以得人矣。五曰均公田。外官廪给

[①] （元）脱脱等著：《宋史九》，中华书局 2000 年版，第 8281～8282 页。

不均，何以求其为善耶？请均其入，第给之，使有以自养，然后可以责廉节，而不法者可诛废矣。六曰厚农桑。每岁预下诸路，风吏民言农田利害，堤堰渠塘，州县选官治之。定劝课之法以兴农利，减漕运。江南之圩田，浙西之河塘，隳废者可兴矣。七曰修武备。约府兵法，募畿辅强壮为卫士，以助正兵。三时务农，一时教战，省给赡之费。畿辅有成法，则诸道皆可举行矣。八曰推恩信。赦令有所施行，主司稽违者，重置于法；别遣使按视其所当行者，所在无废格上恩者矣。九曰重命令。法度所以示信也，行之未几，旋即厘改。请政事之臣参议可以久行者，删去烦冗，裁为制敕行下，命令不至于数变更矣。十曰减徭役。户口耗少而供亿滋多，省县邑户少者为镇，并使、州两院为一，职官白直，给以州兵，其不应受役者悉归之农，民无重困之忧矣。

十条建议，叙述得非常简要明白。作者在《尹师鲁河南集序》一文中说："师鲁深于《春秋》，故其文谨严，辞约而理精。章奏疏议，大见风采。"这话用来说明范公自己当亦不为过。

（二）包拯（999～1062）

北宋政治家，天圣进士，仁宗时任监察御史。曾建议选将练兵，以御契丹。后任天章阁侍制，龙图阁直学士。官至枢密副使。主管开封府时，以廉洁著称，执法严峻，不畏权贵，著有《包孝肃奏议》。包拯为人刚正敢言，其奏议明白简洁，无一虚词，堪称效法。其著名奏章有《论诏令数易改》《请救济江淮饥民疏》《论历代并本朝户口》和《弹宋庠》等。现将《请救济江淮饥民疏》[①] 收录如下，以供鉴览：

臣闻天以五星为府，人以九谷为命，五星紊於上，则灾异起於下；九谷绝於野，则盗贼兴於外。天之於人，上下相应，故天变於上，则人乱於下；是天人相与之际，甚可畏也。若变异上着，则恐惧修省，以谢於下；年谷不登，则赈贷予赉，而恤其困。盖不使天有大变，而民有饥色，则人获富寿，而国享安宁矣。方今灾异之变尤甚，臣近已论列详矣。惟江、淮六路连岁亢旱，民食艰阻，流亡者比比皆是。朝廷昨遣使命安抚赈贷，以救其弊，而东南岁运上供米六百万石，近虽减一百万石，缘逐路租税尽已蠲复，则粮斛从何而出？未免州县配籴，以充其数，由是民间所出，悉输入官，民储已竭，配籴者未已，纵有米价，率无可籴。父子皇皇，相顾不救，老弱者死於沟洫，少壮者聚为盗贼。不幸奸雄乘间而起，则不可制矣。当以何道而卒安之哉？且国家之患，未有不缘此而致，可不熟虑乎？欲望圣慈特降指挥，应江、淮六路灾伤州县，凡是配籴及诸般科率，一切止绝。如敢故犯，并坐违制，庶几少释疲民倒垂之急。其上供米，数若不敷元额，即候

[①] （宋）包拯著，（宋）张国编：《包拯集》，中华书局1963年版，第89～90页。

向去丰熟补填。仍令州县官吏，多方擘画，救济饥民，不得失所。兼委逐路提转专切提举，如不用心救济，以致流亡，及结成群党，即乞一例重行降黜。

本文先从天人相应之理叙起，引出赈贷的必要性。接下来叙述灾情，着重说明情况的严重性，并指出此种事情与国家之患息息相关。最后提出建议，着重论述了解决问题的办法。的确是明白简洁，无一虚词。包拯的奏议，除少数篇章较长之外，多数奏议均较为简短。其文重实少文，很少渲染，然而读之却给人一种政治感染力和人格感化力。其奥秘就在于作者具有一种尽忠于国、系念于民的情感。这种感情在以上例文中有明显的体现。应该说，这也正是古代优秀公文生命力的所在。

（三）欧阳修（1007~1072）

北宋政治家、文学家、史学家。仁宗天圣八年进士，庆历初以右正言、知制诰。因支持范仲淹等人进行政治改革，遭到保守派吕夷简等人的忌恨。范仲淹改革失败，他慨然上书为之辩护，因而被贬滁州等地。后入翰林学士，官至枢密副使，参知政事。著有《欧阳文忠公集》。

欧阳修是新古文运动的领袖，有宋代韩愈之称。他的理论和宋初诸人一样都是尊韩的，但并非完全照搬韩愈，而是根据实际有所取舍。就"道"而言，趋向平实；就"文"而言，趋向平易；就文与道的关系而言，主张重道以充文。他从韩愈的"文从字顺"的精神出发，从现实口语中提炼平易自然的语言用以进行写作，提出"其言易明而可行"。不仅理论如此，写作实践也如此，所以苏轼称他的文章是"其言简而明，信而通"。

在写作风格上，他把抒情、叙事、议论三者融为一体，在简明自然中兼顾曲折情致和层次变化，并富有逻辑力量和精当的用词造句手法。由欧阳修完成的这种平易自然、流畅婉转的公文写作风格，为以后的公文写作树立了良好的榜样。

作为政治家的欧阳修，他一向主张改革，反对因循；他为人忠正、公道，与奸佞势不两立；他敢于直言，能为百姓疾苦呼唤。所有这些，在他的奏疏中均有所反映。这些奏疏，主要有：《论京西贼事札子》《论李昭亮不可将兵札子》《论河北守备事宜札子》《论军中选将札子》《论按察官吏札子》《河东奉使奏草》《条列文武官材能札子》《论茶法奏状》《论狄青》和《与高司谏书》等。现将《论狄青》[①]收录如下，以观其写作风格之特点：

臣闻人臣之能尽忠者，不敢避难言之事；人主之善驭下者，常欲闻难言之言。然后下无隐情，上无壅听，奸宄不作，祸乱不生。自古固有伏藏之祸、未发之机，天下之人皆未知，而有一人能独言之，人主又能听而用之，则销患于未

---

① 张春林：《欧阳修全集》，中国文史出版社1999年版，第646~647页。

萌、转祸而为福者有矣。若夫天下之人共知，而独人主之不知者，此莫大之患也。今臣之所言者，乃天下之人皆知，而惟陛下未知也。今士大夫无贵贱，相与语于亲戚朋友，下至庶民无愚智，相与语于闾巷道路，而独不以告陛下也，其故何哉？盖其事伏而未发，言者难于指陈也。

臣窃见枢密使狄青，出自行伍，号为武勇，自用兵陕右，已著名声，及捕贼广西，又薄立劳效。自其初掌机密，进列大臣，当时言事者已为不便。今三四年间，虽未见其显过，然而不幸有得军情之名。推其所因，盖由军士本是小人，面有黥文，乐其同类，见其进用，自言我辈之内出得此人，既以为荣，遂相悦慕。加之青之事艺实过于人，比其辈流又粗有见识，是以军士心共服其材能。国家从前难得将帅，经略招讨常用文臣，或不知军情，或不闲训练。自青为将领，既能自以勇力服人，又知训练之方，颇以恩信抚士。以臣愚见，如青所为，尚未得古之名将一二。但今之士卒不惯见如此等事，便谓须是我同类中人，乃能知我军情而以恩信抚我。青之恩信亦岂能遍及于人，但小人易为扇诱，所谓一犬吠形，百犬吠声，遂皆翕然，喜共称说。且武臣掌机密而得军情，不唯于国家不便，亦于其身未必不为害。然则青之流言，军士所喜，亦其不得已而势使之然也。

臣谓青不得已而为人所喜，亦将不得已而为人所祸者矣。为青计者，宜自退避事权，以止浮议，而青本武人，不知进退。近日以来，讹言益甚，或言其身应图谶，或言其宅有火光，道路传说以为常谈矣，而惟陛下犹未闻也。且唐之朱泚，本非反者，仓卒之际，为军士所迫。大抵小人不能成事而能为患者多矣，泚虽自取族灭，然为德宗之患，亦岂小哉？夫小人陷于大恶，未必皆其本心所为，直由渐积以至蹉跌，而时君不能制患于未萌尔。故臣敢昧死而言人之所难言者，惟愿陛下早闻而省察之耳。如臣愚见，则青一常才，未有显过，但为浮议所喧，势不能容尔。若如外人众论，则谓青之用心有不可知者，此臣之所不能决也。但武臣掌机密，而为军士所喜，自于事体不便，不计青之用心如何也。伏望圣慈深思远虑，戒前世祸乱之迹，制于未萌，密访大臣，早决宸断，罢青机务，与一外藩，以此观青去就之际，心迹如何，徐察流言，可以临事制变。且二府均劳逸而出入，亦是常事。若青之忠孝出处如一，事权既去，流议渐消，则其诚节可明，可以永保终始。夫言未萌之患者，常难于必信；若俟患之已萌，则又言无及矣。臣官为学士，职号论思，闻外议喧沸而事系安危，臣言狂计愚，不敢自默。取进止。

（四）王安石（1021~1086）

北宋政治家、思想家、文学家。仁宗庆历二年进士。历任鄞县知县、常州知州，江西提点刑狱等。在任期间曾试行一些改革，颇有治绩。嘉祐三年上万言书，提出政治革新主张。神宗熙宁二年擢升参知政事，次年升为同中书门下平章事，积极推行农田法、水利法、青苗法、均输法、保甲法、免役法、保马法、方田均税法等新法，抑制大官僚、大地主、大商人的特权，限制土地兼并，以缓和阶级矛盾，富国强兵。新法实行后，取得一定成绩，但由于守旧派的反对，新法终被废止。晚年退居金陵。著有《临川先生文集》《周官新义》等。

王安石是我国历史上著名的改革家，其治学、写作与其政治生活紧密相连。为推行其革新主张，在从政期间写了大量公文，其著名篇章有：《上六宗皇帝言事书》《本朝百年无事札子》《乞制置三司条例》《请存至诚恻怛之心疏》以及《答司马谏议书》等。

作为一个政治家，王安石主张文贵致用。他在《上人书》中说："尝谓文者，礼教治政云尔。……且所谓文者，务为有补于世而已矣；所谓辞者，犹器之有刻镂绘画也。诚使巧且华，不必适用；诚使适用，亦不必巧且华。要之以适用为本，以刻镂绘画为之容而已。不适用，非所以为器也；不为之容，其亦若是乎否也？然容亦未可已也，勿先之其可也。"① 这段话尽管在适用与辞华关系论述上有些偏颇，但对文贵致用的论述，还是相当精辟的。在《与祖择之书》中进一步指出："治教政令，圣人之所谓文也。"从而更加明确地指明了文贵致用的实质。即所谓"适用"，指"文"要成为强有力的治教政令，为政治服务。只有如此，才能"有补于世"。这一论述，对于揭示公文写作的实质，是再恰当不过的。

王安石的公文写作在宋代是第一流的。这不仅因其内容反映了作者革新的思想与主张，而且在写作技巧和语言上也独具特色：析理透辟，气势雄峻，概括性强，关键处斩钉截铁，有泰山不可移之势，而且语言明晰，要言不繁。现将《本朝百年无事札子》②摘录如下：

臣前蒙陛下问及本朝所以享国百年，天下无事之故。臣以浅陋，误承圣问，迫于日暮，不敢久留，语不及悉，遂辞而退。窃惟念圣问及此，天下之福，而臣遂无一言之献，非近臣所以事君之义，故敢昧冒而粗有所陈。

伏惟太祖，躬上智独见之明，而周知人物之情伪，指挥付托，必尽其材；变置施设，必当其务。故能驾驭将帅，训齐士卒；外以捍夷狄，内以平中国；于是除苛赋，止虐刑，废强横之藩镇，诛贪残之官吏。躬以简俭为天下先，其于出政发令之间，一以安利元元为事。太宗承之以聪武，真宗守之以谦仁，以至仁宗、英宗，无有逸德。此所以享国百年，而天下无事也。

……

然本朝累世因循末俗之弊，而无亲友群臣之议，人君朝夕与处，不过宦官女子，出而视事，又不过有司之细故，未尝如古大有为之君，与学士大夫讨论先王

---

① 李壮鹰主编：《中华古文论释林·北宋卷》，北京大学出版社2011年版，第290页。
② 王水照：《宋代散文选注》，上海古籍出版社2010年版，第64~67页。

之法，以措之天下也。一切因任自然之理势，而精神之运，有所不加；名实之间，有所不察；君子非不见贵，然小人亦得厕其间；正论非不见容，然邪说亦有时而用；以诗赋记诵求天下之士，而无学校养成之法；以科名资历叙朝廷之位，而无官司课试之方；监司无检察之人，守将非选择之吏；转徙之亟，既难于考绩，而游谈之众，因得以乱真；交私养望者，多得显官，独立营职者，或见排沮。故上下偷惰取容而已，虽有能者在职，亦无以异于庸人。

农民坏于徭役，而未尝特见救恤，又不为之设官，以修其水土之利；兵士杂于疲老，而未尝申敕训谏，又不为之择将，而久其疆场之权；宿卫则聚卒伍无赖之人，而未有以变五代姑息羁縻之俗；宗室则无教训选举之实，而未有以合先王亲疏隆杀之宜。其于理财，大抵无法，故虽俭约，而民不富，虽忧勤，而国不强。赖非夷狄昌炽之时，又无尧、汤水旱之变，故天下无事，过于百年，虽曰人事，亦天助也。盖累圣相继，仰畏天，俯畏人，宽仁恭俭，忠恕诚悫，此其所以获天助也。

伏惟陛下，躬上圣之质，承无穷之绪，知天助之不可常恃，知人事之不可怠终，则大有为之时，正在今日。臣不敢辄废将明之义，而苟逃讳忌之诛，伏惟陛下，幸赦而留神，则天下之福也。取进止。

这篇札子是于熙宁元年（1068）写给宋神宗赵顼的。熙宁三年七月，王安石再次向神宗提出："国之大政在兵、农。①"熙宁四年二月，神宗与王安石讨论如何制胜辽与西夏的问题，王安石认为，"修吾政刑，使将吏称职，财谷富、兵强而已。虚辞伪事，不足为也。②"由此可见，这篇札子是王安石以后进行变法的根据和出发点，也是以后和反对派进行纷争的导火线。全篇处处以国家命运为着眼点，说明该文立意高远，体现了作者改革家的气度。

（五）司马光（1019～1086）

北宋政治家、史学家、宝元进士。仁宗末年任天章阁待制兼侍讲知谏院。他立志编撰《通志》，作为封建统治者的借鉴。治平三年撰成战国迄秦的八卷，英宗命设局续修。神宗时赐书名为《资治通鉴》。神宗用王安石推行新法，光竭力反对，与安石争论于帝前，强祖宗不可变。神宗不从。任为枢密副使，他坚辞不就。于熙宁三年出知永兴军（今陕西西安）。次年退居洛阳，以书局自随，继续编撰《通鉴》，至元丰七年成书。元丰八年哲宗即位，高太皇太后听政，召他入京主持国政，次年任尚书左仆射，兼门下侍郎，废除新法。为相八个月病逝。著有《司马文正公集》《稽左录》等。山西人民出版社1986年整理出版了司马光的奏议文章，名曰：《司马光奏议》。

从反对新法而言，司马光的政治观点是比较保守的。在反对新法的奏议中，其

---

①② （宋）李焘：《续资治通鉴长编》，上海古籍出版社1986年版。

主要篇章有：《乞罢条例司常平使疏》《应诏言朝政阙失事》《乞去新法之病民伤国者疏》《乞罢保甲状》《乞罢免役钱依旧差役札子》以及《起请科场札子》等。

在其大部奏议中，涉及经世之道与国计民生并且其论述颇有可取之处者，亦为数不少，如：《荒政札子》《劝农札子》《谨习疏》《论财利疏》《放宫人札子》《举官札子》《节用札子》以及《赈赡流民札子》等。

司马光奏议，其文字简明、流畅、朴实、古雅，颇有史家之文风，现将其《节用札子》[①] 收录如下：

臣窃见国家公私穷窘，固非一日。今兹复遇大灾，畿内秋田，荡无孑遗，仓廪储蓄，率多败坏，府库钱帛，散用将尽，必恐今冬饥馑，甚于去年，军民嗷嗷，无以赈救。经费不足，重以郊礼，此乃国用危急之时，不可不早以为忧。

今取之于内帑，则内帑已虚；收之于外方，则外方已尽；敛之于下民，则下民已竭。不知朝廷将何以为计？

臣愚以为，若非陛下侧身克己痛自节约，则无以应合天意，感慰民心，使昏垫者忘其悲愁，馁死者无所怨嗟也。

臣闻节用之道，必自近始。伏望上自乘舆服御之物，下至亲王公主婚嫁之具，悉加裁损，务从俭薄，勿信主者以旧例为言。出六宫冗食之人，使之从便，罢后苑文思院所造淫巧服玩，止诸处不急之役。然后命有司考求在外凡百浮费之事，皆一切除去。群臣非有显然功效益国利民者，勿复滥加赏赐。将来南郊，自非牺牲玉帛供神之物，其余青城、仪仗之类，止于奉车驾备外饰者，亦令有司与礼官同共参详减省。臣闻国有凶荒则杀礼，事天者贵于内诚而贱外物。是故器用陶匏，席用藁秸，况于青城、仪仗之类，何为而不可减乎？

凡此数者，唯在圣意断而行之，固不可与庸俗之人执文泥例者谋之也。取进止。

此篇作于治平二年八月，全文主旨突出，论述简要，语言明快、朴实，是一篇颇为出色的上行公文。

（六）苏轼（1037～1101）

北宋文学家。仁宗嘉祐二年进士。历任福昌县主簿、大理评事、殿中丞等。神宗时，因反对王安石变法，降为杭州通判，后贬知密州、徐州。元丰二年徙官湖州，因作诗讽刺新法，被捕入狱，后贬为黄州团练副使，元丰七年徙常州。哲宗即位，司马光为首的旧党执政，起用为翰林学士兼侍读。因与当权者政见不和，于元祐四年出任杭州知州，后徙官颖州、扬州、定州。元祐八年，哲宗亲政，复行新法，那时新党已变质，苏轼又被贬至南疆的惠州、琼州、昌化等地。

[①]（宋）司马光著，王根林点校：《司马光奏议》，山西人民出版社1986年版，第209～210页。

徽宗即位，以大赦北还，复朝奉郎，提举成都玉局观。次年卒于常州。其著作文集有《东坡七集》和《经进东坡文集事略》等。

苏轼不仅有从事文学活动，而且终身从事于政治活动。他勤于政事，勇于进言，一生中写了不少经国治世的公文，其中，既有守旧的迂论，也有治国安民的良策，其主要篇章有：《上神宗皇帝书》《徐州上皇帝书》《论河北京东盗贼状》《乞免五谷力胜税钱札子》《奏浙西灾伤第一状》《乞不给散青苗钱斛状》以及《乞减价粜常平米赈济状》等。

苏轼的公文，像他本人的文学散文一样，大都雄辩滔滔，气势纵横，语言明快而又兼有形象的说理，明显地继承了《战国策》、贾谊、陆贽的写作风格。其行文如行云流水、随意挥洒，兼有魏晋之通脱和唐宋之简明，使实用性、艺术性和通俗性融为一体。但有的篇章，因论比过繁，有冗长的弊病。现将其《乞不给散青苗钱斛状》[①]摘录如下：

右臣伏见熙宁以来，行青苗、免役二法，至今二十余年，法日益弊，民日益贫，刑日益烦，盗日益炽，田日益贱，谷帛日益轻，细数其害，有不可胜言者。今廊庙大臣，皆异时痛心疾首，流涕太息，欲已其法而不可得者。况二圣恭己，惟善是从，免役之法，已尽革去，而青苗一事，乃独因旧稍加损益，欲行绐臂徐徐月攘一鸡之道。如人服药，病日益增，体日益羸，饮食日益减，而终不言此药不可服，但损其分剂，变其汤，使而服之，可乎？

熙宁之法，本不许抑配，而其害至此，今虽复禁其抑配，其害故在也。农民之家，量入为出，缩衣节口，虽贫亦足。若令分外得钱，则费用自广，何所不至。况子弟欺谩父兄，人户冒名诈请，如诏书所云，似此之类，本非抑勒所致。昔者州县并行仓法，而给纳之际，十费二三。今既罢仓法，不免乞取，则十费五六，必然之势也。又官吏无状，于给散之际，必令酒务设鼓乐倡优，或关扑卖酒牌子，农民至有徒手而归者。但每散青苗，即酒课暴增，此臣所亲见而为流涕者也。

二十年间，因欠青苗至卖田宅雇妻女投水自缢者，不可胜数，朝廷忍复行之欤！臣谓四月二十六日指挥，以散及一半为额，与熙宁之法，初无小异，而今月二日指挥，犹许人户情愿请领，未免于设法网民，使快一时非理之用，而不虑后日催纳之患，二者皆非良法，相去无几也。

今者已行常平粜籴之法，惠民之外，官亦稍利，如此足矣，何用二分之息，以贾无穷之怨。或云：议者以为帑廪不足，欲假此法以赡边用。臣不知此言虚实，若果有之，乃是小人之邪说，不可不察。昔汉宣帝世，西羌反，议者欲使民入谷边郡以免罪。萧望之以为古者藏于民，不足则取，有余则与；西边之役，虽

---

① （北宋）苏轼著，孔凡礼点校：《苏轼文集》，中华书局1986年版，第783~785页。

第二章　封建社会公文　　　　　　　　　　·115·

户赋口敛以瞻其乏，古之通议，民不以为非，岂可遂开利路，以伤既成之化。仁宗之世，西师不解盖十余年，不行青苗，有何妨阙。况二圣恭俭，清心省事，不求边功，数年之后，帑廪自溢，有何危急？而以万乘君父之尊，负放债取利之谤，锥刀之末，所得几何？臣虽至愚，深为朝廷惜之。

欲乞特降指挥，青苗钱斛，今后更不给散，所有已请过钱斛，候丰熟日，分作五年十料随二税送纳。或乞圣慈念其累岁出息已多，自第四等以下人户，并与放免。庶使农民自此息肩，亦免后世有所讥议。兼近日谪降吕惠卿告词云："首建青苗，力行助役。若不尽去其法，必致奸臣有词，流传四方，所损不细。"所有上件录黄，臣未敢书名行下。谨录奏闻，伏候敕旨。

文章的开端即叙青苗、免役二法的弊病，连用六个排比，继之据情论理，随之以月攘一鸡和病人服药作比，以形象性来提高论理的力度，进而夹叙夹议，最后提出解决的办法，可谓在通脱自由之中而不失其简明实用，堪称议论型公文的佳作。当然，前面已经提到，苏轼的有些公文，在议论事理方面有过于冗长之弊，这是不可取的。

（七）李纲（1083~1140）

李纲，字伯纪，邵武（今福建）人。政和二年进士，任监察御史兼权中侍御史。北宋末任太常少卿。靖康元年，金兵初围开封时，纲曾劝阻钦宗迁都，以尚书右丞之职任亲征行营使，团结军民，击退金兵。不久即被耿南仲所排斥。次年高宗即位，用为宰相。纲在朝多次上疏，陈述抗金之大计，都未被采纳。有《梁溪先生文集》留世。

在李纲的全部奏疏中，以建炎元年做宰相时的《上高宗十议札子》最为著名，这十议是连续上给高宗的。十议的篇目是：一曰议国是、二曰议巡幸、三曰议赦令、四曰议僭逆、五曰议伪命、六曰议战、七曰议守、八曰议本政、九曰议久任、十曰议修德。现将其《上高宗十议札子》之开端《议国是》[①] 收录如下：

臣愚陋无取，荷陛下知遇，然今日扶颠持危，图中兴之功，在陛下而不在臣。臣无左右先容，陛下首加识擢，付以宰柄，顾区区何足以仰副图任责成之意？然"靡不有初，鲜克有终"。臣孤立寡与，望察管仲害霸之言，留神于君子小人之间，使得以尽志毕虑，虽死无憾。昔唐明皇欲相姚崇，崇以十事要说，皆中一时之病。今臣亦以十事仰干天听，陛下度其可行者，赐之施行，臣乃敢受命。一曰议国是。谓中国之御四裔，能守而后可战，能战而后可和，而靖康之末皆失之。今欲战则不足，欲和则不可，莫若先自治，专以守为策，俟吾政事修，士气振，然后可议大举。二曰议巡幸。谓车驾不可不一到京师，见宗庙，以慰都

---

① （元）脱脱等著：《宋史九》，中华书局2000年版，第8939~8940页。

人之心，度未可居，则为巡幸之计。以天下形势而观，长安为上，襄阳次之，建康又次之，皆当诏有司预为之备。三曰议赦令。谓祖宗登极赦令，皆有常式。前日赦书，乃以张邦昌伪赦为法，如赦恶逆及罪废官尽复官职，皆泛滥不可行，宜悉改正以法祖宗。四曰议僭逆。谓张邦昌为国大臣，不能临难死节，而挟金人之势易姓改号，宜正典刑，垂戒万世。五曰议伪命。谓国家更大变，鲜仗节死义之士，而受伪官以屈膝于其庭者，不可胜数。昔肃宗平贼，污伪命者以六等定罪，宜仿之以励士风。六曰议战。谓军政久废，士气怯惰，宜一新纪律，信赏必罚，以作其气。七曰议守。谓敌情狡狯，势必复来，宜于沿河、江、淮措置控御，以扼其冲。八曰议本政。谓政出多门，纪纲紊乱，宜一归之于中书，则朝廷尊。九曰议久任。谓靖康间进退大臣太速，功效蔑著，宜慎择而久任之，以责成功。十曰议修德。谓上始膺天命，宜益修孝悌恭俭，以副四海之望，而致中兴。

（八）岳飞（1103～1142）

岳飞，字鹏举，相州汤阴（今河南汤阴）人，出身农家。1125 年，金兵南侵，投军抗金。后为宗泽部下，宗泽去世，他率部南下。建炎四年（1130），率部收建康，升通泰镇抚使兼知泰州。此后，率部作战，屡战屡胜，升为神武副军都统。后连克数地，升为清远军节度使。岳飞始终不忘恢复中原，讲武练兵，严明军纪。绍兴十年（1140），率军大举北伐，直捣中原，连克数州，获大捷。正当岳飞联络各路人马准备收复河朔之时，高宗、秦桧极力阻挠，以十二道金牌下令退兵，岳家军被迫班师，"十年之功废于一旦"。次年，被召赴临安，解除兵权。不久，被诬下狱，加以谋反之罪，1142 年 1 月 27 日以"莫须有"的罪名和儿子岳云、大将张宪一起被杀害。至孝宗，冤案才得昭雪，追谥"武穆"。至宁宗，追封鄂王。葬于西湖之畔，著有《岳武忠王文集》。

《南京上高宗封事》① 是岳飞于建炎元年（1127）作为一名低级军官越级向皇帝进言的上书。当时，金已攻占开封，岳飞作为一名下级军官，冒议论军国大事之嫌，上书皇帝，斥消极抗战行为，敦促朝廷全力抗战，以雪前耻。此上书由于触犯了权贵，结果加之以"越职非所宜言"的罪名，开除军职。离开部队后，重新寻找抗金之路。本篇原文已佚，仅存概略，由后人收入《鄂国金陀粹编》。

陛下已登大宝，黎元有归，社稷有主，已足以伐虏人之谋。而勤王御营之师日集，兵势渐盛。彼方谓吾素弱，未必能敌，正宜乘其怠而击之。而李纲、黄潜善、汪伯彦辈不能承陛下之意，恢复故疆，迎还二圣，奉车驾日益南，又令长安、维扬、襄阳准备巡幸。有苟安之渐，无远大之略，恐心不足以系中原之望，虽使将帅之臣戮力于外，终亡成功。为今日之计，莫若请车驾还京，罢三州巡幸

---

① 杜涌、左羽主编：《历代上皇帝书文白对照》，中国政法大学出版社1996年版，第583页。

之诏,乘二圣蒙尘未久,虏穴未固之际,亲帅六军,迤逦北渡。则天威所临,将帅一心,士卒作气,中原之地指期可复。

(九) 朱熹 (1130~1200)

南宋理学家。高宗绍兴十八年进士。宋孝宗求直言,朱熹上封事,力说皇帝要诚意正心,不可与金人言和。隆兴元年复召入对,又陈战守之道。淳熙五年知南康军(现江西星子县一带)。遇到天不下雨,他极力讲求荒政(救灾之措施),许多百姓因此得活。淳熙六年夏大旱,朝廷诏监司、郡守报告民间利病,朱熹上书言事,指陈时弊,触怒"龙颜"。光宗时,知漳州,奏请废除属县无名之税赋七百万。宁宗即位,为焕章阁待制侍讲。庆元元年,为秘阁修撰。当时韩侂胄专权,庆元二年,朱熹被诬告鼓吹"伪学",革除官职。朱熹的文章善于说理,公文亦然。著有《朱文公文集》。现收录淳熙六年之《论去邪疏》:[①]

天下之务,莫大于恤民,而恤民之本,在人君正心术以立纪纲。盖天下之纪纲不能以自立,必人主之心术公平正大,无偏党反侧之私,然后有所系而立。君心不能以自正,必亲贤臣,远小人,讲明义理之归,闭塞私邪之路,然后乃可得而正。

今宰相、台省、师傅、宾友、谏诤之臣皆失其职,而陛下所与亲密谋议者,不过一二近习之臣,上以蛊惑陛下之心志,使陛下不信先王之大道,而说于功利之卑说,不乐庄士之谠言,而安于私昵之鄙态。下则招集天下士大夫之嗜利无耻者,文武汇分,各入其门。所喜则阴为引援,擢置清显,所恶则密行谗毁,公肆挤排,交通货赂,所盗者皆陛下之财。命卿置将,所窃者皆陛下之柄。陛下所谓宰相、师傅、宾友、谏诤之臣,或反出入其门墙,承望其风旨;其幸能自立者,亦不过龊龊自守,而未尝敢一言以斥之;其甚畏公论者,乃能略警逐其徒党之一二,既不能深有所伤,而终亦不敢正言以捣其囊橐窟穴之所在。势成威立,中外靡然向之,使陛下之号令黜陟不复出于朝廷,而出于一二人之门,名为陛下独断,而实此一二人者阴执其柄,莫大之祸,必至之忧,近在朝夕,而陛下独未之知。

在这篇奏疏的最后,作者提出:"莫大之祸,必至之忧,近在朝夕,而陛下独未之知。"呈上之后,"上读之,大怒曰:'是以我为亡也。'熹以疾请祠,不报。"由于触怒龙颜,朱熹的奏疏没有得到答复。

(十) 辛弃疾 (1140~1207)

辛弃疾,字幼安,号稼轩,山东济南人。南宋爱国志士,文学家。21岁时曾聚众两千多人参加农民领袖耿京的抗金起义军。失败后,南归。历任湖北、湖南、福建、江西、浙东安抚使等职。任职期间,他积极训练军队,奖励耕战。他

[①] 李轩、溪石编著:《国论:历代治国谏书精选》,当代世界出版社2009年版,第362~363页。

一生坚决主张抗金，反对妥协投降。曾先后奏请朝廷，提出加强备战，激励士气，以恢复中原。他的主张，不仅未被采纳，反而一再遭到排斥和打击。从43岁起，闲居江西信州（今上饶）近20年。到了晚年，朝廷又起用他，做过浙东安抚使和镇江知府。他是南宋大词人，著有《稼轩词》。《美芹十论》《九议》是他的主要奏章。其奏章表现了他对抗金复国的坚定态度和明确认识。文字朴实谨严，缕析条分，具有战斗之作风。现将他《美芹十论》中的第一部分——《审势》① 收录如下：

用兵之道，形与势二。不知而一之，则沮于形、眩于势，而胜不可图，且坐受其毙矣。何谓形？小大是也。何谓势？虚实是也。土地之广，财赋之多，士马之众，此形也，非势也。形可举以示威，不可用以必胜。譬如转嵌岩于千仞之山，轰然其声，巍然其形，非不大可畏也；然而堑留木拒，未容以直，遂有能迂回而避御之，至力杀形禁，则人得跨而逾之矣。若夫势则不然：有器必可用，有用必可济。譬如注矢石于高墉之上，操纵自我，不系于人，有轶而过者，抨击中射，惟意所向，此实之可虑也。自今论之：虏人虽有嵌岩可畏之形，而无矢石必可用之势，其举以示吾者，特以威而疑我也；谓欲用以求胜者，固知其未必能也。彼欲致疑，吾且信之以为可疑；彼未必能，吾且意其或能；是亦未详夫形、势之辨耳。臣请得而条陈之：虏人之地，东薄于海，西控于夏，南抵于淮，北极于蒙，地非不广也；虏人之财：签兵于民，而无养兵之费，靳恩于郊，而无泛恩之赏，又辅之以岁币之相仍，横敛之不恤，则财非不多也；沙漠之地，马所生焉，射御长技，人皆习焉，则其兵又可谓之众矣。以此之形，时出而震我，亦在所可虑；而臣独以为不足恤者，盖虏人之地，虽名为广，其实易分。惟其无事，兵劫形制，若可纠合，一有惊扰，则忿怒纷争，割据蜂起。辛巳之变，萧鹧巴反于辽，开赵反于密，魏胜反于海，王友直反于魏，耿京反于齐、鲁，亲而葛王又反于燕，其余纷纷，所在而是，此则已然之明验，是一不足虑也。虏人之财，虽名为多，其实难恃：得吾岁币，惟金与帛，可以备赏而不可以养士；中原廪窖，可以养士，而不能保其无失。盖虏政庞而官吏横，常赋供亿，民粗可支；意外而有需，公实取一而吏七、八之，民不堪而叛；叛则财不可得而反丧其资，是二不足虑也。若其为兵，名之曰多，又实难调而易溃。且如中原所签，谓之"大汉军"者，皆其父祖残于蹂践之余，田宅磬于捶剥之酷，怨愤所积，其心不一。而沙漠所签者，越在万里之外，虽其数可以百万计，而道里辽绝，资粮器甲一切取办于民，赋输调发，非一岁而不可至。始逆亮南寇之时，皆是诛胁酋长，破灭资产，人乃肯从。未几，中道窜归者，已不容制，则又三不足虑也。又况虏廷今日用事

---

① 傅云龙、吴可：《唐宋明清文集·第1辑：宋人文集卷4》，天津古籍出版社2000年版，第2236~2237页。

之人，杂以契丹、中原、江南之士；上下猜防，议论龃龉，非如前日粘罕、兀术辈之叶。且骨肉间僭弒成风，如闻伪许王以庶长出守于汴，私收民心，而嫡少尝暴之于其父，此岂能终以无事者哉？我有三不足虑，彼有三无能为，而重之以有腹心之疾，是殆自保之不暇，何以谋人！臣抑闻古之善觇人国者，如良医之切脉，知其受病之处，而逆其必殒之期，初不为肥瘠而易其智。官渡之师，袁绍未遽弱也，曹操见之，以为终且自毙者，以嫡庶不定而知之也。咸阳之都，会稽之游，秦尚自强也，高祖见之，以为"当如是"矣，项籍见之，以为"可取而代"之者，以民怨已深而知之。盖国之亡，未有如民怨、嫡庶不定之酷，虏今并有之，欲不亡何待！臣故曰："形与势异"。为陛下实深察之。

第五节　明清时期公文

明清时期是我国封建专制政体进一步强化并逐步走向衰败的时期。这个时期的公文，是处在由发展到衰退，由衰退到力图改革的时期。清王朝统治的近300年历史，以1840年鸦片战争爆发前后为界，可分为前期和后期两大历史阶段。1840年揭开了近代史的序幕，故本节的叙述只限于前期。

一、明清时期公文概况

（一）明代公文概况

明王朝建立后不久，于洪武十三年（1380）废除中书省，取消丞相制，全国政务改由吏、户、礼、兵、刑、工六部分别掌管，六部尚书直接对皇帝负责。同时，设通政司，"掌受内外章疏敷奏封驳之事"①，朱元璋实际上是皇帝兼行宰相的职权。封建中央集权制发展到了高峰。

罢相的结果，使得一切政务都集中到皇帝的手里，大量的奏疏，使皇帝应接不暇。最繁忙的时候，朱元璋每天要看200多份奏疏，处理400多件事情。繁重的政务，使皇帝感到头痛。于是在洪武十五年（1382）设置文华殿、华盖殿、武英殿、文渊阁、东阁等殿阁大学士，协助皇帝阅读奏章，处理和起草公文，但他们自身并无实权。后至明成祖，开始让殿阁大学士参与机务。因为在内廷办事，当时人称之为"内阁"。到仁宗、宣宗时，尚书可入内阁兼大学士，内阁地位开始受到尊崇。到世宗中叶，内阁权势更大，实际成为汉唐时期宰相之位了，太祖所设皇帝集权的宗旨，已被破坏无遗。

作为反映政务的公文，是和政权的兴衰紧密相连的。明代的公文，依照它的

---

① 申时行等修：《明会典万历朝重修本》卷二百十二《通政使司》，中华书局1989年版。

内容，大致可分为四期：

　　第一期，从太祖到英宗，即从洪武到天顺年间，是政治经济从上升到中衰的时期。

　　第二期，从宪宗到世宗，即从成化到嘉靖年间，是政治经济从中衰到腐败的时期。

　　第三期，从穆宗到神宗，即从隆庆到万历年间，是政治经济变法改革的时期。

　　第四期，从光宗到思宗，即从泰昌到崇祯年间，此时宦官专权，政治上已由衰败走向灭亡。

　　明代由朱元璋发起的禁止繁文，反对冗长的写作文风，是继南北朝时期的北周和隋的反骈运动之后的又一次由政府发起的端正公文写作文风的运动。对以后的公文写作很有警戒的作用。

　　明代比较重视档案的整理与保管，作为保存档案的皇史宬，于嘉靖年间建成。

（二）清前期公文概况

　　清依明制，实行专制主义的中央集权制，一切大权归皇帝一人独揽。

　　清初，中央行政机构，如内阁、六部、都察院等，都依明制。官员由满汉分授，但实权者都是满官。依清制，除内阁外，又设议政王大臣会议，称之为"国议"。会议成员均由满族权贵组成，权力超过内阁。康熙时，鳌拜擅权，会议成了贵族权臣的工具。当然鳌拜最后还是受到了制裁。康熙在宫内设南书房，选有才干之词臣，负责拟进谕旨，汉官的地位才较之过去有所提高。

　　雍正七年（1729），清政府成立军机处。此后，一切军政号令均由军机处办理，内阁无权参与，形同虚设。至乾隆五十六年（1791），议政王大臣会议亦被取消。至此，封建集权制进一步得到了加强。

　　清朝的公文，在数量上浩如烟海，但著名的公文作品并不很多。尤其在清朝的初期和中期更是如此。这原因，大概与大兴文字狱等社会因素有关。

　　在鸦片战争以前，清王朝经历了两个历史时期，即从顺治、康熙到乾隆的鼎盛时期和从嘉庆至道光的衰落时期。这两个时期的主要公文作家有：清圣祖康熙皇帝、林起龙、慕天颜、李煦、张廷玉、任启运、毕沅、洪亮吉等。

　　清代的公文制度，在继承明制的基础上进一步趋向完备。清代的公文写作格式进一步程式化。清代的公文写作文风较之明代有所改进，语言较为简明，尤其是皇帝的朱批更为通俗化，但文牍主义则有增无减。

二、公文制度

（一）明清时期的票拟制度

　　票拟制度，是内阁的办文权限之一。票拟，是指内阁有权代皇帝对内外臣工的题奏本章草拟出批复或批办的意见，并把这些意见写在"票签"上面，供皇帝审阅定夺。票拟制度是当时内阁权力的集中表现，也是它的权力的象征之一。

票拟制度，起于明英宗。英宗即位之时，只有9岁，大权由太后操纵，而她又怕担专擅之名，遂开始把题奏本章汇送内阁，令内阁先提出初步意见，并将这些意见写在另一张纸签上，叫做"票签"，然后连同原题奏本章一起呈送太后定夺。此为内阁票拟本意的开始。此后沿为制度，直到清光绪帝止。

票拟格式及处理办法，在明、清两代大致相同。但明代的票签只以汉文恭笔书进，而清代则须以满汉两种文字书写，称为满汉合璧，满左汉右。无论明代或清代，均须于票签的背面写明拟签官员的姓名，以示负责。

清代的题奏本章经内阁票拟后，即于第二日黎明呈送皇帝阅览，一般要在两天以后始能发下，紧急之件则当日可下。题本发回内阁经过批红后，即称"红本"，随即由六科抄出交京内外有关衙门贯彻执行。

（二）用印制度

皇帝之印章曰宝玺。宝玺的使用必须经皇帝批准；并依照行文的不同情况，使用不同印章。依明制，其宝玺有24个，其用途大致如下：

"皇帝奉天之宝"，用于祭扫天地；"皇帝之宝"，用于发布诏书和大赦天下；"皇帝行宝"，用于册封、赐劳；"皇帝信宝"，用于召见亲王、大臣以及调兵；"皇帝尊亲之宝"，用于上尊号；"皇帝亲亲之宝"，用于谕亲王；"天子之宝"，用以祭山川、鬼神；"天子行宝"，用以封外国及赐劳；"天子信宝"，用以招外服及征发；"制诰之宝"，用以发布敕令；"敕命之宝"，用以发布敕令；"广运之宝"，用以奖励臣工；"敬天勤民之宝"，用以敕谕朝觐官；"御前之宝"、"表章经史之宝"、"钦文之宝"，则图书文史等用；"皇太子之宝"，皇太子用之。

以上为旧宝，共17枚。

嘉靖十八年，世宗增制七枚。计：

"奉天承运大明天子宝"、"大明受命之宝"、"巡狩天下之宝"、"垂训之宝"、"命德之宝"、"讨罪安民之宝"和"敕正万民之宝"。这些宝玺，每年择吉日用香水清洗一次。每年年终要向皇帝报告一次各种宝玺的使用次数。

（三）公文缮写制度

明统治者为确保公文的准确性和严肃性，就有关缮写增减事宜，作了法律性的规定："凡增减官文书者，杖六十，若有所规避，杖罪以上，各加本罪二等，罪止杖一百，流三千里。未施行者，各减一等。规避死罪者，依常律。其当该官吏，自有所避，增减文案者，罪同。若增减以避迟错者，笞四十。若行移文书，误将军马钱粮，刑名重事，紧关字样，传写失错，而洗补改正者，吏典笞三十。首领官失于对同，减一等。干碍调拨军马及供给边方军需钱粮数目者，首领官、吏典皆杖八十。若有规避，故改补者，以增减官文书论。未施行者，各减一等，因而失误军机者，无问故失，并斩。若无规避，及常行字样，偶然误写者，皆勿论。"①

公文缮写要求，明初规定奏本要依《洪武正韵》的字体书写。一般书写出现的错误，必须从旁改正并加盖印章，以示负责。弘治年间规定，题本的书写一律用楷书。凡定稿缮写无误者，中间不得自行改定，犯禁者以违制论。违制者，一般予以笞杖处治。

（四）公文保密制度

明代对公文的保密颇为重视，据《明实录》记载："凡闻之朝廷及总兵将军调兵讨袭外蕃，收捕反逆贼徒机密大事，而辄泄于敌人者，斩；若边将报到军情大事而漏泄者，杖一百，徒三年，仍以先传说者为首，传至者为从，减一等；若私开官司文书印封看视者，杖六十；事干军情重事者，以漏泄论。若近侍官员漏泄机密重事于人者，斩；常事杖一百，罢职不叙。"

清统治者更是多次强化保密制度。顺治二年（1645）规定，凡内阁发出的密本，要由六科中相关的科登记，密封送有关部，该部办完后仍密封送出。雍正三年（1725）上谕："内阁：各省督抚提镇将朕拆批密谕，有同在一省而彼此互相传看者，有隔越邻省而彼此互相通知者，亦有经过其地而私相探问者，……嗣后若有此等，一经发觉，该部概照泄露军机律治罪。"② 雍正五年谕："在京各部院文移咨呈，及知照各省文书，有紧要事件，亦必密封递发；督抚提镇接到部院密封文书，务须亲拆收存；其各省督抚提镇以至州、县来往公文，亦将紧要事件密封投递，本官亲拆收存，不得令吏胥经手。"③

（五）公文驿传制度

驿传就是邮驿、邮递，皇帝颁发的诏令文件，都由驿传负责递送到各省及边远地区，各省衙门的上奏公文，以及各省之间的往来公文，也都要通过驿传递送。

明朝的驿传承启前朝，有陆驿、水驿和水陆结合的驿站。只是经过多次改革，最后形成了一套相对完善的驿传制度。

明朝的驿传以京师为中心，通向全国各地，四通八达。驿传，在京师称为会同馆，在外称作：驿、递运所、急递铺。

清朝对驿传十分重视，为了加强对驿传的管理，清朝在兵部设车架清吏司，掌全国驿传工作；同时，设会同馆和捷报处。会同馆掌京师皇华驿以通达全国，捷报处设在京师东华门外，掌驰奏折本递于宫门，并交发谕旨和批折。各省折

---

① 怀效锋点校：《大明律点校本》，辽沈书社1990年版，第40~41页。
② （清）鄂尔泰等编：《雍正朱批谕旨》，北京图书馆出版社2008年版。
③ 《钦定大清会典事例卷七百七十》都察院。

本,均送至捷报处,由该处递交奏事处入奏。各省奏折朱批后,由军机处发送者,亦由奏事处加封发递。

全国各地设驿、站、塘、台等驿传机构。各省腹地所设称驿,隶属于州县管理,也有专设驿丞的。站,主要负责军情的传送,站多为军事要塞。塘,设在甘肃、新疆等地的驿传称塘。台,指设在口外和西北的驿传。

清代在全国各地所设驿、站、塘、台共1791处。此外,每15里设急递铺1所,每铺设递送公文的铺兵4名,铺司1名。清政府只在直隶、山东、山西、河南、江苏、安徽、江西、福建、浙江、湖北、湖南、陕西、甘肃、广东、云南、贵州等18个省设急递铺。公文到铺,立即登记,随到随递,不得等后来公文一并递发。

驿传的工具有驿马、驿夫、驿车、驿船。

传递时限要根据缓急程度来定,如驿马传递,一般规定日行三百里。遇有紧急公文,则临时标明,如四百里、五百里、六百里不等。

明清时期的驿传制度,保障了公务的畅达和政令的推行,同时也为以后的邮驿事业提供了经验。

(六) 屡禁繁文与实行贴黄制度

一般说来,公文的好坏并不取决于行文的繁简,事繁则文繁,事简则文简。而明代的屡禁繁文并不属于这一情况。明代繁文则是一种该简不简、该繁不繁、空话连篇、言之无物的坏文风。这种极坏的文风,在公文写作中的表现尤其突出。

明朝受宋元文风的影响,文牍主义盛行,案牍繁冗,官吏起草的公文动辄数千言、数万言。出身于底层的开国皇帝朱元璋对此颇为反感。早在洪武二年,朱元璋就对翰林侍读学士詹同说:"古人为文章,或以明道德,或以通当世之务,如典谟之言,皆明白易知,无深怪险僻之语。至如诸葛孔明《出师表》,亦何尝雕刻为文?而诚意溢出,至今使人诵之,自然忠义感激。近世文士,不究道德之本,不达当世之务,文辞虽艰深而意实浅近,即使过于相如、扬雄,何裨实用?自今翰林为文,但取通道理明世务者,无事浮藻。"[①]

洪武六年,朱元璋对中书省的臣僚说:"唐虞三代,典谟训诰之辞,质实不华,诚可为千万世法。汉、魏之间,犹为近古,晋、宋以降,文体日衰,骈丽绮靡,而古法荡然矣。唐、宋之时,名儒辈出,虽欲变之,而卒未能尽变。近代制诏表章之类,仍蹈旧习,朕尝厌其雕琢,殊异古体,且使事实为浮文所蔽。其自今凡诰谕臣下之辞,务从简古,以革弊习。尔中书宜播告中外臣民,凡表笺奏

---

① 中华书局编辑部编:《历代纪事本末》,中华书局1997年版,第2173页。

疏，毋用四六对偶，悉从典雅。"①

洪武九年十二月，刑部主事茹太素上了一个陈时务书，长达 1.7 万字，共谈五件事。朱元璋叫中书郎中王敏读给他听，读到 6300 余字，还未上正题，朱元璋大怒，叫人将茹太素打了一顿。第二天又叫人再读，一直读到 1.65 万字，才读到所谈的五件事，仅 500 字。朱元璋颇为感叹地说："朕所以求言者，欲切于事情。而有益于天下国家，彼浮词者，徒乱听耳。"② 于是朱元璋命令中书省定立了建言格式，"颁示中外，使言者陈得失，无繁文。"③

洪武十五年十月，刑部尚书开济上奏说，内外诸司议刑奏札，动辄千万言，泛滥无纪。朱元璋当即下令："虚词失实，浮文乱真，朕甚厌之。自今以繁文出入人罪者，罪之。"④ 朱元璋的这些措施，对于克服从宋元以来所产生的繁文之弊是有重要意义的，但直到其后几朝几代，也未能完全消除这一弊病。

至嘉靖年间，由于朝政日趋衰败，繁文之弊又有所抬头。时都察院左都御史胡世宁上书说："《书》曰：'辞尚体要。'律曰：'陈言事理，并要直言简易，不许虚饰繁文。'弘治以前，臣僚章奏，皆删繁就简，故君上得以亲览无遗。及武宗之时，不亲政事，臣下遂因循自逸，不事删削，惟听吏胥全具文移，或一事而重言，或一本而数纸，虽臣等竟日，有不能周读一过者，乃以上劳君父。为治之体，岂宜如是？乞申敕内外诸司，凡事当奏题者，务照弘治以前旧规，删去繁文，务从简要，不许全录往来文移。而部院议复者，亦必撮其要语，使无赘词，又无失事，庶几少便省览。"嘉靖皇帝完全听从了胡世宁的意见，遂"令诸司章奏，不许繁词，第宜明白，开陈要旨，庶易省阅。"⑤

至于再后来嘉靖年间礼科都给事中辛自修上书，隆庆年间大学士张居正、高拱献言，都是对繁文文风深恶痛绝才谏言皇帝的，嘉靖、隆庆皇帝也都及时下达了禁令，令虽严厉，但繁文之弊终未得以禁止，实属遗憾。

崇祯即位之初，励精图治，凡奏章必亲阅，但由于奏章文字冗繁，工作量巨大，便命内阁制作贴黄式样，令进本官员自己将奏疏用百字左右进行摘要，贴附于牍尾，以便阅览。从此，便产生了在奏疏中摘要的贴黄制度。顾炎武在《日知录》中记载到："章奏之冗滥，至万历、天启之间而极，至一疏而荐数十人，累二三千言不止，皆枝蔓之辞。崇祯帝荧年御宇，励精图治，省览之勤，批答之速，近期未有，乃数月之后颇亦厌之，命内阁为贴黄之式。"

---

① 中央研究院历史语言研究所：《明实录·明太祖实录》卷八十五，中央研究院历史语言研究所 1962 年版，第 1512~1513 页。

②③ 王云五主编，余维登撰：《典故纪闻》卷三，商务印书馆 1936 年版。

④ 傅斯年，王崇武，黄彰健编：《明实录·明太祖实录》卷一四九，中央研究院历史语言研究所 1962 年版。

⑤ 余继登：《典故纪闻》卷十七，中华书局 1981 年版，第 304 页。

清承明制，为克服繁文之弊，对章奏和贴黄作了严格的规定。顺治二年，规定"凡内外官员题奏本章，不得过三百字，虽刑名钱谷等本，难拘字数，亦不许重复冗长。仍将本中大意撮为贴黄，以便阅览，其贴黄不许过一百字。如有字数溢额，及多开条款，或贴黄与原本参差异同者，该衙门（指通政使司）不得封进，仍以违式纠参。"至康熙年间，对贴黄又进一步规定："贴黄式：题本后贴黄，用单纸一幅，式与本行齐，字连出格二十字。前列官衔，后列谨题请旨，同本式。中间照所题情由，简明撮要，不得冗长，但行字不拘定限，期于幅满为止。奏本贴黄式，与题本贴黄式同，但奏本贴黄每行连出格二十五字，后称谨具奏闻。"

明清时期的章奏贴黄制度，对解决公文繁冗之弊和提高章奏的处理效率，均起到了一定的积极作用。

（七）行移勘合制度

公文的行移勘合制度始于明代。明太祖朱元璋对自己当政之时中央官署向各省私自乱发公文非常重视，曾给各省发过一道命令，让各省汇报收到中央各个衙门公文的情况，由此了解到当时工部私自乱发公文的严重情况。洪武十五年："考较钱壳策书，空印事起，主印吏及署字有名者皆逮系狱，凡数百人，帝以为欺罔，守令置印者欲置之死，佐贰以下，为军远方。"这就是明朝有名的空印案。为了防止诸司利用公文行奸作弊，于"洪武十五年，始置文书半印勘合。""初，空印之狱，各府、州、县重者论死，轻者谪发，内外官员株连大半。至是始议以半印勘合，出纳关防各司、州、县。俟年终，将发去勘合底簿招贴，具本奏交，仍具清册一本，送原发衙门稽查比较，遂为定例。"

其制："以簿册空纸之半，而编字号，用内附关防印识之，右之半在册，左半纸册付天下布政使，都指挥使司及提刑按察司，直隶府、州、卫、所收之，半印藏于内府。凡五军督府、六部、都察院有文移，则于内府领纸，填书所行之事，以下所司。所司以册合其字号，印文相同，则行之，谓之半印勘合，以防欺弊。"还规定，每当公文行移勘合文册填满之后，各省都要差人送回京师检验后收架保存。

为了辨别外省来京各种公文的真伪，另规定："凡诸司印信，铸印局专管铸造，如有刓削，则换给之。凡在外文移到京，悉送该局，辨其真伪。"

明代的公文行移勘合制度，对于整个朝代尤其是明代初期国家政权巩固起到了一定的积极作用。

三、文种发展与完备

明朝公文文种增加了很多，变得相当复杂了。皇帝的下行文有诏、诰、制、敕，还有册、谕、书、符、令、檄，臣下上行皇帝的文种有题、奏、表、启、章、书状、文册、揭、制对、露布、译、事本。平行文有咨、关、牒。另外，明代徐师曾在《文体明辨》中对机关上下行及相互间的文种做过总结："上逮下者，曰照会、曰敕付、曰案验、曰帖、曰故牒；下达上者曰咨呈、曰案呈、曰呈、曰牒呈、曰申；诸司相移者曰咨、曰牒、曰关；上下通用者曰帖。大约因前代之制而损益之耳。"

清朝文种基本上沿袭了明代，略有变化，特别是康熙年间因告密需要而发展起来的"折（子）"（言于皇帝的密情称"奏折"，言于长官者叫"手折"），成了上行给皇帝的主要文种，其他许多文种有的衰退，有的废止。官府使用文种，下行文有"堂谕"（凡州县衙门审断案件有所公示时用）、"谕帖"（用于训示）、"揭"（用于揭疑），以及"札"、"牌"、"详"等；上行文有"禀"（下级对上级、百姓对官府陈述事情用）。

四、公文特点和文风发展[①]

明王朝建立之始，各种制度盖循元人之旧，但元之兼容并包大抵遗尽。元朝公文不拘一格、形容兼备，到了明代，上则"师心自用"，下则"峻法以绳"，因此与元朝公文相比，明代公文"由纵而敛，由杂而纯，能敛而纯，善矣，而其敝空疏无实，空疏而不知自返，遂流于叫嚣猖狂，而国事随之。"由太祖朱元璋发起的禁止繁文、反对冗长的写作文风是继南北朝时期北周和隋的反骈运动之后的又一次由政府发起的端正公文写作文风的运动。前文提到，尽管如此，屡禁不止，始终未能改正积弊。

朱元璋父子，生性多疑，因此明初文集传到今天，诗多文少。到了宣正以后，朝廷开明了些许，臣下的章奏也明显多起来，王文成、海忠介等文集，很多都是取之公文。再有就是，明初的科举文章尚未完全拘泥于单纯的格式，加之一些"老师宿儒流风未尽"，所以宣德正统之前，文章气体虽然谦卑，但依然有"驰骋自得之妙"。到了成化以后，八股盛行，陈词滥调摇笔即来，"高者沉酣讲章，下者浸淫程墨"，公文文体大变（见图2-5）。

图2-5 明洪武八年诏书

明代的公文依其内容大致可分为四期：

[①] 闵庚尧：《中国古代公文简史》，档案出版社1988年版，第196~228页。

一是从太祖到英宗即洪武到天顺年间，是政治经济从上升到中衰的时期，大量的公文多属发展经济、立法治国的下行公文，有的涉及平乱、抗击外侵之内容，以及一些大臣的上书言事的篇章。主要代表作有太祖、宣宗的诏令，如太祖的《颁行律令敕》，这篇敕令渗透着"法贵简"的思想，其基本点是要使人容易知晓，"人人易知而难犯"，不要以身试法。在写作上典雅严正，条理顺畅，语言用散体，自然、简明、易懂。宣宗的《讨汉藩平班师诏》，先述其祖宗恩德，接叙其汉藩王之罪，再叙其判罪之道，最后为结语。全文有详有略，有理有情，说理透辟，文采灿然，在写作上堪称是一篇成功的诏书。范济、于谦的奏疏，如范济的《上书言八事》和于谦的《议和虏不便疏》，前者略带明初空冗之风，后者则据事论理，言情激切，空冗之风一扫而净。

二是从宪宗到世宗即成化到嘉靖年间，是政治经济从中衰到腐败的时期，一些正直的大臣直言上书、批评朝政，如马文升、李东阳、海瑞等。其主要代表作有：海瑞给嘉靖皇帝上的《治安疏》，在这篇奏疏中，他首先指出嘉靖皇帝迷信道教、妄想长生、昏聩误国的过失；其次，对一般官吏阿谀逢迎，只顾个人身家禄位的卑鄙自私行径，亦予无情的揭露；最后提出改革政事的建议。全文充满了忧国系民的思想感情，可谓明代公文第一佳作；李东阳弘治十七年所写的《祭阙里庙返还上言疏》，虽属批评弊端之作，但用语舒缓、自然，而且颇带典雅明快之风。

三是从穆宗到神宗及隆庆到万历年间，是政治经济变法改革时期，以张居正为首的一些改革家，如谭纶、戚继光、方逢时等，不仅做出了实际政绩，而且留下了不少杰出的奏疏。如张居正的《陈六事疏》，文中系统地提出了改革政治的主张：省议论、振纲纪、重诏令、核名实、固邦本、饬武备六个方面，是张居正进行改革的总纲领。穆宗阅后批示："览卿奏，俱切时务，具见谋国忠恳，该部院着议行。"[①] 其他如谭纶的《练兵疏》，戚继光的《请建空心台疏》，方逢时的《言贡市利害疏》，也都是以变法为主旨的名篇。

四是从光宗到思宗即泰昌到崇祯年间，此时宦官专权，政治上由衰败走向灭亡，这期间敢于抨击朝政的是东林党以及少数正直的朝臣，其代表作家当推高攀龙、杨涟、左光斗、魏大中、袁化中，周宗建和黄尊素等。这个时期弹劾阉党的公文，当以杨涟的《劾忠贤二十四大罪疏》为代表。这篇上疏，是揭露阉党罪行、鞭挞魏忠贤丑恶灵魂的一篇檄文，是投向宦官营垒中的一颗最重的炮弹。全文叙理充分，言之有物，结构完整、文字简要，是弹劾性奏疏之力作。

清前期，实际上还可分为鼎盛期和衰落期：从入主中原后的顺治、康熙到乾

———
[①] 历史研究编辑部：《明清人物论集》，四川人民出版社1983年版，第186页。

隆，是为鼎盛期，从嘉庆至道光，是为衰落期。

在鼎盛期，平定三藩之乱和摊丁入亩的试行，标志着政治上已经统一、稳定，经济上也得到了恢复与发展。

由鼎盛转为衰落，则以川、陕、鄂等五省的白莲教起义的爆发为起点，至嘉庆、道光，则已成了江河日下的天朝。

鼎盛时期的公文，有关统一政体、平定三藩、治武修文、发展生产等方面的内容，居为多数。既有皇帝的诏令，也有大臣的奏疏。其中，有不少大臣在奏疏中能如实地反映人民的疾苦，提出解决问题的办法，而皇帝又能及时躬亲批阅，恩准实施，这比起明朝的一些皇帝二三十年不理朝政的腐败统治要强得多了。

从盛转衰，实际上从乾隆后期即已开始，统治者腐化与挥霍，对人民冷漠与永无休止的压榨与剥削，是转衰的内因。正是这种内因导致了"官逼民反"。这个时期不少旨在维护统治、镇压人民的公文，常有明显的反动性。在这种情况下，一些较为正直的官员能上书指责弊政的，却又往往容易受到统治者的严厉制裁。这也正是历朝封建专制的愚蠢致使其走向衰败的原因之一。

在《皇清奏议》和《皇朝经世文编》以及《清史稿》等书中所涉及的公文作家和作品，多如繁星。其总的特点是：语言简明，格式规范。其中较为著名的有：清圣祖康熙、慕天颜、张廷玉、毕沅和洪亮吉等。如：清圣祖康熙平定吴三桂叛乱后就处绞吴三桂之子而发的《谕兵刑二部》，此谕措辞柔中有刚，体现了康熙帝在处理三藩问题上"剿抚并用"的方针。慕天颜写于康熙十三年的《请缓淮扬起征议》，呈报之后，获得了康熙帝的批准，"准赐蠲免至三年"。本篇陈情有节，说理有据，举策有方，充分体现了作者的清廉、干练之才，其敬上卑己、温文尔雅，颇具清代上行文之文风。张廷玉的《请格外赈恤灾黎疏》立意明确，叙述清晰，文字简要，用词得体。毕沅的文章典雅自然，公文写作也颇具有这种文风，其写于乾隆四十三年的《请予元圣后裔五经博士疏》，文虽不很长，但考证颇详，论证理由亦颇充足，雅正自然，有清代朴实之风。洪亮吉，工骈文，有新婉之风，其《上成亲王言事书》可为其公文代表作。

第三章 半殖民地半封建社会公文

清王朝后期（1840～1911），携着康乾盛世的余威，清朝皇帝以天国皇帝自居，长时间闭关锁国，自动隔绝了外部的先进科技文化与制度。进入19世纪中后期，伴随着西方列强的坚船利炮和经济渗透，大清王朝摇摇欲坠，中华历史上延绵两千余年的封建制度行将走到尽头。清王朝一方面与西方列强签订一系列不平等条约，丧权辱国，一方面对内镇压太平天国、义和团等人民反抗斗争以及扼杀资产阶级的改良与立宪苗头。中国社会逐步沦为半殖民地半封建社会。民不聊生，社会动荡，尤其是中日甲午战争失败，中华民族进入了存亡的历史关头。先进的中国人纷纷寻找救亡图存的办法。以孙中山为首的革命党人发动的辛亥革命推翻了封建帝制，建立了中华历史上第一个资产阶级的共和国家——中华民国。不过，由于中国资产阶级先天软弱性及社会政治经济条件的不成熟，中华民国落入以帝国主义为背后支撑的买办军阀手中。随后袁世凯称帝，仁人志士掀起护国运动，保护辛亥革命的胜利果实。袁世凯死后中国陷入十多年军阀混战。1919年"五四"运动的爆发促进了马克思主义在中国的传播。无产阶级开始登上历史的舞台。"五四"运动是一场由爱国学生发动，群众广泛参与的彻底的反对帝国主义、封建主义的政治运动，是新式的特殊的资产阶级民主革命。"五四"运动也标志着中国新民主主义革命的开始。中国经历二次护法等北伐战争，终于在1928年张学良东北易帜后，以蒋介石为党首的中华民国国民政府统一了中国。在经历抗日战争、解放战争，直至新中国成立，中国半殖民地半封建社会才告结束。晚清后期1840～1949年中华人民共和国建立的这109年的时间里，中华大地上相继出现过清王朝、太平天国、中华民国临时政府、北洋政府、中华民国国民政府以及中国共产党在根据地建立的人民政权。不同的政权体系拥有的是不同的公文体制。从商周开始一直到明清时期，各个朝代所制定的公文工作制度，各有特色，但总的趋势是逐步臻于系统和完善。清代公文制度集历代之大成，臻于完备，其中最有代表性的是密奏制度和题本处理程序等。民国时期是中国公文制度新旧交替转折时期，有旧公文习惯的遗存，又有创新气息，主要有公文用纸格式、标点、用语、结构、行政三联制、公文简化等制度。公文文风受历代政治、思想和文化方面的深刻影响，有着时代的鲜明风格。明、清基本以散文撰作公文，骈文遗风亦时起时伏，直至"五四"之后骈文在公文中方告终结，使用白话文。公文的四次改革，是以往中国公文发展史上所未曾有过的。中国共产党对公文处理效率的提升和文风的改变也作出了一定贡献。同时新的技术手段也为公文处理提供了有力的帮助。

第一节 清王朝后期公文

　　清朝的公文从缮写、处理、承办到递送，各个程序都有其特定的规章和制度，这在封建制度发展史上是比较完备的。当然其中也存在不少的问题，如书吏干涉行政，驿站废弛等，这是与封建社会一整套的行政体制密切相关的，只要封建制度存在，这样的问题就不可避免地会出现。

　　清王朝后期的公文体式较清王朝前期在继承的基础上有所发展。比如清朝延续明朝票拟制度，废题改奏，创立近代邮传制度、电传制度等。公文的发展变化与清王朝后期的社会经济、科技、政治外交等的急剧发展有很大关系。

一、公文处理制度

（一）票拟制度

　　晚清时期的票拟制度与清王朝前期相同，前文已详叙，在此不再赘言。需要指明的是这一制度自明延续到清代光绪年间伴随题奏的废弃而停止。

（二）公文投递制度

1. 邮驿制度

　　鸦片战争前，清朝递送公文的方式是单一的，即通过遍布全国的邮驿系统来传递，作为其辅助的是专差递文。

　　如前所述，清代对邮驿是十分重视的，早在其入关后统一全国的过程中，便着手建立遍布全国的邮驿系统，这固然是为了便捷政令军情的传达，同时也保证了军用物资的运送，以及过往官员的安全，对其迅速统一全国不无积极作用。为了加强对驿站的管理，清王朝在中央兵部设车驾清吏司，由它掌管全国的邮驿，车驾清吏司之下又设会同馆和捷报处，分掌京内京外奏折的传递；在地方，则归按察使司管理。清朝只在直隶、山东、湖北、云南等十八省设急递铺。[①] 公文到铺，立即登记，随到随递。普通公文由急递铺的铺夫铺兵走递完成，标有"马上飞递"字样的紧急公文则是由驿马来飞递的。驿马飞递按其公文的性质可分为三百里、四百里、五百里，以至六百里飞递不等。递送公文者必须持有兵部颁给的邮符，即火牌或勘合，马递公文还要加兵部的火票，令沿途各驿接递。至于其给

---

① 李昌远著：《中国公文发展简史》，复旦大学出版社2007年版，第64页。

第三章　半殖民地半封建社会公文

驿的数量，以及定限的多少，则主要是依据公文的性质和内容来定，一般来说是各以其等，因程设限，依限传送，违反了这个原则是要受处罚的。如果在传递公文过程中，有泄露沉匿及稽迟者，都要经查核受到处分。至于专差递文，主要用于呈递奏折。我们知道，奏折是作为密本而发源的，开始的时候并不能作为正式的公文使用，它的传递都是由递折人遣送家人自费递送，皇帝的批折也多数交由递折人带回。后来，奏折使用范围扩大，才允许利用官方的邮驿系统递折，地方衙门之间的公文如果系机密或紧急时，有的也选用这种方式。在这之后，专差递文就不是很普遍了，但是作为清朝邮驿系统的补充，这种方法一直是存在的。①

2. 邮传制度

邮政在古代是邮驿，为中国古代官府设置驿站，利用马、车、船等传递官方公文和军情，可上溯到三千年前，是世界上最早的邮政雏形。英国于19世纪前期在主要城市设置邮政机构，采用邮票形式作为邮资（寄递费用）已付的凭证，为大众寄递各种邮件，是现代邮政的开始。邮政，是由国家管理或直接经营寄递各类邮件（信件或物品）的通信部门，具有通政通商通民的特点。下文所述邮传制度与邮驿制度的区别即在于是否收取资费。

邮传制度指通过现代意义上的邮政系统传递公文的规定形式（见图3-1）。世界各国的邮政事业，无不列为国家垄断独立运营的行业，其目的在于使人民以最小的资费，获取最大的利益。邮驿收费早期可见于咸丰八年五月初三（1858年6月13日）与俄国签订的《天津条约》第十一条："为整理俄国与中国往来行文及京城驻居俄国人之事宜，京城、恰克图二处遇有来往公文，均由台站迅速行走，以半月为限，不得迟延耽误，信函一并附寄。再运送应用物件，每届三个

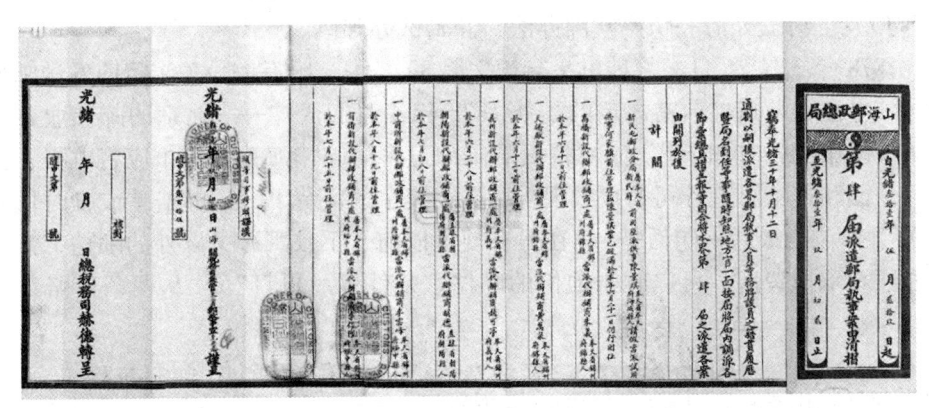

图3-1　清光绪三十一年山海关邮政总局第四届派遣邮局执事案由清折

---

① 周俊红：《近代中国行政公文的演变及其规律》，河北师范大学硕士论文，2004年5月。

月一次,一年之间分为四次,照指明地方投递,勿致舛错。所有驿站费用,由俄国同中国各出一半,以免偏枯。"① 可见当时情况下,邮驿制度因为外交关系在传递公文的同时捎带信函,半月为限,递送应用物件则三个月一次,收取资费。当然这一特例不足以说明邮传制度形成,只能说是通过这一特例可以看到陆路邮传的影子。

海路邮传早期可见于咸丰八年五月十六日(1858年6月26日)清政府同英国签订的《天津条约》。条约第四款说明:"大英钦差大臣并各随员等,皆可任便往来,收发文件,行装囊箱不得有人擅行启拆。由沿海无论何处皆可。送文专差同大清驿站差使一律保安照料"。② 各外国使馆公文通过海关递送,可以说邮传制度发轫于此。

后因办理不便,改由总理衙门饬驿代寄,随文递送,并无定期。1865年,总税务司署由上海移设北京,海关文件援例也送总理衙门代寄。1866年,总理衙门同海关达成协议,天津封河之后,由总税务司汇集各驻京大臣文件,按定期转交总理衙门代寄,外国人驻京者所有信件,不能自行由驿往来,至开河后,即将各信件由总税务司自行饬差递津,转为寄沪。③

为完成上述任务,从1866年12月起,先后在上海、镇江、天津海关设立了邮务办事处,又于1867年3月4日公布了邮件封发时刻表和邮寄资费。海关最初只收寄使馆文件和海关本身的公私信件,后来扩展到也收寄各地外侨寄交各通商口岸的洋文信件。1876年,海关又在多处海关设立了邮务处。海关兼办邮递,是近代邮政的雏形,它为后来海关试办邮政奠定了初步的基础。光绪四年(1878年3月9日),在李鸿章的支持下,总税务司赫德(Robert Hart)指派天津海关税务司德璀琳(Gustav von Detring)以天津为中心,在北京、天津、烟台、牛庄(营口)、上海五处海关仿照欧洲办法,开始试办邮政。

1878年3月26日,德璀琳呈赫德文第39号中,附有一份关于目前发送邮件的详细办法的节略,节略规定的是从1878年4月起天津——北京的邮递业务办法。节略第三条有如下描述:"待发的邮件过多时,津海关书信馆应将电报、公文、信函和寄给总税务司的报纸现行运送;其余的留待下一次的信差或临时信差运送"。④ 节略最后一句话是:"在另有规定以前,不收寄海关以外的邮件,公使馆如愿意承担费用,可以收寄他们的邮件,条件以后再订"。⑤ 从两条节略节选

---

① 王铁崖编:《中外旧约章汇编》第一册,生活·读书·新知三联书店1957年版,第88页。"恰克图"在《中外旧约章汇编》中是"恰克国",经查证实应为"恰克图"。
② 王铁崖编:《中外旧约章汇编》第一册,生活·读书·新知三联书店1957年版,第97页。
③ 仇润喜主编:《天津邮政史料》第一辑,北京航空学院出版社1988年版,第149、150页。
④ 中国近代经济史资料丛刊编辑委员会主编:《中国海关与邮政》,中华书局1983年版,第4页。
⑤ 中国近代经济史资料丛刊编辑委员会主编:《中国海关与邮政》,中华书局1983年版,第5页。

中我们可以总结出如下结论：（1）海关书信馆递送公文；（2）在海关试办邮政的初期，海关邮件仍是其主营项目，同时付费情况下可以寄送公使馆公文（如果有公文的话）。

据1878年12月1日天津海关税务司德璀琳致牛庄税务司休士函："邮费表适用于一切邮件，但不包括海关人员寄递的公事和个人信函，也不包括中国政府交由海关寄递的公函"。① 公函即公文，这则材料说明中国政府在1878年4月至12月之间已经开始交由海关寄递公文了，且海关寄递公文内容不仅限于海关内部公文。1883年12月4日，海关总署总税务处处长麦肯致江海关税务司格洛第2489号文中说："总税务司让我转饬您，总署已就此事（关于封河期间官府邮件经海关邮局寄递等事宜）与李鸿章总督进行了联系；李总督也已饬令属下在海关邮局交寄邮件时要照章付费"。② 这则材料说明，中国官府不仅已经开始通过海关邮局寄递信件，而且要照章付费，当然，这种规模在大清邮政官局成立之前，是非常有限的。1896年3月20日清朝光绪皇帝在"兴办大清邮政"的奏折上御笔朱批，正式批准开办大清邮政官局，中国近代邮政由此诞生。大清邮政官局成立后，各地政府的公文纷纷投向邮局，开始利用这一安全、便捷的渠道传送公文。

综上所述，邮传制度的形成离不开邮政系统的建立和发展。清王朝的邮传制度始于海关寄递内部公文及各使馆公文，在光绪四年即1878年4月和12月间清王朝政府开始利用海关寄递政府公文。

邮传制度的优缺点：轮船的使用使得邮传制度具备了便捷性，同时封发时刻表等的制定又给予邮传制度规律性和经常性的特征。现代意义的邮传制度较之邮驿制度服务范围上有所扩大，比如各使馆公文及私人事务性公文广泛利用邮政系统传递，而有关私人事务性公文信件等的寄递问题，传统邮驿制度是不予理睬的。

3. 电传制度

电传制度指通过电报来发送、传递公文的一种方式（见图3-2）。

电报是工业革命的产物，1837年美国人研制成功了用电码传递信息的电报机，1851年英吉利海峡敷设水线（海底电缆），英法之间得以隔海直接通报。这一系列成果，很快便被西方资本主义国家广泛应用。早在1861年，俄国公使巴留捷克便首先向总理衙门提出了设立京津间电报的要求，虽然清政府以不便为由加以拒绝，但这并未能阻挡住侵略者的步伐，他们使用各种手段企图达到其目的。如1871年8月大北电报公司经由水线发送电报。

---

①② 仇润喜主编：《天津邮政史料》第一辑，北京航空学院出版社1988年版，第230、319页。

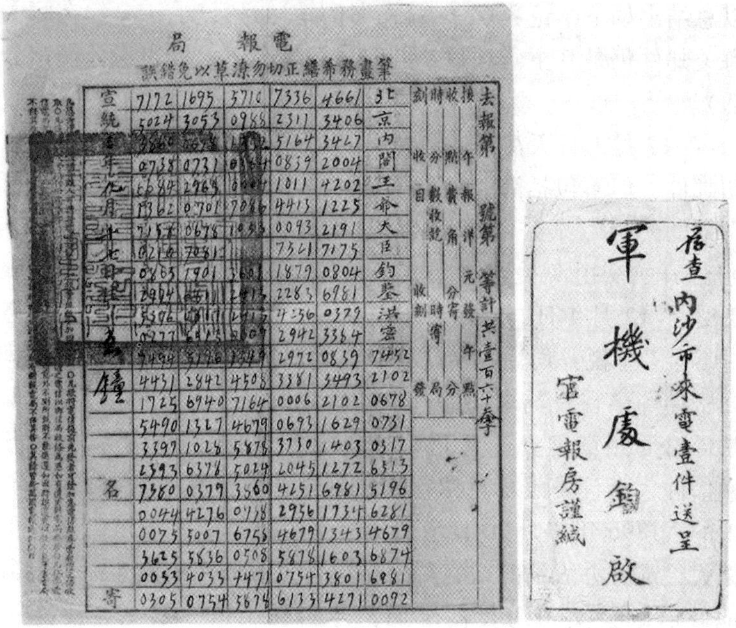

图3-2 清宣统三年铁良电报稿

清朝统治者对西方的先进科学技术大多采取排斥的态度，尤其对于西方的枪炮、火车、轮船等，在很长一段时期里认为它们是奇巧淫技。但是随着中国电信主权的陆续丧失，以及面对电报所显现出来的优越性，一些有识之士开始觉醒，他们要求架设中国人自己的电报线路，而且这种呼声越来越高，在中央则以李鸿章为代表。

促使李鸿章重视电报事业的因素有两个：一个是军事上的需要，一个是外交上的需要。他认为"用兵之道，必以神速为贵……而数万里海洋，欲通军信，则又有电报之法……近来俄罗斯日本国均效而行之，故由各国以至上海莫不设立电报，瞬息之间可以互相问答，独中国文书尚恃驿递，虽日行六百里加紧，亦已迟速悬殊。查俄国海线，可达上海，旱线可达恰克图，其消息灵捷极矣，即如曾纪泽由俄国电报到上海只需一日，由上海至京师，现系轮船附寄尚须六七日到京，如遇海道不通，邮驿必以十日为期；是上海至京仅二千数百里，较之俄国至上海数万里，消息反迟十倍，倘遇用兵之际，彼等外国军信速于中国，利害已判若径庭，且其铁甲等项兵船，在海洋日行千余里，势必声东击西，莫可测度，全赖军报神速，相机调援，是电报实为防务必需之物"。① 这段话通过电报与传统邮驿相比，以实例向清政府说明，从军事上考虑，中国架设电报势在必行，而俄国自古以来就是中国在陆地上的最大敌人，此一对比，实是优劣立分。

另外，在世界形势的大背景下，从70年代起清政府也开始考虑向外国派驻使臣，如此一来，他们和本国的联系问题便摆在眼前了，一般寻常事件还可用公文或信函往来，如遇紧急事件，以往的驿递是无论如何也赶不上形势变化的。70年代末曾纪泽和俄国商讨伊犁问题的谈判恰恰说明了电报的重要性。

正是从军事和外交两方面着想，清政府最后下令由李鸿章试设电报。1879年3～5月，李鸿章于大沽、北塘海口炮台试设电报陆线以达天津，并于1881年12月，修成津沪线，到1884年又由通州而至京城，并相继完成了全国主要线路的敷设，北京终于和世界接上了轨。自此之后，有紧急事件之时，无不利用电报以传信息。当时官用电报名称一般分为三种，皇帝的下行电报称"电旨"，臣僚的上行电报称"电奏"，平行电报称"电信"，其内容一般为清政府政治、军事和外交等重大机密和紧急事务。但在电报运用的初期，清人并不把电报看作正式公文，大概是因为其格式简单，又无官印之故，因此在发报之后还要补行正式公文，叫做"抄电"。

电报作为政府正式公文则始于戊戌变法。光绪二十四年（1898）维新变法时，清廷正式明令："嗣后明降谕旨，均著由电报局电知各省，该督抚即行遵照办理，毋庸专候部文，以杜其藉口延误"。自此，才明确规定电报与公文具有例等效用。电传也成为公文传递的一种制度，封建社会的驿传制度发生了重大的变化。电报的广泛使用，连清朝实行了200多年的"廷寄"也逐渐废除了。

电报作为公文传递的一种制度具有革命性的意义。电报增强了公文传递的方便快捷，极大提高了公文传递的效率。

二、公文特点和文种发展

伴随着封建制度的进一步发展以及科学技术的进步，清王朝后期的公文文种演变出了自身特点和规律。

（一）公文特点

1. 满汉文字合璧，兼用其他文字

满汉合璧，兼用其他文字，这是清代公文中文字使用与书写规则上明显有别于以往历朝的突出特点（见图3-3）。

---

① 中国史学会主编：《光绪六年八月十二日直隶总督李鸿章片》，载《洋务运动》（六），上海人民出版社2000年版，第335页。

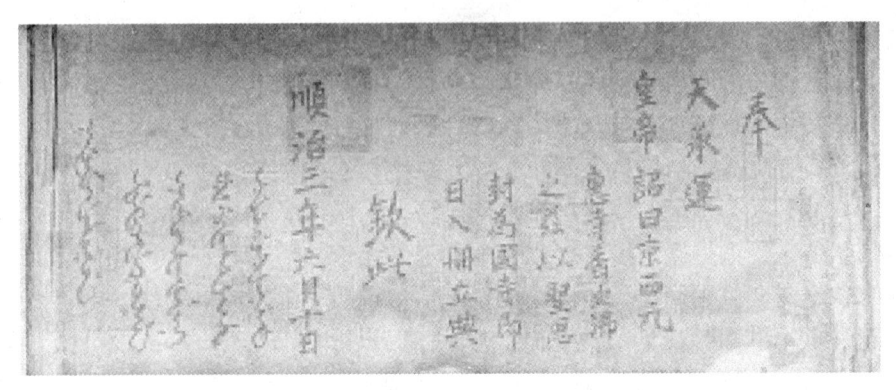

图 3-3　清顺治三年六月十日满汉诏

清朝建立后规定满文为代表国家的法定文字，故而又称为"清字"。在清朝前期，举凡朝廷与外国的行文，或者颁行的制、诰、诏、敕等重要公文，均用满文书写，作为代表国家的国书。此外，题奏本章等亦用满文书写。其他并不重要的公文，则可使用汉文。自咸丰、同治始，由于掌握朝政大权的慈禧太后不识满文，因而满文的应用已大不如前，但作为官方的正式文字仍沿用至整个有清一代。汉人较满人数量的绝对优势导致在大清王朝统治的辽阔疆域，主要通用的文字仍然只能是汉字。况且到了清朝后期，大多数满人亦不识满文而只识汉字。显然，要在公文中普遍推行满文，绝无可能达到目的。然而，国家机器要正常运作，又不能离开公文这一重要的工具。也正是因为如此，在清朝公文的文字使用与书写规则上，也颇为自然地出现了一种奇妙的现象，即满文与汉文兼用的所谓满汉合璧的书写形式。这一形式，也就是将同一内容的公文用满汉两种文字书写于同一载体之上。

由于多数汉族官员不识满文，一代代满族官员亦逐渐不识满文，因而此种满汉合璧的形式在实际运用上亦逐渐减少，以至于到后来仅限于少数文种。例如，颁示臣民周知的诏书、敕书等，为示郑重与国体，例用满汉合璧；再如，题本与奏本中，凡在京各部、院、寺、监的部本及通本（京外上呈的经由通政使司之本）中驻防将军之本，例应满汉合璧。至于各级官府往来的数量浩繁的公文，绝大多数是仅书汉字而难见满文。

此外，清朝的某些公文，还被允许使用蒙、藏、回等少数民族的文字。如此一来，便形成了清朝公文以满、汉文字为主，兼用其他文字的特点。这一特点，固然是清朝统治者为了维护自己的封建统治使然，但毫无疑问又兼顾到各民族之间的融合，顺应了社会历史的发展与民族团结的必然，开后世公文兼用多种文字之先河。

2. 公文程式更加严格规范

较之往昔各朝，有清一代的公文，除皇帝或以皇帝名义发布的某些特殊性质的公文外，其体式与书写形式更加严格与规范，远胜前朝各代。这主要体现在公文的外观形式、行文的结构模式、表示等级尊贵的书写格式等方面。清朝官方正式的奏疏类与官府往来的公文，均有其各自相应的外观形式的明确规定，意为相互区别，不得有违混淆。清朝绝大多数公文行文的结构模式即由"前衔——事由——正文——结束语——受文者——后书"这样六部分组合而成。清代不同的文种，尽管其程式不尽相同，但一般说来，即使是一份内容非常简单、文字极为简短的公文，也是基本按上述六部分组合而成，而每一部分又均有其严格的要求、有其独立的不可替代的作用。如此规范化，更便于公文的使用与处理，有利于提高行政效率。当然，这一刻意追求公式化框架式的程式结构，加之层层套引等，又造成公文的冗繁拖沓、主题难明的弊端。书写格式突出地体现在抬头制度上。公文抬头制度始于秦代，为此后历朝沿革，而到了清代，抬头格式规定之繁杂，书写要求之严格，远远超过历代，可谓登峰造极。源于封建等级观念的公文抬头制度使得一份完整的公文在文面上显得支离破碎，极不规整，同时也给阅读造成诸多不便。

3. 伴随总理衙门（外务部）的成立，增设涉外公文机构

鸦片战争之前，由于清朝把外国看成"臣服"之邦和"藩部"，因此对外交涉归中央的礼部和理藩院来执掌。1860 年（咸丰十年），第二次鸦片战争结束后，清朝恭亲王奕䜣与英法签署了屈辱的《北京条约》，并于 12 月上奏首请设立"总理各国通商事务衙门"（简称总理衙门或通商衙门）。1861 年（咸丰十一年）1 月，总理衙门正式成立，其主要宗旨是"办理对外事务，以专责成"。总理衙门内设司务厅作为公文处理机构，掌办对外公文往来及一切杂务；还设有清档房，犹如现在的档案室。总理衙门的设立是中国近代第一个正式办理对外事务的机构，由此产生了初期掌管对外公文往来的公文处理机构——司务厅和档案房。总理衙门历经四十年后，于 1901 年（光绪二十七年）7 月改组为外务部，内设六个从事公文工作的机构：司务厅，专管收文件，领用印信；翻译房，专管翻译各国文件并承担口译。清档房，专管档案的编纂、校对等事宜，后又增设秘书股，专司机要文件的拟稿及编辑；文报局，专管寄送外务部与各驻外使馆来往公文；电报处，专司电报翻译传达事宜；机要股，专管收集机密情报，发布新闻。外务部成为清朝正式行政机构后，便开始瓦解自隋唐沿袭下来的吏、户、礼、兵、刑、工等六部制，外务部成为第七部，其品级比其他六部都要高。到 1903 年（光绪二十九年），清廷又设立了商部；1905 年（光绪三十一年）设立了巡警部（后改为民政部）和学部，这就使传统的六部行政建制进一步瓦解。1906 年（光绪三十二年），清廷对中央行政官制进一步改革，传统的六部只有吏部和礼部保留了它们的旧名称，中央政府经过改组（如刑部改为法部）、合并（如旧兵部、练兵处和太仆寺合并成陆军部；户部和财政处合并为度支部）和新设（如设

邮政部），中央行政机构变成了十一个部，至此，行之千年的中央行政管理的六部体制宣告终结。1911年（宣统三年）5月8日清廷颁布的《新内阁官制》，内阁下属改为外务、民政、度支、学部、陆军、海军、法部、农工商、邮传、理藩等十部。其中外务部是自1901年由总理衙门演变而来，名称始终未变，但内设的公文处理机构有所变化：设承政厅，置左右丞掌管机要文件，总领庶务。《新内阁官制》和旧体制相比，从组织形式上虽说已向近代化前进了一大步，但毕竟难以挽救风雨飘摇的腐朽政权，在其颁布后仅五个月便爆发了辛亥革命，清王朝随即匆匆覆灭。

（二）清王朝后期公文文种发展

1. 专用公文更加完备

专用公文的使用是公文发展的一个重要标志。专用公文是指在一定的业务范围内由专门的机关或业务部门形成和使用的公文，如外交公文、司法公文、会计公文、计划公文、统计公文等。远古时代社会结构和社会事务都很简单，通用公文和专用公文数量都少。随着社会的发展和社会事务的复杂化，除处理政事的通用公文数量不断增加外，用于不同专业领域的专用公文也不断发展。清王朝作为中国封建社会的最后阶段，社会生活达到了最高的复杂程度，与此相适应，大量专用公文的出现就成为一种历史必然。[①] 清朝有"青册"、"大金榜"、"小金榜"、"察状"（状、告状、诉状）、"结状"、"保状"、"领状"、"金票"、"膳牌"、"牙帖"、"勘合"、"黄红册"、"易知由单"、"保甲册"、"条约"等专用公文文种。

这里试举"牙帖"为例。"牙帖"是牙行经营时用的营业执照。明清时期，开设牙行要经过官府的批准，"官给印信文簿"，方属正当合法。所谓"印信文簿"即指牙帖，具有营业执照的性质。清代前期，县级衙门一度具有发放"牙帖"的权力，有些地方官员为敛财而滥发"牙帖"，弊窦丛生。雍正年间，清廷推行定额牙帖制，户部审核决定各省"牙帖"定额，除非新开集场，不得轻易变更。工商业者请领"牙帖"，要先向县级衙门提出申请，经布政使司批准，由藩司衙门颁发。官府批准领帖的工商业者，不仅在领帖时要向官府缴纳一笔金额不菲的帖费，而且以后每年都要缴纳牙税。太平天国时任湖北巡抚的胡林翼奏请清廷"部颁牙帖劝输助饷"，进行牙帖改革，户部议覆牙帖章程十八条并颁发统一制式的牙帖，设立税厘局承办牙帖捐税事宜。至此牙帖作为专用公文具备统一制式，由户部颁发且使用广泛。光绪年间户部颁发给宁夏府宁塑县王正明的牙帖中头一部分详具牙帖章程外，其余内容如下：

[①] 胡元德：《古代公文文体流变述论》，南京师范大学硕士论文，2006年4月。

今承充宁夏府宁朔县在羊肉街地方开设当行牙户一名　王正明，年二十八岁，面麻无须。领帖者捐输钱柒拾串，折交实银肆拾贰两。每年办纳牙税银伍两钱。①

由此，我们可以看到这些专用公文文种的丰富和完备程度。专用公文的完备表明了清朝后期行政细化和公文文种发展的较高水平。

2. 废题改奏

公文文种变化是清政府行文的需要，也是公文文种本身的需要。公文作为国家行政统治的一个重要工具，简单和有效是其重要的衡量标准，因此，在公文运用中，逐步淘汰掉不适合的文种是趋势，是不可避免的。

光绪二十七年八月十五日（1903）的废题改奏，即废除题本，概行奏折。这次改革原因有以下两方面：首先，奏折一经出现，便以其安全、便捷、有效的特点备受统治者青睐。奏折是来自全国各地的密报，有利于统治者及时了解各地政情，而且奏折不经通政使司与内阁而是直达皇帝，因此保密性强，奏折的处理程序又简捷，这些都大大加快了清朝的行政效率。相反，题本文字冗长，处理程序繁复，运转迟缓且不安全，最重要的是它使皇权受到了一定的限制，不受欢迎也就在情理之中了；其次，义和团运动中，皇族纷纷逃往西安，仓促之间案卷档案之类不及携带，这为题本的处理带来了困难，因为题本事件的处理，历来陈规森严，必须以存案为依据，循例议复，而奏折则无此复杂手续，因此在紧急情势下，不得不实行改题为奏的措施。回京之后，鉴于改题为奏已成惯例，而且原来的题本确实已经不再适应新的形势，因此光绪二十七年八月十五日颁谕"内外各衙门一切题本，本属繁琐。现在整顿庶政，诸事删汰浮文。嗣后除题本仍照常进呈外，所有补缺轮署本章及向来专系具题之件，均著改题为奏。其余各项本章，即行一律删除，以归简易。将此通谕知之。"② 至此，行之明清两代的题本结束，这既是题本不符合时势需要的结果，同时外界的推动也不无作用。由此可见，公文文种的选用不仅与文种有关，同时与时代也有关系。随着时代的发展，文种所赖以生存的环境必将随之变化，当文种不再适应外界的变化时，结局则必将是被淘汰，这和自然法则中"适者生存，不适者则被淘汰"的规律是一脉相通的，可以说，这既是封建国家维护其有效统治的措施，也是由于其文种本身的原因所致。

3. 公文体式由内外不分到内外有别而新增外交文种和变换格式

鸦片战争前，清朝统治者在处理国际关系中，以凌驾于各国之上的天朝上国自居，视己为统驭万邦的王朝，皇帝被称为"天子"，因此，采取处理内政的方

---

① 林红状、翟春红：《清末"户部颁发甘肃省牙帖"学术价值解析》，载《图书馆理论与实践》2011年第5期，第95页。

② （清）朱寿朋编：《光绪朝东华录》，中华书局1958年版，第4725页。

法来处理对外关系,即用内政文种作为外交文种。如外国向清政府行文用"奏",清政府对外行文用"谕"等。这与中国封建社会长期闭关锁国有很大关系。妄自尊大、为我独尊的封建公文体式最终为西方国家的坚船利炮和霸权政治所摧毁。

公文体式由内外不分到内外有别始自1840年鸦片战争。第一次鸦片战争后签订的《中英南京条约》(江宁条约)第十一款规定:"议定英国驻中国之总管大员,与大清大臣无论京内、京外者,有文书往来,用照会字样;英国属员,用申陈字样;大臣批覆用剳行字样;两国属员往来,必当平行照会。若两国商贾上达官宪,不在议内,仍用禀明字样为著。"① 规定将清朝官员与外国官员之间下行文种改为"平行"文种,有"照会"(用于交涉外交事务)、"申陈"与"剳行"(外国属员用"申陈",清朝大臣回复用"剳行"),但保留了外国商人上达清朝官府的上行文"禀明"。至此,中外行文关系发生改变,中国封建王朝的外交文种成为了平行文种。自夏朝至此三千多年的公文首次出现平行的外交公文。中国公文体式发展逐渐接触到现代国家平等外交的影子,不过这种公文发展却是在丧权辱国的屈辱中得来的。

此后一系列战争战败,西方列强逼迫清政府签订了众多的不平等条约,如《中美望厦条约》(1844)、《中法黄埔条约》(1844)、《中英天津条约》(1858)、《中法天津条约》(1858)、《中俄天津条约》(1858)、《中美天津条约》(1859)等。这一系列的不平等条约,使中国的关税主权、司法主权、领海和领土主权受到侵犯,中外行文关系彻底改变,使维护清廷"天朝尊严"的封建公文体系遭到打击和破坏。

《中法黄埔条约》第四款规定:"中国地方官员于该领事等官,均应以礼相待;往来文移,俱用平行。倘有不平之事,该领事等官迳赴总理五口大臣处控诉,如无总理五口大臣,即申诉省垣大宪,为之详细查明,秉公办理。"②

《中美望厦条约》第三十一款规定:"合众国日后若有国书递达中国朝廷者,应由中国办理外国事务之钦差大臣,或两广、闽浙、两江总督等大臣将原书代奏。"这就使外国政府同清政府往来用"国书"代"奏",亦将上行文改为平行文③。第二次鸦片战争后,西方列强在历次不平等条约中继续坚持往来行文用平行文"照会"等文种外,还增加了平等礼节和不得以"夷"称呼的条款。如《中英天津条约》第五款规定:"大清皇上特简内阁大学士、尚书中一员,与大英钦差大臣文移、会晤各等事务商办仪式,皆照平仪相待。"④ 该条约第五十一款规定:"嗣后各式公文,无论京内外,叙大英国官民,自不能提书夷字。"⑤

---

①②③④⑤ 王铁崖:《中外旧约章汇编》第一册,生活·读书·新知三联书店1957年版,第32、58、56、97、102页。

应当说，国与国之间交往，采取平行公文和平行文种，以"平仪相待"，不得以"夷"称谓，这些虽然是对清统治者"天朝尊严"的打击，但这种打击是西方要求的民主平等战胜封建专制的行文礼仪，有其合理性。但是，外国殖民主义者得寸进尺，在其同中国签订的不平等条约中，还对公文体式和解释权提出了无礼要求。《中法天津条约》第三款规定："凡大法国大宪、领事等官，有公文照会中国大宪及地方官员，均用大法国字样。"[①]《中英天津条约》第五十款也规定："自今以后，遇有文辞辩论之处，总以英文作为正义。"[②] 在西方列强压力下，清朝从1875年8月正式派遣常驻各国公使起，清廷皇帝颁布的派公使的谕旨，实行抬头制，凡遇外国国名要提行抬头书写，并加"大"字，同时还要明颁谕旨，刊登京报，使"中外共知"。1901年4月18日，驻华领袖公使——西班牙公使葛络干就3月29日外交团"改革总理各国事务衙门和修改朝廷礼仪委员会"提出的一份改革方案，照会奕劻、李鸿章，要求各国使节首次觐见中国皇帝递交国书或者呈递国家元首信件时，皇帝应派御轿和仪仗前往使馆迎接使节到皇宫，应乘轿一直到皇帝要接见他们的宫殿阶前；离去时亦按同样的方式办理。对此，经过反复交涉，最后双方达成一个折中方案：到使馆迎接外国使节的轿子应是绿呢大轿加黄襻；外国使节前往觐见中国皇帝时，应到景运门下轿，再换乘二人抬的小椅轿，直至乾清宫阶前。奕劻、李鸿章称：迄今为止，王公大臣从未享受这种特权，这是对外国使节最高的礼遇。这样，外国使节觐见中国皇帝递交国书或信件的礼节问题因而得以了结[③]。这一切表明，西方侵略者不仅仅是摧毁了封建专制公文礼仪制度的"尊严"，而且是以另一种不平等的公文礼仪制度强加于清政府，使中国公文礼仪制度半殖民地化。

据统计，在1842~1919年的77年间，中国与英、法、美、德、俄、日、意、奥和比利时等国签订的不平等条约有709个，强占中国原有约7%的领土，清朝支付赔款约13亿两（白银），侵略者还在广州、上海、天津等十个城市强索了二十五个租界，建立"国中之国"，等等。这些都是通过丧权辱国的"条约"、"协定"、"章程"等法定公文实现的。在中国半殖民地化过程中，"条约"等公文名称也成为中国半殖民地化的工具。

如果说，诸多的不平等条约、协定、章程等是西方殖民主义国家强加给清王朝的，那么，清末通过变法修律活动则主动承认了帝国主义在中国享有特权。1910年（宣统二年）颁布的《大清现行刑律》规定了"妨害国家罪"，不得发表不利于外国的言论，不得对外国代表有"不敬"、"侮辱"等行为，不得擅自进入外国租界。这些规定实际上是旨在保护帝国主义侵略者通过不平等条约获得

[①②] 王铁崖：《中外旧约章汇编》第一册，生活·读书·新知三联书店1957年版，第105、102页。
[③] 龚育之等主编：《中国二十一世纪通鉴》第一册，线装书局2002年版，第33页。

的操纵中国经济、政治、外交、司法等大权，禁止中国人民反对外国侵略者的言论和行动，而这正是晚清政府的基本国策，它表明清朝的法律公文也成为帝国主义压迫中国人民的工具。

总结上述，从公文发展的角度来讲，清王朝后期外交公文有：条约、协定、章程、照会、全权证书、谈话纪略、出使报告、护照等。对外公文体式行文方向由下行变平行。语言表达称谓上变得更为平等。

第二节 太平天国公文

公元1851年爆发了以洪秀全为领袖的农民起义，把中国人民反封建反侵略的斗争推向一个高潮，揭开了旧民主主义革命的序幕。太平天国坚持了十四年（1851~1864），定都天京，建立了自己的政权。太平军在全盛时期的兵力超过100万人，形成了同腐朽的清王朝相对峙的局面。太平天国是中国历史上唯一广泛使用公文并具有完备公文制度的农民起义政权。太平天国的公文作为处理公务的工具，在当时起到了重要的作用，它真实地记载了太平天国时期政权建设和发展的历史。由于它出现在鸦片战争之后，处于半殖民地半封建社会，因此具有了鲜明的时代特点。对研究太平天国历史和我国公文发展史具有很高的研究价值和利用价值。

一、公文处理制度

太平天国十分注重公文的汇编和刊布，各级公文几乎人手一册，作为统一思想，提高战斗力的武器。太平天国印书计39部，除了《天朝田亩制度》《天父下凡诏书》《天条书》《天情道理书》等关于政治制度、宗教宣传书籍中含有公文外，其他许多印书全书汇编了太平天国公文，如清咸丰二年（1852）刊行的《天命诏旨书》，辑道光二十九年（1849）至咸丰二年杨秀清假托天父，萧朝贵假托天兄下凡之圣旨，咸丰元年（1851）至三年（1853）天王洪秀全诏旨；清咸丰十年（1860）刊行的《天父圣旨》，记道光二十八年（1848）至咸丰六年（1856）杨秀清假借天父下凡发布之指示；同年刊行的《天兄圣旨》，记萧朝贵假借天兄下凡所作指示120余次。太平天国对公文的撰制、办理与利用非常重视，规定了一系列制度，体现了特有风格。

（一）撰写制度

在撰写环节，太平天国强调避讳制度。太平天国避讳比历代封建王朝都更甚。不仅天王、幼主的名字要避，诸王的名字也要避，像"王、清、贵、山"等极常用的字都要避讳。太平天国为了避讳而推行造字与改字时，还不惜以严刑峻法作为后盾。《干王洪仁玕通令京都内外官员书士人等谨遵敬避字样谕》中有

"倘谕后仍不检点,一经勘出,不独奏禀文章概不收阅,而且有蹈故违之咎,致干罪戾边,切切凛遵,毋贻后悔。"

(二) 制作制度

各王公文用黄纸封筒,硃印云龙边,面刻衔名,背刻年月日及递送何处何官。诰谕上画双龙,下云水;诫谕上画双凤,下云水;训谕上画双狮,下云水;诲谕上画双虎,下云水。侯以下用红纸,无边。

(三) 驿站传递制度

对公文的传递,太平天国基本上沿用了历代封建王朝的驿站传递制度。据《金陵杂记》记载:太平天国军队所到之处,每相隔三十至五十里设一个"汛",每个汛设置有"疏附衙",相当于现在的邮政局,负责传递公文。每个疏附衙任命官员一人,配有兵士二三十人,专门从事递送公文。来往邮递人员执凭照出入。公文封套背面贴有"排单",沿途填写收递时间。为了能及时传递公文,规定陆路骑马,水路乘八桨快船。若是一般公文,日行百余里;若是紧急公文,每小时急驰五十里。因太平天国的各种印章都是正方形或长方形的,为了区分公文传递急缓之别,凡属紧急公文就在公文封套正面的重要位置上加盖圆戳。因这种圆戳中心刻有骏马驰骋在云朵之中的图案故名为"云马圆戳"。特急公文还在封套日期上再加一个圆戳,其紧急性和重要性,能使不识字的递送公文之士兵一看便知。其作用类似于需要火速传递紧急军情公文封套上的鸡毛。

(四) 办理制度

东王杨秀清总理全国。当时国务,由侯、丞相商议停妥,具禀冀王,不行则寝其议,行即代东王写成诰谕,差翼殿参护送东王府头门,交值日尚书挂号讫,击鼓传时,立刻盖印发出,即由东殿参护送北王府登记,再送翼王处汇齐,由佐天侯陈承镕发交疏附官分送各处。

(五) 归档制度

实行"来文底稿、去文底稿"的保存制度。收文用《来文底簿》,发文用《去文底簿》登记,收发文簿用"天、地、玄、黄"为序。不管是来文底稿,还是去文底稿,皆以年月日及收件、发件数量与主要事项为基本格式。以这种格式将底稿存档,便于查找公文、审查制定的政策。

二、公文改革

太平天国的公文改革揭开了近代公文改革的序幕。最突出的是反对脱离群众、故作深奥、浮文巧言的旧文风,提出并实践"朴实明晓"的新文风。同时,太平天国时期简化公文格式也是一大贡献,提高公文的制作效率,加快了公文的有效传播。另外新式标点符号的使用,也是太平天国的一大创举,虽然这时新式标点符号的使用并不统一和普遍。

(一) 文风改革

太平天国公文从一开始就表现出迥异于中国古代传统公文的风格。太平天国自金田起义，即颁布告人民书，建都天京后，也是大张布告，并且推行简明、晓畅的文风，这与清政府的繁文现象形成了鲜明的对比。从《太平诏书》中《原道救世歌》《原道醒世训》《原道觉世训》三篇可以看出，太平天国军就是以通俗的文字传达自己的主张，为老百姓乐闻，如"普天之下皆兄弟"、"天下一家自古传"、"遐想唐、虞三代之世，天下有无相恤，患难相救，门不闭户，道不拾遗，男女别涂，举选尚德。"又如《幼学诗》及《三字经》，用相互对称的类似诗歌的形式来普及他们的主张，如《幼学诗》中提到兄道："为兄教导弟，念切是同胞，弟有些须错，含容量且饶。"《三字经》则更是如此。三字一句，共三百五十二句。开头即："皇上帝，造天地，造山海，万物备。六日间，尽造成，人宰物，得光荣。七日拜，报天恩，普天下，把心虔。"① 为了进一步提倡简明直白的文风，太平天国辛酉十一年（1861）洪仁玕颁布了《干王洪仁玕幼赞王蒙时雍殿前忠诚二天将李春发通令合朝内外官员书士人等戒浮文巧言喧谕》。其具体内容如下：

天父天兄天王太平天国精忠军师顶天扶朝纲干王洪、顶天扶朝纲幼赞王蒙、殿前忠诚贰天将李，为喧谕合朝内外官员书士人等一体知悉，照得文以纪实，浮文所在必删；言贵从心，巧言由来当禁。恭维天父、天兄大开天恩，亲命我真圣主天王降凡作主，施行正道，存真去伪，一洗颓风。是以前蒙我真圣主降诏，凡前代一切文契书籍不合天情者，概从删除。即六经等书亦皆蒙御笔改正。非我真圣主不惮操劳，诚恐其诱惑人心，紊乱真道，故不得不亟于弃伪从真，去浮存实，使人人共知虚文之不足尚，而真理自在人心也。况现当开国之际，一应奏章文谕，尤属政治所关，更当朴实明晓，不得稍有激刺，挑唆反间，故令人惊奇危惧之笔。且具本章，不得用"龙德"、"龙颜"及"百灵"、"承运"、"社稷"、"宗庙"等妖魔字样。至祝寿浮词，如"鹤算"、"龟年"、"岳降"、"嵩生"及"三生有幸"字样，尤属不伦，且涉妄诞。推原其故，盖由文墨之士，或少年气盛，喜骋雄谈；或新进恃才，欲夸学富。甚至舞文弄墨，一语也而抑扬其词，则低昂遂判；一事也而参差其说，则曲直难分。倘或听之不聪，即将贻误非浅。可见用浮文者，不惟无益于事，而且有害于事也。

本军师等近日登朝，荷蒙真圣主面降圣诏："首要认识天恩，主恩，东、西王恩。次要实叙其事，从某年月日而来，从何地何人证据，一一叙明，语语确

---

① 丁晓昌、冒志祥等著：《古代公文研究》，安徽文艺出版社2000年版，第580~581页。

凿，不得一词娇艳，毋庸半字虚浮；但有虔恭之意，不须古典之言，故朕改《字典》为《字义》也。"本军师等朝奏，钦遵之下，不胜敬凛。为此特颁喧谕，仰合朝内外官员书士人等一体周知；嗣后本章禀奏，以及文移书启，总须切实明透，使人一目了然，才合天情，才符真道。切不可仍蹈积习，从事虚浮，有负本军师等淳淳谕戒之至意焉。

特此宣谕，各宜凛遵！
天父天兄天王太平天国辛酉拾壹年　　月　　日喧谕①

这篇喧谕是太平天国公文改革的纲领。它围绕公文要"朴实晓明"这个主旨，强调"文以纪实"、"言贵从心"、"实叙其事"，要使人"一目了然"，反对"舞文弄笔"，反对一切"浮文巧言"。这些主张可以说是开了近代公文文风改革的先河。从现存的太平天国公文中可以看到，多数文件，特别是对军民告示之类的公文，内容基本上是"朴实明晓"，"使人一目了然"。如《五大纪律诏》是洪秀全在金田给军士发布的军令，正文是：

一、遵条命，二、别男行女行，三、秋毫莫犯，四、公心和傩，各遵头目约束；五、同心合力，不得临阵退缩。

又如《忠王李秀成给苏郡四乡谆谕》②：

本藩恭逢天命，统师克复苏城。
现下城池已克，急于拯救苍生。
除经严禁兵士，不准下乡等情。
为此剀切先谕，劝尔百姓安心。
不必徘徊瞻望，毋庸胆怯心惊。
照常归农乐业，适彼乐土居民。
绅董可速出首，来城递册投诚。
自无流离失所，永为天国良民。
因为官兵来往，尔民导引须勤。
军民各不相扰，各宜一体凛遵。

全文共二十句，全是朗朗上口又明晓易懂的六言。该文风格在太平天国公文中颇具典型性。

太平天国时期公文，在整个公文史的发展中属于承前启后的过渡阶段。它既有等级森严的封建性，又有革新除旧的独创性，其简洁晓畅的文风开启了中国现当代公文写作的新风气。

（二）公文格式简化

太平天国的领袖们出于宣传革命的需要，对封建公文繁复而严格的格式作了

---

①② 太平天国历史博物馆：《太平天国文书汇编》，中华书局1979年版，第100～101、121页。

一些简化，特别是对下行文的格式作了简化。如天王诏旨就省去了开头"奉天承运皇帝诏曰……"的套语和格式。改成一开始就是；"天王诏旨"，或"天王诏令"，"天王诏曰"，或"诏曰"。结尾就只用："钦此"。如《严禁私藏私带金宝诏》①格式如下：

　　天王诏令：通军大小兵将，自今不得再私藏私带金宝，尽缴归天朝圣库。倘再私藏私带，一经察出，斩首示众。钦此。

　　除天王诏旨格式简化外，各王及侯、指挥的"谕"也简化了格式。一般是起首为发谕人的全衔加姓，接着是受谕人的衔加姓名，又加"知悉"二字，接下是正文；结尾多是："特此×谕"，"各宜凛遵，切切×谕"，"此谕"，"凛之慎之，毋违×谕"。

（三）使用新式标点符号

　　另外为了帮助群众更好地了解革命法令和方针政策，太平天国在公文中，还冲破封建文化的束缚，从上到下地大胆试用新式标点符号，并取得了可喜的成就。从现存的史料看，当年太平天国的公文主要使用了四种标点符号。一是"、"（点号），用在文句中间应该停顿的地方；二是"。"（句号），用在一个文句完了的地方；三是"—"（人名号），加在人名的右边；四是"="（地名号），加在地名或国名，朝代名，宗教名的右边。对人名号和地名号的使用在洪秀全写的《天文诗》里曾有明确的解释，"一直是名读某名，双直地名读出声"。这些标点符号在《太平诏书》《天父下凡诏书》《天父上帝言题诏书》和《天情道理书》《天朝田亩制度》中均使用过。

　　当然，由于历史条件和转战行军的限制，太平天国时期标点符号的使用还不够普遍和统一，只是刚刚具备一个良好的雏形。但这已是一个不可忽视的重大的进步。因为在这之前，我国的古书，多是不分句，不加点的大堆大片的文字。即使有些朝代（如汉朝以来）有少数人偶然使用过古老的断句圈点及人名号，也是零乱没有系统的，而且只是在民间流传的少数小说、戏曲和初等教育的诗文刊本或课本中使用，在劳动人民、下层知识分子、启蒙学者和书商中流行，根本不被学者或官方所重视。士大夫们认为它俗浅幼稚，难登"大雅之堂"，长期弃置不理，致使所谓的"正经""正史"及各家文集等，几乎全是一个模式：从头至尾连续不断地写着，一点也没有把它们分隔出来。那时之所以存在这种混沌状况，完全是因为封建帝王和官僚地主为了独占文字，故意不将文句断清，以显示其"离经辨志"（断句辨意）的"才能"，进而垄断整个文化教育。太平天国的英雄们反其道而行之，以革命气概冲破几千年的文化禁区，大胆地继承民间成果并吸

---

① 广东省太平天国研究会、广州社会科学研究所编：《洪秀全集》，广东人民出版社1985年版，第184页。

取外来因素，创造性地推广使用新式标点符号，充分体现了劳动人民的聪明才智和革命首创精神。

（四）公文改革评价

太平天国实行公文改革不是偶然的，它是革命斗争的需要，是历史发展的必然结果。在我国漫长的封建社会里，统治者为了维护其反动统治，总是顽固地实行愚民政策。他们利用僵死的文体禁锢人们的头脑，用腐朽的文风束缚人们的手脚。到了清朝，这种情形更加严重，以致通行公文几乎全是些呆板无味、虚伪不堪的东西。对此，就连当时地主阶级的知识分子也提出激烈抨击，如《独秀峰题壁诗》说："荐牍滥邀新翠羽"，[①] 就是讽刺当时官僚们利用公文虚报战功，以求升官晋级的。清朝的下行公文更是形式。王鲁生在《江干纪事诗》中说："诏书空发羽林孤"，指的就是皇帝发布的诏书空洞无物，根本对军队起不了指战作用。当时公文正如谭啸云《守虞日记》中说的：巡抚"骆公之晓示，皆饰词以安众心耳！"[②] 正是在这种历史条件下，太平天国顺应历史的发展，勇敢地对旧的传统文化思想提出了挑战，大胆地进行了公文改革，这确是一大创举。

太平天国应用公文的范围很广，尤其指挥作战有"一切军务，无有不行伪文以遗谕者"之说。经过"革故鼎新"的公文，使太平天国各级领导人得以明白无误地及时了解情况，解决问题，有效地保证了革命战争的胜利，密切了太平天国朝中和各支军队之间，革命领导与群众之间的关系，大大巩固了新生的革命政权。

其次，通过通俗易懂的公文，加强了对革命队伍的教育，大大增强了革命队伍的战斗力和纪律性。太平天国的领袖们发布公文要求广大将士："千祈遵天命，欢喜踊跃，坚耐威武"、"放胆诛妖"。[③] 结果促使太平军纪律严明，"自金田起义而至天京，势如破竹，越铜关而扫铁卡，所向无前"。[④]

其三，太平天国浅显的公文起到了争取与团结广大群众，孤立与打击地主阶级的作用。太平军每解放一个地区，便出"安民告示"，要求人民"安居如旧，老幼男女高枕无忧"，[⑤] 甚至把保护劳动人民利益的告示刻到石碑上面。清朝统治者承认说"贼所破州县……必先大彰伪谕，声以兵威，令各州县并造户册，印

---

① 故宫博物院、国家清史编纂委员会：《故宫博物院八十华诞暨国际清史学术研讨会论文集》，紫禁城出版社 2006 年版，第 622 页。
② 中国史学会主编：《太平天国》（四），上海人民出版社 1957 年版，第 405 页。
③ 中国史学会主编：《太平天国》（一），上海人民出版社 1957 年版，第 66 页。
④ 中国史学会主编：《太平天国》（二），上海人民出版社 1957 年版，第 657 页。
⑤ 中国史学会主编：《太平天国》（五），上海人民出版社 1957 年版，第 359 页。

于乡里公举军帅旅帅等,议定书册并各户籍敛费"。① 太平军统治区是"处处都显出兴旺景象"。② 太平军一到,文告即出,各地很快照常进行生产。下层知识分子记载说:人民"恶清政之虐,对此种布告,每次所动"。很多人是"避官迎贼","攘臂而投入太平军以杀清军"。或者是"备物书旗,纷纷进贡"。③ 并提到有些地区"久经陷'贼','贼'伪称安民随处黏贴,乡民恃以无恐,市肆如常贸易"。④ 清政府的讨"匪"官员叫苦不迭地说:"竟有与贼勾通情弊,奴才谆谆告诫,无奈呼应不灵,莫可奈何"。这真如太平天国公文人员的对联所说"诏(指洪秀全的文告)出九重天(指洪秀全的王府),哪怕妖魔施毒计"。⑤

总之,太平天国的公文改革和太平天国在整个文化思想战线上所取得的成就一样,是十分辉煌的。他们在"万象更新"的愿望下,力图建立"自新之学,用以新民新世",充分发挥革命公文的应有作用。他们采取的一系列革命化的措施和大胆尝试,都带有浓厚的民主主义色彩,对后来中国民主主义革命的文化和思想有一定的影响,对"五四"运动以来标点符号改革与定型,也有启蒙作用。太平天国的公文,真实地记录了太平天国的革命斗争史,直接反映了太平天国的各项政策和法令,具有极其丰富的内容和极高的史料价值。今天尚存的太平天国公文,不但是我们探讨太平天国公文工作的重要史料,而且也是我们研究太平天国整个革命历史的珍贵文献。

当然,由于太平天国是一次没有先进的无产阶级领导的单纯农民战争,有一定的时代与阶级的局限性,所以在公文改革方面也有一定的缺点。例如他们反对鬼神迷信,在公文中却用了新的宗教迷信代替;他们提倡平等,却规定了严格的官职爵级,公文上必遵的繁琐的抬头制度,以及行文上不可逾越的等次等。在充分肯定太平天国公文改革伟大意义的同时,也须如实指出这些历史局限性。

三、公文特点和文种发展

只拥有十四年历史的太平天国,其公文从诞生到消失与农民革命有着天然的联系。太平天国公文的内容、用语等都极具特点。公文文种也是形式多样,独具特色。

(一)公文特点

1. 公文大量发行与公文汇编

几千年来,封建王朝的各级官吏把持公文,封锁公文,弄得很神秘,不但老

---

① 中国史学会主编:《太平天国》(三),上海人民出版社1957年版,第109页。
② (英)呤唎(F. A. Lindley)著,王维周译:《太平天国革命亲历记》上册,上海古籍出版社1985年版,第47页。
③ 中国史学会主编:《太平天国》(五),上海人民出版社1957年版,第360页。
④ 中国史学会主编:《太平天国》(四),上海人民出版社1957年版,第495页。
⑤ 中国史学会主编:《太平天国》(三),上海人民出版社1957年版,第247页。

百姓见不到朝廷文件，就是一般中下级官吏也难得见一次朝廷公文。太平天国在早期活动中就发表了大量公文，宣传起义纲领，传达作战命令，颁布军队纪律。到建都天京，建立政权，更大张布告，遍贴街衢。传达命令的公文更是"遍谕各处，纤悉靡遗"。那些宣传天国宗旨和军纪的公文，也是广颁于军中和民间，几乎达到军中、民间人手一册，可见发行数量之大。太平天国不仅发文数量大，而且办文迅速，虽则重重转达，但文到即办，立刻发出。东王杨秀清的诏谕曾在一天里发出300多件，可见办文效率之高，是清王朝不能相比的。

太平天国还组织了大规模的公文汇编。洪秀全为此发了诏旨《汇编天命诏旨书诏》。命有关官员将太平天国诏旨"汇录镌刻成书，庶使通军熟读记心，免犯天令"。1852年（太平天国壬子二年）就有刻本《天命诏旨书》。后又汇编有《天朝田亩制度》《资政新篇》等，汇集了天国的纲领、政策。《天条书》《太平条规》《行军总要》等收集了天国的行政、军纪条规。《太平天目》是天国的史集。《御制千字诏》《幼学诗》是天国的幼学读本。

公文的大量发行与汇编，加大了太平天国公文的阅读面，增强了农民领袖的理念言论的传播效率。

2. 内容上具有反封建、反侵略、宗教神学特点

中国的封建社会以儒家思想作为统治思想，在以往的历代王朝所颁布的公文中所体现的内容都是维护封建等级制度和封建礼教的。在内有清王朝统治外有帝国主义侵略的背景下发生的太平天国运动发表了大量革命性的公文，声讨腐朽的封建王朝，宣扬太平天国的纲领和政策，描绘农民的理想社会，传达作战命令，颁布行政、军纪条规等，其公文中体现了反对封建的等级制度，反对外国侵略，及充满宗教神学的特点。

太平天国的反封建思想是在中国儒家的大同思想、农民的平均主义的基础上形成的。第一，政治平等。太平天国领导人提出关于"政治平等"的主张，洪秀全在公文里明确地说："天父上帝人人共"，"何得君王私自专？上帝当拜，人人所同"；"普天之下皆兄弟"，"上帝视之皆赤子"。天子的称号和祭天的特权，一向归皇帝独占，人民是皇帝的奴隶臣妾。太平天国却允许人民都自称天子，都有权拜自己的天父，这一点与封建公文中极力维护的等级精神相违背。处于半殖民地半封建社会这一历史条件下，太平天国是我国历史上第一个同外国侵略者交战的农民政权，较多地接触外国传教士，产生了大量外交公文。同时，太平天国在外交公文中大力宣扬政治平等，曾照会世界各国："之间应当各自保管其自有之产业，而不分割别人所有；我们将要彼此有交谊，互通真理及知识，而各以礼相接"。第二，经济平等。太平天国在定都天京以后就颁布了太平天国的指导纲领《天朝田亩制度》，其中，关于经济平等，规定："凡天下田，天下人同耕。此处

不足，则迁彼处，彼处不足，则迁此处。凡天下田，丰荒相通，此处荒则移彼丰处，以贩此荒处，彼处荒则移此丰处，以贩彼荒处。务使天下共享天父上主皇上帝大福，有田同耕，有饭同食，有衣同穿，有钱同使，无处不均匀，无人不饱暖也。"第三，男女平等。太平天国公文中体现的"男女平等"最为引人注目。在经济上妇女与男子有同等的地位，规定"凡分田照人口，不论男妇，算其家人口多寡，人多则分多，人寡则分寡"；在分配原则里贯彻男女平等思想，不分男女，各得一份，并且具体阐明了分配方法"凡男妇每一人自十六岁以尚，受田多逾十五岁以下一半，如十六岁以尚分尚尚田一亩，则十五岁以下减其半，分尚尚田五分，又如十六岁以尚分下下田三亩，则十五岁以下减其半，分下下田一亩五分。"在政治上妇女与男子有同等的地位，还明令妇女可以参加科举考试"令女官举女子应试"；"凡礼拜日，伍长各率男妇至礼拜堂，分别男行女行，讲听道理"。在军事上，男女平等的主张尤为突出，妇女在金田起义时，就编为女营，与男子并肩作战。在颁布的《定营规条十要》里面就有"要别男营女营"的规定。在天王诏旨中也多次出现"通军大小男女兵将"或"男将女将尽持刀，同心放胆同杀妖。"在婚姻上，废除封建婚姻，实行男女自主的婚姻，并规定"凡天下婚姻不论财"。

由于它发生在鸦片战争之后这样一个新旧交替的年代，时代赋予它新的内容和意义，即在反封建主义的同时，又担负反对外来侵略的任务。首先，采取了独立自主的外交政策。尽管由于阶级的局限性，使太平天国领导者对外国资本主义侵略势力还缺乏深刻的、本质上的认识。但太平天国在对外政策方面，早在金田起义之前，洪秀全就曾明确地提出，世界各国之间应当"各自保管其自有之产业，而不分割别人所有；我们将要彼此有交谊，互通真理及知识，而各以礼相接"的主张。他们主张国与国之间友好相处、反对殖民侵略和民族压迫，并同外国侵略势力进行针锋相对的斗争。其次，在平等互惠的基础上互通有无。在建都天京后，英、法、美三国公使先后到天京访问，要挟太平天国承认他们与清政府订立的不平等条约，并以如不承认就要动起干戈相威胁。太平天国坚决拒绝接受外国侵略者强加于中国的不平等条约，向他们庄严宣布对外经济政策："万国皆通商"，"通商者务要凛遵天令"，"准到镇江焦山下，听守镇江大员办理"。太平天国对于违反政策，擅自闯进境内的外国兵舰，立即开炮射击，对于走私贸易的商船加以制裁。

太平天国本身就是一个军、政、教合一的政权。其组织"拜上帝教"本身就是一个宗教组织。拜上帝教不仅直接影响着太平天国的社会政治思想，而且对其整个军政制度和社会生活都产生了深远的影响。而这些影响又是通过太平天国的公文表现出来的。因为太平天国的公文，往往是同拜上帝教的理论和观点糅合在一起的。① 因此，太平天国的绝大多数公文在内容上都具有浓厚的宗教神学色彩。示例如下：

永安封五王诏

辛开十月二十五日时在永安

天王诏令：通军大小兵将，各宜认实真道而行。天父上主皇上帝才是真神，天父上主皇上帝以外，皆非神也。天父上主皇上帝无所不知，无所不能，无所不在，样样上，又无一人非其所生所养，才是上，才是帝。天父上主皇上帝而外，皆不得僭称上、僭称帝也。继自今，众兵将呼称朕为主则止，不宜称上，致冒犯天父也。天父是天圣父，天兄是救世圣主，天父天兄才是圣也。继自今，众兵将呼称朕为主则止，不宜称圣，致冒犯天父天兄也。天父上主皇上帝是神爷，是魂爷，前此左辅、右弼、前导、后护各军师，朕命称为王爷，姑从凡间歪例，据真道论，有些冒犯天父，天父才是爷也。今特褒封左辅正军师为东王，管治东方各国；褒封右弼又正军师为西王，管治西方各国；褒封前导副军师为南王，管制南方各国；褒封后护又副军师为北王，管治北方各国；又褒封达胞为翼王，羽翼天朝。以上所封各王，俱受东王节制。②

上述例文可以看到洪秀全为了达到自己的政治目的，使得"上帝"中国化，变成为中国农民能够接受的心神像。因此，上帝教与基督教的共同之处只在形式、外壳上，而在内容、实质上则大不相同。首先目的不同，基督教教义的核心是"爱"，要爱世人，连仇敌也不例外。上帝教教义的核心是人妖对立，以此作为号召群众起来反抗的动力。其次，双方对改造世界的办法也不同，基督教是主张通过和平传教的方法，上帝教是主张通过武装斗争的办法。还有一个极大的不同之处，就是基督教的天国在天上，人在死后灵魂始得进入天国；上帝教要使天国降到人间，甚至说南京就是小天堂。其目的就在于激发民众对清廷的仇视，并号召大家集合在太平真主的神圣战旗下"同心戮力，扫荡妖类"，"同享太平之乐"。这是典型的宗教理论观点，是一种唯心史观，但在当时却为广大民众所接受，起了动员和组织民众的作用。太平天国公文中拜上帝教借助基督教的宗教神学观点达到了宣传号令的目的。

3. 公文用语上使用白话与土语

太平天国癸好三年即1853年在颁布的《删改诗韵诏》中提出了反对封建古文、提倡白话文的命令。并明确指出："今特诏左史右史，将朕发出诗韵一部，

---

① 闫晶：《太平天国公文特点》，长春理工大学硕士论文，2009年3月。
② 广东省太平天国研究会、广州社会科学研究所编：《洪秀全集》，广东人民出版社1985年版，第182页。

遵朕所改，将其中一切鬼话、妖怪话、妖语、邪语，一概删除净尽，只留真话、正话，抄得好好缴进，候朕批阅刊刻。"文中的"真话、正话"就是明白晓畅、通俗易懂的语言。另外，在太平天国的公文中，方言土语的使用相当普遍，这正是反动派诬蔑太平天国公文为"俚曲俗词"的根据之一。太平天国各级领导人员多是广西首义的参加者，他们是从被诬为"粗鄙不知公文"的穷苦农民群众中涌现出来的，所以他们在亲自或指示公文人员办理公文时，常常把当地流行的方言土语写进公文之中。这样，既可确切地表达自己的意图，又能使起义弟兄更好地看懂或听懂公文的内容。如《洪秀全戒吸鸦片诏》说："吹来吹去吹不饱，如何咁蠢变生妖！戒烟病死甚诛死，脱鬼成人到底高"。按太平天国的法令，吸食鸦片是犯天条，犯天条便是变妖，变妖就是指变成反革命了。这几句话用了广西方言"吹"和"咁"字。据不完全统计，当时在太平天国公文中比较常用的方言有十几个、土语二十几个。由于使用了这些方言土语，使太平天国的许多公文通俗、鲜明而生动，充满了浓厚的乡土气息。不过，这些多为来自广西的革命群众所熟悉的方言土语，对其他地区的革命群众来说，就不易看懂或听懂了。因此，随着太平军征战范围的扩大，太平天国在后来的公文中就较少使用了。

4. 公文形式上采用诗歌体和四六句式

由于太平天国农民政权从一开始就坚决推行军纪和政令，并且要求军民对有些重要的政策和制度要熟记。为了便于文化水平不高的太平天国军民的阅读和记忆，太平天国公文大多采用"四六言"为主的诗歌体句式，如文中"令彼转徙无定，令我寝食难安"，"各务尔农，各归尔宅。"等。这样不仅可以使公文通俗易懂，而且也增强了公文的韵味。试举一例：

警醒军民戒鸦片烟诏

天王诏旨云：朕诏天下军民人等知之，烟枪即铳枪，自打自受伤，多少英雄汉，弹死在高床。钦此。①

（二）文种发展

为了提高行政效率和宣传革命纲领，发展群众，太平天国在清王朝基础上发展了公文体系，并且创造了一些独具特色的文种，也为后世公文的发展作出了贡献。

1. 简化了最高统治者使用的文种

公文文种从诞生以来，总的趋势是从少到多，从简到繁。清王朝的官方文种

---

① 广东省太平天国研究会、广州社会科学研究所编：《洪秀全集》，广东人民出版社1985年版，第187页。

仅皇帝专用的就有十来种之多，有皇帝处理公务，发布政令使用的谕书、诏书、诰命、敕、廷寄等皇帝专用的下行公文；也有臣下向皇帝奏事建言的题本、奏折等专呈皇帝阅批的上行公文。太平天国天王的公文文种总的来说大为简化了。首先，太平天国的天王洪秀全使用的专用文种只有一个，叫"诏旨"。天王无论是答复官员的奏请，还是向人民进行训示，都以诏旨行文；其次，太平天国内凡上行天王的公文通称"本章"；对天王的封赠、礼遇以示恩谢的都用"奏章"来答谢。

2. 专用文种增多

封建社会只有君主一人拥有专用公文文种，以此表现皇帝的至尊地位。而太平天国与以往封建王朝不同，除了天王洪秀全拥有专用的文种外，其他各王有的也拥有自己的专用公文文种。像东王杨秀清的下行文称作"诰谕"，如《东王杨秀清劝告天京人民诰谕》；北王韦昌辉的下行文称作"诫谕"，如《北王韦昌辉招延良医诫谕》；翼王石达开的下行文称作"训谕"，如《翼王石达开给松林地总领王千户训谕》；干王洪仁玕的下行文称作"喧谕"，如《干王洪仁玕克敌诱惑喧谕》等。"禀奏"是太平天国各级官员直接上达给东王杨秀清使用的上行文种，如《国宗提督军务韦俊上东王杨秀清报告田家镇战况禀奏》；"禀申"是燕王秦日纲的上行文种，如《殿右叁拾检点陈玉成上燕王秦日纲报告军情禀申》等。

3. 产生了大量的特殊文种

太平天国的公文除了继承前代的文种外，还使用一些完全有别于过去的特殊文种。这些特殊文种的出现，对后世有一定的参考作用。例如：合挥（婚姻自主的结婚证书）、评约（用于解决民事纠纷的证书）、粮单（交赋税的收据）、田凭（用于均分土地的土地证）、路凭（发给外出人员的通行证）、挥条（太平天国圣库物资供给的公文）等（见图3-4）。

另外，由于太平天国推崇"拜上帝教"，太平天国的公文充满了宗教神学特点，也出现了一些宗教文种。这在漫长的封建王朝中，应该说是独一无二的现象。

太平天国的宗教奏章共有13种：

（1）悔罪奏章：用于违犯天条者决心改过悔罪，向皇上帝祈求宽宥。

（2）礼拜奏章：有两种，一种是用于悔罪的礼拜奏章，违犯天条者在悔罪后，还必须每天早晚礼拜皇上帝，甚至在吃饭时也必须感谢皇上帝，这些活动就要吟哦礼拜奏章；另一种又称祈祷文，用于每个星期日全体太平天国成员举行礼拜皇上帝的仪式。

（3）祛病奏章：用于病人向皇上帝祈祷早日病退，身体康复。

（4）用于生日、满月、嫁娶等事的奏章，向皇上帝恳求吉庆。

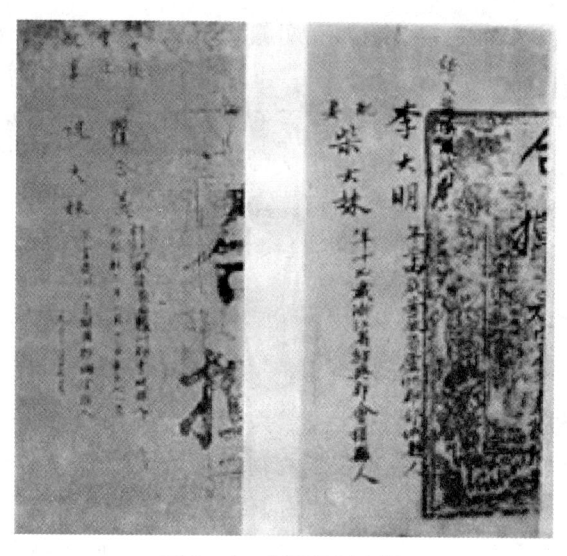

图 3-4　太平天国合挥

（5）用于作灶、做屋等事的奏章，向皇上帝恳求万事顺意，大吉大昌。
（6）升天奏章：用于为死者及其家眷祝福。
（7）花烛奏章：专门用于结婚。
（8）谢恩奏章：用于升官谢恩。
（9）端阳奏章、中秋奏章和除岁奏章都是用于庆贺节日的奏章。
（10）元旦出行奏章：同于元旦那天外出前向皇上帝祈求幸福。
（11）祝寿奏章：用于为天王祝寿。
（12）乔迁奏章：用于乔迁新居时祈求皇上帝保佑。
（13）开印奏章和封印奏章：用于官员迁谪以后开始启用新印和停止使用旧印时举行的仪式，感谢皇上帝鸿恩扶持看顾。[①]

总的来说，太平天国时期的公文颇具特色，公文体系的发展产生了特殊的公文文种。不过鉴于农民革命的局限性，太平天国公文的一些先进因素未能获得持续的发展。

第三节　中华民国临时政府公文

1911 年孙中山领导的辛亥革命推翻了清王朝的封建统治。1912 年 1 月 1 日孙中山在南京就任临时大总统，宣告中华民国临时政府（1912.1.1～1912.4.1）

[①] 杨家骆：《太平天国文献汇编》（第 1～2 册），鼎文书局 1973 年版，第 74～76、704～708 页。

正式成立。1912年1月26日南京临时政府制定了中华民国第一个公文程式条例。该条例只规定了令、谕、咨、呈、示、公布、状等7个文种（后新增两个新文种）。经过数千年发展而来的各种公文文种多被废止，例如清末的奏折、详、验、察、启、移会、移、牒、旨、制、诏、诰、敕、札等都不再使用，封建社会形态的公文体制至此寿终正寝。中华民国临时政府只存在三个月时间，不过在这一短短时间内，公文体系的发展经历了翻天覆地的变化，为日后建立体现民主平等思想的资产阶级公文和公文体系奠定了基础。

一、公文处理制度

南京临时政府明确了公文处理程序，规定其过程为：公文一般由收发处接收、编号，登记后加盖年月日章，送秘书处长、次长或总长审阅批示，然后分送各部办理；发文由各主办部门拟稿，经各主管部长判行，由录事缮写、校对、送监印室用印后，再由收发处登记封发。最后将来文和复文合为一起交由收发处发出或者保存。南京临时政府的公文处理除延续清王朝后期一些制度如电传制度外，创新的先进公文处理制度有如下：

（一）盖印签名制度

1912年1月26日《内务部颁发公文程式咨各部文》第三条："凡公文皆须盖印签名，并署年月日，但人民行用于公署职员之呈文，得免其盖印。各公署行用于外国之公文，亦照前条办理。"① 明文规定下行公文实行首长盖印签名制度。当时，有些官员认为公文盖印签名制度有损官员尊严，为此临时大总统孙文特回复《大总统复蜀镇抚使解释公文程式署名电文》（载于《临时政府公报》1912年3月21日），说明"公文程式必须盖印署名者，以示负担责任，分析权限之至意。行政阶级既有上下之分，即有命令服从之别，此公文格式所以有咨、呈、令等之区分。然负责任，分权限之精意，初不因行政之阶级而生歧异之点，亦不致以对于下级官署公文署名遂损上官之尊严。"②

虽然这一制度当时有官员对此有异议，但是它的实行明确了官员的责任和权限，反映了资产阶级政党对封建公文体系的等级制度的摈弃和对资产阶级民主平等思想的追求。

（二）下达通行公文制度

1912年1月26日《内务部颁发公文程式咨各部文》第四条："凡大总统及各部所发之公文，有通行性质者，皆须登于公报。各公文除特定有施行期限者外，京城以登载临时政府公报之第五日为施行期；其余各处，以公报到达公署之

---

①② 中国第二历史档案馆编：《民国时期文书工作和档案工作资料选编》，档案出版社1987年版，第2、10页。

第五日为施行期。"① 规定凡上级下达的需要下级机关普遍执行的重要文件，其施行期限不能超过5天，采取了利用政府公报直接登载公文的行文方式以便各级机关及时贯彻执行。由此《南京临时政府公报》于1912年1月29日创办，每日一期，至南京临时政府结束为止，4月5日停刊，共出版58期，发布了大量政令和中央及地方政事。

通过公报下达公文，增强了通行性公文的公开性，有利于民众监督执行。公报的创办大大加快了临时政府公文的办理效率。这种简洁快速的公文处理程序是政府机关公文工作的一大进步。

（三）便利民众投递呈件并予以批答制度

该制度见于1912年2月14日《总统府秘书处设立揭事处的广告》："现于本府东西栅门外，设立揭事处，凡来本府投递呈件者，分别事项量予批答，揭示该处，以三日为限，过期揭去，嗣后凡来本府投递呈件人等，希一体知照。总统府秘书处白"② 便利民众投递呈件并予以批答制度的建立加强了民众与临时政府的官民联系，也符合资产阶级民主开明思想。

（四）及时、公正收受文件制度

1912年2月15日南京临时政府公报第16号《总统府收发处通告》指明：③

凡来本府投递文件者，均由本处盖戳注明月日，发给收条为据。

凡来本府投递文件者，均在外传事处暂候，俟传事处将文件交本处验阅收受。

凡投递本府文件，无论收受与否，均须由传事将文件呈交本处验阅，如外传事不为呈交，或有延宕情事，准由该投递人指明姓名函诉本府究办。

本府收受文件，概不索取分文，倘有此项情弊，亦照前条办理。

凡投递文件，非本府权限内所管者，概不收受，该投递人须自向主管公署投递，但得由本处注明该文件主管公署及其地址。

凡不应归本府收受文件，如该投递人仍须留存本府备查者，准予收受，但不批复。

凡条呈文件均一律存查，分别批答。

上述通告也从侧面反映了封建社会到了后期，国家政治黑暗，官吏腐败。清王朝办文机构腐败，办文痼疾严重。鉴于清王朝对投文件者的种种刁难和勒索财物的弊病，总统府规定："凡投递总统府文件，无论收受与否，均须由外事处及时将文件呈交收发处验阅。……如外事处不为呈交或延宕情事，将由该投递人指

---

① ② ③ 中国第二历史档案馆编：《民国时期文书工作和档案工作资料选编》，档案出版社1987年版，第2~3、3、3~4页。

明姓名，函诉总统府究办。……总统府收受文件，概不索取分文，倘有此项作弊发生，亦将投递人指明姓名，函诉总统府究办"。这些做法，无疑是和封建办文陋习的决裂，不仅明确了办文的程序，而且大大提高了办文效率，为后世公文办理改革提供了新的思路。

（五）公文副署制度

《中华民国临时约法》第五章第四十五条规定：国务院于临时大总统提出法律案公布及发布命令时须副署之。① 这一规定表明中华民国最高元首发布法律命令公文时必须副署国务院总理及部总长的名字。公文副署制度是对封建社会皇帝家天下、皇帝为九五之尊的独裁现象的事实批判，是资产阶级政党推翻封建制度的伟大成就，是民主平等思想从最高上层建筑层面的贯彻执行。这是中国公文诞生至此的巨大进步，是资产阶级的阶段胜利，虽然这一制度在北洋政府时期遭到袁世凯拒绝执行和破坏。

（六）邮局递送公文制度

清朝末年的时候，由于外界的刺激，再加上本身无法克服的固有弊端，以往传统的邮驿系统已经是千疮百孔，弊端丛生了，如传递缓慢，贪污腐败现象严重等等，因此有许多人开始提出裁驿归邮的倡议。不过清王朝未能完成裁驿归邮，南京临时政府亦未能完成这一工作，因为执政时间太过短暂。不过南京临时政府时期公文递送就主要是由邮局来完成，这不仅是由于以往的驿站、文报局，以及民信局等纷纷被裁撤，更重要的是因为邮局显示了其无与伦比的优点，即安全、便捷、且遍布城乡等；同时，其递送工具也由轮船、铁路等先进工具，加入了航空快递项。

二、公文特点和文种发展

（一）公文特点

资产阶级共和国性质政权的建立必然要求对延续三千多年的古代公文体制进行彻底的改革，建立体现具有民主平等思想的资产阶级公文和公文体系。中华民国临时政府的公文体系呈现如下特点：

1. 废除封建公文的主奴称呼和等级称谓，代之以体现平等精神的官名称谓，反映了反封建的民主思想

我国封建政权的核心，就是皇权至上，官贵民贱。作为反映封建统治的公文，其格式必然体现出这一特征。例如皇帝是君权神授、至高无上的"天子"，他有独特的文种——圣旨（包括制、诏、册、敕等）；独特的称谓，皇帝自称

---

① 魏新柏选编：《孙中山著作选编》，中华书局2011年版，第167~171页。

"朕";独特的顶格提行的行文形式,公文中凡遇"皇帝"二字或其名称的时候,都必须把其放在一行的开头,并且比其他各行都高出一二字的位置,而不管皇帝或其代称是否是一段的开头,都得顶格提行。皇帝有独特的朱批,呈给皇帝的文件有独特的画饰、颜色及载体。又如为了维护皇帝至高无上的权威,臣属对皇帝一人才能使用特定的文种——奏、章、表、议等,且在各级政府的公文中,凡遇有皇帝名字的字,一律避讳,用其他的字、词代替等等,充分反映了公文有严格的封建等级差别,包括使用的文种、格式、语言、称谓、制作、载体等都有极其严格的区别,绝对不允许相混相代,否则将会招来横祸。对此,南京临时政府进行了大胆改革。南京临时政府在《公文程式令》中,对公文的文式、行式、字式都作了新的比较全面的规定,"文式:勿论何项公文,不限字数,随文而止。……行式:除首尾职名、人名及叙事中应另提勿论外,即紧接'此谕'、'此咨'等字样。……字式:凡在咨、谕、照会等文,其折面之咨、谕等字及折内职务、人名名字,均比叙事字约大一倍,在呈文则一律相等。"①

同时,对封建公文中,民对官、下对上必须称"大人"、"老爷"、"圣上"等封建称谓,也通令各官署予以废除。1912年3月2日临时大总统令内务部通知各官署革除前清官厅称呼文中明确指出:"官厅为治事之机关,职员乃人民之公仆,本非特殊之阶级,何取非分之名称?查前清官厅,视官等之高下,有大人、老爷等名称,受之者增惭,施之者失体,义无取焉?光复以后,闻中央地方各官厅,漫不加察,仍沿旧称,殊为共和政治之玷。嗣后各官厅人员相称,咸以官职。民间普通称呼则曰先生、曰君,不得再沿前清官厅恶称。为此,令仰该部遵照,速即通知各官署并转饬所属咸喻此意。此令。"② 孙中山令内务部通知各官署,革除前清官厅"大人"、"老爷"等称呼,他认为"官厅为治事之机关,职员乃人民之公仆,本非特殊之阶级,何取非分之名称?"以后政府机关人员均以官职相称,如"科长"、"部长""次长"等,民间则相互称"先生"或"君"。这对以后机关档案文件内的称呼有着深远的影响。这一规定,以毫不妥协之势打破了戒备森严的封建等级制度,并响亮地提出职员是人民公仆的反封建的民主思想。

2. 简化公文格式,摈弃抬头制

1912年2月27日,《南京临时政府公报》第23号发布了《内务部拟定公文

---

① 蓝晓植、黄昆源:《简论南京临时政府公文改革的历史意义》,载《秘书工作》2003年第3期。
② 中国第二历史档案馆编:《民国时期文书工作和档案工作资料选编》,档案出版社1987年版,第6~7页。

用折及套封式样咨各部暨各都督文》,① 其正文如下:"临时政府成立,庶政更新,即公文一项亦宜有一定之格式,除将公文程式颁布外,兹更拟定公文用折及公文套封之式样颁行各处,希即照用。俾呈一律,而免纷歧。此咨。"

这篇咨文说明了统一公文格式(公文用折)及公文套封式样是"庶政更新"的需要。咨文后,附有"公文用折及套封式样"。其公文格式(公文用折)为折面居中书写文种,并用印。折内首页书写正文,其开头写"某职令"(或"某职咨"、"某职呈",余按此类推),紧接是"叙事",结尾写"此令"(或"此咨"、"此呈"等),落款写"某职姓名(盖印)",再提行居中书写"中华民国年月日"。对"公文套封式"作如下规定:"内××件送呈",提行"某处某官厅",另起一行高出两格"某官姓名咨",落款"某官厅缄",提行"中华民国年月日"。总的来看,南京临时政府的公文格式简明,革除了封建公文的繁冗的套话、废话。

在上述关于公文格式的咨文中,还作出如下新规定:"文式:勿论何项公文,不限页数,随文而止";"行文:除首尾职名、人名及叙事中应行另提勿论外,其叙事终了处,即紧接'此谕'、'此咨'等字样"。这样就把几千年来古代社会沿袭的抬头制给破除了,更不讲究什么避讳了,这也是以"平等"代替"等级"的体现。但是南京临时政府对字式还保留了一定差别,它规定:"字式:凡在咨、谕、照会、令等公文,其折面之咨、谕等字及折内职名、人名各字,均比叙事字约大一倍;在呈文,则一律相等。"在下行文、外交公文与上行文的"字式"上做此区分,则反映出改革还不够彻底。

3. 公文内容具有全新的资产阶级性质

南京临时政府作为中国的资产阶级共和政体,其国体、政体、施政方针都具有资产阶级革命性质。因此中华民国临时政府的公文不仅在体式上,而且在公文的基本内容上具有全新的资产阶级性质。

南京临时政府成立后,在立法建制方面曾做了大量工作,先后公布了《修正中华民国临时政府组织大纲》《中华民国临时政府中央行政各部及其权限》《各部官制通则》《南京府官制》等一批重要的法制文件。其中,1912 年 3 月 11 日公布的《中华民国临时约法》具有宪法的效力,它是临时政府立法中最重要的成就,在中国宪法史上也是一件划时代的大事。这一具有资产阶级共和国宪法性质的国家临时大法,依据资产阶级"自由、平等、博爱"的精神和三权分立的组织原则,拟定国家的根本大法,确立了资产阶级共和国的国家政治制度和政权的组织形式,以及人民的民主权利。

---

① 中国第二历史档案馆编:《民国时期文书工作和档案工作资料选编》,档案出版社 1987 年版,第 4~5 页。

在南京临时政府存在的 3 个月内,通过发布令、谕、示等公文,禁止刑讯、体罚和买卖人口;废除尊孔读经,进行教育改革,宣布学校一律取消《大清会典》《大清律例》《皇朝掌故》及其他有碍民国精神的科目,小学废除"读经科";还发布"振兴实业,改良商货"的告示和"合汉、满、蒙、回、藏为一家,相与和衷共济"的布告,废除所有中华民国元年以前人民所欠苛税的命令等。这些公文都不同程度地具有资产阶级革命性质。

4. 改革公文处理工作,保证公文敏讯快速运转

针对清王朝办文机构缓慢、低效的办公效率,南京临时政府明确提出公文以敏讯为归,事权以分任为主。要求各级机关大胆负责,坚决摈除"呈请转饬"的文牍主义。

1912 年 3 月 7 日临时大总统关于各部局等互相咨商文件统应直接办理令指出:[①]

查公务以敏迅为归,事权以分任为主。近来各部局于应行直接自办之件,每每呈请转饬前来,既滋旷日之嫌,复乖负责之义,殊属不合。以后除呈请核办,存案备查及呈候咨交参议院决议等类,应行具呈本府外,其各该部局等互相咨商之件,统应直接办理,以期简当,而明事权。此令

　陆军部总长黄兴知照　　　　　　　　孙　文

通令中指明:"查……近来各部局应行直接自办之件,每每呈请转饬前来,既滋旷日之嫌,复乖负责之义,殊属不合,以后除呈请核办,存要备查及呈候咨交参议院决议等类,应行具呈本府外,其各部局等互相咨商文件,统应直接办理,以期简当,而明事权。"据此,临时政府各部、局在公文处理程序上、程度上、时间上都分别作了相应的规定,使其具体化。如财政部规定的公文处理程序是:外来公文由外收发处收交后,送财政部收发课拆封、粘面、摘由、注明日期、编列号数、登记,送厅长处检阅。其事属机密或不归各厅、司文件,交秘书处理。还规定:各厅、司除紧要公文即时赶办或重大问题尚待研究外,其余各种事件,应规定日期、当时挂号、次日呈阅发科,第三日办稿,第四日送稿判行,第五日清稿发送,不得逾五日等。

中华民国临时政府由资产阶级政党建立,一改清王朝公文体系拖沓缓慢的办事作风,并且以指令的形式知晓天下。这"公文以敏讯为归,事权以分任为主"的要求亦被后世政权所继承,具有极大进步性。

5. 建立新型的公文工作机构

南京临时政府成立后,革命党人提出了资产阶级的政治要求和主张,在组建自

---

① 中国第二历史档案馆编:《民国时期文书工作和档案工作资料选编》,档案出版社 1987 年版,第 7 页。

己政权机关的同时,各级机关为处理政务的需要设立了相应的公文工作机构,以加强机关公文档案工作的管理。1911年12月2日各省代表会议通过了《中华民国临时政府组织大纲》,大纲规定南京临时政府的组织采取总统制。在总统府下设有秘书处,其下又设总务、文牍、军事、财政、民政、英文、收发等七科。文牍科是秘书处的二级机构,行政上受秘书处长领导。总统府往来的文件由收发科负责登记编号,然后根据文件内容送交总务、军事、财政等科处理。政府各部设有政务厅负责公文处理工作。文牍科的主要任务是负责整理和保管总统府在日常工作中形成的档案,可以说是总统府的机关档案室。南京临时政府在各层机关中都十分注意加强公文工作,对公文处理机构的设置和人员的配备也比较健全,内部分工较细致、合理,创立了带有资产阶级共和性质的公文处理机构,大大提高了机关工作效率。

中华民国南京临时政府已经形成了公文体系的雏形,建立了新型的公文机构。在彻底破除封建王朝公文体制的基础上,形成了崭新的适用于资产阶级共和国的较为完善的现代意义上的公文工作体系。

(二) 文种发展

1. 废除繁杂的封建文种,制定简明的新文种

和封建时代的公文文种相比,民国时期的公文文种大为简化了。清王朝的官方文种仅仅皇帝专用的就有十来种之多,各级地方政府所使用的行政公文按其行文方向又可以分为上行文、平行文和下行文三种。上行文有:题本、奏本、奏折、详、验、察、启、状等;平行文有咨、移会、照会、移、牒等;下行文有:谕、旨、制、诏、诰、敕、札、示等。但是南京临时政府的公文只有九种,这对于简化公文处理,提高行政效率是有很大的积极作用的。1912年1月26日,《内务部颁发公文程式咨各部文》所附"公文程式"第二条规定了现行公文为五种:

附:公文程式

第一条　凡自大总统以下各公署职员及人民一切行用公文,具照以下程式办理。

第二条　行用公文分为五种:

甲、上级公署职员,行用于下级公署职员,曰令;公署职员行用于人民者,曰令或谕。

乙、同级公署职员,互相行用者曰咨。

丙、下级公署职员行用于上级公署职员,及人民行用于公署职员者曰呈。

丁、公署职员公告一般人民者曰示,但经参议员议决之法规应由大总统宣布者曰公布。

戊、委任职员及授赏徽章之证书曰状。

同年3月,南京临时政府内务部通过《临时政府公报》第37号发布了关于公文名称和用法的补充规定,其中增加了两个新文种:"凡受有呈阅而裁决裁断

者曰'批'","用于外国之公文,即'照会'是也"。这样,南京临时政府的公文只有九种,分别为上行文呈,下行文令、谕、批、示、公布、状,平行文咨,外交文种照会(见图3-5)。

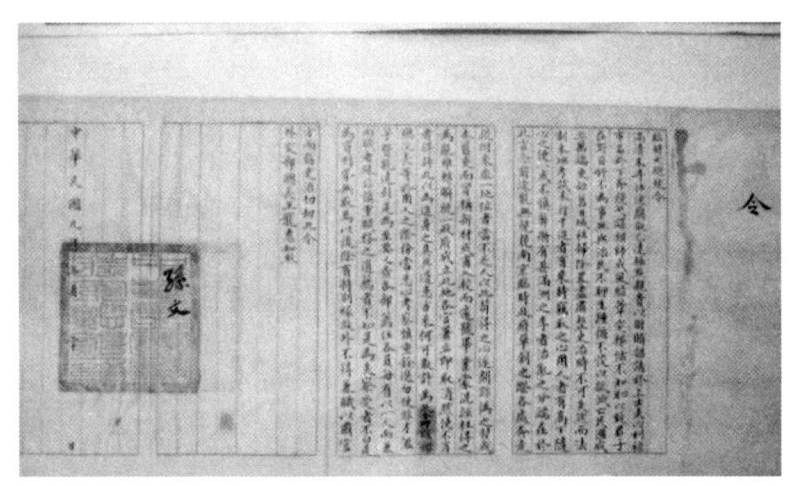

图3-5 民国元年1月20日孙中山颁布各级将校应严加约束士兵的临时大总统令

2. 摈除封建文种的高低贵贱,从文种上表现民主思想

本着民主平等的精神,废除了封建制度下表示高低贵贱的文种,明确表示上下官府一体遵用。在封建专制制度下,公文文种被人为地赋予了等级色彩,有的是皇上专用的,有的是高级官府使用的,有的只能低级官府使用,但是到了南京临时政府时期,这些规定统统被废除了。作为临时大总统的孙中山也积极向人们灌输"官吏为人民公仆"的思想,认为国民公仆不应享有特权,应当在政治上、经济上与国民平等,而不应沽名钓誉,以谋私利,官吏和民众只是社会分工不同,他们的社会地位应是平等的,既然如此,那么官吏之间也应是平等的,他们只是行政上的级别不同而已。这种思想体现在公文文种上,即:同一文种上下都可以使用,从而还文种本身无贵贱的原始状态。这是社会的进步,是政治体制改变完成的结果,这也说明正是政治体制决定了行政公文的内容和形式。

中华民国南京临时政府作为政权只存在了3个月,但由于它采取的公文改革开辟了民国时期公文的新纪元,和封建时代相比,在社会、政治和文化等方面具有巨大的进步,具有划时代意义和深远影响。当时使用的一些文种对今天的公文的影响依然存在。比如呈,现在分化为议案、请示和报告。还有批,现在的批复就是由其演变来的,只是用法有些区别。这些新文种的使用,对当时的政务管理、对后世的公文写作所起的积极作用是毫无疑义的。但由于种种原因,当时有的部门并没有完全执行新的公文程式,而是仍然沿用清朝公文文种,如陆军部的上行文不用"呈"而用"申",云南军都督府、直隶都督府下行文不用"令"而用"札";人民上呈文用"详"、"察"的情形也时常发生。

第四节 北洋政府公文

在南京临时政府存在的3个月中,在北京的清廷为挽救其垂危统治,任命北洋军首领袁世凯为内阁总理大臣,形成南北对峙。在上海举行的南北和谈中,南方代表同意在袁世凯迫使清帝退位和宣布赞同共和的条件下,把政权让给袁世凯。1912年2月12日,清朝宣统皇帝退位。3月6日,参议院议决同意袁世凯在北京受职。3月10日,袁世凯在北京就任临时大总统,4月1日,孙中山宣布解除自己的大总统之职,从而实现了南北"统一",建立了北洋政府(1912.3~1928.6)。以袁世凯为首的北洋军阀官僚集团通过玩弄权术的欺骗手法窃取政权之后,实行独裁统治,解散国民党,解散国会,抛弃《中华民国临时约法》,制定新约法。袁氏甚至在1915年12月公然称帝,改年号洪宪,改国号"中华帝国",演出了一出复辟帝制的丑剧,但只演了83天,洪宪帝制就夭折了。1916年6月,袁世凯去世后,北洋军阀公开分裂为直系、皖系、奉系等几股势力,各派分别以不同的帝国主义国家为后台,为争夺政权互相割据,连年混战,其间北洋军阀政府领导集团多次更替,原驻徐州的军阀张勋还在1917年6月导演了拥戴被废黜的清帝宣统重新称帝的又一出复辟丑剧,但仅仅12天就草草收场。北洋政府的统治一直延续到1928年。在北洋军阀统治的十六年间(1912年3月至1928年6月),以孙中山为代表的革命党人从事"反袁"、"护法"等斗争,直至同共产党合作,在反对帝国主义、反对军阀的口号下,进行北伐战争,并最终推翻北洋政府的统治。由此看出,革命与反革命、复辟与反复辟、统一与分裂的斗争,以及北洋军阀各派之间的割据与混战,是北洋政府时期政局的突出特点。北洋政府的公文和公文工作就是在这样的背景下展开的。

一、公文处理制度

北洋政府时期,公文运转程序基本上是按照隶属关系和机关地位的高低来进行的。一般来说,下行文的行文路线为由大总统到国务院,再由国务院到省,由省到道,由道到县。上行文的行文程序则正好和下行文相反。平行文则是平行机关之间往来。但由于北洋政府时期军阀混战,地方各派军阀自行其是,所以,并未完全按公文程式规定来行文。在实际执行中,极其混乱,很不统一。

在公文处理程序上,以部机关为例:对于别的机关的来文,由收发处登记、摘由、编号,然后送呈秘书、次长、总长核阅,并转各有关厅局承办。至于本机关的发文,则由拟稿人拟稿,送单位主官核阅后,再发还承办人誊写正稿,由司、科长签名后,送总长判行,最后誊写正文、校对、用印、封发,总收发处将文件发出以后，便将发文稿连同来文一并送回承办单位立卷保存。若是机密文件，在收发处登记时，规定不许拆封，不许摘由，秘书阅后在文件上标明"密件"字样，确定承办单位，而文件仍存秘书处，以便随时呈阅次长、总长，并送交有关各厅、司、科办理。而各厅、司、科长官则负有保密责任，不得任意泄露。

在公文制度方面，北洋政府继续沿用南京临时政府的做法，除规定了公文的名称、种类、使用方法、使用范围和使用对象外，其他的关于公文工作的规章制度，概括起来主要有三项：

（一）公文用纸、书写格式和拟写方法

初期，公文一般使用毛边纸，墨书，正楷，竖写。直到北洋政府后期，才开始出现了以油印代替书写的方法。公文在拟写上不加标点，仍保留着旧有的抬头制度。在拟写用语上以文言文为主。在公文拟写层次上，仍保持着传统的叙由、叙案、申述等方法，在公文中仍是层层套引，啰唆不清，让人读来十分费力。

南京临时政府曾对公文程式作了规定，但是它对于纸幅和尺寸并未涉及，因此造成了公文用纸"多有参差"的情况。为解决这一弊端，国务院于1913年10月16日公布了公文用纸程式条例，对公文用纸的尺寸、公文书封筒、纸幅，以及监印人员的图章等都作了规定，如"公文书纸幅，均须连续，其公文简单者，用篇幅较短之纸，长者用篇幅较长之纸，或以数纸接连均可，惟须于接连处，盖用官署印信……，公文书用纸周围划线，横线四寸一分，纵线六寸一分。上方留边二寸一分，下方留边一寸零半分。左方留边五分，右方留边一寸六分，以便汇案装订。其内容行格均分六行，表面背面不划行格线，用红色……公文书用纸悉用本国所制素所习用之纸料，总以坚结耐久者为主"，[①] 这不仅与封建纸式相别，同时又有爱国成分，即支持本国工业思想在里面。当然，这种公文纸式也有它的缺点，例如，按页加盖骑缝印，其收发手续比较繁琐；联页手折式，既不容易汇订，又易散落。

另外，规定公文的书写不再仅限于工楷。楷书书写不速，往往因此导致公文延误，因此到了民国时期，许多人提出可酌用行书，以期减少缮写之繁。1916年内务部各司科缮办文件办法规定："文稿毋须拘定正楷"。[②] 后来各局所纷纷采用并规定"公牍不限工楷，以明显为主，其通行公牍，得用印刷"。[③] 但上行文一般仍用工整的楷书抄写，即便如此，缮写公文时的速度较之以前也还是提高了很多，这对于加快公文的处理无疑是有积极作用的。

（二）年终移交制度

各厅司在年终时，将档案目录汇成一册，并将档案逐一整理，连同档案目录，一并送交文书科保存，其期限最迟不得超过第二年七月。在设有档案库的各

[①][②][③] 中国第二历史档案馆编：《民国时期文书工作和档案工作资料选编》，档案出版社1987年版，第109～110、171、201页。

部，各厅、司经办案件结束后，要删繁摘要，编成专档，在两个月的时间内送交档案库，由档案库统一编号储藏。①

(三) 邮寄公文制度

1912年4月交通部成立，同时裁撤邮传部，邮报处作为邮传部的一部分当然也随之被裁撤了。为解决邮报处裁撤之后的在京各衙署外发公文的递送问题，交通部规定："自六月初一日起，所有从前京署外发公文，改由各署自行送交北京邮政局挂号寄送"，②从而，旧有之马递公文的方式也淡出了历史的舞台。为统一各地邮局收寄衙署公文的办法，1912年11月27日，北京邮界邮务总办会拟《暂行试办章程》十条，发下各邮局，章程内详细开列了如何寄递公文的办法，而且不仅包括平常公文的邮寄办法，同时也包括重要和紧急公文的寄递。总之，在这之后，官方旧有的驿站、文报局、提塘等机构都被裁撤，大多数公文悉归邮局经办。至此，延续千年的邮驿制度就此告别历史舞台，邮政得以全面实行。

二、公文特点和文种发展

(一) 公文特点

1. 公文程式随政局变动而改变

北洋政府时期是近代政局比较混乱的一个时期。1912年3月，袁世凯窃取了辛亥革命的成果，就任中华民国临时大总统一职。在袁世凯统治期间，民国的政治体制几经变化。南京临时政府时期实行的是总统制，孙中山等人为了限制袁世凯的权力，便改总统制为内阁制，但是袁世凯妄想在中国称帝，于是又改内阁制为总统独裁制，并最终走上了复辟之路，但在全国人民的一致声讨下，复辟失败，政体又恢复到了以前的内阁制。总之，这一段政局跌宕起伏，极不稳定，与之相联系的公文，也多次出现了变化。1912年11月6日，袁世凯发布了其上台后的第一个公文程式令。

该程式令规定了以下几个文种：即令（大总统令、院令、部令、委任令、训令、指令、处分令）、布告、状、咨、公函、呈和批七种。与以前不同的是，谕和示变成了布告，但意义未变；公布变成了大总统令；上级对下级的令细分为委任令、训令、指令和处分令四种。相比之下，这次比南京临时政府时期的文种规定有所细化，但是总体精神未变，即平等精神为其精神内核与基础。

1914年5月26日，北洋政府同时公布了《大总统公文程式令》《大总统政事堂公文程式》和《官署公文程式令》，其内容与以前有了明显不同。其中《大总统公文程式令》规定了两种文种：即大总统令（策令、申令、告令、批

---

① 聂中东主编：《中国秘书史》，中州古籍出版社2000年版，第718~719页。
② 中国第二历史档案馆：《政府公报》1912年5月31日第31号《交通部呈报大总统（咨呈国务院）并通知各官署裁撤邮报处马递公文改由邮局寄递文》，上海书店1988年版，第577页。

令）和咨；《政事堂公文程式令》规定的文种有：封寄、交片、咨呈、咨和公函五种；《官署公文程式令》规定的文种有：呈、详、饬、咨、咨陈、示、批和禀八种，显著特征就是出现封建文种。

1916年6月，袁世凯病死，北洋系统失去了其表面上的最高统治者，各个实力派别纷纷为入主北京政权而大动干戈，北洋政府陷入了混乱之中。1916年7月29日，新的北洋政府发布了新的公文程式，这时袁世凯已倒台，政治体制又恢复到了以前的内阁制。这次公文程式对公文的定义、种类、用法以及公文的格式都分别做了规定，该程式第一条即规定："凡处理公事之文件曰公文"，这是民国对公文第一次下的定义；规定的公文文种有：令（大总统令、国务院令、各部院令）、任命状、委任令、训令、指令、布告、咨、咨呈、呈、公函和批，基本上又恢复到了南京临时政府时期和北洋政府初期时的公文形式。

1917年11月6日，北洋政府又公布新的公文程式令，规定文种有：大总统令、院令、部令、布告、任命状、委任令、训令、指令、处分令、咨、公函、呈和批。

总之，后三个公文程式令的颁布，逐步废除了袁世凯时期的封建帝制文种，重新建立起了共和政体性质的公文文种，这也是袁世凯复辟帝制失败以后的真实写照，从而，由政治体制决定公文形式的法则在此得到了验证。

2. 引文改革

清朝公文书写时，必写来文，而且是全篇照录，以示公文原由，这种写法固然明白交代了公文行文的原因，但往往使公文的主旨模糊不清，且令读者读起来费力费时。到了北洋时期，这种情况有所改观，1916年初陆军部即规定，引文"但书原文首末两句，其两句之间又用一至字，体略小，偏于右旁，以示并非本文。"[①] 1922年6月6日，司法部更是公布了公文简便办法三条，认为"叙事虽不厌详明，但词句贵乎简洁。往往例行事件数言可了，亦复辗转声叙，累幅未尽。省览费时，甚属无谓"，因此规定，"凡呈复、咨复、函复文件，于公文程式所载首句之下，其呈复应接'奉某官署第几号某令谨悉'字样。咨复、函复文件应接'准某官署第几号咨或公函已悉'字样。只引原文号数，不引原文字句，以下即迳叙复文。凡寻常转行文件，对所转行之原文，应简单摘要声叙，不得直抄全文。凡查复其他重要文件，对于所转行之原文不便删节者，应另纸抄录，作为附件，本文内仍简单声叙"[②]。这可称得上是公文引文的一大改革。

3. 平抬制度复又出现

南京临时政府时期摈弃了抬头制度，在北洋政府这一时期，平抬的格式又复出现，虽然不同于封建王朝时期，但是这在一定程度上亦表明封建影响犹存。

---

①② 中国第二历史档案馆编：《民国时期文书工作和档案工作资料选编》，档案出版社1987年版，第66、186页。

1913年10月14日，外交部规定呈递总统文件的款式为："凡递大总统呈文，概用大白折，每页十二行，每行十二字。遇有大总统字样，概用平抬，其命令、允准、鉴核、批示等字样，虽指大总统而言，概不抬行。至本部与京外各衙门往来公文有叙述大总统字样者，均一律平抬"①。此规定虽只限定于外交部，但是观当时之公文，遇大总统字样时平抬、空抬现象很普遍，虽然和封建时代相比，这时的抬头格式只是表示尊崇，但是旧思想作祟的因素还是肯定存在的。

由此可见，北洋政府的行政公文书面格式是伴随着政治体制的完善向前发展的。

（二）文种特点

北洋政府时期，公文程式令几经变化，其文种反复变化，而且封建文种中途死灰复燃。

1912年11月6日，袁世凯上台后发布了其上台后的第一个公文程式令。该程式令规定了以下几个文种：即令（大总统令、院令、部令、委任令、训令、指令、处分令）、布告、状、咨、公函、呈和批七种。该程式令比南京临时政府时期的文种规定有所细化，但是文种阶级性质没有改变。

1914年5月26日，北洋政府同时公布了《大总统公文程式令》《政事堂公文程式令》和《官署公文程式令》。其中《大总统公文程式令》规定了两种文种：即大总统令（策令、申令、告令、批令）和咨；《政事堂公文程式令》规定的文种有：封寄、交片、咨呈、咨和公函五种；《官署公文程式令》规定的文种有：呈、详、饬、咨、咨陈、示、批和禀八种。这次规定的公文文种与以前相比较有了很大的变化：

首先是封建文种的复活。如策令、申令、告令、批令、封寄、交片、详、饬等。

其次是背弃了南京临时政府的平等精神，重新为文种赋予封建等级色彩。南京临时政府时期的公文规定上下一体遵用，而到了北洋时期，这种规定被打破，如"县知事对于镇守使旅长以上军官，往来文牍用详。对其余军官均用公函"②。本来文武之间行文应用平行文，但是北洋政府却因双方的级别不同，规定了两种文种，即详和饬，而根据颁布的公文程式可知，详是上行文种，这就重新为文种赋予了封建等级色彩。移和移呈也属于这种情况。另外，根据《袁记约法》事实上废除了南京临时政府创造的体现权力制衡的公文副署制度。公文体式重新又出现封建帝制化倾向。

不过，随着袁世凯病死及全国民众的反对，1916年7月29日黎元洪公布了第三次《公文程式》。第一条给公文下了一个定义。第二条规定了"公文的名类"即文种，一共有十三种，以令称者有六种，综合看十三个文种可归纳为令、状、布告、咨、咨呈、公函、批等八种类（令算一类），废除帝制文种，与南京临时政府大同小异（见图3—6）。第二条有关款项和三、四、五条规定了公文处

---

①② 中国第二历史档案馆编：《民国时期文书工作和档案工作资料选编》，档案出版社1987年版，第56、64页。

理制度，即大总统行文副署制度、各类文件的编号制度。

此后，北洋政府的公文文种基本上就没有什么大的改变了，但其中"大总统令"一项，则随最高统治者的头衔不同而有所变更。当1924年曹锟因贿选总统下台，段祺瑞被军阀推举出来临时执政，成立"中华民国临时政府"时，"大总统令"，即被改为"临时执政令"；当1927年6月张作霖在北京成立军政府并自任陆海军大元帅时，则又改为"大元帅令"了。

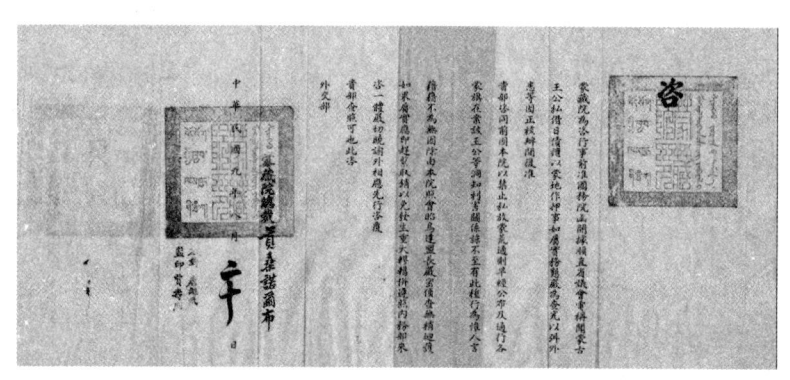

图3-6 民国9年8月蒙藏院咨文

纵观北洋政府时期公文文种的变更，可以看到，袁世凯发布的第一个公文程式令，在公文用途上突出了大总统，又把令因发布的机关不同而分为大总统令、院令、部令，是封建等级观念的残余，较之南京临时政府的公文程式，倒退了一步，是不可取的。但是，它对民国时期的公文却有重要的影响，除大总统令、院令、部令1925年以后合并为"令"以外，其余训令、指令、布告、公函、咨、呈、批等文种，在民国时期长期被使用（1914年5月~1916年6月除外），可以说，民国时期公文的种类和用途此时已基本定型了，以后只是在此基础上作局部修改罢了。现在使用的函即源于北洋政府时期规定的公函。

第五节　中华民国国民政府公文

1927年蒋介石发动"四一二"政变，同年4月18日在南京成立国民政府。1928年6月北伐胜利，北洋政府覆灭。1928年12月29日，张学良在奉天宣布东北易帜，接受南京国民政府领导。至此，南京国民政府成为得到国际承认、代表中国的合法中央政府，实现了形式上的统一，北洋军阀势力完全退出历史舞台。直到1949年南京国民政府内战败退台湾为止，中华民国国民政府统治大陆这一期间，中华大地历经抗日战争、国内内战。从1927年成立到1949年结束其在大陆的统治，前后22年统称为国民政府时期。虽然这一时期的政权组织形式先后出现过委员合议制、五院制和总统制，但它实质上是中国国民党一党专政和蒋介石的个人独裁。国民政府时期，基本上代表着帝国主义、封建主义和官僚资本主义的利益。其公文体系与政权性质有关。对比北洋政府，中华民国国民政府有其进步性。尤其作为抗日战争正面战场，中华民国国民政府制发了很多抵御外辱、保卫国土的进步公文。其公文体系对后来的公文发展也作出了一定的贡献。

一、公文处理制度

中华民国国民政府在公文制度上基本沿用了南京临时政府的建制和公文程式，但也有一定的改进。

（一）改革引叙来文

对引叙来文的方法进行了改革。原先的公文承转，多录全文，这样既耗时费事，又增加了大量的公文篇幅，徒然加重了公文的运转。1928年内政部即颁布暂行公文革新办法，规定："除事实上有录写全文之必要时，应另抄附送外，一律撮录要略，不可辗转全录，总以词达意宣为准。即旧式公文下行平行，亦多系摘录来文要义，或抄发原文作为附件；上行公文并有'除原文有案邀免令录外，尾开云云'之格式，即系撮要之法，尽可仿效。"① 1944年《军用文书改良办法》更是规定，"公文中除必须录来文之全文者外，只述来文年月日字号及事由。必要时，得抄附原文"，"凡叙述办理案件经过，只录直接来文之机关年月日字号事由，并摘叙重要概略，其不关重要之层转不得冗叙"。② 1945年，中央党政军提高行政效能总检讨会议关于公文简化办法的决策中规定："下级机关不论奉上级多少级机关之命令，只叙奉'上级机关层令'，或只叙发令之某高级机关之'层'令，其中间机关，则不必叙，上下客套语全不用"，"下级机关奉上级机关命令，不叙令开全文，只叙扼要案由或办法，有必要时另附附件"。③ 改革引叙来文是中华民国国民政府引文改革在北洋政府的基础上的进一步发展。

（二）公文稽催制度

公文的稽催一般指的是稽催部门督促各单位按规定的时间处理公文，既为加快公文处理，提高行政效率，同时也是为了便于归档。

1933年8月26日，行政院令发《各部会审查处理公文改良办法》，其中规定了公文的总检查办法，即：速件每星期一检查一次，总检查隔周三举行一次。检查时如有未办者，应将未办理由及预计何时可以办出逐一列表，送主管人员与收文簿核对后，会同署名盖章报告长官。长官阅后，发交主管人员保管，如已届预定日期尚未办出，应即通告查询。④ 这种方法施行到1937年时，成效甚著，因此，行政

---

①②③④ 中国第二历史档案馆编：《民国时期文书工作和档案工作资料选编》，档案出版社1987年版，第276、327、369、289页。

效率促进委员会决定通饬各机关一律仿照推行，以便随时稽核，而免积压。

1943年3月，国防最高委员会秘书厅制定《各机关处理公务及文书注意事项》，由国民政府转发各机关，其中第六条规定：各机关长官应指定人员专司文件之稽核，按各单位填送之处理文件表，与每日收文总表对照，编制文件稽核表，呈长官核阅；第七条规定：各机关办理文件，应按紧急、次要、寻常三类，分别规定办理时间（或日期），其因特殊情形不能依限办完者，应于处理文件表及文件稽核表内注明。各单位所办之件，如逾规定时间，而未注明理由者，由稽核人员查催。①

1945年8月1日，国防最高委员会颁发《各机关稽催公文督导工作实施办法》，其具体内容为：各机关公文应按其性质分为若干类（如最速件、速件、普通件等），规定办结时限，以为稽催依据。其有案情复杂经长官许可可得延长办结时间。稽催应分层实施，分单位稽催和统盘稽催两种。单位稽催是指由各单位指定人员负责，对本单位逾限未办文件实行催办，并将稽催情形报告单位主管人员，其有单位过小者，得由该单位主管直接办理。统盘稽催则是指由幕僚长指定人员办理，对各单位承办文件随时稽催，于每周将稽催结果列表呈送幕僚长核阅。如有文件积存于主管长官处时，应由统盘稽催人员或承办单位随时催请办理。逾限未结之件，经稽催二次仍未办竣，亦未请准宽限者，及稽催人员稽催不力时，均应酌于处分，其主管人员应连带负责。下级机关对其直辖上级机关之督导未能切实奉行时，应于议处。其上级机关未予督导致其工作废弛时，并应连带负责。②

（三）公文保密制度

南京国民政府时期对密件的运行有以下规定：

历次公文程式都规定，凡国民政府发下之公文书，皆应于政府公报公布之，但同时又限定范围"除密件外"，即密件不登报。

各机关收到标有"密"字样的公文时，收发处一般都不拆封、摘由，而是直接交主管机要单位拆封、呈阅，这种文件往往尽先办理；办理时如有保密需要，一般交妥实人员办理，并由其亲送核判；如需会稿，则密件于会稿及回单上，均不注明事由，原稿及附件应用火漆封固，封面注明稿号，派员专送，必要时机密公文箱加锁递送，以防泄露。

1947年，为严密防止各部队对重要机密文件于情况危急时失落起见，蒋介石核准颁行了《防止各部队失落重要机密文件办法》，办法具体规定了对密件的保管、下达以及紧急情况下的处理方法等。具体内容有："凡绥靖部队各级指挥官与幕僚长对主席（指蒋介石）手令、手启电，以及各级作战计划、命令、部队

---

①② 中国第二历史档案馆编：《民国时期文书工作和档案工作资料选编》，档案出版社1987年版，第323、371~372页。

调动、机械补充、战斗要报、各种机密代字密码本与其他有关军事机密重要文件，应亲自处理保管或指定资深军官专责保管之；主席手启电、手令，绝对禁止翻印分传。如有书面下达，必要时，以下达至整编师为限度。对整编师以下部队应择要点，派员分别面达之；作战计划绝对禁止下达于次级司令部，应尽可能采用个别命令下达于各部队，以保机密；各军用电务与通讯人员对密码本表及电报处理，概遵本部颁发之《对密码本表及电报之处理办法》；团以下各级部队不准存置重要命令及机密文件（密电本除去），特有保存必要者，应记录其要点于阵中日记中，而将原件焚毁之；各级指挥官幕僚长及负有专责之军官，对机密文件保存，应经常注意，于战况不利必须转进或情势危急时，应分别先行掩护机要文件，妥送安全地带，万不得已时则加以焚毁，并层报国防部备查；遇不意事变遗失机要文件时，各级指挥官应采最迅速方法，将遗失文件性质时间地点原因经过情形，并拟具补救意见层报国防部核示；凡遗失机密文件，或在保管与处理上违反本办法之规定者，按其情节依照陆海空军刑法军机防护法修正陆海空军惩罚法暨有关法令，当严究办"。①

二、公文特点和文种发展

中华民国国民政府公文体系经过几次改革，公文制度制定上越发完善，呈现出如下特点：

（一）公文特点

1. 简化公文，规范公文格式

南京临时政府改革了封建公文的书面格式，表现了革命党人反对封建专制的思想，也是一次比较彻底的公文改革。南京国民政府巩固了南京临时政府革新公文的成果。南京国民政府承袭南京临时政府公文书面格式，用《公文程式条例》作为中央政府管理公文工作的国家令，把推广新格式公文逐步纳入制度化轨道。在保持南京临时政府公文书面格式基本框架的基础上，不断补充完善，促进了公文简化，规范了公文书面格式，推动了现代公文的发展。在民国政府统治的这段时期，仿效西方公文制度，多次试图通过公文改革推进公文简化。

2. 推动公文理论的研究和探讨

国民政府不仅推动了行政公文自身的发展，而且也推动了公文理论的研究和探讨。由于改革，需要学理的研究，需要切实可行的方案，这就促使许多公文方面的专家和学者来调查研究国内公文档案工作、探讨公文的理论学习，引进西方先进的公文工作经验，寻找改善的途径。并陆续出版了一批有影响的公文档案专

---

① 中国第二历史档案馆编：《民国时期文书工作和档案工作资料选编》，档案出版社1987年版，第383页。

著。颇具代表性的有徐望之的《公牍通论》（1931年）、程守仁的《公文研究》（1941年）、许同莘的《公牍学史》（1947年）、殷钟麒的《中国档案管理新论》（1949年）等，这些著作初步构建了中国近代的公文档案理论体系。公文档案专业的教育和培训工作也随之得到了发展，兴办了一批专门学校或开设了专门课程，如河北训政学院早在20世纪30年代就开设了公牍课，由著名公牍学者徐望之主讲。

3. 废除封建用语，摈弃套语

国民政府进一步废除封建用语，摈弃套语，提倡使用语体文，要求布告等文字力求通俗、白话。1928年内政部《公文革新办法》规定："公文内习用之套语，如'致干未便'、'毋许妄读'、'实为恩便'等词，皆为陈旧相因之官僚口吻，与党化精神相违背，均宜举一反三，完全摈弃"，"公文往来，有如晤对，无论上行、平行、下行，均以真挚明显为要，凡艰涩语句、孤僻典故、虚伪誉词，应一律免用"，"往日下行公文，多有予人难堪之词，如'胡涂昏聩'、'荒谬已极'之类，有背平等原则，皆应一律革除，纵有错误，亦宜以直谅为辞，为之纠正"，"凡批示、报告之类，直接对民众言者，应一律采用白话，并用新式标点，俾通晓文义者，一目了然，即不识文字者，亦可一听即解"。① 1942年7月10日，行政院令发《公文改良办法》表明："公文应力求扼要简明，删除一切客气、傲慢及无用语句，并应分段、标点或加句读"。② 1940年10月31日，《行政院关于各种布告文字务须力求通俗的训令》要求："嗣后各种布告文字，务须力求通俗，其有涉及科学用语，或专门名词者，更宜加以浅显之释明，以期适合民众知识标准，而附推行政令之本旨"。③

4. 抵制滥用外国文字

以前，国人多滥用外国文字，但因不通，易发生误会，而且"一国之文字语言，为民族精神所寄"，因此国民政府认为办理对外事务时所用文件用外文"实非所宜"，1931年12月11日，国民政府训令各机关"关于办理涉外事件应用文牍，一律须以本国文字为主。其有必须用外国文者，应同时预备中文文件，不得省略。外来文件之译本，文义务须正确等因"。④ 这一规定，从公文书写的角度，力求改变鸦片战争后，国人被外力欺凌的局面，力求振奋民族精神，实是一大进步。

（二）文种发展

中华民国国民政府的通用法定文种比较简明，基本上继承了南京临时政府的传统。其文种经过几次公文程式的发布，发展经过如下：

---

①②③④ 中国第二历史档案馆编：《民国时期文书工作和档案工作资料选编》，档案出版社1987年版，第276~277、319、311、282页。

1927年8月13日，国民政府颁布《公文程式条例》，其中规定了十种文种，即令、通告、训令、指令、任命状、呈、咨、咨呈、公函和批答。属于国民政府或省政府者，由政府常务委员多数署名，盖用国民政府或省政府之印，属于各官署者，由各官署长官署名，盖用各官署之印，公文书必须记明年月日及长官姓名。这一公文程式所规定的文种和以前相比，虽无大的变化，但仍有一些区别：

第一，没有了大总统令，而只是笼统的称令。这是因为1927年4月28日，南京国民政府成立之时，并未选任主席，同年9月16日，国民党中央特别委员会成立，次日改组国民政府，也未选任主席，而是由常务委员轮流主持。即便后来设立主席一职，也不再复大总统之名称，因此大总统令也就不复存在了，原先大总统令的内容由令行之。

第二，布告改成通告，但意义未变。

第三，批改成批答。用于对于人民陈请事项，分别准驳时用之。

1928年6月11日，国民政府第二次公布《公文程式条例》，这次规定的文种有：令、训令、指令、布告、任命状、呈、状、公函和批，与前次相比，变动如下：

第一，通告改成了布告，其用法较前有所扩大。通告为宣布事件时用之，布告为宣布事件或有所劝诫时用之。

第二，废除咨和咨呈，统用公函。即同级官署或不相隶属之机关公文往复时用之。

第三，将原来的呈的用法分为呈和状两部分。修改后的呈用于下级机关对于直辖上级机关有所陈述时用之，状用于人民对于公署有所陈述时用之，而先前则统用呈。

第四，批答又改成批，恢复批的旧称，但用法同批答。

1928年11月15日，因为国民政府已宣布实行训政，在中央实行五院制，体制有所变动，因此国民政府又公布了新的《公文程式条例》，这次规定的文种有：令、训令、指令、布告、任命状、呈、公函、咨和批，这次与以前相较，变化有：

第一，恢复咨的旧称，规定同级机关公文往复时用之，不相隶属之机关公文往复之用公函，而上次公文程式则规定统用公函。

第二，废除呈与状的区别，统用呈。规定下级机关对于直辖上级机关，或人民对于公署有所陈请时一律用呈，体现了平等之意。

1942年7月10日，国防最高委员会核定《公文程式条例修正案》，规定的文种有：令、训令、指令、布告、呈或报告、函、通知和批八种。另外还正式规定，如时间紧迫时，得以电或代电行之。这次与以前相比较，有以下变化：

第一，增加了与"呈"有相同作用的报告这一文种，这两个文种都是用于下级机关对于上级机关或人民对于机关有所陈请时用之。

第二，废除咨和公函，而统用函。同级机关或不相隶属之机关公文往复时用之。

第三，增加通知。上级机关对于所属下级机关及同级机关暨不相隶属之机关，或机关对于人民，就某一事项有所通报时用之，这种文种在一定程度上取代了布告。

第四，废除布告和任命状。

第五，公文应由机关长官署名，盖用机关印信，并注明年月日及发文号数，而以前并无发文号数项。

第六，规定可用电或代电，这相当于宣布这两种文种是正式文种，从而正式承认了其公文的效用。代电是用电文格式，以快信寄发的一种文种，比电报慢，但是比普通信件又快，适用于那些紧急但要求又不是特急的公文。电或代电、函电在清朝光绪年间开始用电报传递消息与公文后就产生了，由于它的适用性，民国以来很快便得到大家的普遍使用，但是在此之前，从来没有被列入政府的正式公文程式条例中去，即尚未将它们提到替代法定文种的地位。而这次在公文程式中将其确定为正式文种并对别的文种起替代作用，可说是突破性的进展。

在南京国民政府时期，在公文的实际应用中，除上述规定的文种外，尚有手谕、告书、牌示、条示、说帖、笺呈和笺函等，尤其手谕一项。手谕是国民党政府机关负责人对于本机关的属吏有所训示或传知，以书面下达时所用的文种，蒋介石就曾大量使用这一文种，因为当时的公文程式条例中并没有规定主席令或大总统令，而这种文种既没有一定的格式，也不必经过会议讨论和副署，想发就发，对维护独裁统治有很大作用，因此蒋介石的有关政令和一些机密问题，往往便采用手谕的形式下发。另外使用较多的一种文种是快邮代电，因其格式简单，比一般文件快，同时上行、平行、下行都可以用，所以在抗日战争后，使用的也就特别频繁。

三、公文发展中的四次改革

中华民国国民政府为了提高机关行政效率，强化国家机器的有效运转，先后四次对公文档案工作进行了改革。

（一）第一次公文改革（1927～1931）

第一次是1927～1931年，国民党政府公布了一系列公文和公文工作的条令和办法，重点是公文程式。这次改革主要是从建立健全"公文程式"入手，延伸到公文体式其他方面的革新。1927年8月13日，国民政府第一次颁布《公文程式条例》；1928年6月11日加以修订，第二次颁布了《公文程式条例》；同年11月15日又第三次修正后，再行公布《公文程式条例》。至此，"公文程式"基本稳定下来；第四次是1942年7月10日，国防最高委员会核定发布了《公文程式条例修正草案》，它较之1928年公布的《公文程式》，只做了小的调整，并无大的变化。此外，1930年1月14日，国民政府蒙藏委员会还根据1928年国民政府的《公文程式条例》具体制定了《蒙藏公文程式》，规范了少数民族地区（旗、盟）行文的法定文种。这几次"公文程式"的核心内容是统一了公文文种的类别。

在此期间，国民政府的内政部、教育部还就公文体式方面公布过一些改革条令、办法，主要有内政部颁布的《暂行公文革新办法》（1928年）、国民政府《公文用纸式样训令》（1929年1月18日）、教育部公布的《划一教育机关公文格式办法》（1930年5月21日）和国民政府公布的《国民政府关于各机关办理涉外事件应用文牍以本国文字为主令》（1931年12月11日）。这些条令、办法除分别规定了公文用纸格式和外事公文"一律须以本国文字为主"外，对革新公文的用语、行款和使用标点等作出了规定，其主要内容包括：

在用语上，凡公文内引用官僚套语，如"致干未便"、"毋许妄读"、"实为恩便"等完全摒弃；凡艰涩语句、孤僻典故、虚誉语词应一律免除；凡有背平等精神、多有予人难堪之词如"糊涂"、"昏聩"、"荒谬已极"之类，皆一律革除；下行文直斥语气，非不得已时不用，需用时宜将理由叙明；下行文警戒语句，如"切切"、"毋违"等宜少用。

承传性公文（如用"指令"对下级机关的"呈"文有所指示），改变全录原文的做法，"应另抄附送外，一律撮录要略，不可辗转全录，总以词达意宣为准"。

提倡白话文，规定"公文应采用语体文，布告、宣言、告诫文字以及方案、计划、谈话、讲演稿、会议记录等，尤应尽量采用语体文，以示倡导"。

在公文行款方面，一是"文在十行以上者，应酌量分段，其有意义自成段者，虽不满十行，亦可分段"。二是"首行低二字写，次行以下者顶格写（分段者，逐段如此）"。三是对上级机关或平行机关之直接称谓，均换行顶格写；如是间接称引者，应视称引者对该机关之关系，或换行顶格写，或空一格写，或不空格写。四是"分段写者，文尾'谨呈'、'此致'、'此令'、'此批'等字，均作另一段低二格写"。

在公文标点上"一律加标点"。规定了十四种标点符号：顿号"、"；逗号"，"；分号"；"；冒号"："；句号"。"；问号"？"；祈使或感叹号"！"；题引号"「」"；复题引号"『』"；省略号"……"（占两格）；破折号"——"（占两格）；专名号"——"，用于专名之左旁；书名号"＿＿"，用于书名之左旁；括弧"（）"或"？"。

（二）第二次公文改革（1933~1937）

第二次公文改革是在1933~1937年进行的。这次改革的中心，是推行文书档案连锁法。其目的在于减少行文数量，简化运转层次和登记手续。当时国民政府机关行文混乱、公文处理迟缓、效率低下等积弊已经影响到政令的贯彻执行。在这种情况下，连蒋介石也出面干预，他的一则《手令》对审核公事搁置不批、延误懈慢的问题提出了严肃批评，要求今后无论何种公事，如在一个星期以上尚未批核完竣又无正当理由者，要按"贻误职责者惩处"。国民政府在20世纪30年代中期，推行了"行政效率运动"，提出"提高行政效率，建立万能政府"的口号，还成立了行政效率研究会，并开办了《行政效率》杂志。此次运动由内政部次长甘乃光主持，运动的核心则是"文书档案改革运动"。

1933年6月，行政院召集"改革公文档案会议"，讨论了《各部会审查处理公文改良办法》一案。此案被提交行政院审查通过后，将议决事项于同年8月26日发出，这是第二次公文改革的开端。各部会审查处理公文改良办法，汇集中央各部18个提案而成，重点是减少行文数量，简化运转层次和登记手续。其主要内容包括：（1）废除各部会的会签稿咨文，以会签簿代替。会签时，由主稿部会派负责专员送达，以期会迅速签后派员送回。(2)拟定收发文簿式，加强公文总检查。速件检查每星期举行一次，总检查每两星期举行一次。(3)将档案管理簿册登记法改为设总检查卡片，便于贮存、保管和利用。(4)修改公文稿面。除在公文稿首页记载文别、送达机关、类别、附件和事由外，将收文处理环节的年、月、日、时都分别记载，以便检查。来文处理的环节包括收文、交办、拟稿、核签、核判、缮写、校对、盖印、封发。1933年9月23日，国民政府根据行政院呈，颁布了《关于修改公文稿面的训令》。（5）公文采用分段和标点。此项中央党部及教育机关行之已久，在各部会审中提出要通令普遍实行。1933年10月2日，国民政府根据行政院呈发布了《关于公文标点于1934年1月1日起实行的训令》。

在开展"文书档案改革运动"期间，甘乃光还提出和试行了"文书档案连锁"法。其具体做法是：由各机关的总收发室将全部收发文件统一编号、统一分类、统一登记，然后将公文发送主办单位，办完的公文再归机关档案室立卷存档。即以统一的编号、分类、登记的方法为锁链，将公文工作和档案工作连锁起来。这种方法主要是为了解决档案分类统一和集中管理，克服档案分散保存，各搞一套，以致造成档案丢失和残缺不全的问题而提出的。其理论根据是所谓"文书与档案本不能分，档案原为归档之文书，文书即为未归档之档案，二者实一也"。这个方法提出后，只在国民政府内务部、教育部和部分地方试行，并没有全面推广。

（三）第三次公文改革（1938.7～1945）

改革的中心，是推行行政三联制，即设计、执行、考核三者相连的制度。公文工作是三联制的主要环节，对公文的判行、会稿、承转、叙法、编号等提出了改革办法，强化了责任制。国民政府被迫西迁重庆后，机构庞杂臃肿，公文履行拖而不办，行政效率之低较之过去又有所加剧。推行政令迟缓散漫，甚至毫无结果。根据这一情况，从1938年7月开始，又进行了公文改革，一直延续到1945年。1938年7月7日，行政院颁发《公文改良办法》的训令，揭开了公文改革的帷幕。这次改革的重点是减少行文数量，简化行文手续，提高办文效率。《公文改良办法》的主要内容包括：上级机关交下级机关核议的文件，同在一地，可于原件上粘贴签呈缴还，不另行文；一般通令及例行呈报备查文件，收文机关出具收条即可，不必以公文答复；双挂号邮件和电报，都不必写收据；公文应尽量采用代电及报告体裁，文字力求简明，分段，加标点；机关间商洽事件应尽量面商，节省公文。除此还规定公文用纸采用10行单页；改用军机信封；机密文件用火漆钤封封口，盖收发室图记等。

此后，围绕提高办文效率这个中心问题，国民政府行政院又发出了一系列条令、办法。1939年3月31日，国民政府发出"训令"，要求凡文电往复，须将本机关和原机关的发文日期、字号、代机关简号及机关所在地详细地址或简明地名，分别详细注明，以期办理简捷，而免贻误。1939年4月，行政院行政效率促进委员会拟定《促进电报效率实施办法草案》下发。1940年10月31日，行政院发出"训令"，要求发各种布告务须力求通俗，使一般民众易于了解，以利推行。1941年11月，行政院令发《内外行文整顿改善办法》，主要内容包括：凡秘密文件应予外封前后两面之中心，各盖圆形二寸之红色密字，以期醒目；寻常密件须用糊封，重要文件加印火漆，勿以机钉封口，免致被旁人窥视之虞；凡已登国府公报和行政院公报的公文，除刻不容缓者，不再行文，免致枉耗人力物力；"各机关有呈请修正条例规程者，应将条例规程原条文及修正条文，暨修正理由，详为开列，以凭核办"；写公牍"应简者简，应详者详，应断者断"。为解决填造各种表册冗繁问题，国民政府文官处召集各机关会商办法，形成"会商记录"，并于1942年6月24日以国民政府"训令"转发《减少填造表册工作会商记录》，要求"所属一体遵照"。同年7月10日，行政院再次以"令"公布《公文改良办法》，主要要求：凡上级机关交下级机关核议复查或办理之文件，无论本地外埠均用通知单，其原件随同抄发；发文机关发出公文，如需收文机关签复者，应于文尾叙明；凡一案涉及两机关以上，应由该案主办机关与各有关机关先行洽商，拟具共同意见，呈上级核实；如有不同意见，应注明呈上。此外，对公文的封套和用纸规格等也作出了规定。

　　这一时期，最重要的改革是推行"三联制"。1940年，蒋介石拟定了《行政三联制大纲》；1941年，国民政府决定实行。所谓行政三联制就是设计、执行、考核三者相联系的制度。具体做法是：先有各机关根据业务范围对各项工作制订计划，层层上报；再由中央政府进行总设计，制定总计划；最后下达有关机关贯彻执行。在执行中和事后进行考核。设计和考核又可分为行政、军政、党务等方面，成立设计考核委员会负责这方面的工作。在执行中则要求推行"分层负责制"、"分级负责制"，建立"幕僚长"制度等。行政三联制推行以后，效果并不明显。1943年2月18日，蒋介石电令全国厉行行政三联制；同日，《中央日报》发表《确立行政三联制的基层制度》的短评，指出这一制度过去侧重在中央实施，今后中央和地方党政各机关都要以自发自动的负责精神予以推行。同年5月26日，国防最高委员会召开行政三联制检讨会，蒋介石强调："行政三联制是国家基本制度之一，应该在抗战中完成其制度，然后在战事结束之后，我们继有推行新建设的机构。"1945年3月14日召开中央党政军提高行政效能及三联制总检讨会，蒋介石出席并致训词。他要求各级行政部门对照三联制方针，进一步提高行政效能，并制订切实可行的方案。在制订方案时，应重点考虑以下几点：简化办事程序，减少层次手续，实行分层负责，力求处理迅速；严厉稽催督察，彻底贯彻政令；加强业务检讨，严格执行考核。各级机关应无欺无隐，揭发缺点，简明切实制订方案，使行政效能与军事需要相适应。第二日开始，会议分组举行审查会，审查有关方案，最后会议通过了有关决议。

　　公文工作是推行三联制的重要环节，无论是设计、执行和考核，都与公文工作关系密切。蒋介石提出："每逢兴办一件事务，发布一项政令，都必须求其确实收效，而且要贯彻到底。我们要集中大部分力量于稽催督察与实地考察，尤其要注意业务的检讨。"因此行政效能及三联制总检讨会通过了《关于厉行稽催督导案之决定》，国防最高委员会根据此决定于1945年8月1日颁发了《各机关稽催公文督导工作实施办法》。

　　为了简化公文和公文处理环节，"总检讨会"还通过了《关于文书简化办法议决案》。其内容分四部分：

　　第一，关于文件判行。原来文件一般要经过机关正副主管人判行才能发出。现改为分层负责制，将各机关负责人按职位高低分为三层：机关正副负责人为第一层，各单位的司为第二层，科为第三层。凡重要文件由第一层负责人判行，例行文件由第二、第三层负责人代行或径行。重要与例行文件的区别，由幕僚长负责核定。幕僚长除了总揽行政，代替一个机关的首长处理事务外，还要负责"督催本机关全部文件事项，审核下层不能决定之全部文稿，进行机要文件的处理，核阅和分配收进的文件,决定文件的承办单位,以及指导本机关一切档案文件图书等的管理"。第二、第三层负责人代行、径行的文件,由各单位每周填列表报,送交第一层负责人核阅,以便了解全局文件。

第二,会稿。机关内例行文件的会稿,由幕僚长酌选一主办单位办理,办好以抄本通知有关单位。属于重要而有关两个以上单位的文件,分别按性质,由幕僚长酌定,召集有关单位会商,商后拟请一个单位主稿,或交由一个有关单位,由其自行与其他有关单位洽商办理。凡会稿性质的文件,均应以第一层官名义行文。

第三,关于承转公文。下级机关不论奉上级多少机关之命令,只叙奉上级机关层令、或只叙发令之某高级机关之层令,其中间机关,不必详述,省却客套用语。叙案时,只叙扼要或办法,有必要时另附附件。上级机关发布命令只叙扼要办法,必要时另附附件。凡例行公文,采用列表方式或批回方式。此外还规定公文要一文一事。凡上级令下级呈报文件,应限于案件的性质确有必要,否则一律免除。下级接到遵照办理的文件,无须请示的,办后无须呈报。平行机关行文,照此规定办理,节省手续。

第四,关于具报。上级令下级具报文件,应限于案件的性质确有根据具报情节便于随时予以指示之必要者;其属于遵照办理即可的文件,具报应即免除,以减轻手续。上级机关令行具报的文件收到后,必须核阅批示,不得搁置。平行机关行文,亦应照此办理。

(四)第四次公文改革(1947.6)

甘乃光认为国民政府进行行政改革(包括公文档案改革)运动的目的"即改革运用政策的机构人员与工具的问题,使之现代化、效率化。"[1] 国民政府的上述几次改革,主要是改革行政管理工具——公文档案;最后一次改革则进了一步,企图通过提高机关公文人员的素质,来提高处理公文档案工作的效率。

1947年6月,就在国民党统治的根基在解放战争中动摇之际,为摆脱国家机构指挥不灵的状态,国民政府特地组织了一场公文档案工作竞赛运动。其中央专门成立了"工作竞赛推进委员会",颁布了《文书处理竞赛实施办法纲要》《誊写工作竞赛实施办法纲要》和《档案工作竞赛实施办法实施纲要》等三个文件,下发各省市作为拟定具体竞赛规则的依据。以"文书处理竞赛"为例,该"实施办法规定",本竞赛包括两项:一是"个人拟办文稿竞赛——以拟办文稿之速率、数量及质量为竞赛对象"。举行拟办文稿竞赛时,须按实际情况拟定数量及质量换算(或折合)标准,并指定人员将拟稿员每日拟办文稿之基本数量、数目分别登记,呈送主管科室长核定。"拟办文稿竞赛,以每人每日平均拟办文稿之

---

[1] 中国第二历史档案馆编:《民国时期文书工作和档案工作资料选编》,档案出版社1987年版,第384页。

基本单位数量数目为评定标准,其每日平均数目最大者为优"。二是"各单位处理文件竞赛——就各单位处理文件之时间及数量为竞赛之对象"。按照文件的性质分为最速件、次速件、重要件、次要件和普通件等种类,每种按其情节之轻重分别规定其办毕的时间,并指定人员依照各种文件规定办毕的时间加以稽催。"各单位处理文件竞赛以每单位每周或每月收进文件之数量与实际处理文件之数目、以百分比为评定标准,其百分比最大者为最优"。该《实施办法纲要》还规定:"本竞赛实施时,得由设计考核委员会竞赛组主持设计及推动事宜,其无竞赛组之组织,得酌指定人员办理。"① 这次公文档案工作竞赛由于解放战争的缘故并未全面推广,效果并不明显。

综合国民政府四次公文改革的历史进程可以看出,国民政府公文改革的延续时间之长、所涉及的广度与深度,都是以往中国公文发展史上所未曾有过的。如果我们撇开公文内容,将公文文化作为相对独立的社会现象来看,国民政府的公文改革进一步拓展了南京临时政府时期公文改革的成果,促进了公文和公文处理的近代化(现代化)、规范化,为后世留下了某些可资借鉴的经验。比如,提倡法定文种简明实用,行文使用白话、标点和分段,废除官僚套语,公文处理追求高效率,减少运转环节,实施稽查催办和考核,等等,这些在今天看来也是可取的。与此同时,国民政府的公文改革也带动了一批实际工作者和研究人员对国内公文档案工作的调查研究,以及学习引进西方先进的公文档案工作经验,并陆续出版了一批有影响的公文档案专著,初步构建了中国近代的公文档案理论体系。公文档案专业的教育和培训工作也随之得到发展,兴办了一批专门学校或开设了专门课程。

但是,国民政府的公文档案工作在实践中所取得的成果是有限的。从现存资料看,我们一方面可以见到国民政府接二连三地发布公文改革训令、办法,一方面又对其改革结果不甚满意。以提高行政效率为目标的公文档案工作改革,改来改去问题仍然很多,可谓积重难返。究其原因,其一,是公文档案工具日益完善与掌握工具的政权机构官员日益腐败的矛盾。国民政府的几次改革的着眼点是不断完善公文档案工具,对掌握公文工具的官僚机构及其人员未予触及,而机构臃肿,人浮于事,官僚主义与文牍主义的严重存在,必然影响到政令、军令的畅通和贯彻执行,造成效率低下。其二,更为主要的原因是国民党政府所代表的地主、官僚资产阶级的利益与广大人民群众的利益是根本对立的,使其政令不可能真正顺利贯彻下去。其统治阶级内部,也始终存在着严重的党派斗争、宗派势力的钩心斗角。这决定了政府职员本质上是唯利是图,以

---

① 中国第二历史档案馆编:《民国时期文书工作和档案工作资料选编》,档案出版社1987年版,第373~374页。

权谋私，官僚主义，离心离德，反映在工作上就是严重的文牍主义。因此，国民政府提出的"提高行政效率，建立万能政府"的改革口号必然遭遇破产的厄运，这也是不足为奇的。

第六节 新民主主义革命时期公文

1917年，俄国十月革命一声炮响，给中国人民送来了马列主义。"五四"运动促进了马列主义和工人运动的结合，产生了中国的共产主义运动。"五四运动"之前的资产阶级领导的旧民主主义革命转变成无产阶级领导的新民主主义革命。1921年中国共产党成立，形成了共产党的第一批纲领性文件，共产党的公文档案工作由此应运而生。从1927～1949年，中华各族英雄儿女经过了土地革命战争、抗日战争和解放战争，打败了日本帝国主义的侵略，推翻了蒋介石反动政权。在这22年的战争岁月里，中国共产党及其领导下的人民政权、人民军队、人民团体机关公文档案工作更加蓬蓬勃勃地建立和发展起来。随着中国共产党革命工作的广泛开展，公文档案工作的要求不断提高，为保证公文档案工作高效、有序进行，一批有关公文档案管理的制度和规范相继出台。由于新民主主义革命所倡导的全新主旨与显示的不同样态，这一时期的中共公文制度呈现出与以往迥然有别的时代特征。

一、公文制度的发展

新民主主义革命时期公文制度的发展与民国时期相比有所继承，同时发展当中也体现了人民政权的先进性。

在中国共产党政权建立之前，公文处理工作一般由共产党领导人专人管理。文件集中保管，存放在办公之地，后来随着文件的增多，才确定由专人做管理工作；机关来往秘密文件的书写大量使用代号和暗语，或者用牛奶汁、药水书写而后还原；文件传递在1927年前，大体通过内部交通、秘密邮寄和来往人员携带这三种方式进行。政治性文件和事务性文件分开。进入抗日战争和解放战争以后，公文处理向科学化、规范化方面迈进了一大步。1948年7月5日《中共中央关于中央各部委处理机密文件的制度》和1948年9月《中共办公厅承办和收发电报及归档程序》都对公文处理工作提出了制度化和程序化要求。各大区人民政府对公文的运转程序一般都作出了规定，甚至拟出"公文处理图表"，使文件从收到发有序进行，提高工作效率，防止延误积压甚至丢失泄密的现象发生。需要办理的来文运转程序一般经过以下环节：收文单位对来文登记、分配、呈送，主管部门承办、拟稿，秘书部门复核，机关领导审批、签发，秘书部门缮写、校对、用印、归档与发送有关机关。最突出公文处理制度如下：

（一）集体审批文件制度

民主集中制的具体体现即是中国共产党实行的党委制。共产党的集中是在民主基础上的集中，共产党的民主是在集中指导下的民主，当革命形势的发展要求党加强集中的时候，这绝不是要削弱党内民主；恰恰相反，必须在党中央的集中领导下扩大党内民主。健全党委制，则是扩大党内民主，良好地实现党的民主集中制的重要环节。党委制，即集体领导与个人分工负责相结合的制度。一切重要问题均须交党的委员会（常委会或全委会）讨论，按照少数服从多数的原则，做出明确决定然后再分工去执行。根据这一领导体制，抗日战争时期，中央公文工作的最大变化是中共中央领导人集体办公和集体审批文件。1937年，中共中央机关驻在延安，不仅有集体办公的住所，而且还建立了中央书记处的办公处，为中共中央书记处毛泽东、刘少奇、周恩来、朱德和任弼时五大书记实行集体办公、集体审批文件创造了条件。1937年12月25日，中共中央制定了《书记处工作规则和纪律草案》，规定书记处是办理中央委员会组织性和执行性的日常工作机构。书记处可以用中央委员会名义发表"关于组织性和日常工作性质的文件、训令、电文、信件等给下级党部，但不能用中央委员会名义发表重要宣言、决议、文件、电文"。以中央委员会名义发文件，必须坚持"非经半数以上的书记签名同意后，不得发出"的原则；中央各部委所发出的方针政策性文电和对各地方请示的重要问题的处理和批复，都必须报书记处批准，否则不得擅自发出；各书记所写的重要文章，对外发表的重要谈话和重要报告大纲，必须经书记处讨论后才能公布。与此同时，中共中央还制定了《政治局工作规则纪律草案》，其中规定"政治局暂时规定每二月开一次会"，"会议之决定或通过之文件，经半数以上的政治局委员签字后认为有效，但必须立刻通知未到会之委员"。①

（二）严格报告和请示制度

1931年3月，中共中央下达了《报告大纲》规定下级必须定期向上级做口头报告和书面报告。书面有综合和单项的。上级接到请示报告后，必须立即交有关部门承办，要及时批复，不得积压。国内解放战争时期，毛泽东同志提出了"加强纪律性，革命无不胜"的著名口号，指出必须加强党的组织性和纪律性，反对无纪律状态和无政府状态。他指出："目前的形势，要求我党用最大的努力克服这些无纪律状态和无政府状态，克服地方主义和游击主义，将一切可能和必须集中的权力集中在中央和中央代表机关手里"。1948年1月，毛泽东同志为中

---

① 费云东、余贵华：《中共秘书工作简史》，辽宁人民出版社1992年版，第217~218页。

共中央起草的《关于建立报告制度》的指示所规定的建立严格的报告和请示制度，就是为这个目的而采取的一个重要步骤。[①] 指示要求"各中央局和分局，由书记负责（自己动手，不要秘书代劳），每两个月，向中央和中央书记做一次综合报告。报告内容包括军事、政治、土地改革、整党、经济、宣传和文化等项活动的动态，活动中发生的问题和倾向，对于这些问题和倾向的解决办法。报告文字每次一千字左右为限，除特殊情况外，至多不超过两千字。……综合报告内容要扼要，文字要简练，要指出问题或争论之所在"。同时，要求"各野战军首长和军区首长，除作战方针必须随时报告和请示，并照过去规定每月做一次战绩报告、损耗报告和实力报告外，从今年起，每两个月要做一次政策性的综合报告和请示"。在当时，公文文种"报告"兼具陈情与请示两种功能，因此"建立报告制度"实际上是建立报告和请示制度，"从今年起，全党各级领导机关，必须改正对上级事前不请示，事后不报告的不良习惯"[②]。严格报告和请示制度加强了中央对地方、战区的领导，克服了无政府主义。

（三）一文一事制度

为了提高公文处理的质量与效率，中国共产党政权实行了一文一事制度。所谓一文一事制，就是一份公文只讲一件事情或同类内容的事情，不得把几件不同的事情混写在一个公文里。个中原委是，随着公文大大增多，过去长期以来的习惯是在一份公文内混杂讲几项不同性质的内容，这对于抄阅、批交办理和立卷存档十分不便，已不适应新民主主义革命快速发展的形势需要。所以陕甘宁边区政府1942年1月印发的《陕甘宁边区新公文程式》中规定"每件公文，只能写一件事情，或一个中心问题，如果是两件以上不同的事情，或两个以上不同的中心，应该分写成两件公文，以便收到公文的机关，好分开办理，好分开归档。只有报告，如月报、三月报等等带总结性的公文，可以除外。"[③]

（四）保密制度

战争年代，中国共产党及党领导下的人民政府、人民军队都有机密之事，而机密之事必然记载于有关文件、电报及其他相关文献史料之中。在国民政府期间，中共的发展由弱变强，与公文保密制度息息相关。党中央和中央军委一直要求各个历史时期各个地区的公文工作者都应注意保密，而且不同时期要求

---

① 中央文献研究室科研部图书馆编：《毛泽东著作是怎样编辑出版的》，中国青年出版社2003年版，第133页。
② 中共中央文献研究室编：《毛泽东军事文集第四卷》，军事科学出版社1993年版，第364~365页。
③ 中国人民大学历史档案系编：《档案工作文件和论文选编》第1集（1931~1957），中国人民大学出版社1961年版，第7~11页。

的重点有所不同。对随部队行动的文电要分类并由专人随身携带重要文件。1934年10月10日长征前夕，红军总司令朱德、总政委周恩来下达《朱、周对保护我军文件电报的几项规定》中要求：一切文电要"分出机密、普通、常用、待查各类"；机密文电应放在特制"机要箱"内，档案员要随身"储置燃剂，为急紧时燃毁之用"。档案分"绝密"、"机密"和"普通"三个密级。1931年5月14日红军总司令朱德、政委毛泽东在《防止敌人奸细破坏部队的密令》中提出切实防范敌人窃密要求，并要求把"机密"再细分一下，于是1933年9月18日在中央军委《关于保持机密问题的训令》中就有了"军机秘密"，"保持绝对秘密"和划定"普通秘密"的指示。从此，公文处理部门在发文发电上注明"机密"、"绝密"、"普通"字样，以示本文的秘级。红军长征开始时，要求档案工作者把全部档案按密级分开携带。① 另外，战时不论前方后方的档案工作者和机要人员，都随身带火柴，遇到危险先烧绝密文电。比如1939年4月12日《中共中央关于秘密工作的几个规定》要求在敌后和友军控制区"不得保存秘密文件"，或设法送抗日民主根据地，或自行烧掉。1947年当胡宗南部进攻陕北时，仅中央各机关就烧掉数以几十万件计的文件、电报等档案材料。而对国民政府控制地区，如何从文件上保住我方军事、政治秘密是一项复杂的事情。综观中央的指示，反复强调的重点是：文件随看随烧，一日烧几次，不准携带任何机密文件；禁止记录开会、谈话的任何机密内容；限制印制和刊载机密文件、电报；限制机密文件（电报）的阅读范围；谨小慎微，在任何细节上注意保密。而最终事实证明，中共的公文保密制度的贯彻执行要远远强于国民党。

二、公文改革

（一）公文改革及改革基础

新民主主义革命时期的公文工作大致可分为两个时期，以红军长征为限，前段为初创时期，后段为全面改革时期。中国共产党成立至长征胜利结束，是共产党建党的初期阶段。工作处于秘密时期，环境十分艰苦。但是共产党对于公文工作是十分重视的，并且一开始就有着自己的鲜明特点。首先，在公文使用上采用了新文种。从1921～1931年间使用的文种就有：会议决定、决议、纲领、会议记录、中央通告、宣言、告群众书、信函、通知、报告、通令、通电、布告等。1931年后中央苏区文种又有了新的发展，增加的新文种有：中央指示信、命令、训令、条例等。其次，在公文的写作上，提倡气息新鲜的公文文风。建党初期的

---

① 费云东：《战争环境中的档案工作（上）——"新民主主义革命时期党的档案工作形成与发展"之三》，载《机电兵船档案》2009年第4期。

《中央第二三八号通知》要求:"极力减少文件的往来……绝对废除空洞的虚文,要有实际材料……提出具体的内容"。当时毛泽东起草的《湖南农民运动考察报告》等许多公文具有代表性,为新公文树立了楷模。最后,在公文机构的设置上,适应革命斗争的需要和地下机关的特点。在城市党转入地下后,工作中不断形成文件,数量日增,1927年"八七"会议后,在党中央临时政治局的组织局中设立了文书科。后来又设立秘书处,负责中央机关的秘书、公文和档案等工作。在地下省委机关里,对公文工作的机构、人员都有较健全的设置和配备,公文处理的手续和制度也有明确规定。地下党机关的公文工作机构和人员是高度精简的,省委秘书处的各科中,有的只有一个人,有的一个人兼做几个部门的工作。文件处理集中进行,手续简便。为了减少机密落入敌人手里的危险,便于隐藏,尽量少形成文件。根据地有自己的武装力量作后盾,有政权作基础,所以比较稳定和正规。公文工作发展迅速,在所有各级政权机关和各种革命组织中普遍建立了公文机构,并形成一系列制度,使根据地的公文工作达到了相当的规模。这些公文工作的开展为后续改革提供了工作基础。

1935年长征胜利后至新中国成立前这段时期,是公文工作进行全面改革的时期,大体上进行了三次改革。第一次是长征结束后至整风运动和精兵简政时期。为适应抗日政权机关工作的需要,在边区政府成立不久就把改革旧公文、创造新公文程式的问题列为机关工作的一项迫切任务。1938年晋察冀边区行政委员会发出了《改革公文程式的理论与实际》的四号指示信,提出了改革公文的任务和具体办法。改革的重点是公文的名称和格式。陕甘宁边区政府也颁布了统一公文用纸的训令,同时对公文的处理制度和办法作了改进。1940年6月晋察冀边区行政委员会秘书长发表了《怎样使公文科学化》的文章,系统地总结了1938年公文改革后所取得的成绩和存在的缺点,阐述了使公文科学化的原则和办法。同年7月晋察冀边区行政委员会发布了《公文程式再加改革令》。1941年陕甘宁边区政府秘书长发表了《谈谈公文改革》的文章。1942年1月颁布了《陕甘宁边区新公文程式》。这一系列的改革不仅改进了公文的名称和格式,而且对提高公文质量,并使之达到科学化的程度问题都作了系统的理论性研究,对公文处理中应注意的事项和具体作法也作了明确规定。这次改革解决的中心问题是如何写好公文的内容,对公文的写法提出了具体要求。同时也建立了公文的统计和催办制度,进一步健全了公文工作的机构。1941~1942年的公文改革自始至终与工作制度正规化、精兵简政并驾齐驱,同步前进,配套进行。在它们互相推动和彼此制约之下,取得了十分显著的成绩。工作制度正规化和精兵简政的实施,调动了边区通讯站工作人员的积极性,克服了地理和交通条件带来的极大困难,大大地加速了公文的运转。

第二次是整风运动和精兵简政后至第三次国内革命战争前。这次改革的重点和中心是反对文牍主义、政权八股，精简、调整公文工作机构与人员，改进公文处理的制度与手续。文牍主义和八股文是封建社会的衍生物。党八股就是指革命队伍中的一些人在写文章、发表演说或者做其他宣传工作的时候，言之无物、空话连篇，不考虑实际情况，对事物不加分析与综合，死守着呆板的旧公式、旧习惯，简单地搬用和堆砌个别的马列词句与革命术语，以致整篇文章充满了主观主义、教条主义的气味。针对这一情况，毛泽东1942年2月发表《反对党八股》，从思想理论上对党八股现象给予抨击。为完成反对文牍主义和党八股，共产党政权主要从如下几方面着手。

第一是整顿作风，反对官僚主义，清除在部分干部中存在的旧意识。第二是调整和加强公文机构，改进办公制度。第三是简易政令、减少公文数量。第四是提高公文的质量，一切文件均应力求简明通俗，易于了解执行。第五是健全各种公文制度。如行文职权和文件签署制度，文件检查和催办制度，收发文登记和文件传阅、会办等制度都进一步健全起来。

这次公文工作的改革，较之以前更为彻底、深入和广泛。

第三次是第三次国内革命战争时期至新中国成立前。这个时期形势发展迅速，解放区不断巩固和扩大，革命政权建设也达到了一个新的阶段，很多新的任务提到日程上来。为了适应新形势的发展和要求，对公文工作又作了进一步的改革。

首先，统一规定了公文的名称，用途和格式。其次，健全了公文处理工作的各种手续制度，加强了文件的收发制度，健全了文件的检查催办制度，进一步明确了行文关系和规定了文件公布制度，实行了联合办公和集体领导分工负责。再次，进一步健全了工作报告制度。中共中央于1948年1月发布了《关于建立报告制度》的指示，规定了党和军队的报告制度。最后，初步建立了文件的立卷，归档制度。[①]

（二）公文改革的重要意义

新民主主义时期的公文改革建立的新式公文，具有民主化、大众化、科学化的特点。这是新民主主义政治在公文程式上的要求和体现。由于历史条件的限制，公文改革还存在着不少缺点，但是毕竟打破了旧式公文程式和旧文风的束缚，选择、利用和创造了适当的公文形式，把革命的内容和新式的形式结合起来，创建了新民主主义的公文制度，为公文的发展作出了重大贡献，是我国现代公文发展史上的重要里程碑。公文改革重要意义体现在：

---

① 张希林、吴长有主编：《文秘学》，辽宁大学出版社1989年版，第74页。

第一,解放了大批公务人员,推动了政权建设工作。公文改革,把边区各级政府机关里的许多工作人员,从公文堆里解放出来,从而使其能腾出更多时间,深入农村,调查研究,多作实际工作。这样,避免了再走旧式公文形式主义的老路,开拓了新民主主义政权公文的新路。这个新路,其基本特征,一是有利于公文形式与实际工作相一致。能够针对实践中具体事件,提供解决办法。不是只发公文,不顾实际,而是采取对公文负责的态度,把全部注意力放在实际工作上而非公文工作上,使公文成为领导政务活动和实事求是地处理问题的工具。二是便于总结政权建设的经验。公文形式的解放,文字运用的自如,实际生活的接触,就会有无限丰富的新鲜的非常实际的材料,留在各种公文里,供决策者和从事政权工作者研究,得出许多宝贵的经验,推动政权建设工作。

第二,适应了平民的需求,变成了人民大众的公文。边区政府,是为人民大众谋利益的政府。这种本质,反映在公文上,不仅内容要和人民大众利益相一致,处处事事为人民大众着想,同时在形式上,也应该适合大众的需要,为他们所懂得和能够运用。因此,边区政府的公文,就应该完全废除大众看不懂的文言文,采用通俗文,并且注意尽量口语化。1941年颁布的《陕甘宁边区施政纲领》第六条规定:"而人民则有用无论何种方式控告任何公务人员非法行为之权利",用口头控告,自然是方式的一种。废除文言文,撰写公文使用通俗白话文,乃至口语,不仅符合边区施政纲领精神,而且给人民以极大的方便。政府有什么话要告诉人民,用非常易懂的语言,这样,人民与政府、政府与人民之间的关系,也就会血脉相通。机关对机关的公文,一律用口语来写,区乡政府的工农干部,自然感到方便,他们不必再请教旁人,自己可以拿起笔来撰写了。白话公文有了可用之处,从而导致公文的平民化。

第三,加速了政务的运转,提高了行政工作效率。在改革之前,边区政府的公文,除了与战争动员相关者之外,一般的运转速度都比较缓慢,究其根源,一是公文的陈旧和繁杂,二是地理和交通条件的限制。公文的改革,消除了第一种根源。

三、文种的发展与优劣

新民主主义革命时期,中国共产党建立后政权所使用的公文文种没有明确的规定,不过在实际的工作当中文种之广泛、多样和创新则是近代后期公文所未曾有过的。《中共中央文件选集》统计数据表明:在中国共产党成立和第一次国内战争时期(1921年7月至1927年7月)使用文种23种;第二次国内战争时期(1927年8月至1937年7月)使用文种28种;抗日战争时期(1937年7月至1945年8月)使用文种43种;解放战争时期(1945年8月至1949年9月)使用文种 40 种。文种种类由少到多变化并呈现出自然淘汰的现象。中国共产党机关系统内公文文种总体上不太规范，没有明文确定。

明文规定较为规范的是中国共产党政权的公文文种。中国共产党在新民主主义革命时期，先后在根据地建立了中华苏维埃共和国各级政府、抗日民主政府和解放区人民政府。1931 年 11 月，在江西省瑞金举行了中国工农兵苏维埃第一次全国代表大会，宣布建立中华苏维埃共和国临时中央政府，并通过成立临时中央执行委员会。在同月召开的中央执行委员会第一次全体会议通过的《地方苏维埃政府暂行组织条例》中，规定了公文名称：上级对下级的有命令、指令、指示、决定，下级对上级的有报告书，平行的有信、电，苏维埃政府向人民公布和宣传政策用布告、通告、壁报，共和国中央政府对外公布自己的政策主张用宣言、通电。

抗日战争时期，中国共产党领导的八路军、新四军在敌后建立了多个根据地。在华北敌后建立的第一个抗日根据地——晋察冀边区行政委员会成立于 1938 年 1 月，当时百废待兴，写公文仍沿用国民党政府的旧公文程式，并请了操弄笔墨的"师爷"专事公文的草拟，经过三个月的工作经验，使边区政府感到"旧公文程式一般地说，只适合旧内容，只适合于旧的政治机构。今天，如果我们仍沿用旧公文程式，结果会影响我们的作风和机构"，因此边区政府决定改革公文程式，于同年 4 月发布了《改革公文程式的理论与实际（指示信第四号）》。其中将新公文文种规定为：下行文有指示信、复及函（用于报告和请示的答复）、令，上行文有报告、请示，一共五种。群众组织之间来往的公文有倡议书、决心书、挑战书、应战书、慰问信等。此外，为适应统一战线的环境，规定"布告、批、公函仍用旧形式"，"如估计受信的对方不讲究形式时，可用便函、代电、公函，但内容要改变，非不得已不用文言"。①

陕甘宁边区政府秘书处于 1942 年 1 月 5 日印发了《陕甘宁边区新公文程式》，将"新公文规定为两类：一类为主要公文，一类为辅助公文"。主要公文有五种：命令、布告、批答、公函、呈文；辅助公文也有五种：指示信、报告、快邮代电、签条、通知。以上共计十种。其中"命令、布告、批答、指示信为下行公文；呈文、报告为上行公文；公函、通知为平行文；快邮代电、签条，无论上行、下行、平行都可以用"。同时，鉴于当时国共合作抗日的统一战线环境，还规定："在新公文程式范围里边没有规定的，如'任命状'、'护照'等，仍然可以采用旧公文程式，但是应当尽量避免腐烂的老套子。"②

在抗日战争革新公文文种的基础上，解放战争时期人民政权的法定文种及其

---

①② 中国人民大学历史档案系编：《档案工作文件和论文选编》第 1 集（1931~1957），中国人民大学出版社 1961 年版，第 3~5、7~11 页。

使用范围进一步科学化。华北人民政府秘书处于1949年2月印发的《公文处理暂行办法草案》规定公文文种有以下十二种：

令：颁布法令、条例，任免干部及指挥行政等，用令（包括公布令、任免令等）。

训令：本府对于所属下级政府，以及各直属机关阐释政策法令、规定工作方针计划，或交付任务，命令执行等，用训令。

指令：本府对所属下级政府及各直属机关之呈请，有所指示或答复时，用指令。

指示：本府对所属下级政府及各直属机关在工作进行上，有所指导时，用指示。

决定：关于特定问题，有所决定时，得发布决定（但在发布时需以令行之）。

布告：对人民公布事项，用布告。

通知：对于特定事项或特定机关人员，通知以必须知照之事项，用通知。

通报（或通告）：对于各机关（不分上下级）须要周知或公告之事项，用通报（或通告）。

状：于任命、委任干部或奖励人员时用之。

批复：对于本府内各部门之呈报呈请事项，而必须以文字答复时用之。此项批复，即为简便的录批条复方式。如集体办公时，则无须以文字批复，一般可采取阅批签知方式。

函：对平行机关或不相隶属之机关来往行文时，用函。

呈：下级对上级有所请示或报告事项时，用呈。①

综上所述，新民主主义革命时期各主要根据地政府使用过的法定文种约计有二十类二十九种，其中下行文有命令（令）、训令、指令、指示信（指示）、决定、布告、通报（通告）、壁报、通知、状、宣言、通电、批答（批复、复及函）等十三类十八种；上行文有呈文（呈）、报告书（报告）、请示等三类五种；平行文有函（公函、信）、电等两类四种；下行、上行与平行都可用的有快邮代电、签条等两类两种。中国共产党政权文种的先进性是按行文走向和工作需要设置的，完全废除了封建等级、尊卑那一套做法。有些是继承了民国以来有生命力的文种，有些则是中共领导的根据地革命政权在实践中的创造。

这里要着重指出的是，在国民政府规定的法定文种中，首次出现上行文"报告"，凡下级机关向上级机关"有所陈请时用之"，也就是说，报告具有下级向上级陈述情况与请示问题两种功能，报告与请示没有分开。陈述情况的"报告"，只需上级阅知，无须批复；而请示问题的"报告"，上级必须批复。因此报告与请示不分，给文件处理带来不便，容易误时误事。可能基于这种情况，在上述晋

---

① 中国人民大学历史档案系编：《档案工作文件和论文选编》第1集（1931~1957），中国人民大学出版社1961年版，第15~16页。

察冀边区行政委员会发布的《改革公文程式的理论与实际（指示信第四号）》中，设立了"报告"与"请示"两个上行文种，分别承担下级向上级"报告"情况和"请示"问题的功能；在《陕甘宁边区新公文程式》中，设立了"报告"与"呈文"两个文种，并且规定："凡工作报告里不得夹杂请示事件；凡请示的呈文里不得夹杂工作报告。"这是文种设置的重要革新。同时，在上文谈到的中共机关系统撰制的公文中，我们还发现将"报告"与"请示"分开的范例。如1941年5月10日，周恩来在重庆给"毛主席并中央书记处"发出《关于蒋介石要求华北我军配合作战等问题向中央的请示》；同年同月的11日，他又向"毛泽东并中央书记处"发出《关于与蒋介石谈判情况向中央的报告》，这里是将请示与报告分开的。但是，这一好的经验与传统并未延续下来，在新民主主义革命后期以至新中国成立初期，在制定的公文法规中，又回到了报告与请示不分的状况。例如建国前夕，华北人民政府制定的《公文处理暂行办法》规定："下级对上级有所请示或报告事项时，用呈。"也就是说，呈兼有请示与报告两种功能。①

新民主主义革命时期中国共产党政权一方面由于革命斗争的激烈进行，各方面工作开展起来有各种复杂形势；另一方面政党办公追求工作效率，所以新民主主义革命时期中共公文文种具有自然淘汰、发展变化的特点。在少数继承国民政府文种基础上，与国民政府公文文种相比，对封建尊卑等级观念抛弃得更加彻底，文种设计上更具科学性，为新中国成立后的文种规范留下了选择的巨大空间。

四、新民主主义时期公文的重要意义

（一）公文作为政权服务工具，很好地起到了宣传马列主义的作用

公文是统治阶级意志的体现。新民主主义革命时期的公文是中国共产党路线和方针政策的具体体现。中国自有公文以来，公文从来都是为统治阶级服务的，奴隶社会为奴隶主服务，封建社会为地主阶级服务，半封建半殖民地社会主要为地主、买办、权贵服务。新民主主义时期中1921年7月中国共产党通过的第一个公文《中国共产党第一个纲领》中明确中国共产党代表无产阶级并以消灭私有制和阶级、实现社会主义和共产主义为根本目的。此后中国共产党公文的内容多与宣传马列主义、推翻封建主义和帝国主义殖民统治及国民党政府相关。例如1938年5月15日《陕甘宁边区政府第八路军后方留守处布告》内容如下：

---

① 李昌远著：《中国公文发展简史》，复旦大学出版社2007版，第165~168页。

为布告事：自卢沟桥事变以来，我全国爱国同胞，坚决抗战。前线将士，牺牲流血。各党各派，精诚团结。各界人民，协力救亡。这是中华民族的光明大道，抗日胜利的坚强保障。凡属国人，必须循此前进。我陕甘宁边区军民，服从政府领导，努力救亡事业。凡所实施，光明正大。艰苦奋斗，不敢告劳。全国人民，交口称誉。本府本处，亦唯有激励全区民众，继续努力，以求贯彻。不许一人不尽其职，一事不利救亡。乃近查边区境内，竟有不顾大局之徒，利用各种方式，或强迫农民交还已经分得的土地房屋，或强迫欠户交还已经废除的债务，或强迫人民改变已经建立的民主制度，或破坏已经建立的军事、经济、文化和民众团体的组织。甚至充当暗探，联络土匪，煽动部队哗变，实行测绘地图，秘密调查情况，公开进行反对边区政府的宣传。上述种种行为，显系违反团结抗日的基本原则，违反边区人民的公意，企图制造内部纠纷，破坏统一战线，破坏人民利益，破坏边区政府的威信，增加抗日动员的困难。察其原因，不外有少数顽固分子，不顾民族国家利益，恣意妄为。甚有为日寇所利用，假借名义，作为掩护其阴谋活动的工具。数月以来，各县人民纷纷报告，请求制止，日必数起，应接不暇。本府本处，为增强抗日力量、巩固抗日后方、保护人民利益起见，对于上述行为，不得不实行取缔。合亟明白布告如次：

1. 凡在国内和平开始时，属于边区管辖地域内，一切已经分配过的土地房屋和已经废除过的债务，本府本处当保护人民既得利益，不准擅自变更。

2. 凡在国内和平开始时已经建立及在其后按照抗日民族统一战线原则实行改进和发展的军事、政治、经济、文化等组织及其他民众团体，本府本处当保护其活动，促进其发展，制止一切阴谋破坏之行为。

3. 凡属有利抗日救国的事业，本府本处在坚决执行《抗战建国纲领》的原则下，无不乐于推行。对于善意协助的各界人士，一律表示欢迎。但是凡未经本府或本处同意并取得本府或本处的证明文件，而从外面进入边区境内停留活动之人，不论其活动的事务属于何项，一律禁止，以防假冒，而杜奸究。

4. 当此抗战紧张期间，凡在边区境内从事阴谋破坏，或肆意捣乱，或勾引煽惑，或暗探军情的分子，准许人民告发。证据确实者，准许就地逮捕。一经讯实，一律严惩不贷。

右列四条，全边区军民人等一律遵照，不得违背。倘有不法之徒，胆敢阴谋捣乱，本府本处言出法随，勿谓言之不预。切切。此布。

这个布告是毛泽东为陕甘宁边区政府和八路军后方留守处起草的，目的是对付蒋介石集团的破坏活动。当时国共合作成立不久，蒋介石集团即阴谋破坏共产党领导的革命力量。破坏陕甘宁边区，是这种阴谋的一部分。毛泽东认为为了保护革命的利益，必须采取坚定的立场。这个布告打击了当时共产党内一部分同志在抗日统一战线中对于蒋介石集团的阴谋活动所采取的机会主义立场。① 中国共产党通过发布类似内容公文很好地宣传了马列主义，团结了广大无产阶级和民主人士，并最终取得了新民主主义革命的胜利。

（二）经过改革的新民主主义公文提高了政府工作效率，形成高效务实的工作作风

通过整风运动，中共党内和革命军队、民主政权的公文工作中存在的脱离群众、脱离实际的文牍主义和形式主义得到一定程度的遏制，公文写作摆脱了单调呆板的八股味，出现了简短务实的良好风气。精兵简政是中共为了克服日寇的封锁所造成的极度的经济困难而采取的一项重要政策。精兵简政的对象当然也包括公文机构。1942年，陕甘宁边区政府各部门实行了合署办公，成立了合署办公厅，统一管理合署办公的各部门的会议记录、公文处理、档案保管等。精兵简政精简了公文人员，公文工作变得高效务实。中国近代当权者所具有的阶级局限性以及政权的性质使他们不可能彻底进行改革，因此民国时期的机关公文档案工作虽然较封建社会有了很大发展，但不可避免地存在着一定的弊端。主要表现在各机关对公文档案改革的法令没有彻底地认真贯彻执行，当时的改革法令、办法再多再好，但如果各部门均拒不执行，当然难见成效。新民主主义革命时期的公文改革和精兵简政作用于公文工作非常有实效，切实产生了效果。这也为中华人民共和国建立后公文工作的发展提供了经验，奠定了基础。

---

① 毛泽东：《毛泽东选集》第2卷，人民出版社1991年版，第401~403页。

第四章 社会主义社会公文

1949年中华人民共和国的成立，标志着中国社会进入了一个崭新的形态，同时，公文作为管理国家、处理政务的一种辅助性手段也进入了一个崭新的阶段——社会主义社会公文（下称社会主义公文）。

第一节 社会主义公文概述

自中华人民共和国成立以来，我国的社会主义公文在经历一个长达60余年的曲折的发展历程后，形成了一套较为完整的公文和公文工作制度与规范，建立了一个较为完善的社会主义公文体系。我国公文制度的发展和完善为我国公文和公文工作提供了制度保障和发展依据，不仅规范了公文和公文工作，而且顺应了我国社会主义建设的潮流，发挥了公文和公文工作的价值和作用。

一、社会主义公文的类型

目前我国社会主义公文总体上可以分成四种类型：规范性公文、法规与规章性公文、事务性公文、专用公文。

（一）规范性公文

规范性公文，就是党和国家明文规定的公文文种，它是"党政机关实施领导、履行职能、处理公务的具有特定效力和规范体式的文书，是传达贯彻党和国家的方针政策，公布法规和规章，指导、布置和商洽工作，请示和答复问题，报告、通报和交流情况等的重要工具"。

中共中央办公厅、国务院办公厅2012年4月16日印发，2012年7月1日起施行的《党政机关公文处理工作条例》中规定的规范性公文共15种。即决议、决定、命令（令）、公报、公告、通告、意见、通知、通报、报告、请示、批复、议案、函、纪要。

1. 规范性公文的特点

规范性公文的特点是指规范性公文区别于其他文体的特殊性，是其内在本质特征的具体体现。从总体上讲，主要表现为如下几个方面：

（1）制发主体的法定性。规范性公文与一般文章和文学作品不同。在制作主体方面，一般文章和文学作品，其主体具有随机性，不受任何限制。而规范性公文则不同，它只能由法定的社会组织制成和发布，具有职述和专任的特征。法定作者之外的其他任何组织和个人都不得擅自制发公文，这是受国家法律和有关的组织纪律保护的。

（2）内容效用的权威性。规范性公文与报纸杂志上所刊载的文章不同。一般文章和文学作品代表作者个人对客观事物的认识、评价和态度。其中所体现出来的观点、主张和见解对读者没有任何约束和指令性作用，仅是对其产生间接的和潜隐的影响，或陶冶性情，或启迪智慧，或增长见识等，不一而足。而规范性公文则不同，它是法定的社会组织机构协调运转的工具，是推动国家、集体公共事务的中介。一经制发，即具有法定的权威性和效力，有关的组织和个人必须认真遵循、执行和参照处理，任何组织和个人都不得违反，这也是受国家法律和有关的组织纪律保证的。

（3）结构模式的程式性。在结构模式上，规范性公文与一般文章和文学作品也有所不同。一般文章和文学作品的写作讲究"大体则有，定体则无"，"文无定体"。而规范性公文则不同，它是"文有定体"，其在行款规格、内容项目的排列乃至用纸幅面规格以及印制装订等方面均有固定的格式规定。这是使公文办理和处理趋于准确、迅速、及时、有效的需要，也是公文的规范化、科学化建设所必需。否则，势必会造成混乱状态，直接影响公文的质量和办文的效率。

（4）语言表达的特定性。规范性公文以实用为目的，以传递治理国家的策令为内容，因而，在语言表达上除具有一般文章的基本特点之外，还有其独具的特性和要求。

①准确。准确是规范性公文语言的生命线，是其写作的最基本要求。毛泽东同志指出："文章和文件都应当具有这样三种性质：准确性、鲜明性和生动性"（《工作方法六十条》），可以说，一篇公文的准确性程度如何，直接关系到其内容质量的高低和价值的大小。

②明白。这是规范性公文用语的又一基本要求，也是由其自身的性质和特点所决定的。叶圣陶先生在《公文写得含糊草率的现象应当改变》一文中指出："公文不一定要好文章，可是必须写得一清二楚，十分明确，句稳词妥，通体通顺，让人家不折不扣地了解你说的是什么。"

③简洁。规范性公文重在实用，故在语言表达方面，在准确明白的基础上还应力求简洁。要用极省俭的文字表述尽可能丰富的内容，做到以少胜多。

④庄重。规范性公文是法定社会组织处理公务的工具，具有高度的政策性和法定的权威性，因而，要求其用语必须做到庄严、郑重。

2. 规范性公文的作用

（1）领导与指导作用。各级党政机关的公文，是传达党和国家的路线、方针、政策,是党和政府政令的重要工具,在指导工作、答复处理问题及沟通情况等方面具有十分重要的作用。领导机关对所属地区及部门工作的管理、协调和实施领导与指导,主要是靠按其职责范围制发公文来实现的。因此,各级党政机关的公文,都具有明显的领导与指导作用。

(2) 公务交流联系作用。每个机关对外的工作联系是多方面的,除领导与被领导、指导与被指导的关系外,还存在着大量的平行机关以及非隶属机关之间的工作关系。机关单位之间传递、使用的公文,都具有沟通情况、联系工作、洽谈业务、处理问题的作用,是联系公务的重要工具。

(3) 宣传教育作用。公文的宣传教育作用主要体现在它是宣传解释党的方针政策的重要工具,是向人民群众进行思想教育、政策教育的最直接,最有效的一个重要方式。

(4) 凭证和依据作用。公文是机关单位现实工作和活动的真实记录。这一特性决定了公文在完成其现实使命之后,是每个机关单位总结和研究工作的最直接有力的证据和凭证。

(二) 法规与规章性公文

法规与规章性公文指党和国家权力机关、行政机关、党群机关、企事业单位和某一群体,依据法律或在法律规定范围内充分发扬民主的基础上制定的具有相应的强制性和约束力的公文。主要有章程、条例、规定、办法、细则、规则、制度、守则、公约等。

这类公文强制程度的高低和约束力的大小因具体文种和制定主体的不同而不同,国务院和各省、自治区、直辖市人大及其常委会可以制定法规,法规具有仅次于法律的强制性和约束力;国务院各部门和各省级人民政府及省会市、较大市的人民政府可制定规章,规章的强制性和约束力仅次于法规;不具备上述权限的地方出台的规章性公文层次就更低一些。同样,这类公文的强制和约束途径或方式也随文种的不同而不同,有法律、行政、经济、职业、道德等多种途径或方式,法规、规章和地方规范性公文主要靠法律、经济和行政来强制和约束;守则、公约等则主要依靠职业、道德和舆论来强制和约束。

1. **性质和作用**

(1) 具有政策性、权威性。法规与规章性公文的政策性,主要体现在其内容要符合党和国家的政策、法律和法令,不可有任何随意性。有些规章制度只有具有法人资格的人才能制定,有的还需要在上级有关部门备案批准。而且生效日期、修改权、解释权也只属于制定该规章的撰写单位,其他人无权解释与修改。

(2) 具有法规性、规范性和约束力。法规与规章性公文是作为行政法规起作用的。一旦正式公布,有关方面及人员必须遵照执行,以保障安定的秩序和良好的生产环境。否则，任意为之，则要受到某种程度的处分。

（3）具有严肃性、稳定性。法规与规章性公文的制定要严肃、认真，不能马马虎虎、草率行事。因此，制定前要进行全面调查研究，草拟后要广泛听取大家的意见，要实事求是，切实可行。一旦确定下来，就应具有相对稳定性，不要朝令夕改，也不要有的条文执行，有的条文不执行。

（4）具有一定的时效性。法规与规章性公文的时效性，就是对政策、办法的规定具有强烈的时间观念，制定必须及时。同时，在执行过程中也有一定的时限要求。这是法规与规章性公文具有生命力的一种体现。

2. 法规与规章性公文特点

（1）行文面面俱到。其他公文展开内容时一般都要讲究重点突出，也不可能面面俱到。而法规与规章性公文则不同，对它涉及的大大小小各方面，都要做相应的规定，都要照顾周到，不能有一点疏忽与遗漏，以免有人钻空子。

（2）内容具体丰富。这类公文所涉及的各个方面不能太原则、太抽象。否则，就难以使人准确理解，难以贯彻执行。所以，此类公文中所提出的标准要求、措施或做法等方面的规定一定要具体实在。

（3）语言表述准确。语言的准确是指每一条款、每句话、每个词都有肯定的属性，都有明确的规定，都只能有一种理解，而不能有多种理解。

（4）形式条款固定。从表现形式上看，这类公文几乎全部是分款条列式结构。应该怎么样，不应该怎么样，界限分得清楚，各方面都有相应的规定。这也是法规与规章性公文严肃性的具体体现。

（三）事务性公文

事务性公文是指党政机关、企事业单位和社会团体在日常公务活动中为处理事务，实施管理，指导工作，沟通信息而制作和使用的各种事务性文书的统称，如计划、总结、调查报告、简报、典型材料、讲话稿等。事务性公文不属于正式文件，但它在机关单位处理日常公务活动过程中应用范围很广，使用频率很高，具有极为广泛的适用性。

事务性公文虽不像规范性公文那样具有法定的权威和行政效力，但它的作用也是不可忽视的。正确使用事务性公文，对于促进党和国家各项法律、法规和方针、政策的贯彻落实；对总结经验，宣传典型，统一认识，推动各项具体工作的开展；对沟通情况，加强联系，增进感情，形成工作上的合力；对于汇总情况，积累资料等，都具有十分重要的作用。

1. 事务性公文的特点

与规范性公文相比，事务性公文也具有自身的特性，主要表现为以下几点：

（1）从制作主体上看，事务性公文的作者有的是以机关的名义，有的是以机关某一部门的名义，还有的是以机关领导人的名义，从这点来看，它与规范性公文大体相同，即制作主体都具有法定的特点。但在程度上，事务性公文不如规范性公文那样严格，相对灵活些。

（2）从权威性和效用上看，事务性公文虽然也要体现党和国家的方针政策，也有较强的政策性和指导性，但它一般不代表发文机关行使职权，不具有规范性公文那样的规范性和约束效力，是机关处理公务的辅助性、参考性的文字材料。事务性公文只有附在规范性公文之后行文时，其权威与效用才与规范性公文相同，否则只是一般性约束。

（3）从体式上看，事务性公文虽然也都有较为固定的惯用格式，但不及规范性公文那样要求规格体式统一化、定型化，形式比较灵活多样。比如，调查报告的题目既可以用"关于×××的调查报告"这样由事由加文种构成的标题，也可用观点式或新闻式标题，不像规范性公文的标题那样形式单一。事务文书的体式，也是在长期的公务活动实践中约定俗成的。

（4）从处理程序上看，规范性公文必须依循特定的程序进行处理，而事务性公文没有这样严格，如机关业务部门的简报、调查报告等不必交由机关的秘书部门统一处理，由业务部门的领导者签发即可。

2. 事务性公文的作用

事务性公文在机关工作中具有重要作用。它是各级机关用以安排布置工作，交流和总结经验，沟通情况信息，规范和约束行为的重要工具和手段。具体而言，主要体现在以下几个方面：

（1）提供借鉴，推动工作。为了正确地贯彻执行党的方针、政策和上级机关的指示精神，圆满完成各项工作任务，制订计划前搞调查，工作前作计划，工作中编撰简报，工作后进行总结，这是机关经常性的工作环节，它在实际工作中无形地形成一个有机联系的流动的常规系列过程。在这一过程中，此类公文即起到了提供经验教训、指导和推动工作深入开展的作用。

（2）沟通情况，交流信息。在机关的公务活动中，除规范性公文外，还需要借助各种事务性公文来沟通情况，联系上下左右，从而使机关工作构成一个有机的协调运转的网络系统。同时，有些事务性公文，如简报等，又使我们在工作中不断取得反馈信息，使信息传播渠道畅通，便于各级领导机关及时了解、掌握、调整、校正，以利于工作的正常运转。

（3）规范行为，协调步骤。为使某些工作能够按照法律、法规以及方针、政策所规定的要求开展，常常需要用规定、守则、公约、规则、办法等来告知人们应当遵守的事项，起着规范和约束行为、进行监督的作用。

（4）留存备考，依据凭证。党政机关的一些常用事务公文，如会议记录、大事记等，是机关公务活动的原始记录，具有很高的保存价值。同时，它们又可作为落实、检查工作的依据和凭证。

（四）专用公文

专用公文是专门用于处理专业性强、行业色彩浓的有关事务的公文。

专用公文的目的性和针对性很强，专用公文一经签发，便具有正式公文的效能，在一定范围内有着某种程度的约束力和法律作用。

专用公文要切合实际，不能弄虚作假，不能脱离实际，不能与现行的国家法律、法规以及党和国家的方针政策相抵触。专用公文的特点如下：

（1）行业性。专用公文有行业范围。同设计、经营、生产的企业打交道，要使用合同、协议、意向书；到法院打官司，要使用起诉状、答辩状等。它们都是各自所属行业专用的，外行业并不使用。

当然，各行业虽自成系统，各有其社会功能，但各行各业各单位又都是社会成员，与社会的各方面都有广泛的联系，尤其是社会经济的发展、法制建设的不断完善，使社会各界越来越多地参与经济、法律等活动，这就要接触甚至使用经济公文、法律公文等专用工具。其中的一些专用公文是面向社会的，成为社会各界与这些行业打交道的工具。

（2）专用性。专用公文有其专有的使用范围和专业专用的特点。超出某一专业领域，该专业的专用公文就不适用于其他专业领域。比如经济公文中的经济活动分析报告，在其他专业领域、专业工作部门就不一定用得上。同样，买卖双方要明确相互间的权利和义务关系，就要签订买卖合同；原告要诉被告，要请人民法院受理诉讼，就要向人民法院递交起诉状。

（3）业务性。专用公文都有其特有的业务内容，其业务内容受行业、部门职能的制约。经济公文都有经济方面的内容；法律公文都有法律方面的内容；军事公文都有军事方面的内容；外交公文都有外交方面的内容。

专用公文的种类很多。各行业、各部门都因自己特殊的工作需要而形成了各自的专用公文。专用公文因涉及各行各业，其分类并没有统一的标准，但多数是以行业划分，如经济公文、科技公文、教育公文、卫生公文、礼仪公文、军事公文、外事公文等。

由于规范性公文是目前应用最广泛、发展最全面、标准最规范、处理程序最严格、立卷归档最严谨科学，是其他类型公文处理参照的范本，所以后文有关公文格式、公文制度、公文文种、公文处理程序、公文改革等一系列问题的讨论均指规范性公文。

二、社会主义公文格式

我国的社会主义公文从总体上来说，还没有统一标准的公文格式，但是随着中办发 2012 年 4 月《党政机关公文处理工作条例》的发布施行，以及国家质检总局和国家标准委 2012 年 6 月发布、2012 年 7 月 1 日起正式实施的《党政机关公文格式》（国家标准 GB/T9704—2012）的出台。我国社会主义公文体系建设在标准化、规范化、制度化方面迈出了关键的具有里程碑意义的一步。

根据该《条例》和《公文格式》，我国党政机关一般公文用纸规格统一为国际标准 A4，实现了标准统一和与国际接轨。

公文使用的汉字、数字、外文字符、计量单位和标点符号等，按照有关国家标准和规定执行。民族自治地方的公文，可以并用汉字和当地通用的少数民族文字。

公文格式是：公文一般由份号、密级和保密期限、紧急程度、发文机关标志、发文字号、签发人、标题、主送机关、正文、附件说明、发文机关署名、成文日期、印章、附注、附件、抄送机关、印发机关和印发日期、页码等组成。各要素的具体含义是：

（1）份号。公文印制份数的顺序号。涉密公文应当标注份号。

（2）密级和保密期限。公文的秘密等级和保密的期限。

涉密公文应当根据涉密程度分别标注"绝密""机密""秘密"和保密期限。

（3）紧急程度。公文送达和办理的时限要求。根据紧急程度，紧急公文应当分别标注"特急""加急"，电报应当分别标注"特提""特急""加急""平急"。

（4）发文机关标志。由发文机关全称或者规范化简称加"文件"二字组成，也可以使用发文机关全称或者规范化简称。联合行文时，发文机关标志可以并用联合发文机关名称，也可以单独用主办机关名称。

（5）发文字号。由发文机关代字、年份、发文顺序号组成。联合行文时，使用主办机关的发文字号。

（6）签发人。上行文应当标注签发人姓名。

（7）标题。由发文机关名称、事由和文种组成。

（8）主送机关。公文的主要受理机关，应当使用机关全称、规范化简称或者同类型机关统称。

（9）正文。公文的主体，用来表述公文的内容。

（10）附件说明。公文附件的顺序号和名称。

（11）发文机关署名。署发文机关全称或者规范化简称。

（12）成文日期。署会议通过或者发文机关负责人签发的日期。联合行文时，署最后签发机关负责人签发的日期。

（13）印章。公文中有发文机关署名的，应当加盖发文机关印章，并与署名机关相符。有特定发文机关标志的普发性公文和电报可以不加盖印章。

（14）附注。公文印发传达范围等需要说明的事项。

（15）附件。公文正文的说明、补充或者参考资料。

（16）抄送机关。除主送机关外需要执行或者知晓公文内容的其他机关，应当使用机关全称、规范化简称或者同类型机关统称。

（17）印发机关和印发日期。公文的送印机关和送印日期。

（18）页码。公文页数顺序号。

公文的版式详见《党政机关公文格式》（国家标准 GB/T9704—2012）。

第二节　社会主义公文制度

自新中国成立以来，我国的社会主义公文制度经历了三个不同的发展阶段：第一阶段为新中国成立后至"文革"前，此期为我国公文制度初创阶段；第二阶段为"文革"期间，此期由于国内政治、经济的原因，公文制度没有得到明显发展；第三阶段为改革开放以后，这是我国公文制度发展迅速的时期。

一、新中国成立初期到"文革"前的我国公文制度

新中国成立以来，国家对公文发展十分重视。新中国成立初期至"文革"前，我国颁布了诸多公文制度和条例，为新中国的政权巩固和发展、经济以及文化建设等奠定了坚实的基础。

1950年12月30日，政务院秘书厅发布《公文处理暂行办法（草案）》，《草案》将公文的种类分为：（1）函；（2）令；（3）决定；（4）指示；（5）报告、签报；（6）批复；（7）布告；（8）通报、通知。共八类十种。接着，1951年9月29日中央人民政府政务院正式颁布了新中国第一个公文处理规范《公文处理暂行办法》，这个办法包括总则、公文种类、公文格式、行文规则、公文起草、校核、签发、办理和传递、管理、立卷归档、保密等内容，共八章四十条。在公文种类方面，《办法》将其分为：（1）报告、签报；（2）命令；（3）指示；（4）批复；（5）通报、通知；（6）布告、公告、通告；（7）公函、便函。共七类十二种。它还规定了公文的体式、办理公文中各个工作环节的手续和要求，并突出了催办检查工作。这一文件是全国性的第一次关于公文和公文工作的规定，为建立新中国社会主义公文体系奠定了基础。

公文和档案有着千丝万缕的联系，公文制度的变化对档案工作的发展有着重要的影响。1954年12月，中共中央办公厅召开的全国档案会议上通过了《中国共产党中央和省（市）级机关文书工作和档案工作暂行条例（草案）》。1955年2月，国务院常务会议发布了《国务院和国务院所属各部门行文关系的暂行规

定》。1957年10月22日，国务院秘书厅发布了《关于公文名称和体式问题的几点意见（稿）》，将公文划分为：(1) 命令、令；(2) 指示；(3) 报告、请示；(4) 批复、批示；(5) 通知、通报；(6) 布告、通告；(7) 函。共七类十二种。1956年12月，国务院发布了《国务院和各省、自治区、直辖市人民委员会行文关系的暂行规定草案（稿）》，1964年2月，国务院秘书厅制定了《关于文书工作部门对公文文稿进行把关的几点意见（稿）》，等等。由此可见，党和国家在不断补充和完善我国的公文制度，充分反映了公文的重要性。

在党的公文（文书）处理方面，1955年中共中央制定的《中国共产党中央和省（市）级机关文书处理和档案工作暂行条例》，以及1956年《中国共产党县级机关文书处理和档案工作暂行办法》，都是对党的机关公文处理的规范。不过，需要说明一点，党的公文长期使用文书一词来表述。

与1950年发布的草案相比，1951年的《公文处理暂行办法》是正式的文件。它采用了繁体文字进行书写和发布，这是与当时我国文字发展现状一致的。《公文处理暂行办法》明确指出了新中国公文的含义，即："公文是政府机关宣布和传达政策、法令，报告、商洽和指导工作，交流经验的一种主要工具。"在对公文工作人员的要求上，指出"各级人民政府的工作人员需本着实事求是、认真负责、为人民服务的态度，正确掌握运用，以达到密切联系群众，有效贯彻政令与改进工作的目的。"同时，反对官僚主义和文牍主义等不良作风。在公文的文字方面，要求简明、确切；公文处理要严格注意保守国家机密。《公文处理暂行办法》是全国性的第一次关于公文和公文工作的规定，在新中国公文发展历史上有着里程碑意义。

在《办法》之后，国家陆续颁布了一些草案和意见稿，如1954年的《中国共产党中央和省（市）级机关文书工作和档案工作暂行条例（草案）》，将公文工作与档案工作联系起来。过去的公文处理和档案工作分离，已经不适应当时新中国发展的要求了，两者统一起来，有利于我国公文工作和档案工作的发展。1957年国务院发布的《关于公文名称和体式问题的几点意见（稿）》，提出了"划清各种公文名称的使用界限，正确地使用公文名称"。在公文文种和体式上了提出了新的划分和要求。

二、"文革"时期我国的公文制度

"文革"时期是我国公义发展的曲折阶段。国家政治、经济和文化的破坏影响和阻碍着我国公文的发展。这一时期，国家的中心和重点放在了"文化大革命"上，我国的公文制度建设在这一时期是停滞的，没有得到有效的发展。因此，这一时期，我国几乎没有出台相关的公文制度。

三、改革开放以来我国的公文制度

改革开放是我国历史发展的一个重大转折，我国的工作中心开始转移到经济建设上来，中国开始了新的经济体制的探索，即社会主义市场经济的探索。随着第三世界的崛起，国内外形势发生了深刻的变化，对外开放的提出，使中国在新形势下面临机遇与挑战。公文制度在经历了"文革"时期的低迷以后，改革开放为公文制度的发展提供了新的机遇。

1981年3月，中共中央办公厅召开了全国各省市区秘书长座谈会，会议在总结新中国成立以来的秘书工作经验、教训的同时，重新审视了文革对公文工作的破坏，明确指出了一些公文制度需要改革和完善。随后，国务院或国务院办公厅先后四次发布国家行政机关公文处理的《暂行办法》（1981年2月）、《办法》（1987年2月）、修订《办法》（1993年11月）和《办法》（2000年8月）；中共中央办公厅则在1989年4月印发了《中国共产党各级领导机关文件处理条例》（试行），1996年5月印发了《中国共产党机关公文处理条例》。

2000年8月24日，国务院发布的《国家行政机关公文处理办法》规定公文文种为十三种：命令（令）、决定、公告、通告、通知、通报、议案、报告、请示、批复、意见、函、会议纪要。《办法》不仅对公文种类作出了明确的规定，而且对公文处理的含义、公文格式、行文规则、发文办理、收文办理、公文归档、公文管理及其他相关问题给出了详细而明确的规定。

1996年5月3日，中共中央办公厅印发的《中国共产党机关公文处理条例》规定公文文种为十四种：决议、决定、指示、意见、通知、通报、公报、报告、请示、批复、条例、规定、函、会议纪要。该《条例》除对公文种类进行了规定，还对公文处理的含义、公文格式、行文规则、公文起草、公文校核、公文签发、公文办理和传递、公文管理、公文立卷归档、公文保密及其他相关问题给出了详细而明确的规定。

《办法》和《条例》的发布有力促进了我国公文制度建设的步伐，促进了社会主义公文体系的建设。

为了进一步适应现代公文发展的需要，促进社会主义公文体系的标准化、规范化建设，2012年4月6日，中共中央办公厅、国务院办公厅联合印发了《党政机关公文处理工作条例》，同时废止了1996年中办印发的《中国共产党机关公文处理条例》和2000年国务院印发的《国家行政机关公文处理办法》；2012年6月国家质检总局和国家标准委发布了《党政机关公文格式》（国家标准GB/T9704—2012 2012年7月1日起正式实施）。

2012年4月《党政机关公文处理工作条例》规定公文文种为15种：决议、

决定、命令（令）、公报、公告、通告、意见、通知、通报、报告、请示、批复、议案、函、纪要，并对公文处理工作的含义、公文格式、行文规则、公文拟制、公文办理、公文管理及其他相关问题作出了详细而明确的规定。在该《条例》中，公文的立卷归档纳入公文办理的范畴。2012年6月29日发布的《党政机关公文格式》（国家标准GB/T9704—2012）是关于党政机关公文通用纸张、排版和印制装订要求、公文格式各要素编排规则等的国家标准，是对《国家行政机关公文格式》（GB/T 9704—1999）的修订。

《党政机关公文处理工作条例》和《党政机关公文格式》的施行，实现了党政机关公文处理的统一和标准化、规范化，是目前党政机关处理公文的重要依据，对推进我国党政机关公文处理工作科学化、制度化、规范化，将发挥重要作用。

随着第三次科技革命的兴起，互联网和信息技术的不断发展以及进入21世纪以后的知识经济的发展，我国的信息化建设应运而生。科学技术给人类社会带来了巨大的变化，电子文件的产生是公文发展的一大变化。随着电子政务的不断开展与深入，电子文件的管理问题尤为重要。计算机和网络技术的出现给我国各方面都带来不小的变化，并且在社会生活中发挥着越来越重要的作用。因此，这段时期出现的电子公文，使得公文制度的发展面临机遇和挑战。国家陆续出台了关于电子文件方面的法律、法规和相关政策、方针。2002年12月4日，国家质量技术监督局发布了中华人民共和国国家标准《电子文件归档与管理规范》（GB/T18894—2002），2003年，国务院办公厅下发了《电子公文传输管理办法》，2004年8月，全国第九届人大常委会十次会议通过了《中华人民共和国电子签名法》，等等。这些文件为我国电子公文的发展提供了制度保障和依据，从而为我国电子政务建设奠定了基础，推动了我国信息化建设。

比较1981年的《国家行政机关公文处理暂行办法》，1987年的《国家行政机关公文处理暂行办法》，1993年修订后的《国家行政机关公文处理办法》以及2000年的《国家行政机关公文处理办法》，我们发现以下变化：

第一，在对行政机关的公文进行定义时，从1987年的《办法》开始，包括了电报，也就是说电报此次也被纳入国家行政机关公文的范畴。与1981年的《暂行办法》相比，1987及其以后颁布的国家级公文制度中均提到了国家行政机关的公文工作要"党政分开"，同时要求设立"专门的文秘部门和配备专职人员"。

第二，在公文种类方面，基本稳定，局部有所调整。1993年和2000年的《办法》中，删除了前面的"指令"，"决议"，"布告"，增加了"议案"，2000年的办法中更是删除了"指示"，但增加了"意见"。各文种的内容设置更加合理，如将以前"布告"的内容合并到"通告"中，删除了"布告"。有的内容有所增加，如"通知"，增加了任免人员的事项。

第三，在公文格式方面基本相同。公文一般由秘密等级和保密期限、紧急程度、发文机关标识、发文字号、签发人、标题、主送机关、正文、附件说明、成文日期、印章、附注、附件、主题词、抄送机关、印发机关和印发日期等部分组成。在公文用纸方面逐渐倾向于与国际标准的 A4 接轨。

第四，在公文处理程序上不断优化。从 1987 年"公文办理一般包括登记、分办、批办、承办、催办、拟稿、审核、签发、缮印、用印、传递、归档、销毁等程序"，到后来将公文处理细化为"发文办理"和"收文办理"两个部分。

第五，随着 1987 年 9 月《中华人民共和国档案法的颁布》，公文归档有法可依，这使得公文和档案的关系进一步密切。《档案法》的实施为公文制度的建设提供了依据和基础，公文归档也将优化和更加高效。另外值得注意的是，在 2000 年颁布使用的《国家行政机关公文处理办法》中，还特别涉及了电子文件的相关规定，即"第五十五条，公文处理中涉及电子文件的有关规定另行制定。统一规定发布之前，各级行政机关可以制定本机关或者本地区、本系统的试行规定。"

比较 2012 年 4 月 6 日，中共中央办公厅、国务院办公厅联合印发的《党政机关公文处理工作条例》（下称《条例》）与 2000 年的《国家行政机关公文处理办法》（下称办法）可以发现：

第一，党政机关公文处理工作实现了标准和规范上的统一，为我国社会主义公文体系建设的进一步标准化、规范化奠定了坚实的基础。

第二，公文处理的概念更加科学。《办法》规定"公文处理是指公文的办理、管理、整理（立卷）、归档等一系列相互关联、衔接有序的工作"，《条例》中按照公文办理的工作流程将公文办理工作概括为"拟制、办理、管理"三个相互关联、衔接有序的工作环节，简洁明了，"拟制"包括了"起草、审核、签发"三个环节（《办法》中隶属于发文办理），同时将整理（立卷）、归档划归至公文办理范畴。

第三，公文的种类更加丰富。原《办法》中规定公文种类为 13 种，新《条例》中规定公文种类为 15 种，增加了"决议"（适用于会议讨论通过的重大决策事项）和"公报"（适用于公布重要决定或者重大事项），同时将"会议纪要"改为"纪要"。

第四，公文要素做出了调整。《条例》第三章第九条规定"公文一般由份号、密级和保密期限、紧急程度、发文机关标志、发文字号、签发人、标题、主送机关、正文、附件说明、发文机关署名、成文日期、印章、附注、附件、抄送机关、印发机关和印发日期、页码等组成"，增加了"份号"、"发文机关署名"、

"页码"，减少了"主题词"。同时，对涉密文件、紧急公文、联合行文、公文标题等有了明确的规定：涉密文件要标注份号，紧急公文标注"特急""加急"，联合发文可以单独用主办机关名称，公文标题应标明发文机关，有特定发文机关标志的普发性公文可以不加盖公章等。

第五，行文规则上做了具体规定。《条例》中规定向上级机关行文"原则上主送一个上级机关"；"党委、政府的部门向上级主管部门请示、报告重大事项，应当经本级党委、政府同意或者授权"；"请示"应当一文一事，并要提出倾向性意见；"除上级机关负责人直接交办事项外，不得以本机关名义向上级机关负责人报送公文，不得以本机关负责人名义向上级机关报送公文"；向下级机关行文也有明确的规定，"党委、政府的办公厅（室）根据本级党委、政府授权，可以向下级党委、政府行文，其他部门和单位不得向下级党委、政府发布指令性公文或者在公文中向下级党委、政府提出指令性要求。需经政府审批的具体事项，经政府同意后可以由政府职能部门行文，文中须注明已经政府同意"、"党委、政府的部门在各自职权范围内可以向下级党委、政府的相关部门行文"。

第六，文件签发程序更加规范。《条例》规定"重要公文和上行文由机关主要负责人签发"（《办法》只对上行文作此规定），"党委、政府的办公厅（室）根据党委、政府授权制发的公文，由受权机关主要负责人签发或者按照有关规定签发"。

第七，公文办理环节更加简明。收文办理环节增加了"承办"和"传阅"环节，对"承办"和"传阅"环节也作出了具体的规定和要求；发文办理环节减少为四个，将"起草"、"审核"、"签发"环节划归到"公文拟制"部分了，"用印"划分到"印制"部分了。

第八，公文管理环节更加严格。第七章第二十九条规定"党政机关公文由文秘部门或者专人统一管理。设立党委（党组）的县级以上单位应当建立机要保密室和机要阅文室，并按照有关保密规定配备工作人员和必要的安全保密设施设备"，第三十二条对"复制、汇编机密级、秘密级公文"也作出了明确详细的规定。

2012年的《党政机关公文处理工作条例》《党政机关公文格式》（国家标准GB/T9704—2012）的制定发布施行，进一步规范指导了我国的公文与公文工作，使之适应当前我国政治经济文化的发展，适应我国社会主义公文体系发展科学化、标准化、规范化、与国际接轨的要求。

四、现行公文制度的不足

新中国成立以来特别是改革开放以来，我国公文工作制度在维护公文的法定效力、规范和改善公文管理、提高工作质量等方面，发挥了非常积极、有效的作用。但是，随着改革开放的深入进行及依法治国基本方略的提出，我们也应看到与时代发展的要求相比，公文工作制度建设还存在一些不够完善的地方，对此，我们有必要充分认识，并努力弥补这些不足，使公文工作制度不断趋于完善。

（1）现有公文处理规定各成系统，不相统一，差异较大，给公文处理工作造成困难。目前，我国还没有出台一个全社会通用的公文法律（规），党政、军、人大等系统各自颁布了分别适用于本系统的公文规范，这些公文处理规范对于规范、统一我国公文工作并使之规范化、科学化、制度化起到了极其重要的指导作用，特别是2012年的《党政机关公文处理工作条例》和《党政机关公文格式》的制定发布施行，标志着我国公文处理制度建设正走向成熟和完善。但是，由于各个系统有其独特的实际情况，系统差别仍十分明显，它们在公文文种的使用、公文格式以及行文规则等方面都存在较大的差异。这种公文处理规范间的差异，给联合行文带来诸多不便，往往造成各种规定交叉使用，妨碍了有效沟通。

（2）现有的公文处理规范只规定了公文处理工作中的一般处理程序，而对于非常重要的公文写作活动尚未形成特定制度和法定规范，致使公文处理的源头质量不高。公文作为国家机构和社会组织行使职权、处理公务的特殊的文字形式，它不同于文学作品、新闻体裁和一般的文章，具有自身的鲜明特点：由法定的作者制发，具有法定的权威性和现实执行效用以及特定文体和规范格式，其制发和生效必须履行法定程序与手续。因此，公文写作与其他文章写作相比就有着独特的要求——文章主旨的政治性，内容的准确性，文面的规范性和表达的明快性。公文撰拟是整个公文工作的起点和基础，其质量在很大程度上影响着公文工作的社会效果。从我国目前的各种公文处理规范内容看，都对公文处理工作中的一般处理程序做了规定，但是，对公文的写作活动却缺乏必要的专门规定和监督，致使实践中公文质量不高，甚至出现"违法"现象，严重影响了公文的权威性和规范性要求，给公文处理带来极大不便，进而影响问题的解决。

公文写作活动中常出现的问题表现在：一是公文内容中出现与政策法规相矛盾的情况，即公文本身"违法"。国家的法律、法规是所有公民和一切社会组织的基本行为规范，任何个人和单位都不得违背。但是，在实际工作中，却常常看到公文的违法现象，如有的突破法律、法规的规定，擅自规定减免税内容；有的违反法律、法规的规定，擅自增加行政审批事项，违法设立收费项目；有的从本地局部利益出发，搞地方封锁，限制外地产品进入；更有甚者，一些地方文件制定的"土政策"，既无上级政策依据，更无国家法律依据，等。二是公文写作中所表现出的不良文风：文种使用不当，张冠李戴，如报告和请示不分，相互掺和；语言拖沓，词不达意，行文时不讲行文关系和语气，上行文用命令式；文中概念不明确，判断不恰当，推理含糊不清；只重成绩，不讲缺点，甚至弄虚作假等。

出现这些问题，一方面与拟稿人员的素质和观念有关，也说明了公文处理中核稿工作不到位；另一方面反映了对公文写作活动的监督不力，缺乏明确具体的规定和约束。

（3）随着现代企业制度的建立，企业公文工作面临许多新的问题，而企业公文处理尚无专门的规范可遵循。长期以来，国有、集体企业作为政府附属物，同政府有着明确的行政隶属关系，企业管理方式也主要依靠行政手段，因而我国企业的公文处理，从文种设置、行文关系确定到公文处理程序，一直都是以"企业是政府的附属物"和企业内部严格的行政隶属关系为基点，参照国家行政机关公文处理办法的规定进行，多年来已形成了固定模式。这种模式在计划经济体制下尚能行通，但是，随着经济体制改革的深化和现代企业制度的建立，企业与政府的关系及企业内部组织机构和关系都已发生重大变化，如依旧例，难以解决出现的新问题。例如，关于公司代表文件的问题。根据《公司法》，作为公司决策机构的董事会和执行机构的经理层分别在其职权范围内代表公司行使职权，由此引出究竟谁有权力代表公司对外行文以及公司文件的设置、签署、用印等问题。关于特大型集团公司，在法律上相互独立、不相隶属的母子公司却又存在着事实上的控制与被控制、管理与被管理的关系，因工作往来，彼此行文关系既不能严格按照上下级的行文惯例，也不能完全采用不相隶属的关系进行，该如何处理？市场经济体制下，企业与国家行政机关的职能不同，企业公文文种该如何明确？其公文处理程序如何设定？等等。所有这些问题，尚无具体明确的统一规定，而企业之间也无约定俗成的适用规则，有的依旧套用党政机关的公文处理办法。可以说，企业的公文处理，是各行其是。

（4）公文处理规范的执行尚无法律保障。现有的公文处理规范都对公文处理活动中的一般处理程序进行了规范，但是，由于缺少相关的法律责任的内容，即违反了相关规定应承担的法律后果，这就使公文处理规范的权威性大大降低。比如，《党政机关公文处理工作条例》第十三条规定：行文应当确有必要，讲求实效，注重针对性和可操作性。明确要求防止和克服官僚主义、形式主义和文牍主义，但是应当如何防止和克服，一旦出现了又如何处理？在现有的公文处理规范中却找不到相关的依据，因此，"文山"现象是屡禁难止。再如，关于公文处理工作的效率问题，现实中文件积压严重，拖沓推诿现象常有发生，如何提高办文效率，加快解决问题的速度，以及追究相关责任人的法律责任，都有待于科学系统的法律制度予以保障。可以说，没有罚责或法律责任的法规，也就没有较强的约束力。因此，在这方面，古代有可借鉴之处，如唐宋时期对公文办文时限的规定和法律责任的追究，可以为我们今天的公文处理规范的完善提供思索之路。

我国公文制度的建设与发展是一个不断完善的过程，《中华人民共和国档案法》的出现为公文制度的建设明确了公文归档的相关内容，而随着电子文件的出现与发展，电子文件和电子公文方面的相关法律法规的陆续制定、出台和完善，随着更加完善的有关公文的法律法规和处理制度的出台，我国公文制度将进一步科学化、标准化、规范化，从而在国家管理、社会治理、经济建设等方面发挥更加全面良性和建设性的作用。

第三节 社会主义公文文种

自1949年中华人民共和国成立以来，各类公文在公文规范上都在不断发展，公文文种的使用也在不断变化，因篇幅问题，本节仅将现在正在使用的文种具体内容进行陈述，其余仅列举名称。

一、社会主义公文文种的历史考察

（一）党的机关公文文种历史考察

1989年4月《中国共产党各级领导机关文件处理条例（试行）》规定正式文件常用的有13类13种：公报、决议、决定、指示、条例、规定、通知、通报、请示、报告、批复、会议纪要、函。

1996年5月《中国共产党机关公文处理条例》规定党的机关公文主要有14类14种：决议、决定、指示、意见、通知、通讯、公报、报告、请示、批复、条例、规定、函、会议纪要。

2012年4月《党政机关公文处理工作条例》规定公文种类为15类15种：决议、决定、命令（令）、公报、公告、通告、意见、通知、通报、报告、请示、批复、议案、函、纪要。

（二）行政机关的公文文种历史考察

1951年9月，《公文处理暂行办法》规定为7类12种：报告、签报、命令、指示、批复、通报、通知、布告、公告、通告、公函、便函。

1957年10月，《关于公文名称和体式问题的几点意见（稿）》规定为7类12种：命令、令、指示、报告、请示、批复、批示、通知、通报、布告、通告、函。

1981年2月《国家行政机关公文处理暂行办法》规定为9类15种：命令、令、指令、决定、决议、指示、布告、公告、通告、通知、通报、报告、请示、批复、函。

1987年2月《国家行政机关公文处理办法》规定为10类15种：命令

（令）、指令、决定、决议、指示、布告、公告、通告、通知、通报、报告、请示、批复、函、会议纪要。

1993年11月修订的《国家行政机关公文处理办法》规定为12类13种：命令（令）、议案、决定、指示、公告、通告、通知、通报、报告、请示、批复、函、会议纪要。

2000年8月颁布，2001年1月1日起施行的《国家行政机关公文处理办法》规定为13类13种：命令（令）、决定、公告、通告、通知、通报、议案、报告、请示、批复、意见、函、会议纪要。

2012年4月《党政机关公文处理工作条例》规定公文种类为15类15种：决议、决定、命令（令）、公报、公告、通告、意见、通知、通报、报告、请示、批复、议案、函、纪要。

通过比较党政机关公文文种的发展，可以看出我国党政机关的公文工作实际经历了一个统—分—统的发展过程。即在1989年4月之前，党的机关与行政机关公文处理工作执行的是同一个规定，即历年来发布的《办法》，1989年4月至2012年4月，党的机关和行政机关公文处理工作则是分别以历年发布的《条例》和《办法》为依据，而到2012年4月之后，党的机关与行政机关的公文处理工作的依据又统一到《党政机关公文处理工作条例》上来了。

二、现行社会主义公文文种枚举

（一）现行党政机关公文文种

现行党政机关公文处理工作是以2012年4月中共中央办公厅、国务院办公厅联合印发的《党政机关公文处理工作条例》为依据。其公文文种为15种。

（1）决议。适用于会议讨论通过的重大决策事项。

（2）决定。适用于对重要事项作出决策和部署、奖惩有关单位和人员、变更或者撤销下级机关不适当的决定事项。

（3）命令（令）。适用于公布行政法规和规章、宣布施行重大强制性措施、批准授予和晋升衔级、嘉奖有关单位和人员。

（4）公报。适用于公布重要决定或者重大事项。

（5）公告。适用于向国内外宣布重要事项或者法定事项。

（6）通告。适用于在一定范围内公布应当遵守或者周知的事项。

（7）意见。适用于对重要问题提出见解和处理办法。

（8）通知。适用于发布、传达要求下级机关执行和有关单位周知或者执行的事项，批转、转发公文。

（9）通报。适用于表彰先进、批评错误、传达重要精神和告知重要情况。

（10）报告。适用于向上级机关汇报工作、反映情况，回复上级机关的询问。

（11）请示。适用于向上级机关请求指示、批准。

（12）批复。适用于答复下级机关请示事项。

（13）议案。适用于各级人民政府按照法律程序向同级人民代表大会或者人民代表大会常务委员会提请审议事项。

（14）函。适用于不相隶属机关之间商洽工作、询问和答复问题、请求批准和答复审批事项。

（15）纪要。适用于记载会议主要情况和议定事项。

（二）现行人大机关公文文种

人大机关公文文种主要是依据1998年2月《人大机关公文处理办法（试行）》规定的14类18种。

（1）公告。适用于发布法律、地方性法规及其他重要事项。

（2）决议。适用于经会议审议和讨论通过的重要事项。

（3）决定。适用于对重要事项做出的决策和安排。

（4）法、条例、规则、实施办法。适用于人大及其常委会审议通过的法律、地方性法规。

（5）议案。适用于根据法律规定，依据法定程序，提案人向人大及其常委会提请审议的事项。

（6）建议、批评和意见。适用于人大代表向人大及其常委会提出，由常委会的办事机构交由有关机关、组织研究处理并负责答复的事项。

（7）请示。适用于请求指示、批准事项。

（8）批复。适用于答复请示事项。

（9）报告。适用于汇报工作、反映情况、提出建议等。

（10）通知。适用于传达指示，转发公文，传达需要办理、执行或周知的事项，任免人员等。

（11）通报。适用于表彰先进，批评错误，传达重要精神或者情况。

（12）函。适用于不相隶属机关之间商洽工作、询问和答复问题，向有关主管部门提出请求事项等。

（13）意见。适用于对议案或重要问题提出见解和处理办法等。

（14）会议纪要。适用于记载、传达会议情况和议定事项。

（三）现行中国人民解放军机关公文文种

中国人民解放军机关公文文种是由时任中央军委主席胡锦涛签署，2006年1月1日起在全军施行的《中国人民解放军机关公文处理条例》中规定的文种。

（1）命令。适用于发布军事法规、军事规章，确定和调整体制编制，部署军事行动，调动部队，授予、变更和撤销部队番号，调配武器装备，任免干部，授予和晋升军衔，选取士官，授予荣誉称号等。

（2）通令。适用于依据《中国人民解放军纪律条令》宣布奖惩事项（不含授予荣誉称号）。

（3）决定。适用于对重要事项做出决策或者安排，变更或者撤销下级不适当的决定事项。

（4）指示。适用于向下级布置工作，明确工作原则和要求。

（5）通知。适用于传达需要下级执行和有关单位周知或者办理的事项，转发上级机关和不相隶属机关的公文，批转下级机关的公文。

（6）通报。适用于表彰先进，批评错误，传达重要精神或者重要情况。

（7）报告。适用于向上级机关汇报工作，反映情况和意见建议，回复询问。

（8）请示。适用于请求上级机关指示、批准事项。

（9）批复。适用于答复下级机关请示事项。

（10）函。适用于无隶属关系的机关之间商洽工作，询问、答复问题，通报情况。

（11）通告。适用于向社会公布应当遵守或者周知的事项。

（12）会议纪要。适用于记载会议主要情况和议定事项。

三、现行社会主义公文文种的比较

对上述几类公文进行比较分析，从中可以看到党政公文、人大公文和军队公文通过相关法律法规设定公文文种的不同以及相同文种在表述上的不同（见表4－1、表4－2）。

表4－1　　　　　　党政军人大现行公文文种比较表

文种	《党政条例》	《人大办法》	《军队条例》
通知	√	√	√
决定	√	√	√
请示	√	√	√
批复	√	√	√
函	√	√	√
报告	√	√	√
通报	√	√	√
会议纪要（纪要）	√	√	√
命令	√		√

续表

文种	《党政条例》	《人大办法》	《军队条例》
公告	√	√	
通告	√		√
议案	√	√	
意见	√	√	
决议	√	√	
指示			√
公报	√		
条例		√	
规定			
法		√	
规则		√	
实施办法		√	
建议		√	
批评和意见		√	
通令			√

表 4-2　　　　　　党政军人大相同文种界定汇总表

文种	《党政条例》	《人大办法》	《军队条例》
报告	适用于向上级机关汇报工作、反映情况，回复上级机关的询问	适用于汇报工作、反映情况、提出建议等	用于向上级机关汇报工作，反映情况和意见建议，回复询问
请示	适用于向上级机关请求指示、批准	适用于请求指示、批准事项	用于请求上级机关指示、批准事项
批复	适用于答复下级机关请示事项	适用于答复请示事项	用于答复下级机关请示事项
通报	适用于表彰先进、批评错误、传达重要精神和告知重要情况	适用于表彰先进，批评错误，传达重要精神或者情况	用于表彰先进，批评错误，传达重要精神或者重要情况
函	适用于不相隶属机关之间商洽工作、询问和答复问题、请求批准和答复审批事项	适用于不相隶属机关之间商洽工作、询问和答复问题；向有关主管部门提出请求事项等	用于无隶属关系的机关之间商洽工作，询问、答复问题，通报情况
决定	适用于对重要事项作出决策和部署、奖惩有关单位和人员、变更或者撤销下级机关不适当的决定事项	适用于对重要事项做出的决策和安排	用于对重要事项做出决策或者安排，变更或者撤销下级不适当的决定事项

续表

文种	《党政条例》	《人大办法》	《军队条例》
通知	适用于发布、传达要求下级机关执行和有关单位周知或者执行的事项，批转、转发公文	适用于传达指示，转发公文，传达需要办理、执行或周知的事项，任免人员等	用于传达需要下级执行和有关单位周知或者办理的事项，转发上级机关和不相隶属机关的公文，批转下级机关的公文
会议纪要	适用于记载会议主要情况和议定事项	适用于记载、传达会议情况和议定事项	用于记载会议主要情况和议定事项

表 4-1 显示，现行三个法规性文件中有 8 种文种是相同的。表 4-2 对这 8 种文种的界定汇总表明，三个法规性文件中仅有"请示"、"批复"和"通报" 3 种文种的界定是完全相同的，其他 5 种文种的界定则是"大同小异"。正是这些"小异"使许多初接触公文的人员摸不着头脑，对不同界定的区分不明确，进而导致文种使用混乱。例如，《党政条例》和《军队条例》中对"会议纪要"的职能限定的是记载，而《人大办法》中则有记载和传达功能。又如，《人大办法》中对"函"的界定仅有请求批准事由，而《党政条例》中则强调请求批准和答复审批事项两项职能。再如，三部法规中对"决定"和"通知"的规定存在更大程度的不同。

四、社会主义公文文种发展变化

为了更好地说明问题，下面以行政机关公文文种的发展变化为例，看我国社会主义公文文种的发展变化。

(一) 新文种的出现

1. "请示"文种的出现

在中央人民政府政务院 1951 年颁布的《暂行办法》中，并没有"请示"这一文种，却有"对上级陈述或请示事项用报告"的规定。这就意味着当时向上级机关报告与请示共用"报告"这一个文种，这也是造成其后几十年行政公文使用者"请示"与"报告"时常混用的一个历史原因。但是工作实践证明，在实际工作中经常存在两种情况，一种是请示事项，通常篇幅较小，需要答复，有较强的时效性，另一种是陈述情况不一定需要回复，所以在"报告"中夹带"请示"事项，往往影响了对"请示"事项的及时回复。也就是说，这两种事项不宜使用同一文种。

为解决这个问题，国务院秘书厅在 1957 年的《关于公文名称和体式问题的几点意见》中将"报告"与"请示"分开，增加了文种"请示"，并规定了各自功能："报告"是下级对上级报告工作，反映情况和问题的陈述性的文书。向上级机关报送文件、物件和答复上级机关询问的时候，也应当用"报告"行文；"请示"是下级机关向上级机关请求性的文书。凡下级机关向上级机关要求审核批示的时候，应当用"请示"行文。由于将请示和报告分开处理，较好地符合公文处理的实际需求，此后，尽管《办法》几番修订，及其后替代物——党政合一的《党政机关公文处理工作条例》，"请示"始终作为一个法定文种出现。

2. 增加"会议纪要"

1987年以前，"会议纪要"并非行政公文的法定文种，重要会议之后是否形成"会议纪要"也无统一规定。但在长期的工作实践中，人们已经把会议纪要作为一种普遍使用的公文形式，这是因为，会议是行政机关进行决策、传达指令的一种非常常用并且十分重要的形式，很多工作在会议结束时就已经以会议纪要的形式记录下来，再重新以其他文种发文，画蛇添足，没有必要。会议纪要本身就具有如下特点：一是便于全面系统地记载会议情况，以备日后查考；二是便于向下级机关传达会议精神；三是便于向上级机关汇报会议情况；四是便于向有关单位及人士通报会议情况。因此，国务院办公厅在1987年的《办法》中，把"会议纪要"列为行政公文的正式文种。此后，各次修订的《办法》也都保留了这个文种，其后的《党政机关公文处理工作条例》也继续予以保留，只是名称改为"纪要"。

3. 增加"议案"

根据我国《宪法》《全国人大组织法》《地方人大和地方政府组织法》的规定，我国具有"议案"提出权的主体分为两类：一类是法定机构。包括各级人大主席团、人大常委会、人大各专门委员会、本级人民政府；全国人大及其常委会的"议案"提出主体还有中央军委、最高人民法院、最高人民检察院；可以向同级人大常委会提交"议案"的还有全国人大常委会的委员长会议与县级及县级以上地方人大常委会的主任会议。另一类是人大代表的群体。随着我国民主法治进程的不断加快，人大机构对政府的监督力度越来越大，政府在人大的会议提交议案逐渐变成政府必须履行的义务，议案也就理所当然地成为行政机关的常用文种，故此，1993年11月，国务院办公厅在修订后发布的《国家行政机关公文处理办法》中，首次将"议案"列为国家行政机关法定公文文种，并且延续至今。

4. 先增后删"指令"

"文化大革命"结束后，我国进入了"以经济建设为中心"的改革发展时期。为适应行政机关对经济活动进行宏观管理的需要，国务院办公厅在1981年2月发布的《暂行办法》中，增加了"指令"这个新文种，并规定其用于"发布经济、科研等方面的指示性和规定性相结合的措施或者要求"。但随着我国开始了改革开放,特别是1984年提出了"有计划性的商品经济",而"指令"带有明显的强制意味,给人以"指示+命令"的感觉,并且仅适用于"经济、科研"方面,让人觉得发文权限和适用范围都很窄。作为公文文种出现后,它始终未被各级行政机关所接受和使用。1987年的《办法》对"指令"的用法进行修改,删去了"经济科研等方面"的限定,规定其用于"发布指示性和规定性相结合的措施或要求"。但受人们使用习惯的影响,"指令"还是没有得到大范围的应用。因此,1993年修订的《办法》删去了"指令"。

5. 增加"意见"

"报告"按行文的直接目的,可将报告划分为呈报性报告、呈转性报告。"报告"本属于陈述性公文,在收文处理程序中通常被称为"阅件",但"呈转性报告"却包含着下级机关提出的"意见或建议"以及要求上级机关给以批转的请求,又不能作为一般的"阅件"办理。这就给上级机关的收文处理工作带来很大麻烦,且容易贻误工作。为改变这种情况,国务院2000年发布的《办法》把"意见"增列为行政机关的法定文种,其用法是"对重要问题提出见解和处理办法"。与此同时,原《办法》中"报告"的"提出意见或建议"的功能被删除了。这样,"报告"就成了单纯的陈述性公文。

"意见"在行政机关实际工作中,被灵活使用的程度,仅次于"通知"这个文种,早已在各级各类机关的公文中被广泛使用,同时,"意见"经常被用于上行文,即代替上级机关起草文件的用途,也就是"呈转性报告"。用于下行文的时候常见于比较高层次的政府机关。目前的行政公文工作中,"意见"已经成为一个行文方向多样、使用频率很高的重要文种。

(二)公文文种交替增删

"决议"是把某些重要事项交付正式会议讨论,并由法定多数通过而形成的具有决策性、权威性的一种公文。1951年9月颁布的《暂行办法》所列文种中并无"决议",1981年发布的《暂行办法》就收入了"决议",1987年的《办法》也把决议列为行政公文文种。但由于我国行政机关实行的是首长负责制,政府决策并非实行"多决原则",所以"决议"在行政机关使用甚少。故1993年修订的《办法》在行政公文的文种中又删除了"决议"。2000年发布的新《办法》也没有这一文种。但是2012年的《党政机关公文处理工作条例》又恢复了"决议"。这主要是由于党的领导机关和国家权力机关仍然实行委员会制,所以它仍作为一个重要文种被广泛使用。

(三)公文文种的删除

1. 删除"布告"

"布告"在新中国成立前,就是我党我军在根据地建立的红色政权向人民群众公布政策、说明主张而经常使用的一个文种。政务院1951年颁布的《暂行办法》即列有"布告"这个文种，一直到1993年国务院办公厅在修订的《办法》中才将其删除。删除的主要原因，就是在实际工作中，由于布告、公告、通告的词语含义非常接近，很难区分具体使用范围，而且，"布告"并不为人民政府所常用，却是人民法院经常使用的专用文种。鉴于这些情况，1993年的《办法》在行政公文的文种中删除了"布告"这一文种。在其后2000年的《办法》及2012年的《党政机关公文处理工作条例》中也不再使用。

2. 删除"指示"

删除"指示"的原因，首先应该了解"通知"这一最为常用文种的用法，通知"适用于批转下级机关的公文，转发上级机关和不相隶属机关的公文，传达要求下级机关办理和需要有关单位周知或者执行的事项，任免人员。"（2000年《办法》第九条）。由此可知，通知分为五种，即指示性通知、批示性通知、周知性通知、会议通知和任免通知。可以看出"指示"与"指示性通知"功能相同。而高层领导机关布置工作既可用"指示"，也可用"指示性通知"，且近些年来用前者日少而用后者甚多。事实上，"指示"已被"指示性通知"取而代之。在此基础上，国务院2000年发布的《办法》在"公文种类"中删去了"指示"，其后的《党政机关公文处理工作条例》也没有使用"指示"。

由此可知，公文文种的增加，着眼于实际工作的需要和公文写作与处理的方便；公文文种的删除，缘于文种功能重复及其使用频率过低。总之，工作的迫切需要和公文实践的大量使用，是公文文种得以"递补"和"常用不衰"的根本原因。

五、社会主义公文文种发展成就与问题

（一）公文文种发展的成就

1. 公文文种变动，体现工具性

文种变动主要是指公文文种数量的变化和具体文种的增删。公文作为管理国家处理政务的辅助性手段，必然要兼顾经济性和效益性的统一。工具性是实现经济性和效益性的最大结合。工具性要求用最少的文种准确、全面地表述政务管理中的所有事由。

（1）文种增删、变化体现服务性。社会主义时期公文的历次变化都是为了实现公文管理国家、处理政务的辅助性职能。一切能够满足管理需要的文种存留下来，而一些完成了历史使命的文种则会逐渐退出历史舞台。2000年的《办法》中"取消指示，增加意见"，正是对这一特性的最好诠释。"指示"是上级机关对下级阐明工作指导原则时使用的指挥性文种，其权威性、制约性和原则性非常

强，发文机关的级别要求也较高，因此使用时需谨慎，此外，"指示"的"向下级机关布置工作"的功能已经逐步被"决定"和"通知"所取代。如果仍然保留这一文种则违背了经济性原则，因此，取消这一文种是完全合理的。

"意见"在很长一段时间内一直是一种非正式文种，但在实际工作中使用频率非常高。随着我国政治体制改革的逐渐深入及政治文明程度的不断提高，越来越多的公文使用者意识到长期以来制约中国人民的封建等级观念严重影响当今提倡的构建和谐社会的发展。上级机关在实现行政意图时不仅要有权威性和强制性，还要充分发挥各级尤其是下级行政机关的积极性与创造性，而"意见"正是这种背景下的产物，它改变了之前简单的上对下的单维指挥模式，增强了各级各类机关之间的协作与互动性①。

由报告、请示不分到二者相互独立。1951 年的《暂行办法》中规定：报告，对上级陈述或请示事项用"报告"。这时期报告与请示不分，在公文制发阶段经常将本应属于请示事项的结尾处，以"特此报告"作结，甚至出现了请示报告的奇怪文种。在收文机关对"报告"进行处理时，可能将请示问题的报告与反映问题的报告混淆，作为一般的传阅件处理，使请示事项不能及时处理，给公文处理和归档工作带来不便。1957 年《关于公文名称和体式问题的几点意见（稿）》已经注意到这一问题，并新增"请示"文种，随着几次完善，对两种文种的适用范围也有了明确规定：报告，适用于向上级机关汇报工作，反映情况，答复上级机关的询问；请示，适用于向上级机关请求指示、批准。1981 年的《办法》中便把二者彻底分开，并一直沿用至今。

（2）文种数量体现工具性。新中国成立后涉及公文文种变化的规范性文件有近十个，1950 年中央人民政府政务院秘书厅《公文处理暂行办法（草案）》规定了八类十种文种；1951 年中央人民政府政务院《公文处理暂行办法》规定了七类十二种；1957 年国务院秘书厅《关于公文名称的体式问题的几点意见（稿）》规定了七类十二种；1981 年国务院办公厅发布《国家行政机关公文处理暂行办法》规定了九类十五种；1987 年国务院办公厅发布《国家行政机关公文处理办法》规定了十类十五种；1993 年国务院办公厅修订并发布《国家行政机关公文处理办法》规定了十二类十三种；2000 年国务院发布《国家行政机关公文处理办法》规定了十三种；1989 年中共中央办公厅印发《中国共产党各级领导机关文件处理条例（试行）》规定了十三种；1996 年中共中央办公厅印发《中国共产党机关公文处理条例》规定了十四种；2012 年中共中央办公厅印发《党政机关公文处理工作条例》规定了十五种。

---

① 张志强、周海玲：《试析当前行政公文文种设置及其适用范围的不足》，载《广东广播电视大学学报》2006 年第 4 期。

无论是行政机关的公文还是党的机关的公文，新中国成立后文种设置上总的变化趋势可以简单概括为"大稳定、小调整"。新中国成立之初，废除了一大批带有封建性质的公文文种名称，如咨、呈等，新设立了指示、命令、报告、布告、批复、通报、函七种文种，在以后的几次修订中都是以此为基础进行增删改变。

2. 文种表述，更趋科学

新中国成立后公文经历几次变革，涉及文种变革的主要有1951年、1981年、1987年、1993年、2000年《办法》和2012年《条例》中对文种的有关规定。为了清晰地表述新中国成立后文种数量和表述等方面的不同，现用表格形式汇总不同时期文种的变化（见表4-3）。

表4-3　　　　　　　　新中国成立后行政公文文种汇总表

年份	1951	1981	1987	1993	2000	2012
指示	指导下级机关工作	对下级机关布置工作、阐明工作活动的指导原则	同1981年	同1981年	取消该文种	同2000年
命令	颁布法律、条例、通则、决定、规定、办法或任免、嘉奖、惩戒、通缉、赦免以及指挥行政等	细分为命令、令和指令	细分为命令（令）和指令	适用于依照有关法律规定发布行政法规和规章；宣布施行重大强制性行政措施；奖惩有关人员	将"奖惩有关人员"改为"嘉奖有关单位及人员"；取消"撤销下级机关不适当的决定"职能	增加"批准授予和晋升衔级"
报告	对上级陈述或请示事项	将"请示事项"事由设为文种	增加"提出建议"职能	增加"答复上级机关的询问"职能	同1993年	同1993年
请示		新增文种	同1957年	同1957年	同1957年	同1957年
批复	答复下级的请示或报告事项	取消"答复报告事项"	同1957年	同1957年	同1957年	同1957年
通报	对于使各机关（不分上行、平行、下行）周知的事项	表扬好人好事，批评错误，传达重要情况以及需要各机关知道的事项	将"表扬好人好事"改为"表彰先进"；取消"需要各机关知道的事项"	同1987年	同1987年	将"传达重要精神或者情况"改为"传达重要精神和告知重要情况"

第四章　社会主义社会公文

续表

年份	1951	1981	1987	1993	2000	2012
布告	对人民公布关于法令性的事项	将"法令性"改为"应当遵守"	增加"周知"职能	取消该文种	同1993年	同1993年
公告		向国内外宣布重大事件	将"重大事件"改为"重要事项"	增加"法定事项"	同1993年	同1993年
通告		在一定范围内，对人民群众或者机关团体公布应当遵守或者周知的事项	取消主体的界定将"需要知道"改为"周知"	增加对主体界定"一定范围内"	将主体界定"一定范围内"改为"公布社会各有关方面"	改为"在一定范围内公布应当遵守或者周知的事项"
函	有公函与便函之分	机关之间互相商洽工作、询问和答复问题等	相互商洽工作，询问和答复问题，向有关主管部门请求批准	增加主体界定"适用于不相隶属机关之间"	增加"答复审批事项"事由	同2000年
决定		对某些问题或者重大行动做出安排，用"决定"	对重要事项或重大行动做出安排，用"决定"	适用于对重要事项或重大行动做出安排	增加"变更或者撤销下级机关不适当的决定事项"	将"对重要事项或者重大行动做出安排"改为"对重要事项作出决策和部署"
决议		经过会议讨论通过、要求贯彻执行的事项	同1981年	取消该文种	同1993年	恢复该文种，改为"会议讨论通过的重大决策事项"
通知		传达上级机关的指示，要求下级机关办理或者需要知道的事项，批转下级机关的公文或者转发上级机关、同级机关和不相隶属机关的公文	取消"传达上级机关的指示"，增加"发布行政法规和规章""与下级机关共同执行的事项"	取消"发布行政法规"，增加"任免和聘用干部"	将"任免和聘用干部"改为"任免人员"	改为"发布、传达要求下级机关执行和有关单位周知或者执行的事项，批转、转发公文。"取消"任免人员"

续表

年份	1951	1981	1987	1993	2000	2012
会议纪要			传达会议议定事项和主要精神，要求与会单位共同遵守、执行	适用于记载和传达会议情况和议定事项	同1993年	同1993年，文种名称改为"纪要"
议案				适用于各级人民政府按照法律程序向同级人民代表大会或人民代表大会常务委员会提请审议事项	同1993年	同1993年
意见					适用于对重要问题提出见解和处理办法	同2000年
公报						公布重要决定或者重大事项

（1）文种职能增删，体现科学性。作为一部关涉各级行政机关公文使用规范的《办法》，必定以实践为基础，调整公文分类及文种职能。

与1993年的《办法》相比，2000年《办法》中以下文种职能有增减。增加"决定"的"变更或者撤销下级机关不适当的决定事项"职能，增加"变更"一词，使文种职能更严密，因为对下级机关的不适当决定有的是撤销，而对一些部分有作用的文种用"变更"更为合适。增加"函"的"答复审批事项"职能，因为"函"可以适用于向不相隶属机关请求批准，那么相关部门对这些请示进行答复也应该用"函"，因此，增加"答复审批事项"职能，使"函"的职能更全面；取消"命令"中"撤销下级机关不适当的决定"职能，将这一职能划归给"决定"，既体现出"命令"这一文种在使用过程中的高度权威性又能突出"决定"的可执行性。取消"通知"的"发布规章"职能，用"命令"表述该职能，这样规范了行政规章的发布形式，有利于依法办事。取消"报告"中的"提出意见和建议"职能，将这一职能划归为一种新的文种"意见"，这一划分有利于彻底解决"报告"与"请示"不分的问题，凡是要求上级机关答复的只能用"请示"，而"报告"仅反映情况，不能要求上级机关答复。

（2）文种职能微调，体现科学性。例如，2000年的《办法》对"命令"的职能做了细微调整。将"命令"中"奖惩有关人员"改为"嘉奖有关单位及人员",命令用于奖励的多,较少用于惩戒,根据使用频率性原则,取消惩罚性职能符合实际,而嘉奖不仅仅是个人,实际工作中更多的是某个单位在某次活动中的表现突出,因此,增加嘉奖单位职能使"命令"职能更全面、更符合实际。

3. 文种发展,以法制化为依托

自中华人民共和国成立,公文便逐步走向了正规化、法制化道路。新中国成立之初,为适应人民民主专政国家的要求,中央人民政府政务秘书厅召开全国秘书长会议,这一时期通过了一系列规范公文使用的文件。其中与公文文种有关的文件有:1951年通过的《公文处理暂行办法》;1954年通过的《中国共产党中央和省(市)级机关文书工作和档案工作暂行条例(草案)》;1957年国务院秘书厅下发的《关于公文名称和体式问题的几点意见(稿)》;1981年以来颁布的《国家行政机关公文处理办法》及其四次修改稿;1989年发布的《中国共产党各级领导机关公文处理条例》(试行);1996年发布的《中国共产党机关公文处理条例》;2012年发布的《党政机关公文处理工作条例》。上述文件引导当时公文起草者正确使用文种,对规范文种使用和处理工作发挥了重要作用。

(二) 公文文种发展存在的问题

1. 公文文种体例不一致

多体例并行的状况给公文处理带来诸多麻烦。

(1) 各种体例对文种界定不统一。不同机关在文种设置及规定上的异同点,可以通过表4-1、表4-2表示出来。表4-1显示,现三个法规性文件中有8种文种是相同的,而表4-2对8种文种的界定汇总表明,三个法规性文件中仅有"请示"、"批复"和"通报"3种文种的界定是完全相同的,其他5种文种的界定则是"大同小异",而正是这些"小异"使许多初接触公文的人员摸不着头脑,对不同界定的区分不明确,进而导致文种使用混乱。同时,体例不一致也会导致理解上的偏差。

(2) 不同体例文种分类混乱。依据公文功能属性对公文文种进行分类,可以分为狭义法定性公文文种、法律法规性公文文种和专用公文文种。所谓狭义法定性公文文种是指可独立行文的文种,法律法规性文种是必须履行必要法定程序后用狭义公文文种中的命令或公告发布的公文种类,专用公文文种的主体是司法文书。[①]仔细分析现行三部相关法规可以发现《人大办法》中的"建议、批评和意见":适用于人大代表向人大及其常委会提出,由常委会的办事机构交由有关机关、组织机构研究处理并负责答复的事项。因此,"建议、批评和意见"属于专

---

① 栾照均:《公文病误矫正指南(增订版)》,档案出版社2006年版。

用公文文种。显然，这种多类型文种交叉的规定是不合逻辑的。

2. 文种界定不规范

（1）文种表述有缺陷。《国务院办公厅关于实施〈国家行政机关公文处理办法〉涉及的几个具体问题的处理意见》中对使用意见的使用作出如下规定："意见"，可以用于上行文、下行文和平行文。作为上行文，应按请示性公文的程序和要求办理。……上级机关应当对下级机关报送的"意见"作出处理和给予答复。既然如此，作为上行文的意见与请示便具有很大的相似性，因为请示，适用于向上级机关请求指示、批准，在请求上级指示和批准的过程中需要下级机关对问题提出处理办法或建议，因此两者在使用过程中容易混淆。

（2）模糊性词语的使用给文种使用造成不便。《党政机关公文处理工作条例》对15种文种界定时，有10种用了模糊性词语，如决议的"重大决策事项"，命令的"嘉奖有关单位及人员"，公报的"重要决定或者重大事项"，公告的"重要事项"，通告的"一定范围内公布"，意见的"对重要问题"，通报的"传达重要精神和告知重要情况"，决定的"重要事项"，通知的"有关单位周知"。在对文种进行界定时重要、重大、有关等模糊性词语的确不可或缺，但这些模糊性概念又的确会造成理解上的偏差。

（3）文种界定过于宽泛。服务性政府转变以往的管理方式，平等性公文"意见"应运而生。《党政机关公文处理工作条例》中对意见的界定是：适用于对重要问题提出见解和处理办法。"意见"可以用于上行文、下行文和平行文。作为上行文，应按请示性公文的程序和要求办理；作为下行文，文中对贯彻执行有明确要求的，下级机关应遵照执行，无明确要求的，下级机关可参照执行；作为平行文，提出的意见供对方参考。如果是这样，那么作为上行文时"意见"与"请示"在某种程度上容易产生混淆；而作为下行文时，"意见"与"决定"、"通知"、"通报"等文种在"对下级机关工作的指示、指导或指挥时"也存在重合之处。

3. 文种设置有失平衡

文种不平衡既有文种总体设置上的不平衡，也有文种职能表述上的不平衡。

所谓平衡是指对事物表述过程中要顾及两方面，不能顾此失彼。很多情况下，文件中规定了对重大问题的见解和处理办法应该使用的文种，而对非重大问题处理使用的文种阐述较少；规定了对重要问题重要事项的安排处理应采用的文种，而没有规定对一般事由处理时应使用的文种。

4. 文种使用过程中存在局限性

文种使用范围的扩展有可能导致公文名称标志的混乱。党政机关在公文处理工作条例中对文种的界定是为了更好地突出该文种的特性和职能，并能明确地与其他文种区别开来。但是"通知"、"函"、"意见"使用范围的不断扩大，有些在国家规范之列,有的则是公文撰拟者的自主自由行为,有时甚至出现错误用法,在这种情形下就很难保证全社会同类型公文名称的完全统一,也无法保证同类型公文得到同样的对待。

对公告的使用,从实际使用情况来看,宣布重要事项、法定事项用公告,宣布一般性事项也用公告;从发文主体的级别上看,党和国家级机关可以使用,一般机关甚至企事业单位也可以使用,这就造成文种使用过程中的混乱,给公文管理带来不便。

六、社会主义公文文种发展和改革的方向

(一) 文种改革的重要性和必要性

1. 文种改革是转变政府职能、提高政府办事效率的需要

公文文种过繁容易导致公文制发者对文种的不规范使用;文种过简则不能准确表述现有事由,同时公文归档后,在检索利用时可能出现许多无用信息;文种表述不准确对发文机关和收文机关公文处理和管理都会造成不便。为了使政府机构能更好地使用公文为人民办事,根据实际工作中存在的问题进行文种改革迫在眉睫。

2. 文种改革是对外开放的需要

市场经济的搞活使中国与世界交流的机会越来越多,公文作为交流的载体发挥着至关重要的作用。无论是政治还是经济上的交流,都需要公文作为基础。而中国现行公文与国际公文的不完全相符性对文种改革有重要影响。

(二) 文种取舍原则

1. 合法性

关于公文的规范使用,各个时期都有根据该时期特点制定的公文制发、传输、管理、使用的规范和制度。如历史上唐代的《玉唐书》、清代的《钦定大清会典》都曾起到规范公文使用的作用。现行《党政机关公文处理工作条例》是目前公文处理工作中,文种使用必须遵循的法规性文件。

2. 实用性

各种不同的法规性文件对公文文种的规定是公文文种理论方面,理论来源于实践,又必须接受实践的考验,不能满足工作需要的文种必然会不断走向消亡,实际工作也会对文种提出新的要求,产生适应实际需要的文种。

公文是满足实际工作需要而产生的,公文活动的实际需要是决定文种取舍的主要因素。尽管目前我国公文管理体制使不同部门对文种使用有不同要求,但每个部门对公文处理规范性文件进行修订时,文种都会或多或少地发生一些变化。一些使用频率高、生命力强、符合社会发展和国家管理事务需要的文种会保留下

来，而那些使用频率低、生命力弱的文种在完成一定历史阶段的任务后就会被取消。通过类似价值规律调节市场的方式，文种发展不断趋向科学和合理。《办法》在 1987 年将"命令"和"令"合并为"命令（令）"一种文种，并增加"会议纪要"；1993 年修订时取消"指令"、"决议"和"布告"；2000 年取消"指示"，增加"意见"；2012 年《条例》恢复"决议"，增加"公报"。这些微调都是基于文种的使用频率和使用范围。

3. 群众性

群众性必然与民主性相联系，公文作为管理国家事务的工具，在社会主义时期已经成为人民大众的工具，因此，群众在文种使用过程中的倾向性也会对文种发展产生影响。文种不能适应群众表达的需要，不符合多数群众的习惯，则必须对其进行修改或取舍。

4. 时代性

文种作为一种语言记录符号，不仅公文种类本身增加和改变对其产生、发展有影响，时代因素对语言使用的影响也会对其出现产生影响。新民主主义时期废除大量封建意味较浓的文种而选用富有白话、现代色彩的词语为其命名。这是时代性在各个时期取舍文种的最好例证。平等对话、和谐发展的时代音符也促成了"意见"等平行性公文的快速使用与发展。公文在各个时期的发展正是时代的一个缩影，每种文种的增删、表述的改进都与时代要求有关。

（三）完善调整现行文种的措施

1. 现行文种完善调整的宏观措施

（1）改革文种制度，建立新体例。在没有公文法的情况下，相关部门应制定更加统一完备的公文标准，完善公文使用。2012 年 4 月《党政机关公文处理工作条例》发布施行，就是因应了这种发展需求。《党政机关公文处理工作条例》的发布施行，使党的机关与行政机关公文处理工作实现了标准的统一与完善，这为我国社会主义公文体系建设的科学化、标准化、规范化打下了一个良好的基础。

在我国，需要借助公文这一载体行使管理职能的部门和单位的确很多，因此，在对文种进行界定时，既要考虑公文使用中的普遍性，又要考虑具体使用主体的特殊性。按照使用主体和适用范围不同，当今世界的公文分世界各国公文和世界通用公文。[①] 基于此，可以将公文划分为通用性公文和专用性公文，通用性公文是指不同机关在日常工作事务中共同需要办理的公文种类。国家可以通过制定《国家公文标准》对党、政、军、人大机关共同使用的文种，统一规定其适用

---

① 施铁：《联合国公文书初探》，载《新疆社科论坛》2008 年第 2 期。

范围、职能及文种标准格式等。专用性公文，即在某一机关系统中使用较多的公文种类，如人大机关中的议案使用较多，司法部门的司法性公文使用较多。对于专用公文，各个不同机关可以根据本机关实际工作需要制定本系统的文种，但要保持该系统上下级之间遵循统一标准。这样，在文种建设发展中既遵循了公文文种的普遍性特点，又顾及不同部门文种使用的特殊性；既体现了文种的严肃性又不失实际工作中的灵活性。而对于法律法规性公文可再另行规定。

采用通用文种和专用文种并行的直接结果是党政机关、军队机关和人大机关等系统不再各自为政，而是通过一套统一的标准对不同机关中通用文种进行规定，使同一文种无论在何种情况下其适用范围、功能、体式等方面保持一致。

（2）加强法制化建设，促进正规化发展。作为党和国家传递公务信息、实施公共管理、开展公务活动、进行宣传教育、依法行政的重要工具和手段的公文，其内容的合法性、发文主体的法定性、文种使用的规范性、制发公布的程序性，经常受到冲击和侵害，以致淡化和削弱了公文应有的权威性和严肃性。目前，《立法法》第2条规定：法的渊源为法律、行政法规、地方性法规、自治条例、单行条例和规章。公文则是法规性文件，具有法定效力，但国家的法规和规章是行政机关管理社会事物的准则，因此，公文的法律效力明显低于法律，公文对不规范现象仅是规范却不能制裁。

关于立法问题，公文学和档案学存在一种奇怪的现象，按照公文处理程序，公文制发先于归档，《中华人民共和国档案法》已于1987年9月5日第六届全国人民代表大会常务委员会第二十二次会议通过，但是公文到现在也没有专门的法律文件。目前规范公文的主要途径是通过中共中央、国务院制定的《党政机关公文处理工作条例》；人大制定的《人大机关公文处理办法（试行）》；中央军委制定的《军队机关公文处理条例》等规范性文件。这些规范性文件从公文种类、公文格式、行文规则、发文办理、收文办理、公文归档和公文管理等方面规范公文。但是，由于保密工作做得不够严格、公文处理程序环节出现纰漏，导致绝密文件泄露事件屡见不鲜，这些都与公文法制化建设不完善有关。目前还没有一部专门的公文法，通过法律的形式保证公文的正常运转、文种的正确使用。

尽管现有规范性文件中已经有关于对公文的规范化、科学化、提高公文运转效能及确保公文质量的规定，但结合公文处理实际，为公文立法还应体现出"主体在制度面前的平等性"，"权利与义务、利益与责任对等并完整"，"服务基层"，"简化便利"① 等特点。现行公文处理办法中对上约束少责任少而权利多、对下约束多责任多而权利少的现象较为普遍，这些现象的存在对保证公文处理效

---

① 赵国俊：《关于进一步完善我国党政机关公文处理法规建设的几点思考》，载《档案学通讯》2000年第3期。

能和质量都是不利的。确保使用主体在制度面前的平等能够从根本上医治该痼疾。公文相关的制度、方法、程序应尽可能在功能不变的前提下化繁为简，只有简单方便，才易于掌握便于推行，才能降低操作难度减少中间环节。

因此，要想对现行公文文种进行改革，确保其健康发展，必须把公文纳入法制化轨道，在全面建设法治社会的今天，加强公文立法工作，使公文文种使用有法可依、势在必行。

（3）监督文种使用，确保准确性。公文文种若想在发展演变过程中保持稳定，必须坚持正确的发展方向。而规范使用文种，是坚持公文文种正确发展方向的基石。文种使用贯穿于公文处理的各个阶段，准确使用文种对公文处理的各个环节都至关重要。公文起草者正确使用文种，能保证公文在管理社会事务中准确、高效地发挥效能。如果把该用"报告"的写成了"请示"，必定会使一些本不需要批复的公文划入需要批复之列，一方面增加公文处理工作的工作量，另一方面会延误急需办理公文的时间；反之，如果将"请示"写成"报告"，可能领导对此关注不够，影响某些事务的有效办理。文种误用、错用既有对相关知识掌握不牢的原因，也有公文起草者明知故犯的因素。无论何种因素导致的文种错用、误用都应在发文、办文的过程中进行教育，并严格按照办文程序将其退还制发机关令其改过，这样才能有效地促进公文健康、科学、规范地发展。

（4）规范文种界定，规范使用模糊词语。对文种进行界定时，总是会出现"重要"、"重大"、"有关单位"、"严重"等没有明确标准的模糊性词语。这些词语在表达上能满足表述的需要，但在实际使用过程中却存在分歧。同为一件事情，可能会由于主体家庭背景、受教育程度、社会舆论等各种因素的影响而选择使用不同的文种。如果能用科学的方法对这些模糊性词语进行量化界定，将更有助于公文的统一。例如，在相关公文的规范中附：事故灾难中，死亡10人以上为重大，死亡30人以上为特大。可能在使用公文过程中不完全以该数字为判定标准，但至少是一个依据。这样能坚持严格的科学性与自主灵活性的统一。

2. 完善调整下行文文种的措施

现行文种中还存在一类特殊的文种，在使用过程中可以上行可以下行还可以平行，此处将其放入下行文部分讨论。

一是修订具体文种功能，使其更好地服务实践。

意见，作为通行文种容易导致混淆，可以考虑将其职能缩减，上行功能部分由新增文种"建议"替代，平行功能部分由"函"承担，仅保留其作为下行文的功能并在界定中做出明确说明。

二是增加文种部分功能。1987年《办法》中增加"通知"的"发布法规和规章"功能，而1993年修订时将"发布行政规章"功能取消，其后一直没变。

1994年，国务院制定的《规章制定程序条例》和《行政法规制定程序条例》规定：由"命令"承担"发布法规和规章"的职能。而对于其他规范性公文却没有规定合适的文种发布。《国务院公报》2009年1~6号所载此类公文中，26篇以"令"发布，占66.7%；13篇以"通知"发布，占33.3%。栾照钧先生统计的2004年1~5号《国务院公报》发布的法规和规章中，13篇用"令"发布，占62%；8篇用"通知"发布，占38%。两种统计数据说明，"通知"的"发布规范性公文"的职能不可少。因此，可以考虑增加"通知"的"印发本单位制定的规范性文件"这一功能。

三是调整文种分类方式。2012年的《党政机关公文处理工作条例》中将公文分为十五类十五种，每类下面一种文种，即实现种、类统一。同类同种的设置可以使文种界定更清晰但也存在弊端，对同表述"告晓"事由的文种进行检索时，如果由于某些原因导致"公告"与"通告"相混淆，有可能在"通告"检索中检索不到"通告"误用作"公告"的公文。而大类小种的文种分类方式有利于公文检索。只要大类正确，即使在使用过程中有少量因事由模糊或其他原因造成的文种误用，也可以通过查找大类的方式检索到此公文。

3. 完善调整平行文文种的措施

取消一些文种的通用法定地位。"议案"是《办法》在1993年修订时增加的文种，2000年《办法》修订中保留了该文种，2012年的《党政机关公文处理工作条例》也保留该文种。只是将位次分别调到第七、第十三，适用于各级人民政府按照法律程序向同级人民代表大会或人民代表大会常务委员会提请审议事项。"议案"使用主体的特定性、涉及内容的专门性、写作格式的固定性等特点决定了"议案"适用范围较为狭窄和单一，如果以使用频率和范围作为衡量一种文种能否成为法定文种的标准，结合通用公文和专用公文的界定，将"议案"作为人大机关的专用文种更为合适。

4. 完善调整上行文文种的措施

（1）增加必要文种。由管理型政府向服务型政府的转变促进平等性公文的广泛使用。2000年的《办法》把"意见"列为一种独立的文种，2012年的《党政机关公文处理工作条例》也保留该文种，尽管"意见"的使用具有很强的灵活性，但在使用过程中也存在一些问题。"意见，适用于对重要问题提出见解和处理办法。"为了照顾到事由的平衡度，对一般问题提出见解和处理办法也应当增加相应文种。"意见"，本来也仅仅是党政机关使用的常用事务文种，随着使用频率的升高和建设服务型政府的需要逐渐演化为一种法定文种。目前在党政机关公文处理实践中对"建议"的使用频率越来越高，经常与"意见"共同使用，如《中共中央关于制定国民经济和社会发展第十个五年计划的建议》《上海市人大代表、市政协委员在2008年对本市金融中心建设、人才高地建设提出的意见建议》，因此，可以考虑将"建议"列为一种独立文种。

（2）取消不必要文种。《人大办法》中，将"建议、批评和意见"列为人大机关公文主要文种不科学。因为这些文种不具有法定效力和规范体式，其处理过程也不严格按照公文处理程序。可以考虑取消这些文种或分列表述。

第四节 公文处理程序

一、公文处理概述

2012年的《党政机关公文处理工作条例》第四条明确规定：公文处理工作是指公文拟制、办理、管理等一系列相互关联、衔接有序的工作。公文处理是公文工作的重要组成部分和基础性工作。

（一）公文处理的意义

1. 公文处理工作是治国安邦、传递政令、沟通信息、实现领导指挥的重要工具和手段之一

离开公文处理工作单纯讲领导、讲管理，显然是不科学的，也是不正确的。因此，各级党政领导给予高度重视，带头学习并执行好《党政机关公文处理工作条例》，特别是在文种的使用上、行文规则上要起模范作用，切不可任凭自己的想法随意而行。

2. 公文处理，是机关联系的纽带

只有通过公文处理活动，上级机关在公文中表达的意图，才能把下级机关联系起来按照统一要求开展各自工作。否则公文处理不当，各级机关步调不一，难以衔接，势必会扰乱全局。

3. 公文处理是保证决策实施效果的重要步骤

实现机关管理职能，体现公文特定效力，重在对公文内容的理解、贯彻和实施。而公文处理正是在理解公文精神的基础上，细化实施办法、明确实施责任、分担实施任务的重要一步。离开这一步骤，任何重要的公文都进入不了贯彻实施的阶段，公文"旅行"的形式主义问题就很难避免。

4. 公文处理是体现公文档案价值的重要保证

在公文处理中，不但要完成公文拟制，还要完成公文办理、公文管理的工作，而公文整理、立卷归档的任务是公文办理工作中重要的不可或缺的组成部分。只有经过整理立卷的机关公文齐全地、完整地、科学地、规范地贮存起来，才能发挥机关档案的作用、体现机关档案的价值。

（二）公文处理的地位

公文处理的重要地位体现在以下三个方面：

1. 公文处理是机关行政管理的重要组成部分

公文作为办理公务的基本手段，贯穿于机关各项职能活动的始终，为公务活动的各领域提供有效的信息支持，而公文的形成与发挥作用依赖于公文处理。因此，公文处理便成为机关实现管理职能的必要条件，是沟通机关之间的纵向与横向联系，沟通机关与广大群众之间联系的有效形式。公文处理的质量与效率对于机关行政管理及国家管理产生直接的影响。

2. 公文处理是国家档案事业的基础

档案的重要部分来源于各机关形成的公文。公文的内容、格式、字迹材料以及处理程序是否规范、准确，归档公文是否齐全完整，直接影响档案的质量与档案事业的发展。因此，只有加强公文处理工作，才能促进国家档案事业的发展。

3. 公文处理是机关联系的纽带

机关与机关的联系、沟通，公文具有不可替代的作用。通过公文，上级机关可以表达意图，行使职权，发号施令；下级机关可以下情上达，报喜报忧；平行机关可以联系业务，商洽工作，互通信息。

（三）公文处理的原则

1. 实事求是原则

当前公文造假现象尤须警惕。虚报浮夸、内容编造以谎言代替现实，"干部出数字，数字出干部"的做法竟然让一些人得逞于一时。在公文处理中要做到实事求是，必须坚持深入群众体察民情，只有这样才能和老百姓心连心，才能真正解决问题；必须坚持党性原则，共产党人要坚持立党为公，能听不同意见、善听批评意见、敢听反对意见，从各种不同的意见中深化认识；必须坚持提高思维层次，运用辩证唯物主义和历史唯物主义的原理，探求事物本质，把握事物规律。

2. 精简原则

要求公文精简数量，讲求实效，在保证有效的前提下努力简化公文的格式与语言表述，简化公文处理的程序手续与方法。为实现这一原则，提倡一切从实际出发，加强调查研究，反对形式主义与文牍主义。

3. 时效原则

要求及时、快捷地处理公文，维护公文的时效。为实现这一原则，应明确规定公文办理的时限，简化手续与减少公文送审的层次，加强督促与检查，并尽快推行公文标准化与实现公文处理的现代化。

4. 保密原则

要求安全可靠地传递、处理与管理公文，保证不失密、不泄密，不丢失公文。为实现这一原则，应认真遵守国家关于保密的法律法规，确立保密观念，积极防范各种窃密行为，掌握必要的保密方法与技术，加强保密设备。

二、公文处理程序

公文处理主要包括公文拟制、办理、管理，其中公文拟制包括公文的起草、审核、签发等程序，公文办理包括收文办理、发文办理和整理归档。

（一）公文拟制

公文拟制包括公文的起草、审核、签发等程序。

1. 起草

起草是公文拟制的主要环节之一，也是公文写作的主要研究对象。草拟初稿所需撰稿人员，由主管领导或秘书长、办公厅（室）主任根据任务轻重程度而定。一般情况下，一两人即可，重要公文的起草，如党代会、人代会的工作报告，带有全局性的决定和指导性强的领导讲话，则需组织一个精干的写作班子，一般以五人左右为宜。其中，要明确一位思想、文字水平较高的主笔人。由他主持讨论研究，统筹安排全文。起草文稿时要注意以下几个问题：

（1）符合国家法律法规和党的路线方针政策，完整准确体现发文机关意图，并同现行有关公文相衔接。

（2）一切从实际出发，分析问题实事求是，所提政策措施和办法切实可行。

（3）内容简洁，主题突出，观点鲜明，结构严谨，表述准确，文字精练。

（4）文种正确，格式规范。

（5）深入调查研究，充分进行论证，广泛听取意见。

（6）公文涉及其他地区或者部门职权范围内的事项，起草单位必须征求相关地区或者部门意见，力求达成一致。

（7）机关负责人应当主持、指导重要公文起草工作。

2. 审核

文稿送领导签发之前，还要经过审核把关这一环节。这项工作，由办公厅（室）负责，在较大的行政机关一般都设有责任核稿员，专门从事文稿的审核工作。基层单位如果限于编制和条件，则可设兼职核稿员。责任核稿员要有较高的思想、政策水平和文字水平，要有高度的责任心和认真负责的工作态度。审核的重点是：

（1）行文理由是否充分，行文依据是否准确。

（2）内容是否符合国家法律法规和党的路线方针政策；是否完整准确体现发文机关意图；是否同现行有关公文相衔接；所提政策措施和办法是否切实可行。

（3）涉及有关地区或者部门职权范围内的事项是否经过充分协商并达成一致

意见。

（4）文种是否正确，格式是否规范；人名、地名、时间、数字、段落顺序、引文等是否准确；文字、数字、计量单位和标点符号等用法是否规范。

（5）其他内容是否符合公文起草的有关要求。

从审核方法上讲，首先是认真阅读思考全文。核稿人员接到文稿后，要按照送到的先后次序，区别轻重缓急进行阅读。如果对文稿比较熟悉，可以边读边改。如果对文稿不了解，则需要把文稿反复多看几遍，然后再审改。其次要协商解决文稿中涉及的问题。对文稿中涉及的问题，要与有关部门会商，征求修改意见，必要时，可约请有关部门讨论商定。对于改动的地方，最后再返回征求作者的意见，这样既可以避免改错，也是对作者的尊重。

经审核不宜发文的公文文稿，应当退回起草单位并说明理由；符合发文条件但内容需作进一步研究和修改的，由起草单位修改后重新报送。

3. 签发

公文应当经本机关负责人审批签发。重要公文和上行文由机关主要负责人签发。党委、政府的办公厅（室）根据党委、政府授权制发的公文，由授权机关主要负责人签发或者按照有关规定签发。签发人签发公文，应当签署意见、姓名和完整日期；圈阅或者签名的，视为同意。联合发文由所有联署机关的负责人会签。

（二）公文办理

公文办理包括发文办理、收文办理和整理归档。

1. 发文办理

发文办理主要包括复核、登记、印制、核发等。这一程序具有很强的确定性与不可逆性。

（1）复核。已经发文机关负责人签批的公文，印发前应当对公文的审批手续、内容、文种、格式等进行复核；需作实质性修改的，应当报原签批人复审。

（2）登记。对复核后的公文，应当确定发文字号、分送范围和印制份数并详细记载。

（3）印制。公文印制必须确保质量和时效。涉密公文应当在符合保密要求的场所印制。

印制过程包括用印，用印也称盖印、加印，是发文机关的负责标志，也是发文有效的权威标志，指在经复核、登记后按要求印刷完毕的公文落款处加盖发文机关印章的过程。

（4）核发。公文印制完毕，应当对公文的文字、格式和印刷质量进行检查后分发。

分发是按照规定具体拣配和封装文件，将公文以多种方式传递受文者。主要步骤包括：①清点校对公文印数。②根据主送、抄送机关分别封装。③正确填写封套封面，加盖密级、急件印戳。④核对封面与封装公文是否一致，严密封缄。⑤认真填写《发文登记簿》。⑥将发出公文交收发人员，机要公文交办公部门机要通讯员，双方当面按《发文登记簿》点清、交接，并分别由收发人员或机要通讯员签名。⑦归档。将归档范围的正本一式两份或三份连同定稿和有价值的修改稿一起立卷存档。

2. 收文办理

收文办理是公文处理工作的一项重要内容，也是办公室工作的重要组成部分。收文办理是指对收到公文的办理过程，收文办理包括签收、登记、初审、承办、传阅、催办、答复等程序。

(1) 签收。2012 年中办《党政机关公文处理工作条例》规定："对收到的公文应当逐件清点，核对无误后签字或者盖章，并注明签收时间。"

公文签收，是公文发送方与公文接收方的交接手续。签收是收文办理的基础工作，严格程序是保证收文准确、规范、高效办理的基础。签收是收文办理的开始，因此，要做好清点和分类工作，注意检查来件是否是发给本机关、本单位的；文件是否完全完整，如有无缺附件、缺页、白页、未具落款、未盖公章；是否符合中办《党政机关公文处理工作条例》的规定。对于不符合要求的要及时退回，这样既可以体现公文的严肃性，也可以科学、规范地处理收文，提高办理效率。公文发送件一般为信件形式套封送达。送出文件时，应当在公文送达簿上填写记录所送公文内容的以下项目：发文单位、送达日期（月、日，急件需标明上、下午或具体时间）、收件单位（人）、收文号、件数、密级。接收公文单位的收件人应在公文送达簿上签收。

(2) 登记。登记是收文办理的一个重要环节，其功能是对公文的主要信息和办理情况进行详细记载。

收文登记是为了记录收到公文的主要项目及运转过程，便于查找、统计，这是公文进入处理过程的第一道环节。收到的公文拆封、清点、分类后，就应登记在公文《收文登记簿》上。用微机处理公文的，同样有如下登记项目，收文日期（月日）、来文字号、收文号（即顺序号）、来文单位、文件标题、份数、秘密等级、处理过程及结果。登记后的文件，应当在文件首页的固定位置（有的定在右上方，有的定在左下方）盖上本机关的红色收文章。收文章应包括机关名称（应为机关全称或规范化简称）、收文号和收文年、月、日这三项内容。一个文件，在登记簿和收文章上的收文顺序号、日期一定要一致，否则，文件运转之后，就难以查找。一个文件多份数的，应当在每份文件上都加盖和填写收文章。

收到公文，应于收文当日登记处理，所以，收文日期应登记收文当日的日期，不要误登为文件的成文日期。

来文字号的登记，根据工作的需要，可以全登（包括机关代字、年号和序号），也可以只登记序号，不登记机关代字和年号。

收文号即本机关收文登记的顺序号，登记收文号切记不要漏号或重号。文号必须同时登记在所登文件加盖的收文章项内。

来文单位的登记应注意以下几点：一是要准确，特别要防止随意简化。如"省林业局"，不能简略为"林业局"，因为这样就看不出是省林业局，还是国家林业局，或是市林业局。二是部门简称要规范化。如"省对外经济贸易厅"简称"省外经贸厅"，不要登记为"省外经厅"。要做到统一、规范。用微机管理公文的部门，这一点尤为重要。三是几个部门联合发文的公文、可只登记主要部门和联合发文的机关数，如"省计委、经贸委、财政厅等七部门"。

文件标题登记，是收文登记中的一个重要项目。登记时一般可省略发文机关，如《国家经贸委关于做好春运工作的通知》，将"国家经贸委"省略，因为发文机关已有专门登记项目。如果收到的公文发文标题过长，可在不影响主要内容的情况下简略登记。对没有标题的来文，可视文件内容自拟标题，而不应只登记"通知"、"函"，以免题不达意，日后难以查找。

文件份数的登记，应注意分清公文的主件、附件，以主件的份数作为登记的收文份数。

机密以上秘密等级的公文。均应注明密级但保密期可以不登记。

处理过程及办理结果一项与前几项有所不同，它不是"一次登记就可以完成的，应随着公文的运转和办理跟踪记录"。主要记录公文送达的去向，到达各环节的日期，办理进度及结果。登记以上内容，要做到及时、准确，用语应简明扼要。

（3）初审。公文登记后，就应进行初审。初审是决定公文是否被受文机关接办受理的关键环节，是起把关作用的必要程序，应严格而慎重地进行。初审一般由文秘部门承担。

初审的重点是：是否应当由本机关办理，是否符合行文规则，文种、格式是否符合要求，涉及其他地区或者部门职权范围内的事项是否已经协商、会签，是否符合公文起草的其他要求。

经初审，收到的公文基本被分为两类，一类进入流转程序，一类作为退办处理。

对不符合《党政机关公文处理工作条例》规定的公文实行退办，一是要经过负责人批准，二是退办时要说明理由。

采用《收文审核退办单》进行退办，是普遍使用的办法。这样可以将收文审核中经常遇到的问题归纳分类后列出，退回来文时，指出来文属于哪一种错误，以便来文单位明白错误之所在及退回的原因。

（4）承办。《党政机关公文处理工作条例》规定："阅知性公文应当根据公文内容、要求和工作需要确定范围后分送。批办性公文应当提出拟办意见报本机关负责人批示或者转有关部门办理；需要两个以上部门办理的，应当明确主办部门。紧急公文应当明确办理时限。承办部门对交办的公文应当及时办理，有明确办理时限要求的应当在规定时限内办理完毕。"

承办公文应注意以下几点：

①注重办理效率。承办部门收到交办的公文后应当及时办理，不得延误、推诿；紧急公文应当按时限要求办理，确有困难的，应当及时予以说明；对不属本单位或不宜由本单位办理的，应当及时退回交办的文秘部门并说明理由。

②要主动协商、协调。公文办理中遇到涉及其他部门职权的事项，主办部门应当主动与有关部门协商。协商中如有分歧，主办部门主要负责人要出面协调，如仍不能取得一致，可以报请上级机关协调或裁定。协同办理的单位如遇主办部门召集研究办文事项时，应有负责同志出面参加，提出意见。

③加强情况调度和反馈。承办部门的文秘部门应当及时了解和掌握文件运转和办理情况并认真记录；办理公文过程中如有需负责人出面协商、协调的，要搞好事前的材料准备和情况调度工作，提出参谋意见，提请负责同志出面协调；按时限要求向交办机关报告办理进度和有关情况，交办机关电话催办、送达催办单时，要如实回复和填写；确保向交办机关报出的办理意见是代表本部门的意见，而不可将一个内部单位的意见，作为本部门的意见向交办机关报送。办理意见要经过本部门负责人审签；定期催办、查询和统计本部门所属单位承办公文的办理情况，向分管负责人报告，促进办文效率的提高，消除"死角"和"梗阻"，防止文件压误。

④批办性公文的拟办意见由承办部门的文秘部门提出，拟办意见一般有两方面的内容：一是来文要点；二是处理意见。

来文要点包括：来文的主要内容、请求解决或办理的事项、必要的背景情况及有关的政策和审批依据。有的来文，提出的要求特别简单并且在标题中已经概括表明，拟办意见中也可不再重复来文要点和请求事项部分。必要的背景情况，包括文件所提问题的来龙去脉、与该公文有关的情况简介、拟办意见所依据的政策规定、同类事项此前的处理惯例和负责人批示意见、有关方面分歧焦点等。拟写以上背景情况，是为领导人阅批公文和决策提供参考材料，要求内容准确，文字简练。

处理意见包括承办部门、如何办理和倾向性意见三项。

承办部门。文件应交由何部门研究或办理,有些文件还需根据内容的涉及范围,提出由何部门会同办理。如果是请示成立一所高等学校,内容涉及教育、计划、机构编制等问题,拟办时就应提出教育部门会同计划、编制等部门办理的意见。应视部门职责及公文要求解决问题的主次,来确定由何部门主办,何部门协同办理。

如何办理。这一拟办内容,主要是限定交由承办的部门的权限。一是有些公文所提问题单一,属于某部门职权范围内的事项,提拟办意见时,就可提出交由该部门办理或办复。二是有些公文所提问题或要求,按职权范围,一个分管部门无最终审批权,就应请其先研究提出意见后,再报请批办机关审批。如省政府对有的公文可提出:"拟请省某部门会同某部门研究办理";对有的公文就要提出:"拟请省某部门会同某部门研究提出意见报省政府审批"。三是有些公文提出的问题或要求,是受文机关这一级所无权审批和答复的,那就应提出建议,由本机关或交由有关部门研究后,报请上级主管机关审批。

倾向性意见。来文所提问题或要求无须转有关部门研究,而是需公文处理部门直接提出具体办理意见建议的,就应酌情向负责人提出供其决策或决定的意见或方案。例如,某部门写请示,要求上级领导人参加某项活动,公文处理部门根据有关规定和实际情况如认为不宜参加,就可在拟办时提出不宜参加该活动和如何答复来文单位的建议,供领导审定。这类处理意见,不是如何运转公文的意见,而是对公文所提问题如何处理的倾向性意见,一经决策,便是对该公文所提事项的最后决定,因此要把握准确。

(5)传阅。根据领导批示和工作需要将公文及时送传阅对象阅知或者批示。办理公文传阅应当随时掌握公文去向,不得漏传、误传、延误。

(6)催办。公文催办,即对交办公文的办理情况进行督促检查,防止漏办和延误。催办是文秘部门的职责。中办《党政机关公文处理工作条例》规定:"及时了解掌握公文的办理进展情况,督促承办部门按期办结。紧急公文或者重要公文应当由专人负责催办。"

①催办方式。催办方式包括电话催办、发催办单催办、发文件催办和会议催办。电话催办是最常采用的一种催办方式,常常在针对某一个公文询问办理情况时运用,这样可掌握文件办理的最新进展情况。发催办单催办往往在一个月、一个季度过后用此方式集中催办。方法是,将某个时段未办理完毕的文件一并登录在催办单上,发往承办部门要求其填报。这样可集中了解办理情况,且有文字可查。发文件催办是用印发文、函的办法进行催办,一般用于办理时限较长、有一定难度、其间需掌握进度的公文。在对较重要、复杂事项进行催办时,可用这一

方式。会议催办即召开专门会议。对有关承办部门分配办理任务、检查办理进度,对牵涉诸多部门,问题较为复杂,办理过程中需会商、协调的事项,一般用这一方式。

②催办程序。明确对象与对承办工作的要求(时限、方式、原则等);将有效进行催办工作所需要的情况以《文件催办单》等形式记录在案,作为催办依据;定期或随时向承办部门或人员催询,检查承办工作进展情况;及时协助制定和实施解决问题的方法、措施,保证公文迅速有效地运转;验收办毕公文,综合反映承办工作实际情况与结果,注销已办结公文。

③催办要求。一是严格时限。根据对紧急、重要、一般公文催办的不同要求,确定时限,督促和帮助有关部门按时限将文件办理完毕,对有些公文的办理来讲,无时效就无质量可言,催办时一定要及时调度各环节的办理进度,严防压误和漏办。二是确保落实。对承办部门返回的办理情况,应认真审阅,对笼统提到"已经解决"、"正在办理"、"将得到落实"一类的办理情况的,应查问清楚,不能似是而非,敷衍了事。对承办事项确实已办理完毕的,应记录办理结果。三是加强反馈。催办情况,应及时报告给阅批该文件的有关负责人。有的公文,承办部门应与呈报公文的部门加强沟通,反馈情况。四是通报情况。文秘部门应当定期向负责人和承办部门通报某一个时期(年度、季度、月份)公文办理的情况,内容包括承办数、办结数、未办结数、办结率、与上年同期比较情况,及未办结公文的运转办理情况等。这种情况通报方式,有助于负责人全面了解文秘部门的工作效率,也可以促使承办部门加快公文办理。

(7)答复。公文的办理结果应当及时答复来文单位,并根据需要告知相关单位。此项工作一般由文秘部门承担。

此外,涉密公文应当通过机要交通、邮政机要通信、城市机要文件交换站或者收发件机关机要收发人员进行传递,通过密码电报或者符合国家保密规定的计算机信息系统进行传输。

3. 公文的立卷归档

在2012年中办的《党政机关公文处理工作条例》中,公文的立卷归档并入了公文办理范畴。

(1)公文立卷。公文立卷是文秘部门根据《中华人民共和国档案法》和有关规定,在公文处理完毕后,将其中具有保存查考价值的一份份零散材料按其形成中的联系与内在规律,以科学方法组成案卷的系统整理的过程。

①公文立卷的意义。

第一,公文立卷是公文完整有序的保证。作为机关、单位,工作头绪多,对外联系广,收进的公文量大、线长、面广。一个部门与其他各个部门都有千丝万缕的联系，制发的公文也就东一份西一份，零散独立。公文立卷便是科学管理措施。通过年终系统整理，使收发公文由分散而集中，由无序而有序，并按其内在联系组合在一起，充分体现其系统性、科学性。

第二，公文立卷是公文与档案的转接。从公文处理的全程来看，无论公文运行多少程序，历经多少环节，直到文秘部门将其编立案卷，公文处理程序才告终止，公文运转才到尽头。因此，公文立卷是公文处理的最终程序，是公文由办理到归档的转化步骤。

第三，公文立卷是公文留下轨迹的回顾。公文既是机关单位实现职能完成任务的办事工具又是记载工作反映活动的历史记录。进入立卷程序的公文材料，作为工作活动的历史事实和实践经验的载体，其价值无可估量。立卷的科学性在于挖掘并展示公文之间的内在联系。公文立卷科学地反映了机关工作的来龙去脉，便于查考利用，对于重大工作总结经验、教训，需要相关的公文汇集，解决历史的或现实的遗留问题需要这些公文，而将未毕的工作继续推向前进，同样需要调用、参照。

②公文立卷的原则。2012年《党政机关公文处理工作条例》第二十七条规定：需要归档的公文及有关材料，应当根据有关档案法律法规以及机关档案管理规定，及时收集齐全、整理归档。两个以上机关联合办理的公文，原件由主办机关归档，相关机关保存复制件。机关负责人兼任其他机关职务的，在履行所兼职务过程中形成的公文，由其兼职机关归档。因此，公文立卷时应遵循如下原则：

第一，遵循机关公文规律，保持文件之间的内在联系。机关工作有自身规律，公文正是适应机关工作的需要产生的。实践活动的规律决定着公文形成的规律。机关的各项工作之间，一项工作的环节之间，都有其时间排序、承启转换，作为工作实践反映的公文，其间自然而然地呈现先后次序。在公文立卷中，文秘人员要把握公文形成的自然规律，并切实体现出来。

第二，坚持历史唯物主义，反映机关工作的真实面貌。立卷与保存档案的目的是为了保留机关工作活动所形成的历史记录，以备查考。公文是机关工作的产物，是各项活动的记录，构成机关工作的基本面貌。这种反映与记录能否真实、完整，取决于立卷的公文是否真实完整。因此，在搜集、整理、鉴别公文时，排除以次代主，以偏概全，以假乱真，必须实事求是，客观公正。

第三，把握全面衡量尺度，突出发文机关的立卷重点。公文立卷，各机关均以本机关发文为主要对象，从公文档案宏观着眼，不容易产生遗漏问题。从利用角度看，几乎所有的查档工作都以出处立根，不把收文立卷，不会影响日后的查考利用。

第四，坚持鉴别价值标准，方便公文材料的检索利用。各级各类机关、单位，都是在自己的职权范围内，贯彻执行有关路线、方针、政策和法令规定的。文秘人员要认真学习有关方针政策，提高业务水平。

③立卷的操作步骤。

第一，编制类目。编制立卷类目是公文立卷的首要环节。立卷类目，也称案卷类目、归案条目，是文秘部门每年从本单位实际出发，按照公文立卷的要求与方法，预先拟制的立卷方案。立卷类目由类、目、号三部分组成。

第二，平时归卷。平时归卷，也称初步立卷、经常性立卷，是与正式立卷相对而言的。它是文秘人员根据立卷的要求，在正常工作期间对随时产生的处理完毕的公文，归入事先拟制的相应类别、条目之中的过程。平时归卷工作主要有三步：搜集、鉴别和归卷。

第三，组合案卷。组合案卷，也称组卷，是根据立卷原则和要求，将互有联系的一组公文，组织合成一个案卷的过程。这一程序主要有两步工作：案卷调整和案卷组合。

第四，编目定卷。编目定卷是对组合好的案卷实施加工编目和装订工作，使其最终固定的过程。这是立卷的最后一个步骤。编目定卷主要包括编写页号、编制目录、填备考表、案卷装订、填写封面。

(2) 公文归档。公文归档是指文秘部门按照立卷的原则和方法，将公文立成案卷后，依照归档制度向档案部门移交的过程。公文归档是公文处理工作的终结，又是档案工作的开始。公文归档制度是文秘部门根据公文归档工作要求，主动接受档案部门指导监督，结合本机关实际制定的公文归档工作规范。建立这一制度，是公文处理与档案管理直接衔接的根本保障，是检验公文立卷质量的最后环节，也是档案管理的第一步基础性工作。

①编制移交目录。编制案卷移交目录，是文秘部门归档的第一个环节。是文秘部门将装订好的案卷，按照一定的排列顺序，逐一编号登记而形成的案卷名册，是以每份案卷为单位排列起来的目录。其主要项目包括顺序号、案卷号、案卷标题、起止日期、公文页数和保管期限。

②办理移交手续。办理案卷移交手续是文秘部门归档的最后一个环节。案卷移交时文秘部门将编立完毕的全部案卷向机关档案室交割，并根据《归档案卷移交目录》办理交接手续的过程。

(三) 公文管理

公文管理是文秘工作机构及其人员，为达到预想目标而采用各种方式、方法和手段，对公文工作实施计划、组织、指挥、协调、控制和监督的过程。

公文管理有广义和狭义之分。广义公文管理指从其产生、运行到存放、利用，自然包括清退销毁、立卷归档等全部流程，可谓全程管理。狭义公文管理指公文办理之后的工作,即存放、销毁等。

1. 公文放置保管

公文的放置保管是文秘人员根据有关规章制度对待用状态下的公文,实施安防、保障、管理的过程。

公文的放置保管便于公文安全。公文的存放是有一定条件的,加上相关制度,严格手续,便于利用,确保公文不丢失、不损坏、不外泄,达到安全保密的要求。

公文放置保管便于公文利用。公文呈静态存于装具之中,是形散而神不散。说"神不散"是因为公文分门别类集于文件盒内,同类项集中,条理清晰;说"形散"是在盒内并未像档案那样装订,而是前后排列有序。

公文放置保管便于公文归卷。公文存放的分类标准,许多是同立卷、归档的要求相吻合的。这其实是立卷归档的前期准备。

公文的日常存放,是一项持续不断的工作,它要求专职文秘人员认真负责,任劳任怨。

(1) 条件准备。文秘人员具体操作:首先,要检查是否单设一室,是否具备铁柜,两者是否合乎必备条件。其次,要看文件夹、文件盒质量是否合格,数量是否足够,要具有一定备用量。再次,要准备好几种目录用纸,如果一时没有,按标准样式,由办公室人员自行打印。

(2) 编写目录。每个文件夹、文件盒内盛装公文,均须编写公文目录。一般情况下,《留存公文登记表》通常包括如下项目:顺序号、登记日期、公文标题、发文机关、发文日期、处理情况、备注等项。同时,还要在每个文件夹的封面与夹基上,以标签用纸标明名称、类别,标示鲜明,便于查找。

(3) 按序存放。机关、单位的公文置于文件盒内,文件盒放于铁柜内。公文保管室内,全部呈有序状态,室内卷柜同样按序安置。从存文数量的实际出发,有的一柜一级,有的一盒一级。文秘人员案头有全室总目录,各柜、各盒有级别不同的分目录。总体来看,整整在目,条分缕析,典文可查,利用迅捷。

(4) 定期整理。动态性、累积性,是公文存放工作的鲜明特征。公文收进多少,保管多少,这是基本工作。然而工作并非就此止步。期间少不得查找、利用,对于送还公文,办理注销手续之后,要各就原位。定期整理,可在摸索公文利用的规律之后,错开波峰,最好在波谷时段进行。一要账物核对,发现问题及早解决。二要过时催退,有些利用者超过时限,要了解情况,提醒及时退回。三要及时归卷,对于处理程序完结,业已办毕的公文,要抓紧搜集、整理,搞好平时归卷、归档。

2. 公文清退销毁

(1) 公文清退。公文清退,是公文处理部门依照有关规定,定期或不定期地对运转处理完毕的公文,进行清点、核对、收缴的过程。

在公文管理中,公文清退是一项严肃细致的工作。它政策性强,要求严格,为做好这一重要工作,机关、单位应建立相关的规章制度,做到有章可循。同样,要采取切实有效的方法。

①规定时间。从时间上看,有随时清退和定期清退两种。其一,随时清退,即无固定时间要求,随时随地收回公文的做法。其二,定期清退,即从本机关实际出发,固定公文清退时间的做法。通常每年清退两次,上半年所发公文,于当年年底前退毕;下半年的,于次年六月底前结束。

②明确范围。机关、单位不同,发出和收进公文的种类、数量、密级也各有差异。与之相应的,清退公文的范围也各不相同。为搞好清退工作,公文机关可根据实际情况,明确规定公文清退的范围,便于口径一致,操作统一。

③分别对待。各机关、单位对需要清退的公文,应当按照不同种类分别保管,并按照要求主动退回。对于应该清退而时间已到尚未退回的公文,文秘人员既要不厌其烦,又要讲求工作方法,催其退回。一经退回,立即注明手续,对文秘人员自己保管的公文,要定期清点,并形成制度,做到文账一致。

④制发退单。为催促受文机关在时限内退回应退公文,发文机关应当根据实情,每隔一段时间发出《公文清退通知单》,列出应收公文目录,主要项目包括发文时间、发文机关、发文字号、公文标题和份数。发文机关文秘人员收到清退公文,按目录核对后要在《清退公文报告表》上签字盖章,返给退文机关一份备查。

(2) 公文销毁。公文销毁,是公文处理部门对于运转处理完毕,且又不具归档和存查价值的公文,按照有关规定,统一进行焚化毁掉的过程。销毁是处理公文的一种方式,《党政机关公文处理工作条例》规定:不具备归档和存查价值的公文,经批准后可以销毁。

销毁是公文管理的积极措施。从收文处理的过程看,本机关接收公文后要么阅读了解精神,掌握信息;要么办理,贯彻落实,答复来文。当这一过程完成后,公文又回到文秘部门,此时从保存价值分析公文可以分为具有存查归档价值的公文和不具有上述意义的公文。公文销毁就是针对这些丧失价值的公文进行处理,避免混乱,使公文管理更加井然有序,注重效益。

销毁是公文处理部门的减负办法。销毁无须保管公文,正是除却赘肉保健体的有力办法,可使文秘人员专注于着力点,从而成为减负增效的积极办法。

3. 公文管理需要注意的问题

在公文管理中我们必须注意如下问题:

(1) 设立党委(党组)的县级以上单位应当建立机要保密室和机要阅文室,

并按照有关保密规定配备工作人员和必要的安全保密设施设备。

（2）公文确定密级前，应当按照拟定的密级先行采取保密措施。确定密级后，应当按照所定密级严格管理。绝密级公文应当由专人管理。

公文的密级需要变更或者解除的，由原确定密级的机关或者其上级机关决定。

（3）公文的印发传达范围应当按照发文机关的要求执行；需要变更的，应当经发文机关批准。

涉密公文公开发布前应当履行解密程序。公开发布的时间、形式和渠道，由发文机关确定。

经批准公开发布的公文，同发文机关正式印发的公文具有同等效力。

（4）复制、汇编机密级、秘密级公文，应当符合有关规定并经本机关负责人批准。绝密级公文一般不得复制、汇编，确有工作需要的，应当经发文机关或者其上级机关批准。

复制、汇编的公文视同原件管理。复制件应当加盖复制机关戳记。翻印件应当注明翻印的机关名称、日期。汇编本的密级按照编入公文的最高密级标注。

（5）公文的撤销和废止，由发文机关、上级机关或者权力机关根据职权范围和有关法律法规决定。公文被撤销的，视为自始无效；公文被废止的，视为自废止之日起失效。

（6）涉密公文应当按照发文机关的要求和有关规定进行清退或者销毁。

（7）不具备归档和保存价值的公文，经批准后可以销毁。销毁涉密公文必须严格按照有关规定履行审批登记手续，确保不丢失、不漏销。个人不得私自销毁、留存涉密公文。

（8）机关合并时，全部公文应当随之合并管理；机关撤销时，需要归档的公文经整理后按照有关规定移交档案管理部门。

工作人员离岗离职时，所在机关应当督促其将暂存、借用的公文按照有关规定移交、清退。

（9）新设立的机关应当向本级党委、政府的办公厅（室）提出发文立户申请。经审查符合条件的，列为发文单位，机关合并或者撤销时，相应进行调整。

第五节　社会主义公文改革

改革是公文发展的永恒动力。新中国成立后，中国政府对内地公文进行改革的根本目的，在于强化公文和公文工作为人民服务、为社会主义革命与建设服务的职能，改善共产党机关和国家政权机关的工作。当然，改革的实质是"扬弃"，而不是否定一切。通过改革，一方面抛弃过时的、落后的东西；另一方面继承和发扬历史上一切有生命力的东西。

一、新中国成立以来社会主义公文的重要改革

从我国社会主义公文处理的历史发展观察，新中国成立以来有以下几项重要改革。

（一）建立健全公文运行的审核把关制度

早在 1956 年 12 月 29 日，《国务院秘书厅关于收文处理工作中应注意的主要事项（稿）》就规定要建立公文的"承办"和"审核"制度，强调负责审核公文的同志对承办人所拟文稿"应从内容到文字，进行全面的、细致的斟酌和修改"，提出要着重审核五个方面的问题，即："内容是否符合实际、切实可行，是否符合既定的政策法令，是否和其他有关的文件有重复、挂漏、矛盾、脱节的地方，同时要检查文件的处理过程，是否合乎行文关系和审批程序，是否征得有关方面的意见一致，是否经过主管负责同志的审阅等。"1964 年 2 月 21 日，国务院秘书厅专门发出了《关于秘书工作部门对公文文稿进行把关的意见（草稿）》，进一步要求秘书工作部门协助领导做好公文审核工作，即"每件文稿在送领导审批以前，应当做好六查，即查矛盾抵触、查措施落实、查政策界限、查程序手续、查文字表达、查公文体式"，以此作为"为领导简政的一件相当重要的事情"来抓。这以后，为加强公文的审核把关工作，在中共和国家机关发布的公文法规中，不仅把"审核"列入发文处理的一个重要要求，而且有的法规还在公文运转流程中增加了新的审核把关环节。2000 年的国务院《办法》从三个方面对公文的审核把关作出规定，第二十七条规定："公文送负责人签发前，应当由办公厅（室）进行审核。审核的重点是：是否需要行文，行文的方式是否妥当，是否符合行文规则和拟制公文的有关要求，公文格式是否符合本办法的规定等。"第二十九条规定："公文正式印制前，文秘部门应进行复核，重点是：审批、签发手续是否完备，附件材料是否齐全，格式是否统一、规范等。"第三十一条规定："收到下级机关上报需要办理的公文，文秘部门应当进行审核，审核重点是：是否应由本机关办理；是否符合行文规则；内容是否符合国家法律、法规及其他有关规定；涉及其他部门或地区职权的事项是否已协商、会签；文种使用、公文格式是否规范。"以上三方面的规定进一步健全和加强了公文运转中的审核把关制度，在继承中有所创新、有所前进。2012 年《条例》也从公文拟制、发文办理和收文办理三个不同的角度对公文的审核把关作出了详细规定。

（二）加强公文运行的催办和督查工作

我们制发公文的目的在于推进公务管理活动。在整个公文处理工作中，公文的撰制、传递、办理为公文的实施打下了必不可少的基础，但从制发公文的目的

来讲，事情还只是进行了一半，还有更重要的一半就是要确保公文提出的任务与目标真正得到贯彻实施、落到实处。如果这后一半工作落了空，公文只是一张无用的废纸。所以，公文的实施是一个非常重要的步骤。这一阶段的工作包括两个方面，一方面，是公文承办机关应按照上级领导批示意见，做好公文的贯彻工作；另一方面，上级机关办公厅（室）应辅助领导抓好督促检查工作。新中国成立后，中央人民政府政务院秘书厅于1950年12月30日发布的第一个公文法规即《公文处理暂行办法（草案）》，就对公文的"催办检查"作了专门规定，要求"各部门应建立公文催办检查制度，并指定专人负责办理"；"一般公文之处理，以不超过一周为限，过期应即声明理由。紧急公文随到随办"；"凡未办结之文件，应由催办检查人员掌握，随时查询"。之后，中共和国家机关发布的历次公文法规继续强调了这个问题。现行《条例》第二十四条规定：及时了解掌握公文的办理进展情况，督促承办部门按期办结。紧急公文或者重要公文应当由专人负责催办。

中共十一届三中全会之后，在催办工作基础上又加强了督促检查工作，简称查办。催办工作一般是由负责文件处理的单位或人员去承担，而查办工作则是另设专门的机构并配备专人去抓。目前，从中央到地方县以上各级党政机关都设立了督查办公室（处、科），一些地方并冠以领导机关的称谓，如"中共××省委督查室"，但业务与人员仍归办公厅（室）管理。查办工作是办公厅（室）的一项重要任务，其主要职责和作用是辅助同级党委或政府开展督促检查，推动决策的贯彻落实。不仅要抓好中共中央、国务院和上级领导机关，以及本级党政领导中枢机关的批示、交办事项的查办落实（不含公文处理单位催办督查的批办公文），而且要抓好中共和国家的路线方针政策贯彻落实的督促检查，抓好中央和各级党政机关重大决策、重要工作部署贯彻落实的督促检查。根据上述要求，凡是中央和上级机关以及同级党政领导机关发布的重要公文、重要会议决议（决定），办公厅（室）的督促检查部门都应将其纳入督促检查工作的范围。具体做法是：根据督查内容，进行分解立项，拟定督查方案，报本机关领导人审批后，将督促检查的工作任务下达到有关地方或部门，明确责任，限期反馈。对重大决策贯彻落实所提出的责任目标，可根据需要予以公布，接受群众和舆论的监督。在决策实施过程中，督查部门要主动地经常地组织有效的督促检查活动，采取督查调研、催办检查等方式，跟踪决策落实的进展情况，并及时向领导综合反馈，从而把督促检查贯穿于实施决策的全过程，保证决策落到实处。实践表明，查办工作的建立和展开，对全面实施重要公文产生了巨大的推动作用。

（三）实行发文分道制和来文筛选制

所谓发文分道制，是指在高级机关，只有重大的决策性文件才用领导机关的名义行文，一般政策和事务性的文件则用办公厅名义行文。从20世纪80年代以来，中共中央、国务院和不少省、自治区、直辖市采取了这种办法。早在新民主主义革命初期，中共中央就提倡各机关草拟文件"一定要政治与事务分开"。实行发文分道制是这一传统的继承和发展，它有利于突出行文重点，提高文件质量，推动中心工作。

实行来文筛选制，就是对机关众多的来文实行优选，把重要的有用的选出来，给本机关的领导人阅读、使用。机关来文一般分为"机要件"、"电报件"、"办理件"和"阅读件"，前三类应由秘书部门提出办理预案后呈送给机关领导审批；后一类"阅读件"包括大量的简报、信息资料、内刊和下级一般性的报告等，这是来文筛选的主要对象。筛选办法或者由领导专职秘书，或者由秘书部门进行筛选。对选上的将原件呈送，或者进行综合摘编，编印后分送领导。有的还将来文题目打印成目录呈送领导，由领导按目录选阅。这样做有利于帮助领导削减"文山"，减轻阅文负担。

（四）把公文立卷归档纳入公文处理的重要内容

新中国成立初期，公文处理工作与立卷归档工作是分离的，公文处理部门不负责公文的立卷，每办完一份文件就交档案部门负责立卷归档。由于档案工作人员不熟悉机关各部门、各单位的业务和公文运行过程中的具体情况，因此，公文立卷的质量很难保证。同时，由于整个机关的文件都集中在档案部门立卷，文件数量很多，而档案工作人员有限，往往造成积压，加上借阅文件频繁，使档案部门难以承受，而文件的利用者也感到很不方便。针对这种情况，从1953年开始试行文书（公文）部门负责立卷的制度。1956年4月16日，国务院作出《关于加强国家档案工作的决定》，这个决定是由周恩来总理审阅修改并主持通过的。它规定"全面推行文书处理部门立卷，以建立统一的归档制度。各机关办完的文书材料，应当由文书处理部门整理立卷，定期向档案室归档，改变把零散文件随办随归档和成堆归档的错误做法"。从此，公文部门对公文的立卷归档制度，在各机关全面推行，促进了公文工作与档案工作的密切协作和发展。为保障公文立卷归档工作的顺利进行，在1956年以后中共和国家机关发布的公文处理法规中，都将公文的立卷归档作为专门的条目，提出具体明确的要求。

（五）实行统一的党政公文处理工作制度

在2012年4月之前，我国的公文处理制度是各行其是，党的机关、国家行政机关、人大机关、军队机关各有自己的公文处理工作制度与规范，并且各系统之间的制度与规范各不相同，这给社会主义公文体系建设的科学化、标准化、规范化带来了极大障碍，也给实际的公文处理工作造成诸多不便，制约了公文在国家管理和公务活动中作用的发挥。

《党政机关公文处理工作条例》和《党政机关公文格式》国家标准的发布与实施，使党的机关和国家行政机关的公文处理工作制度实现了统一，使我国社会主义公文体系中最核心的党的机关和国家行政机关的公文格式实现了统一，是我国社会主义公文体制改革创新的一个重要举措，是我国社会主义公文体系科学化、标准化、制度化建设的一个里程碑，为我国社会主义公文体系建设的科学化、标准化、规范化打下了坚实的基础。

（六）公文处理手段现代化

从20世纪80年代中期开始，随着办公自动化和电子政务的起步和发展，计算机、网络通讯和现代化的各种办公工具及相应的软件技术在许多机关被广泛使用，给公文处理带来了一系列变革。诸如书写、编辑、修改和打印公文，传递、储存、检索和复制文件，等等，以先进的现代技术代替手工作业，大大提高了工作效率。为适应这种变化，公文工作人员就要懂得电子技术知识和会使用各种办公自动化设备，从而促进队伍文化结构和文化素质的不断改善与提高。

二、未来公文制度改革的方向

公文工作制度建设是一项长期而又艰巨的任务。任何制度都要经历一个从建立到不断完善的过程，任何制度的内容和形式都要适时地不断丰富和发展，因此，我国公文工作制度建设离不开制度的改革和创新。通过改革和创新，形成更加科学、更加完备、更加有效的公文工作制度，只有这样，才能保证公文工作的顺利进行，真正提高行政效率。

我国未来的公文工作制度建设一方面应注重对现有的公文处理法规进行修订和补充，并在现有的公文处理规范基础上，认真规划，形成一套完整规范的公文处理制度，另一方面加强电子公文的研究和应用，建立完善我国的电子公文制度。

（一）修订和补充现有的公文处理规范

尽管新中国成立后，党和政府多次修订了公文处理规范，但时代在发展，新的情况不断出现，因此，公文处理规范需要适时的调整和补充。如有必要在现有公文处理规范中增加相应的法律责任的有关内容，以增强公文处理规范的权威性和约束力；不同系统的公文处理规范，尽管存在差异，但是其客观共同性应远远大于它们之间的差别，因此，可以尽可能的趋同一致，以方便联合行文和有效沟通；对有关概念、术语可以作出统一规定；对通用的公文文种，特别是同一文种的表述应力求一致。此外，对公文的格式和行文的规则的规定，也应尽可能地做到统一和一致。

(二) 完善和加强公文的法制建设

目前，与公文工作密切相关的档案工作，已建立了以《中华人民共和国档案法》为核心的较为完善的法规体系，使整个档案工作能做到依法治档。然而，对于涉及面宽、技术性比较强的公文处理活动，现在是"一个法规顶天下"即"一个法规所承载的应当是一个公文处理规范体系所应当负担和能够负担的"，为此，应该在现有的公文处理规范基础上，认真地规划，合理分工，使一类公文处理规范的内容侧重于原则性要求，而另一类公文处理规范侧重于可操作性要求，二者相互补充，共同形成一个有机联系的整体。这方面可以借鉴档案法规的建设经验：基本的档案法律规范集中于《中华人民共和国档案法》之中，它概括地规定了我国社会主义条件下档案事务关系各个方面、各个环节的基本原则，而其他档案法律文件是对《档案法》的贯彻和细化。对于公文工作，由于现有公文处理规范立法层次偏低，适用范围有限，尚不具备普遍约束力，加之有些内容相悖，影响了其权威性和规范性，因此，理论界不少学者呼吁给公文立法，制定一部全社会通用的《公文法》，并对制定《公文法》的必要性、可行性及基本框架提出了自己的设想和意见。我们认为，为了真正地做到依法行政和依法行文，提高工作质量和树立公文权威，有必要提高公文处理活动的立法层次，改变目前公文处理只有不相统一的部门规定的现状，制定一部《公文法》，而"各种公文处理规章应以《公文法》为核心，分章定制，形成'众星拱月'之势"。目前，学术界不少学者往往以某一系统，如党政系统的为参照系，批评其他系统的公文处理规范，如人大系统、法院系统，其实，正如前面所述，系统之间由于职能不同，具体的活动方式不同，公文处理的规范还是有所区别的，我们可以借鉴和吸收党政机关成功的经验和做法，没必要照搬照套，而走入其他系统公文行政化的误区。因此，《公文法》应该是对公文处理活动提出原则性要求，其他公文处理规范则各司其责，各有侧重，共同形成一套完整的公文处理规范。

对于企业的公文处理规范，企业作为经济领域的一个细胞，其运作方式应遵循经济规律和价值规律，因此，企业公文处理应该以《党政机关公文处理工作条例》和《公司法》为基础，根据企业的运行需要和市场经济的特点，建立适合企业公文处理活动的规范：其一，淡化行政管理的色彩。由于政企分开，政府对企业的管理主要是依靠经济手段进行宏观调控，而不再直接干预企业的具体生产经营业务，企业内部也不是确定的行政隶属关系，代之以资产、制度等经济联结，因此，企业公文处理在文种设置、行文规则等方面应淡化行政管理的色彩。其二，视情况有所区别。企业的公文处理，特别是文种设置、公文格式、行文规则等方面要视企业的具体情况而定，不同类别企业应有所不同。其三，借他山之石为我所用。中国加入世界贸易组织为我国企业发展带来了机遇和挑战，毋庸置疑，与国外企业交往联系增多，为此，企业在公文处理方面可以有鉴别的借鉴国外企业公文运作方式，做到"洋为中用"。相信随着现代企业制度的建立和完善，最终能找到一套与现代企业运作方式相适应，并与政府部门公文处理工作相衔接的企业公文处理规范，使企业公文处理也能依据有关法律法规进行。

(三) 建立和完善电子公文制度

目前我国电子公文制度还处在一个发展建设时期，许多方面还存在缺位、滞后或不完善或各自为政的状态。一些基本的标准规范还没有建立，电子公文技术标准各异，一些具体的管理制度或缺位或各成一体，电子公文格式不统一，电子公文立卷归档实行"双套制"不具有凭证作用等等。这些都严重制约了我国电子公文的健康发展。所以，以现有的电子公文的法律法规、标准规范、管理制度为基础，进一步建立完善有关电子公文的法律法规体系、标准规范体系、管理制度体系，使电子公文向标准化、规范化、单一化方向发展是我国社会主义公文制度改革的方向之一。

第五章 台港澳地区公文

台、港、澳地区作为我国不可分割的一部分，因其特殊的历史发展背景，与大陆有些不同，公文使用也是如此。

第一节 台湾地区公文

一、台湾地区公文制度的发展

台湾地区公文，总体来说，继承了辛亥革命以来"中华民国"历届政府特别是国民政府的传统，并在改革中不断发展。1949年国民党从大陆撤退台湾后，在至今的60多年中，台湾当局有过多次公文体制方面的改革与修订。1952年11月21日发布了《公文程式条例修正草案》，1973年6月22日颁行《行政机关公文处理手册》，1973年11月3日正式公布《公文程式条例》，1985年3月18日再行颁布《文书处理手册》，1993年2月3日发布修正后的《公文程式条例》，1995年又对《文书处理手册》进行了修订和发布，2004年5月19日发布了再次修订后的《公文程式条例》。经过历次改革与修订，建立了台湾地区现行的公文体制。

二、台湾地区现行公文文种

台湾地区现行公文共6类，在2004年5月19日修正的《公文程式条例》第二条中规定，公文程式之类别如下：

(1) 令：公布法律，任免、奖惩官员，"地区领导人"、"军事机关"、"部队"发布命令时用之。

(2) 呈：对地区领导人有所呈请或报告时用之。

(3) 咨：地区领导人与"国民大会"、"立法院"、"监察院"公文往复时用之。

(4) 函：各机关间公文往复，或人民与机关间之申请与答复时用之。

(5) 公告：各机关对公众有所宣布时用之。

(6) 其他公文。

该条款还规定"前项各款之公文，必要时得以电报、电报交换、电传文件、传真或其他电子文件行之。"

在台湾地区，其他公文指：①书函，代替过去的便函、备忘录，于公务未决阶段需要磋商、征询意见或通报时使用。其适应范围较函更为广泛，其性质不如函之正式。②表格化公文，包括简便行文表、开会通知单、公务电话记录、其他可用表格处理之公文。其中简便行文表，适用于答复简单案情，寄送普通文件、书刊或为一般联系查询等事项的行文。

除以上列入《公文程式条例》的正式文种外，台湾通行的非正式文种还有报告、签、通报、通知、申请书、保证书、建议书、意见书。其中报告，多用于私务，凡机关、团体僚属陈述私人偶发事件，请求上级了解，帮助解决时用之；签，限于公务，具有幕僚单位性质的机关首长向上级机关首长请假或请示问题，请予核准时用之；通报，用于机关内某单位须将某一事项告知本机关全体同仁时用之；通知，用于机关内部各单位间有所洽办或告知时用之。

三、台湾地区公文格式

在台湾地区，公文格式又称"结构"，由机关名称及文别、年月日及编字号、受文者、副本收受者、本文、附件、署名、印信、副署九个部分组成。除公布令、任免令、公告外，其余各类公文结构内容大致相同，形式相对固定，大都通用。

（1）机关名称及文别。表示发文机关和公文的种类，便于读者了解公文的制发者和公文类别、内容。文别按照《公文程式条例》规定的类别填写。机关全称横行写于公文首页上端左侧，文种紧跟其后，不间隔。

（2）年月日及编字号。年月日指公文成文时间，既为记时，也是法律时效的依据。《公文程式条例》规定，公文一律按台湾地区年历记明年月日。编字号即发文字号，用于标明发文机关，同时方便公文的分类和查找。字代表文种性质，编号代表该文件在同类公文中的顺序。如"台贸字第00233号"。年月日与编字号并排齐头写在机关名称和文种之后适当位置。横行书写，年月日在上，编字号在下。

（3）受文者。指行文对象、主送机关或个人，全称顶格写于正文之上。不是众所周知的机关应注明地址。受文者是一个人，只写职衔，不写姓名。如受文机关较多应一一列出全称，若统括各机关或各部门，可概括称呼，如"各县政府"。先写"受文者"，加冒号，然后写受文机关或个人。

（4）副本收受者。即抄送机关，指不负责承办又需了解公文内容的有关机关或人员。抄送副本可以简化手续，避免重复，便于各有关方面沟通情况。副本收受者视其内容作适当处理。写于受文者之下，依次写出'副本收受者"，后加冒号，副本收受者全称，此项为选择项目。

（5）本文。即公文的主体部分，不同公文主体的内容格式有所区别，"函"、

"呈"、"令"的本文一般由"主旨"、"说明"、"办法"三段组成。"主旨"是全文的精要，用来说明行文的目的与期望，文字力求具体扼要。"说明"部分用来陈述事实、来源、理由等较复杂的内容，根据需要本段段名也可改为"经过"或"原因"。"办法"是对受文机关提出的具体要求和处理意见，可因公文内容将段名改作"建议"、"请求"、"拟办"、"核示"等更适当的名称。简单公文可以只用"主旨"一段或"主旨"加"说明"两段完成。"公告"的结构为"主旨"、"依据"、"公告事项"（即"说明"）三段。本文在副本收受者之下依次顶格写"主旨"、"说明"、"办法"三段段名，后面加冒号。"主旨"不必分项，"说明"、"办法"两段内容较多时，应分项条列加用顺序号。用于发布行政规章的公文，本文部分不分段。

（6）附件。指公文的附属文件，属选择项目。公文如有附件，可以在正文的"说明"段中注明附件名称、件数或其他有关字样，也可以写在正文之后，另起一行空两格写"附"或"附件"，加冒号后依次写明附件名称、份数。附件在两种以上要排出顺序，如"附件一"、"附件二"，附件也应盖章。

（7）署名。公文均由发文机关首长签发，以示负责。《公文程式条例》规定，机关首长因故不在，由代理首长之职者署名，并在职衔上加"代"字。机关首长若因请假、公出、受训等事不能行使职权时，机关公文应先署首长姓名，再注明不能理事的原因，最后由代行职务者签署职衔和姓名，并加注"代行"二字。上行文需分别签署机关名称、首长职务、姓名并盖职务章；平行文和下行文只盖职衔签字章或职章。署名位置在本文之后，另起一行退后书写。

（8）印信。指用印盖章。旨在防止伪造公文并对公文内容负责。台湾的印信多种多样，依照专门的条例规定，不同的文件要盖不同的章，使用较多的印章有："玺"、印（即永久性机关的印章）、关防（临时性、特殊性机关的印章）、职章、图记（用于一般事业机关处理公务或业务，如介绍信）、条戳和便章（用于处理业务、刻有单位全称）、签名章、钢印（用于证件）、校对章、骑缝章（用于公文附件、契约、档案数据）、收件章（刻有时间，用于收发文件）。《公文程式条例》规定，公文用印信，可视其性质依照以下三项规定灵活掌握：①盖机关印章，并由首长署名，再盖职务章或签字章；②不盖机关印章，仅由首长署名，盖职务章或签字章；③仅盖机关印章。公文以电报、电报交换、电传文件或其他电子文件行文，不必盖章或署名。近年为简化手续、提高办事效率，除公布令、派令、公告、奖状、执照、书状、聘书、身份证等外，一般公文已无须盖机关大印。

（9）副署。指公文所涉及的相关部门的负责人，在首长署名后签名盖章，以示与首长共同负责。不需要副署的公文，不得随意副署，此项为选择项目。

台湾地区公文管理标识是为方便公文处理而规定的标记。台湾公文将部分公文管理项目如速别、密等作为第一、二个栏目印制在公文用纸首页上。《公文程式条例》未对公文管理中的代码、公文份号、收文处理等的书写格式作明文规定。

(1) 速别。即缓急时限。分为"最速级"或"速件"，普通件不必填写。此项印于公文用纸首页第一个栏目。

(2) 密等。即秘密等级。分为"绝对机密"、"极机密"、"机密"、"密"四个等级。此项作为第二个栏目，印制于公文首页纸上。"解密条件"及各项解密条件作为第三个栏目，列于"密等"之下。非秘密文件或无须解密的公文则不必填写。

2004年台湾"立法院"通过《公文程式条例》部分条文修正案，规定中文公文从此改为"由左而右横行格式"（见图5-1）。

```
                    ××部函        ×年×月×日
                                   字    第    号


受文者：××区造船工业同业会
副  本
收受者：××院秘书处、××贸易局、××局、×××渔业局
主  旨：贵公司申请专案进口渔船主机15台，请依照规定向渔业局申请定型。
说  明：一、本件是根据××院秘书处移来资金台船区3字第044号上×院长函
           所作的答复。
        二、渔船主机的采购过去所采取的原则是：
            ①……
            ②……
            ③……
            ④……
办  法：贵公会所请进口渔船用主机15台，仍请依照本部(六一)226123号函办
        理。检具图样说明(包括主机所需马力)先向渔业局申请定型，如国产主
        机不克适时适量供应时，得申请渔业局核转本部××贸易局办理。

                                              部长：×××
```

图5-1　台湾公文横排格式

第二节 香港地区公文

一、香港地区中文公文的发展

自1840年鸦片战争以来直到1997年7月1日回归祖国母亲怀抱，香港一直被英国占领。香港是一个国际商埠，中国人占了绝大多数，社会上对中文的应用也相当普及，但港英政府历来以英文为官方语言，公务和商业活动的来往文书也用英文。为此，早从20世纪60年代开始，民间就兴起了争取中文合法化运动。为回应公众要求，港英政府于1970年10月正式成立了一个"公事上使用中文问题研究委员会"，开始研究在香港推行公事上使用中文的问题。1972年，政府设立了"中文公事管理局"，要在政府内部推广中文的使用。1974年2月25日，港英政府正式颁布了《法定语文条例》，把中文地位提高到与英文相等，同是香港的法定语文。

《法定语文条例》的出台，中英两种文字被视为地位平等的处理公文的法定语言，这一事件无疑对推动香港地区中文公文的应用与发展具有重要意义。一年后的1975年3月，香港民政署中文公事管理局研究处编印了《香港政府中文公文处理手册》。该手册将公文文种分为九类，即人事令、行政法令、呈文、咨文、签注、公函、公告、法律文件、其他文件（含备忘录、研究或工作报告、会议文件、申请书类、单据、凭证、短柬等七项）。

1976年香港法定语文事务署编撰的《政府公文写作手册》（试行本）将政府部门通用公文改为八类，即公函、通告、布告（告示）、公告、通函、便笺、录事/档案纪要、会议记录。与1975年发布的《香港政府公文处理手册》比较，取消了令、呈文、咨文、签注；保留了公函、公告；新增了通告、布告（告示）、通函、便笺、录事/档案纪要、会议记录。此外，《政府公文写作手册》（试行本）还规定了"应付不同情况或场合"的应用文。包括四类，即演讲词/献词，柬帖，题词，牌匾铭文；同时规定了常见的内部文件，共七类，即报告书、顾问报告书、讨论文件、资料文件、征求同意文件、绿皮书、白皮书。以上三部分文种合计十九类。

但是，这并不意味着香港地区要放弃英文公文的传统主导地位，这在1975年《手册》的《引言》中讲得十分清楚："香港政府公文，以往俱用英文，处理程序方面，亦多循英国传统惯例，其间实有不少优良制度，可供采用，在日下推行中文公事时绝不宜忽略。尤其在中英并重原则下，编订此手册时，亦不宜偏重中文程式，应以实际需要及适合香港应用为依归。"此外，由于在政府公务员队伍中处理公文"一切以英文为准"的心态没有改变过来，加以英文程度高、中文程度低的状况确实存在，因此在政府内部推行中文公文的效果甚微，甚至是徒具虚文而已。

1984年是带有历史转折的一年。这一年的12月19日，中英两国政府签署了关于香港问题的联合声明，确认中华人民共和国政府于1997年7月1日对香港恢复行使主权，从此香港进入13年的过渡期。在此期间，1990年4月4日第七届全国人民代表大会三次会议通过了《中华人民共和国香港特别行政区基本法》，该法的第九条规定："香港特别行政区的行政机关、立法机关和司法机关，除使用中文外，还可使用英文，英文也是正式语文。"从而确立了未来的特别行政区实行双语制。在过渡期内，在中英联合声明和《香港特别行政区基本法》的推动下，港英政府推广中文公文写作的步伐加快了。

1985年9月，政府"公务员训练处语言训练组"编撰了一本《常用公事中文格式及辞汇》的小册子。这个小册子从培育公务员的需要出发，着重举出了公务员较容易接触的公函、会议记录、通告、演讲词等四类公文加以阐释。1986年3月11日，又公布了《香港政府布政署总务通告第四号》，目的在于指导公务员如何写作公函类公文。它要求用白话文撰写，并详细列出了《白话文公函格式样本》《白话文公函格式提要》和《白话文公函样本》作为附录。1994年1月12日，香港中文专员向各司科及首长发出了关于"中文公函的文体的通函"，对使用中文公函的注意事项提出了要求。

1996年香港法定语文事务署编印了《政府公文写作手册》（试行本），1997年经过修改后《政府公文写作手册》正式印行。与1996年的"试行本"比较，1997年的《政府公文写作手册》正式印行本又有新的变化：（1）政府通用公文由八类减为六类，即保留了公函、便笺（便函）、录事；通告改为通告类文书（包括通告、通函、布告、公告），会议记录改为会议文书；增加了政府宪政公告；取消了告示。（2）应付不同场合需要的应用文，由四类变为五类：把讲演词/献词分为两类，其余三类不变。（3）常见的内部应用文由七类变为八类，即保留了报告书、讨论文件、资料文件；取消了顾问报告书、征求同意文件、绿皮书、白皮书；新增了行政会议备忘录、进度报告、咨询文件、临时立法会议参考资料摘要、工作表现评核报告。至此，香港现行中文公文体系建立。

二、香港地区现行公文文种

目前香港地区现行公文分三部分，共十九类，具体如下：

政府通用公文，按性质分为以下六类：

（1）公函（Official Correspondence）。政府公函用途广泛，不论是公务人员与市民或私营企业联络，或是部门之间沟通，均可采用。具体用途分为：

应酬公函：用于接受邀请、答复邀请、答允、推辞、祝贺、致谢、慰问等；

致个别市民公函：用于答复、通知、征询意见、回应建议、解释拒绝要求理由、邀约会晤、通知面试；

致属下员工公函：用于批准申请、通知、祝贺、嘉许、劝喻、呼吁；

致国内政府单位公函：多为部门函，用于邀请或通知参加会议、接受邀请、要求会面、通知调任、查询提供资料、致谢。

（2）政府宪报公告（Government Gazette Notices）。政府宪报公告是重要的政府刊物，每周五出版一次，以中英文印刷。宪报（Main Gazette）是政府宪报的主要部分，载有各种政府公告（Government Notice）。公告由政府公务员拟写，内容包括委任令、公告、招标公告、英勇奖章和奖状颁授名单等；某些不会引致法例（法规）有所增补或修改的法定公告和委任令，也刊载于这部分。例如公布委任令公告、地政总署的街道命名公告、运输署的撤销××道临时限制区的公告、建筑署招标公告等。

（3）便笺（Memoranda）。便笺是政府内部标准公文，即简短的公函。它适用于部门内部和部门之间的公务员互相商洽公事和互通消息。

（4）通告类文书（Circulars, Circular Memoranda and Notices）。通告类文书是一类作用基本相同的公文文种的总称，应用范围十分广泛，以发布消息、公告周知为主。凡阐明政策、指示行动、撰文呼吁、发出警告，都可以根据事件性质和读者身份选用。它包括以下四类。

通告、通函。二者行文对象主要是政府人员。但有些部门把所属的机构和政府机构也作为行文对象。以对外为主的部门，例如工业署、贸易署等也以通告形式向工商机构发布消息。

通告与通函的区别：通告用以公布恒久有效的政策或规定，除非另行公布废止或修订，否则永远有效。通函用以公布的事项会随着所涉及的公务完成或发文年份终结而失效，如某某署关于《补发政府雇员身份证的收费》通函，其运作时间有限度，时过则废。

布告。用于提醒同一部门的同事注意某事某物，并在机关部门内张贴公布之。如《布告：暂时关闭复印室》《警告：禁用盗版软件》《借书须知》等。

公告。泛指政府向公众发出的通告。发布方式或在政府宪报或在各大报章上刊登，或交由电视、电台广播，或张贴于通衢大道，务求把信息有效传达。报章公告与宪报公告的规格大致相同。以广告或张贴形式发布的公告文字要求更为简明扼要，直陈其事。如《某某处公告：寻找目击证人》《某某处公告：使用海水饲养海产》等。

（5）会议文书（Minutes of Meeting and Related Documents）。凡与举行会议有关的公文，统称会议文书。它包括议会会议文书、法定委员会会议文书、与市民开会的会议文书、内部会议文书。政府常用的会议文书的文种，包括开会通知、议事日程、议事文件和会议记录等。

（6）录事与档案纪要（File Minutes and File Notes）。录事是政府内部常用公文的一种，多用于向上司请示，同事之间互通信息、查询与解答，嘱咐下属执行任务。录事一律采用横式书写在档案专用的录事稿纸的左面录事页上，而后送交送文人。

档案纪要（File Notes）是指公务员口头洽商公事后，在有关档案的录事页上把商讨的结果或查询所得资料撮写而成的记录，它起着备案记录的作用。

政府公务员应付不同场合需要使用的应用文，有以下五类：

（1）柬帖（Invitation Letters）；（2）牌匾铭文（Inscription on Commemorative Stones and Commemorative）；（3）演讲词（Speeches）；（4）题词（Apothegms）；（5）献辞（Messages）。

政府内部传阅或送交行政立法机关以至其他咨询机构的报告书和文件，有以下八类：

（1）行政会议备忘录（ExCo Memoranda）；（2）讨论文件（Discussion Papers）；（3）进度报告（Progress Reports）；（4）报告书（Reports）；（5）资料文件（Information Papers）；（6）咨询文件（Consultation Papers）；（7）临时立法会参考资料摘要（LegCo Bridfs）；（8）工作表现评核报告（Performance Appraisal Forms）。

总体来看，香港地区公文的文种类别广泛，涵盖了政府公务活动的各个领域、各个方面，以适应现代社会公务活动多样性、复杂性的要求；同时，淡化文种的行文方向，特别是"公函"，无论上行、下行与平行均可使用。这是香港公文的最大特色。

三、香港地区现行公文格式

《手册》规定香港公文格式要素有秘密等级、缓急程度、公文编号、受文人、标题、正文、下款、附件、副本送（或副本分送）、发文日期等10项主要内容。

（1）秘密等级。分为绝对机密、高度机密、机密、暂时保存、限阅文件、亲收件。书写于公文首页的顶端或底端正中，或其他适当位置。

（2）缓急程度。标注特急件、急件；或与传递方式结合，标注挂号文件、专递文件、专递急件、传真文件、传真急件。书写于首页的右上方。

(3) 公文编号。标注分为三种：①文件名称+序号+时间，如，"法定语文事务署通告第 1/96 号"、"××署常务通告××××年第×号"，通常书写于"标题"前面的居中位置；②发文机关档号，如"档号 FD/ADW/l01/24"，标注后方便收文人归档、翻查和跟进；③来文档号，如"来函档号 YOUR, RFF：(5) inl/M4108"。以上三种编号，一篇公文不必俱全，第一种可单行，第二、三种常合用，通常分行书写于受文人之前的左上侧，或其他适当位置。

(4) 受文人。标注为机关全称或统称，或个人姓名+职衔全称。书写于"标题"左上角顶格。如果是公函，在受文人前面，还要写明收信人地址和姓名，这有利于日后跟进。如"永胜大厦二楼 212 室"，提行："香港视觉艺术协会会长"，再提行："黄△△先生"。

(5) 标题。位于正文前面，可用粗体字，或在标题下加横线。有几种标注方法：①开宗明义，扼要写出公文的主题，如香港××处的公告标题："使用海水饲养海产"；②事由+文种，如"'南奇树脂'更名为'南光树脂'公告"、"与首席△△员陈△△面谈的记录"；③文种+机关名称，如"通告"之后提行书写"香港特别行政区"；④发文机关+事由+文种，如"房屋署广泛使用中文筹划委员会第六次会议通告"。

(6) 正文。1975 年 3 月，香港民政署中文公事管理局编印的《香港政府中文处理手册》仿照台湾本文的"三段式"，正文由主旨、说明、办法三段构成。1996 年法定语文事务署编印的《政府公文写作手册》试行本和 1997 年发行的《政府公文写作手册》正式本，都取消了"三段式"，而采取分段书写的叙述式。一篇公文如内容短，采取全文一段式。如内容多，则按思想层次分若干段，从第二段开始，通常用阿拉伯数字，标注序号"2."，以此类推；还可在各段的上端标注"小标题"。

(7) 下款。即署名，在正文之后的右下方，标注发文机关首长职衔、姓名（签字或盖章）。由机关首长授权属下人员签发的公文，下款先列出首长的职衔，然后下一行写出代行人姓名（签字或盖章），并加括号。

(8) 附件。公文如有附件，应注明"连附件"，或于"下款"之后提行，左侧顶格书写附件名称、份数。

(9) 副本送（或副本分送）。在"附件"之后，提行左侧顶格书写副本收受人机关、姓名。其后，可加注其他资料，例如"不连附件"、"经办人"等。

(10) 发文日期。"副本送"之后提行，左侧顶格书写发文的年、月、日。

此外，香港《政府公文写作手册》还规定，香港日常事务性公文要选用印有笺头的信纸和各类公文用纸，如公函应采用印有本机关的徽号、名称和地址的信笺，录事要选用档案专用的录事稿纸，除首页外，其余各页可用白纸。

香港公文采用从左至右的横式格式（见图5-2）和从右到左的直行格式书写。近年来因横式格式便于引用英文、编号或阿拉伯数字，使用日趋普遍，部分告示、应酬书函、刊登在报刊的公函及奖状、请柬等仍沿用直式格式。

```
                                              机密
     [印]  法定语文事务署                    香港金钟道六十六号
          Official Languages Agency           金钟道政府合署二十二楼
                                              QUEENSWAY GOVERNMENT
 本署档号 OUR REF:(12)in OLA/4/15              OFFICES 22/F 66 QUEENSWAY
 本函档号 YOUR REF:(5)in L/M4/08                      HONG KONG

 香港△△道△△号△楼                                专递急件
 △△△会主席
 △△△先生
 △主席:
                          标题
 _____
 _____
 2. _____
 _____

                                        法定语文专员
                                    (△△△ 签名 代行)

 附件:△△表格一式三份
      △△议程一份
 副本送:△△△署署长(不连附件)
       △△局局长(经办人)△△主任△△△先生)
 一九九七年△月△△日
```

图5-2　香港地区公文横排格式

第三节　澳门地区公文

一、澳门地区中文公文沿革

澳门历来是中国领土的一部分，原属广东省香山县。1553年（明嘉靖三十二年）葡萄牙人借口暴晒水渍货物，强行上岸租占，鸦片战争后不断扩大范围。从16世纪中叶以后至回归中国前，澳门被葡萄牙占领长达400多年。在此历史长河中，葡萄牙始终没放弃对澳门的统治。澳门公文无论在内容上和文字使用上都直接或间接地反映这一政权性质，并被这种政权性质所制约，这从早期的《澳门政府公报》可见一斑。

1838 年的《澳门政府公报》，是人们在澳门查到的最早的公文刊物，只有葡文，无中文。直至 1850 年 12 月 7 日的政府公报，内文才首次出现中文。以后若干年，间有中文，这个时期的中文公文种类有谕、咨文、公告、通告、告示、声明、启事等，内容涉及公开竞投、缴纳地租、表扬、悬赏、申领牌照诸多方面。

1879 年，澳门政府下“札谕”（见图 5－3），申明以后《澳门宪报》要译成中文，这可以说是公文逐渐向当地华人开放的一个转折点。

大西洋欽命澳門地捫暨所屬地方總督施　爲
札知事照得澳門並澳門所屬之地華民應知澳
門憲報刊印官出單令札諭章程各事惟華人庶
乎均不識西洋文字凡是不繙譯華字則華人不
得而知又查近澳之英國屬地香港凡有印出憲
報皆譯華字以所屬華人得知是以本總督定意
舉行于左
自今以後澳門憲報要用大西洋及中國二樣文
字頒行由繙譯官公所譯華文較對辦理並正繙
譯官畫押爲憑合行札仰該官員知悉各宜遵照
毋違須至札者
光緒五年正月十六　日
札諭第二十五號

图 5－3　1879 年澳门政府“札谕”

1880 年，《澳门政府公报》这一名称首次译成中文——《澳门地扪宪报》。年份、期数、顺序号等刊物标记也译成汉字。1896 年年底，《澳门地扪宪报》改为《澳门宪报》，删去“地扪”二字。1910 年年底首次出现中文目录，这期间除“札谕”，又出现“告白”等中文公文文种。以后几十年间，公文种类趋于多样化，除上面提及的外，还有令（国令、命令）、议决、批示、条例（律例）、提案、决定案、布告、证明书、通文，但仅以个别公告、通告的内容译成中文居多。

1943 年年底，《澳门宪报》正式改为《澳门政府公报》这一中文名称，但刊头右下方仍保留“以西洋文为正也”字样。与此同时，在内容上删去“非官方部分”，真正以政府刊物的性质出现。公文名称也不断演变，“札、札谕、谕”均译成“训令”，在政府公报目录中大量出现。并有训令纲要、批示纲要、合约纲要等，而中文公文仍以“布告”这一文种出现最为频繁。

20 世纪 50～80 年代的《澳门政府公报》，除了刊头及目录部分译成中文外，内文甚少出现中文。

1987年《中葡联合声明》签署,在第二条第五款中写道:"澳门特别行政区政府机关、立法机关和法院,除使用中文外,还可使用葡文。"也就是说,未来澳门特区以中文为主,葡文为辅,实行双语制。虽然如此,当时在行政当局或在公共关系事务上,中文公文的地位并未得到落实。直至1991年12月31日第455/91号法令在《澳门政府公报》上公布后,情况才逐渐改变。该法令赋予中文在澳门行政当局具有官方语言的地位,与葡语具有同等的法律效力。随着这项法令的公布,也推行了多项相应措施,务求推广和发展双语制度。

1993年3月31日,《中华人民共和国澳门特别行政区基本法》公布,确立了中文在澳门特别行政区的法律地位,同年7月5日的《澳门政府公报》第一组才删去"以葡文为正"的字句,以崭新的面貌出现。

总之,澳门回归前,行政公文主体为葡语公文并以"葡文为正"。澳门回归后,澳门参照葡语公文和中国内地公文初步形成了一套中文行政公文。在特区政府尚未颁布法定行政公文实施办法之前,澳门理工学院和行政暨公职局于2000年2月联合编撰了《中文公文写作教程》,教材界定了澳门现行行政公文的格式内容。2000年8月,澳门特区政府行政暨公职局发布了《中文公文写作手册》(试用本),对各种常用公文文体、用笺、书写方式、繁简字体、数字处理、公文编号、中葡文位置安排、惯用语等作了一些具体规定。在目前澳门特区政府尚无正式法定公文体制公布之前,《中文公文写作教程》和《中文公文写作手册》(试用本)对澳门中文公文的发展具有里程碑意义。

二、澳门地区公文文种

据陈满祥1999年的研究,当时澳门现行的公文文种11类、15种:

(1)令、命令。葡萄牙共和国总统通过令、命令,将适用于澳门的葡萄牙共和国法规和政府其他命令,延伸至澳门地区。

(2)法律。由澳门立法会通过的提案及草案定名为法律。

(3)法令、训令。法令是澳门总督根据《澳门组织章程》赋予的立法权,在本身立法权限内或在立法授权范围内制定并发布的规范性文件。它的内容常常涉及澳门地区政治、经济、行政管理、司法制度和文化教育等重大或一般事项。

训令是澳门总督关于具体部门或事项的规范性文件,或就政府行政管理及其他行为所发出的文件。

(4)决议。经过会议讨论通过并要求贯彻执行,用"决议"。

(5)批示、批示摘录。上级机关对下级机关的公文或对有关事宜予以批准

（或撤销），用"批示"。

澳门政府机关关于入职及晋升的考试程序以及工作人员在职务上法律状况的调动，用"批示摘录"。

（6）公告、通告。凡政府机关将一定事实让公众周知，在政府公报上公布或在报章上刊登的文件，称"公告、通告"。

（7）声明。声明是政府机关公开表示态度或说明真相的文件。

（8）告示。某些政府机关将一定事实或某些行政行为让公众周知的文件，称"告示"。

（9）更正。政府机关改正已发表的文件中有关内容或字句上的错漏，用"更正"。

（10）公函。原指政府部门间的往来信件，现已不限于此，凡各类机关、社团或个人为公事而发出的信件，都称"公函"。

（11）通知。是政府机关把事情知会有关人士的公文。在机关内部使用较多，受文者较明确。它除可用张贴形式外，还可寄给受文者。

另外还有报告书、建议书、意见书、会议记录、证明书、声明书、申请书等公文种类。

2000年2月，澳门理工学院和行政暨公职局联合编撰的《中文公文写作教程》对澳门地区公文，按使用范围分为对外公文与内部公文两大类。

1. 对外公文

一般是指行政机关向本部门职工或广大公众发布的公文。主要有以下七种：

（1）行政命令（Ordem Executiva）：适用于根据《澳门特别行政区基本法》或《澳门组织章程》发布法规；转发与澳门有关的国际公约；宣布任命等。

（2）决议（Resolução）：适用于公布立法会讨论通过的文件。

（3）批示（Respacho）：适用于行政长官、司长或局长批准某个文件，以及上级对下级上报的公文给予答复、批准或指示。前一类批示一般登载于《澳门特别行政区公报》。

批示摘录，常用于政府机关公布有关任职和晋升的考试程序，以及工作人员在职务上的依法调动。

（4）公告（Aviso）：适用于需广泛告知公众的，并与市民有密切关系的事宜。可在政府公报上公布或在报章上刊登。除行政部门使用公告外，司法部门也可在特定的报章上刊登公告，向有关人士公布诉讼事宜。

（5）通告（Anúncio）：适用于需告知公众或同时要求公众遵守的，与一定范围内人士相关的事宜。可在政府公报上刊登，也可刊登在报章上。

（6）声明（Declaração）：适用于具有法律效力的，进行说明或证明事实的文件。这类文件常常使用表格。

（7）布告（Edital/Édito）：也称"告示"，适用于政府机构就某一具体事项作出决定后，需告知公众的文件，如更改街道名称等。

2. 内部公文

它是指公共机关内部或公共机关之间使用的，或机关与市民个体之间往来的文件。内部公文一般不公开发表，且常常需要保密。主要有以下十一种：

（1）公函（Ofício）：适用的范围很广，机关之间联系事宜、沟通情况时使用的信件，以及机关与私人机构或私人就公务联系的信件均属公函。公函内容必须是有关公务的。

（2）传阅函（Ofício–Circular）：适用于向不相隶属的部门或向本部门内部人员告知某一决定事项的文件。如人员变动、成立新的下属部门、开展某项活动等。

（3）报告（Relatório）：适用于向上级汇报工作，请求上级就某一事项作出指示、批示或请求批准，或根据上级要求说明某种情况。

（4）建议书（Proposta）：适用于向上级提出开展某一活动或进行某一工作的文件。这类文件常常请求上级批示、批准或为某项工程拨款。

（5）申请书（Requerimento）：适用于个人或下级部门就与私人关系较密切的具体问题，向上级提出要求，请示批准。

（6）备忘录（Memorando）：也称"便函"，适用于部门公务人员之间或下属部门之间通报一般的工作情况、交流信息资料。"便函"这一文种名称是从葡文"memorando"翻译过来的，过去通常直译为"备忘"。

（7）会议记录（Acta）：适用于记录会议参加人员、时间、地点及讨论的问题、结果等。有时采用纪要形式。

（8）（会议）通知书（Convocatoria）：又称为"召集书"，适用于告知出席会议人员的有关会议的安排、讨论的事项等。

（9）工作令（Ordem de serviço）：这是由局长签发下达的文件，内容包括人员调动、离职、升职、各项规章制度以及必须完成的工作等。

（10）通知（Comunicação）：适用于向机关部门内部或与其工作相关的部门、个人发布行政规章，知照某一事项。

（11）计划书（Projecto/Plano/Programa）：适用于机关或个人对未来工作的目标、内容、步骤、期限等做出整体的安排，一般是下级向上级提交的上行文书。

2000年8月澳门行政暨公职局发布的《中文公文写作手册》（试用本）规定，澳门地区的公文文种有：

（1）公函。某部门向其他部门或私人实体发出的信件或正式文件。

（2）报告。有系统地叙述已发生的或进行中的事情的文件，其内还须提出理据和评论。

（3）请示。适用于向上级汇报工作、呈报数据的内部文件。

（4）建议书。适用于向上级建议采取某行动或实施某计划的内部文件，通常涉及预算开支。

（5）请示/建议书。适用于向上级汇报工作、呈报资料、提出方案或备选方案、请示指引的内部文件。

（6）传阅通知。同时发往所有下属单位，用以传递讯息或上级的指示的公函。

（7）传阅函。同时向多个部门或实体发出，通传某个决定、义务或事件的正式文件。

（8）公告。是官方向公众发布一重大事件或事项的文件，鉴于以上的特点，公告只宜张贴在告示栏或重要公共场所，刊登在《特区公报》或报章上，甚或通过电台电视播发。

（9）通告。向公众或某部门发出消息的文件，通常标贴于告示栏或刊登于报章上。

（10）通知。向公众或某部门发出消息的文件，对象比较明确，发文者可把文件直接送达受通知人。

（11）布告。张贴于公共地方或刊登于报章的政府或司法命令，并在一定限期内生效。

（12）内部通告。通知发出文件、告知收到来件或提出请求时使用的文件，收件单位于有需要时可作出回复。

（13）内部通知。于部门内传达消息的文件，无须回复。

（14）工作令。为规范某个程序或某事务而由局长发出指示的文件，以划一局内厅和处对某项工作的处理程序。

（15）备忘录。部门内公务员之间或不同附属单位之间用于通讯的文件。常用于扼要地传达或交换信息或意见；

（16）召集书。通知有关人士出席会议的文件，通常用邮递方式在开会日之前送达各出席会议人士。

（17）会议记录。记录会议中所处理的事项。会议记录是正式文件，因此应缮录于簿册或专有印件。

（18）请柬。

在目前澳门特区政府尚无正式法定公文体制公布之前，澳门行政暨公职局印发的《中文公文写作手册》（试用本）规定的公文文种应该可以看作现行公文文种。

三、澳门地区公文格式

依《中文公文写作教程》，澳门现行行政公文格式要素包括标题、事由、编号、日期、受文者、正文、发文者、印章、附件、副本、注等十一项内容。

1. 标题

是公文内容的简明概括。澳门行政公文中常用的标题有四种，第一种是发文机关名称＋事由＋文种，如"澳门特别行政区政府财政局财税处关于房屋税事宜通知"；第二种由发文机关、文种及编号组成，如"经济局通知第×××/2000号"，"第1/1999号行政命令"，其中编号由顺序号和发文年号组成，发文机关名称可以省略。第三种由发文机关名称和文种组成，如"澳门特别行政区政府卫生局通告"；第四种仅以文种作标题，如"通知"、"公告"。标题一律居中书写，内容较多可分行排列。

2. 事由

澳门某些常用公文如公函、报告、请示多采用书信式，这种书信式公文往往省略标题，在正文之前加一个开头，用于说明公文的事由、文种、编号、日期。事由是用一句话扼要概括发文的主要内容，作用相当于标题，其书写位置在受文人之上左侧，先顶格写"事由"两字加冒号，再写明事由内容，如，"事由：更换理事会委员会"。写完事由将文种提出单列，写于事由同一行偏右侧。

3. 编号

澳门公文的编号书写方式多样，一般公文编号写于标题之中（如前述），书信式公文编号写于开头之中，其编号内容也与标题中的编号有所不同。共有三项内容，依次为顺序号、代号、年度号。中间用小斜线相隔，如第2/GJ-SC/2000，编号写在文种同一行最右侧，与文种间隔一个字。

4. 日期

澳门公文的发文日期有多种书写方式，书信式公文的发文日期写在开头处，以葡文习惯，依日、月、年顺序书写，在"编号"之下，与编号上下对齐，先写"日期"两字，加冒号，再写明时间；一般公文的成文日期写在文后发文者之下，成文日期用汉字按中文习惯以年、月、日顺序书写；会议文件将发文日期写在标题之下正中位置，不加括号，这一成文时间指会议通过文件的日期，按中文习惯书写。

5. 受文者

即主送单位，为主要负责承办公文的单位或部门负责人。此项有两种写法：一种为前称式公文受文者，写于正文前，顶格写受文机关或负责人，负责人前应写明受文人所在机关和职衔，机关职衔和负责人姓名各占一行；后称式公文将受文人写在篇末正文之后左侧，另起一行空两格写"谨呈"两字，再起一行须顶格写受文人职位及姓名。命令、通告、布告及公开张贴的通知不必写受文人。

6. 正文

是公文的核心内容。澳门公文正文的写法与内地相近，正文一般分为因由、主要事项和结尾三个部分。因由要简明扼要地阐明发文的依据、目的或意义，作为说明主要事项的前提；主要事项部分用于叙述工作内容、原则、要求、办法、建议、决定或处理结果等。文中涉及的事件、人物、时间等要求具体明确。如果正文内容单一，只用一段写清，内容复杂的公文需分段说明，必要时采用顺序号分条分项逐一叙述，做到要点明确，一目了然。正文中的因由、事项、结尾一般都独立成段，退两格书写。结尾作为全文的收束，常用敬谦词、祝颂词作为结束语，例如，"特此通告"、"特此通知"、"专此报告"、"当否，请指示"、"此批"等。祝颂词一般紧接正文或另起一行空两格写"顺颂"、"敬候"、"并颂"等词，再另一起一行顶格写"台安"、"时祺"、"公祺"等祝福的词语。澳门公文与内地公文不同，在结尾常可以写一些涉及个人感情、身体、工作等内容的祝颂词，内地公文一律不准写祝颂词。

7. 发文者

是发文单位或发文主管负责人的签名。澳门公文常以机关负责人名义落款，这一点与内地公文有所不同，内地公文除命令（令）等个别公文外，大多数只能以发文机关名义落款。澳门公文的落款方式是，先签署所在机关及职务，再签署负责人姓名，必要时还在姓名之后加盖私人印章。发文者一律写在正文之下右侧，成文日期之上，发文机关及职务占一行，发文人另占一行，上下排列。

8. 印章

澳门公文对用印原则和办法未作明确统一要求，现行公文一般参照内地公文用印要求执行。除会议纪要外，其他公文都要在受文人后加盖公章。印章盖在受文人和日期之上，上不压正文，下骑年盖月。

9. 附件

是对公文正文起辅助说明作用的材料或文本，如单据、书信、图表等。如有附件，要在受文人和日期之下左侧说明。先顶格写"附件"二字，加冒号，再依次写明顺序号、附件的名称、份数，每一附件占一行，只有一个附件可省略顺序号。

10. 副本

相当于内地公文中的抄送件，即与公文原件内容完全相同的文件，用于送交有必要了解公文内容但又不负责承办公文的相关部门或负责人。如有副本应写在受文人和日期之下左侧，作为附件的内容，写法见上一词条。

11. 注释

是对公文内容所作的必要补充、解释和说明。如有注释写在附件之下，先顶格写明"注"或"注释"字样，加冒号，再写注释内容。

澳门行政公文一般采用由左至右的横排格式（图5-4、图5-5）。

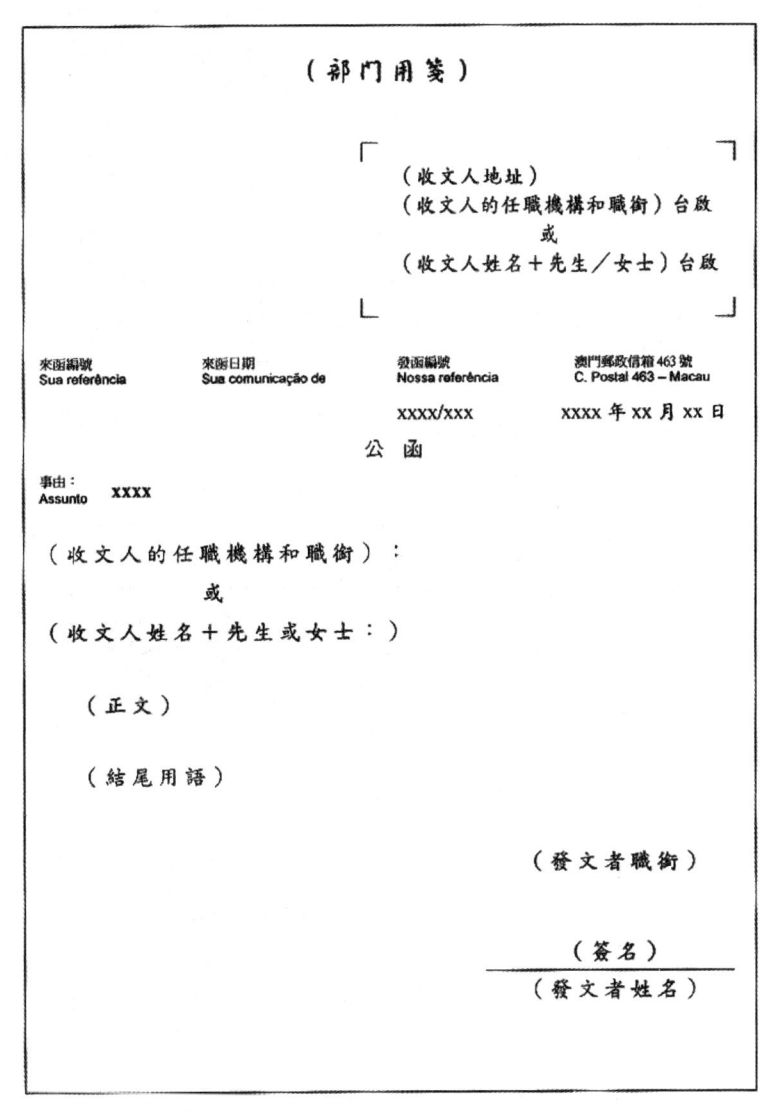

```
                    （部门用笺）

              ┌                              ┐
                   （收文人地址）
                   （收文人的任职机构和职衔）台启
                            或
                   （收文人姓名＋先生／女士）台启
              └                              ┘

 来函编号       来函日期        发函编号        澳门邮政信箱463号
 Sua referência Sua comunicação de Nossa referência C. Postal 463 – Macau

                                xxxx/xxx        xxxx年xx月xx日

                     公  函

 事由：
 Assunto   xxxx


（收文人的任职机构和职衔）：
              或
（收文人姓名＋先生或女士：）


   （正文）


   （结尾用语）


                              （发文者职衔）


                              （签名）
                              ─────────
                              （发文者姓名）
```

图5-4　澳门地区"公函"横排格式

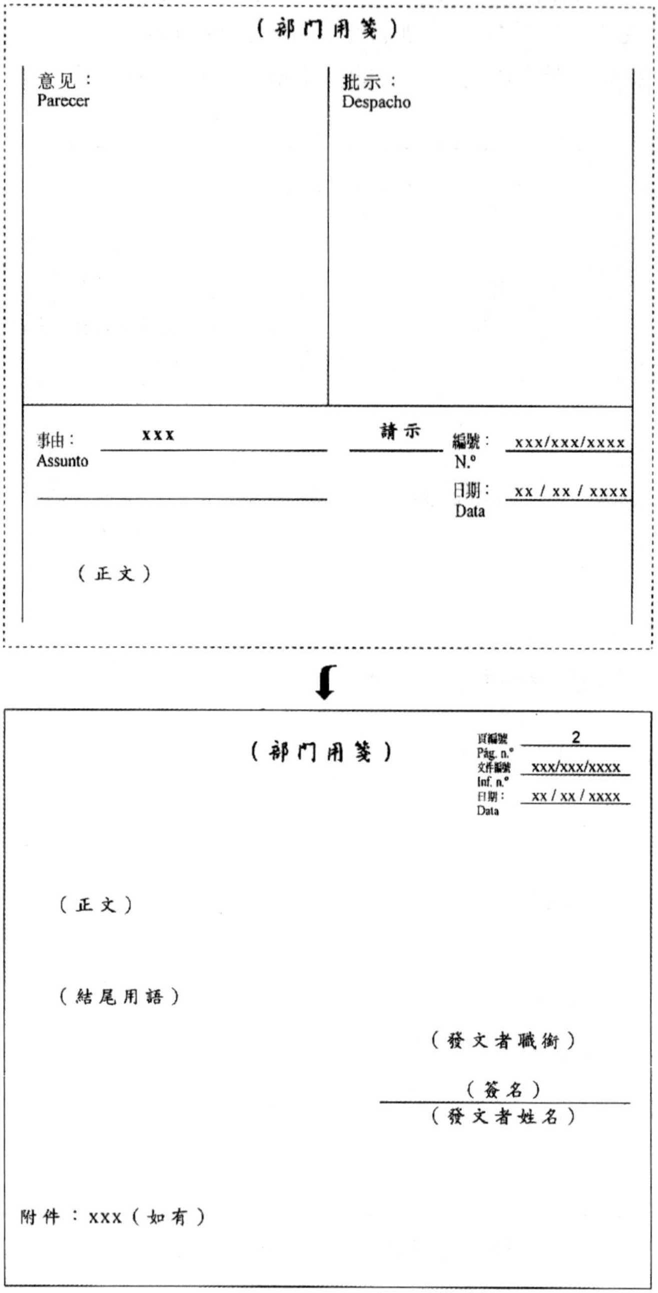

图 5-5　澳门地区"请示"横排格式

第四节　海峡两岸及香港、澳门公文比较与整合

前面的介绍表明，海峡两岸及香港、澳门的公文在内容、体式和文种上有许多不同，而海峡两岸及香港、澳门公文的整合又是大势所趋，故在此单辟一节进行讨论。

一、海峡两岸及香港、澳门公文的比较

从海峡两岸及香港、澳门现行公文文种的使用情况，可以将各地现行公文文种汇总成表 5–1。

表 5–1　　　　海峡两岸和香港、澳门公文文种汇总表

类别/文种	大陆	香港	澳门	台湾
命令①、令②、工作令③	*①②		*③	*②
议案	*			
决定①、决议②	*①②			
意见①、建议书②	*①		*②	
公告①、布告②、告示③、政府宪法公告④	*①	*①②④	*①②	*①
通告①、内部通知②	*①	*①	*①②	
通告①、内部通知②、传阅通知③			*①②③	
通报①、公报②	*①②			
报告①、进度报告②、报告③	*①	*②③	*①	
请示①、呈②、请示/建议书③	*①		*①③	*②
批复	*			
函①、通函②、书函③、公函④、便笺⑤、传阅函⑥	*①	*②④⑤	*④⑥	*①③
录事①、档案纪要②		*①②		
纪要①、会议记录②	*①		*②	
备忘录①、行政会议备记录②		*②	*①	
讨论文件①、资料文件②、咨询文件③、工作表现评核报告④、立法会参考资料摘要⑤		*①②③④⑤		
会议文书①、召集书②		*①	*②	
牌匾铭文①、演讲词②、题词③、献辞④		*①②③④		
束帖①、请柬②		*①	*②	
咨				*
表格				*

不难看出：在表 5–1 的 21 类 53 种公文中，海峡两岸及香港、澳门公文文

种的差异是极大的。归纳为以下几点：

（1）现行海峡两岸及香港、澳门正式公文文种中无相同类属；

（2）种属相同的，海峡两岸及香港、澳门仅"公告"和"函（通函、书函、公函、便笺、传阅函）"两种；

（3）大陆、澳门、台湾相通的类属为："请示（呈、请示/建议书）"、"命令（令、工作令）"；

（4）大陆、香港、澳门相通的类属为："通告（内部通告）"、"报告（进度报告、报告书）"；

（5）大陆、澳门相通的类属为："通知（内部通知、传阅通知）"、"纪要（会议记录）"、"意见（建议书）"；

（6）香港、澳门相通的类属为："备忘录（行政会议备忘录）"、"会议文书（召集书）"、"柬帖（请柬）"；

（7）大陆独有的类属为："议案"、"通报（公报）"、"批复"；

（8）香港独有的种属为："录事、档案纪要"、"讨论文件"、"资料文件"、"咨询文件"、"立法会参考资料摘要"、"工作表现评核报告"、"牌匾铭文"、"演讲词"、"题词"、"献辞"；

（9）台湾独有的类属为："咨"、"表格"。

从海峡两岸及香港、澳门现行公文文种的使用情况来看，海峡两岸及香港、澳门交流存在的问题主要有三个方面：

（一）公文名称相同（或相近），实际功能却有差异

由于各地文种内容和使用范围的不同，就造成了海峡两岸及香港、澳门的公文在名称相同或相近的情况下，功能却各不相同。如："公告"，大陆的"公告"，仅限于中央授权单位"用于向国内外宣布重要事项或法令事项"；而台湾的"公告"却是"各机关对公众有所宣布时用之"；澳门的"公告"是"官方向公众发布一重大事件或事项的文件"；香港的"公告"泛指政府向公众发出的通告。比较之下可见：大陆、澳门的"公告"内容单一面窄；台湾、香港的内容广泛、面宽。

再如"函"：大陆用于"不相隶属机关之间相互商洽工作、询问和答复问题、请求批准和答复审批事项"；台湾则用于各机关间的公文往复，或人民与机关间之申请与答复；澳门（公函）"某部门向其他部门或私人实体发出的信件或正式文件；香港（公函）可用于政府的对内对外事务。可见，台湾的使用范围最广、频率最高；大陆的范围较小；港、澳的"函"大于大陆，小于台湾。

再如"通告"：大陆规定"用于在一定范围内公布应当遵守或者周知的事项"；香港用于对政府人员、机构或所属机构或工商机构公布恒久有效的政策或规定，除非另行公布废止或修订，否则永远有效；澳门规定"向公众或某部门发出消息的文件，通常标贴于告示栏或刊登于报章上"；台湾法定公文文种不包括"通告"，但它适于"机关内某一单位须将某一事项告知本机关全体同仁时用之"，"亦有称通报者"。比较分析可见，大陆、澳门的"通告"范围广，台湾、香港的范围窄，而且台湾的"通告"跟大陆的"通报"（用于表彰先进、批评错误，传达重要精神和告知重要情况）相混。

再如"通知"，大陆规定用于"发布、传达要求下级机关执行和有关单位周知或者执行的事项，批转、转发公文"；澳门则为"向公众或某部门发出消息的文件，对象比较明确，发文者可把文件直接送达受通知人"；台湾法定公文文种不包括"通知"，但实际中用于机关内部各单位间有所洽办或告知；香港无此类公文存在。可见，大陆的"通知"功能较强，范围较大；台湾功能较弱，范围较窄；澳门功能与范围居中；香港无此文种。

再如"报告"：大陆的"报告"用于"向上级机关汇报工作、反映情况，回复上级机关的询问"；澳门则为"有系统地叙述已发生的或进行中的事情的文件，其内还须提出理据和评论"；而台湾的"报告"不是法定文种，但使用范围广，多用于私务。"凡机关、学校、人民团体，僚属陈述偶发事故，请示上级了解，或请代为解决困难的，均可使用"。看来澳门、台湾的"报告"比大陆使用范围广，而香港无此文种。

（二）各地名称不同的公文种类，却又具有大致相似或相近的功能

各地公文种类的名称不同，但功能却相似的。如上述的"通报"：大陆是"用于表彰先进、批评错误，传达重要精神和告知重要情况"；而台湾的"通告"指"机关某一单位须将某一事项告知本机关全体同仁用之"，"亦有称通报者。"这样，台湾的"通告"就与大陆的"通报"有相似之点，名称不同，具有相近、相似的功能；而香港的"便笺"（即简短的公函，它适用于部门内部和部门之间的公务员互相商洽公事和互通消息）又与大陆的"函"（适用于不相隶属机关之间商洽工作、询问和答复问题、请求批准和答复审批事项）、台湾的"函"（各机关间公文往复，或人民与机关间之申请与答复时用之）、澳门的"公函"（某部门向其他部门或私人实体发出的信件或正式文件），名异意近。这无疑会给四地交流带来一些困惑。

再如，大陆的"报告"（适用于向上级机关汇报工作、反映情况，回复上级机关的询问）、"请示"（适用于向上级机关请求指示、批准）、"批复"（适用于答复下级机关请示事项）三类文种区别明显，而香港则将上行报告、下行答复统作"录事"，这样，大陆的"报告"、"请示"、"批复"，与香港的"录事"部分交叉，出现名异部分功能相同的局面。

（三）各地公文的格式和结构，也存在明显的不同

各地公文格式和结构的明显不同也给各地间的交流带来理解、沟通上的不便，而且从客观上还给人造成某种人为的差异。

从公文的外部格式来看，各地区别很明显。

大陆的公文格式由份号、密级和保密期限、紧急程度、发文机关标志、发文字号、签发人、标题、主送机关、正文、附件说明、发文机关署名、成文日期、印章、附注、附件、抄送机关、印发机关和印发日期、页码等组成。

香港公文格式由秘密等级、缓急程度、公文编号、受文人、标题、正文、下款、附件、副本送（或副本分送）、发文日期等10项主要内容组成。

澳门现行行政公文格式要素包括标题、事由、编号、日期、受文者、正文、发文者、印章、附件、副本、注等11项内容。

台湾公文格式由机关名称及文别、年月日及编字号、受文者、副本收受者、本文、附件、署名、印信、副署九个部分组成。另有公文管理标识：速别、密等。

二、海峡两岸及香港、澳门公文整合的发展方向

海峡两岸及香港、澳门的公文整合已经是大势所趋，整合意念也已经形成。展望未来，整合的道路是漫长的，但我们要积极的探讨，交流信息，变"不妥"为积极探索、扬长避短、纳优汰劣、相互融会、逐步整合。

（一）加强沟通，寻找共识

从近几十年海峡两岸及香港、澳门公文发展的趋势来看，无论是大陆、台湾、港澳，都是向白话文方向前进的，这就有一个共同的前提基础。这一基础的出现，应该视为海峡两岸及香港、澳门共同努力的结果。

更可喜的是，近年来，海峡两岸及香港、澳门的专家学者都以积极探索、大胆交流的态度进行了双向、多向交流，并为研究解决相关问题召开了学术会议。如1994年台北召开的第一届两岸汉语语汇文字学术研讨会；1995年沈阳—大连召开的国际修辞学术会议；1995年美国召开的中文计算机教学国际研讨会；1999年澳门召开的语言与文体国际学术研讨会；2000年在台湾高雄台北召开的第二届（台湾）中国修辞学会，2000年在广州召开的中国修辞学会大型国际学术研讨会以及香港、大陆召开的有关会议，都有众多海峡两岸及香港、澳门的专家教授聚集一堂，共商国事，呈现出一幅向心向前的可喜景象，令人鼓舞。

在这些交流和沟通的情势之中，海峡两岸及香港、澳门的专家都用他们的研究成果和智慧，加深了彼此之间的了解和尊重，并发自内心地产生了一种愿望，那就是通过彼此的努力，为寻找一种令海峡两岸及香港、澳门都能接受的渠道或模式，为加强彼此的团结、实现中国的完全统一，贡献力量。

具体到公文语体的沟通、研究和探讨，那就希望能在各自的学术研究和实践中，有意识地为缩小彼此的差距进行一些有益的探索和尝试。

（二）前瞻互动，求同存异

目前在海峡两岸及香港、澳门公文实践当中，已经出现了一些令人鼓舞的积极因素：在公文语体上，一致强调科学化、现代化、简明化；在公文词语运用上，注意通俗化、大众化、规范化。

所谓科学化，是指在面对海峡两岸及香港、澳门政务、商务、事务一再增强的形势下，使公文文种的设置、功能的设定更便于与国际惯例接轨而力求科学；简明化是力求使公文形式更加自由，内容更加醒目，表现更加便捷，尽量除却陈旧、呆板的套式和冗繁空赘的话语；现代化要求适应网络传递和信息数字化处理等方面的需要，在公文书写、格式设计、项目标识、结构安排乃至字形处理等方面做到合适。所有这些，目前，都为海峡两岸及香港、澳门所注视，而且都能把目光向其他各方倾视，注意与其他各方应接。这就为进一步靠近或了解奠定了基础。

所谓语言的通俗化，是指各方在相互交往交流当中，力戒使用一些中西混杂、文白夹杂的语句，尽量少用一些生僻的文言、方言和专业术语，使公文语言明白通畅，通俗易懂；而大众化，则要求公文制作者心目中应有广大民众这一神圣对象，不能把公文特别是关系到民众的公文文稿写得生涩难懂；规范化是现代社会交往的大势，更是语言交际的重要要求。公文语言有了规范，才能使交际活动畅行无阻，才能充分发挥公文的交际作用。如果我们不去注意语言规范的问题，比如如何对待文言词、方言词、外来词的问题，如何界定书面语的问题，等等。虽然在大陆规定了"以北京语音为标准音，以北方话为基础方言，以典范的现代白话文著作作为语法规范"的民族共同语内涵，但港、澳、台并不一定有共识。如台湾方面的公文，使用文言词的因素比较强，这就需要求同存异，将一时、一地暂时不能消除的差异搁置起来，时间长了，听其自然，也许不是一件不可接受的事情。

（三）逐步融合，自然归一

香港、澳门、台湾的公文也已改为横行书写，这就是一种在公文格式上的融合和自然归一。在公文语体语汇的融合上，更让我们欣喜的是随着海峡两岸及香港、澳门交往的日益增多，一些前不久还属港、澳、台常用的词语，如"研讨、界定、心态、共识、认同、老板、作秀、影视圈、买单、埋单、洗手间、宠物、智囊团"，还有金融、股市方面的一些词语："股民、股友、蓝筹股、二线股、牛市、熊市、涨停、跳水、庄股、人气、炒股、炒楼、炒金、炒汇"等，都已被内地，特别是沿海地区广泛吸收使用，可见语言的融合效力。

  有人在讨论这一问题时，提出了"强加整合"之说，这一提法值得商榷，一则因为语言本身有其发展的规律，人为的"强加整合"，不一定会产生积极的效果；二则语言的约定俗成取决于社会的制约和影响能力，硬要"强加整合"，也未必为社会或部分社会成员所接受。因此，采取自然归一的态度让海峡两岸及香港、澳门的公文在频繁的社会交往中接受甄别和考验，顺其自然，扬长弃短，逐步融合，等待中国大团结大统一时光的到来，也就自然迎来了公文语体水到渠成的归一之势的来临。

第六章 电子公文

随着现代信息技术的飞速发展，我们的社会正步入信息时代，社会的信息化水平与程度日益提高。社会的信息化给人们的生活、工作，给国家管理、政务管理、商务管理及各个方面正带来革命性变化，这种变化在公文领域的反映就是电子公文的产生、发展与广泛应用。

第一节 电子公文概述

一、电子公文与相关概念

我国《电子公文归档管理暂行办法》[①]第二条对电子公文给出了定义："本办法所称的电子公文，是指各地区、各部门通过由国务院办公厅统一配置的电子公文传输系统处理后形成的具有规范格式的公文的电子数据。"而《基于XML的电子公文格式规范》标准的第一部分《总则》，将"电子公文"定义："以数字形式存储于磁带、磁盘、光盘等载体，依赖计算机系统阅读、处理并可在通信网络传输的公文。"前者有明显的局限性，缺乏必要的涵盖性，后者则较为宽泛，但仍然没有对电子公文的适用范围作出合理界定。

我们认为电子公文的概念，有狭义与广义之分。从广义上讲，是指社会组织运用现代信息管理技术制发的，以数字形态存储于特殊载体并依赖计算机系统阅读、处理及可在通讯网络传输的、与纸质公文具有同等法定效力或特定效力、并广泛应用于党政机关、企事业单位、公共团体的电子文书。从狭义上讲，是党政机关运用现代信息管理技术制发的、用以替代传统纸质公文的全数字化形式的、具有规范格式的公文的电子文件。

电子公文的产生是与办公自动化和电子政务相伴而生的。美国麻省理工学院季斯曼教授从提高数据处理效能的角度将"办公自动化"界定为："所谓办公自动化就是将计算机技术、通信技术、系统科学及行为科学应用于传统的数据处理技术难以处理、数据量庞大且结构不明确的包括非数值型信息的办公事务上的一

[①]《电子公文归档管理暂行办法》，2003年7月28日国家档案局令第6号发布。

项综合技术。"简单地说，办公自动化就是办公信息处理的自动化，主要指利用现代办公设备、计算机技术、通信技术和互联网技术等来协助处理信息，从而大幅度地提高办公效率和办公质量。而电子政务是指政府机构在其管理和服务职能中运用信息技术，实现政府组织结构和工作流程的优化重组，超越时空，打破部门条块分隔的制约，从而形成的一种精简、高效、廉洁、公平的政府运作模式。电子政务作为政府的运作模式可简单概括为两方面：一是政府部门内部利用信息技术实现其办公自动化、管理信息化、决策科学化；二是政府部门与社会之间利用网络平台进行信息共享，实现信息服务。从国家规划项目来看，电子政务有三类：政府间的电子政务、政府对企业的电子政务、政府对公民的电子政务。

我国在 20 世纪 80 年代中期开始在一些政府部门开展办公自动化业务。而电子政务则是 90 年代初期由当时的美国政府提出的，在我国则是最近几年才流行起来的一个新兴概念。因此，两者之间既有联系，又有区别。从本质上来看，电子政务并不是对 OA（包括 OIS）的否定和替代，而是与其紧密相关的。办公自动化是电子政务的基础，电子政务是办公自动化的延续，是网络时代更广义的政府办公自动化，并拓展为"面向社会的政府全方位办公自动化"。

二、电子公文与纸质公文的区别与关系

（一）电子公文与纸质公文的区别

在本质上，电子公文与纸质公文一样，都是党政机关在行政管理活动中形成的原始记录，但因电子公文自身的技术特点，使其在某些要件上呈现出一些差异性。

1. 电子公文与纸质公文作者身份的确认方式不同

纸质公文标识公文作者有两种形式：一是作为文头或版头，由发文机关的全称或规范化简称加"文件"二字构成，标识于公文首页上端；二是作为署名，在落款处标识发文机关名称或签上机关领导人职务及姓名。为证实公文作者的合法性、权威性，须用印章或签署，凡以机关名义制发的公文除会议纪要外均须加盖印章，凡以领导人名义制发的公文均须签署。印章与签署有两个功能：一是确定签署者身份，二是签署者确认对文件内容已认可。因此，纸质公文的作者很容易确认，行政主体明确，从而可以进一步审查其合法性。

在电子环境中，尽管可以设计出与纸质公文格式相同的电子公文模板，有发文机关标识、落款等，却无法为电子公文盖上传统的印章和亲笔签署。如果缺乏对电子文件操作权限的控制，公文作者的标识很容易被改动且不留痕迹，或者作者本人抵赖而无法证明；即使是由电子系统自动记录文件发送者的信息，这个发送者可能是文件的作者，也可能是任何建立、转换或传输数据的人、设备或程序。可见，电子公文作者的真实身份难以确认，这将构成其生效的障碍。

目前，我国的一些行政机关、司法机关已开始采用电子印章，有些机关实现了领导的电子签署，也就是说，通过电子签章可以实现与传统的用印、签署类似的功能。我国 2005 年施行的《中华人民共和国电子签名法》确认了网络签名与传统物理签名具有相同的法律效力，为电子公文提供了合法性前提。《电子签名法》通过确立电子签名的法律效力、规范电子签名行为、明确电子认证机构的法律地位及认证程序、规定电子签名的安全保障措施等法律规定，为促进电子公文的发展创造了有利的法律环境。

2. 电子公文与纸质公文的形成程序不同

电子公文应当既遵循与行政行为性质相适应的行政程序，又遵循公文的一般处理程序，才符合程序合法的要求。

从公文的一般处理程序看，它包括公文拟制、公文办理、公文管理等一系列相互关联、衔接有序的工作。而公文拟制又包括：起草、审核、签发等程序；公文办理包括发文办理、收文办理、立卷归档等工作，且每项工作又有其固定的工作程序和手续。一般党政机关都制定了本单位的公文管理制度，以确保纸质公文严格按程序流转。机关制发电子公文是否应该遵循与纸质公文相同的处理程序呢？答案是否定的。由于电子公文的易变性和网络空间的信息共享性，电子公文管理系统的设计应考虑电子公文的整个生命周期，对传统的公文及其归档管理进行"业务流程重构"，将某些业务环节提前，某些业务环节合并，以有效地减少重复作业和滞后作业，最大限度地提高行政效率，并保证电子公文在其整个生命周期中受到严格的控制。

3. 电子公文与纸质公文的真实性状况及其认证方法不同

维护和认证电子公文信息内容的真实性是为了确保行政主体表现于外部的意思决定与其内在的意志的一致性。电子公文的真实性比纸质公文更易受威胁，更难维护与认证。

从信息内容与载体的关系看，纸质公文的信息内容固化于纸张载体上，载体的原始性决定了信息内容的真实性，通过对字体、字迹、纸张性质、印刷方式、印章、印文等物理特性的鉴定，可以判断该份公文是否变造、伪造，在法学上已发展出了一套专门的物证技术来鉴定纸质公文的真实性。电子公文内容的易变性及内容与载体的可分离性使鉴定纸质公文真实性的一套方法对电子公文来说几乎不起作用。

但只要有技术、管理和法律三者为保障，电子公文的真实性是可以得到维护与认证的。技术上，对电子公文真实性、完整性的认证技术有数字签名技术、身份识别技术与消息认证技术、信息完整性校验技术等。管理上，可以对电子公文从形成、处理到利用的全过程进行控制，制定相应的标准与规范。如对电子公文的操作者进行可靠的身份识别、权限控制；系统自动捕获对电子公文真实性、完整性具有重要价值的元数据等。法律上，涉及计算机信息安全方面的法律法规有《中华人民共和国计算机信息系统安全保护条例》《计算机信息系统安全专用产品检测和销售许可证管理办法》《计算机信息网络国际联网安全保护管理办法》《计算机系统国际联网保密管理规定》等。此外，我国《刑法》第二百八十五条、二百八十六条和二百八十七条对破坏计算机及其数据的犯罪行为作了规定。这些都对电子公文的真实性提供了一定的法律保障。目前，当务之急是完善电子公文处理制度和相关标准，积极研制既先进又经济适用的电子认证技术，确保电子公文的真实性。

4. 电子公文与纸质公文的形式不同

公文的形式合法，有两层含义：一是指语言表达的形式合法；二是指公文的格式合法。从意思表达的形式看，纸质公文以文字、图表等人可识别的记录符号直接记录于纸张上以表达作者的意思，属于书面形式；电子公文以二进制编码记录于磁盘、光盘等磁性载体，再转换成人可识别的记录符号显示在屏幕上，以表达作者的意思，属于数据电文形式。能否用电子公文替代纸质公文呢？我国《合同法》第十一条规定："书面形式是指合同书、信件和数据电文（包括电报、电传、传真、电子数据交换和电子邮件）等可以有形地表现所载内容的形式"，将数据电文形式纳入了书面形式的范畴中。除了非常特殊的行政行为仍沿用传统的书面形式外，大多数行政行为都可以参照合同法，将电子公文纳入书面形式中，以使电子公文应用在国家管理、政务领域获得更广阔的空间。

从公文的格式看，党政机关一般都规定了公文格式要求，并指出公文中各部分的标识规则。《党政机关公文格式》对党政机关公文通用的纸张要求、印制要求、公文中各要素排列和标识规则作了规定，显然，它们是针对纸质公文的。纸质公文的格式固着于载体上，一经形成就固定不变，因此又可成为鉴别公文真伪的标志之一。电子公文的格式可分为物理格式和智能格式，物理格式指信息在载体上的存储位置，主要取决于载体及其状况；智能格式指公文信息内容的表示形式，主要取决于系统应用软件。两者在计算机中的处理是相对独立的，且只有在电子公文形成的时候，格式附着于特定的载体上才是稳定的，电子公文的格式显然不能成为鉴别其真伪的依据。目前我国党政机关使用的OA（办公自动化）系统异彩缤纷，数据格式千差万别。因此，仅仅考虑电子公文的智能格式模板符合法定的体式是远远不够的，而应该更多地关注电子公文的数据格式是否符合国家（乃至国际）通用标准。我国正准备建立一个能够描述政府部门内部、政府部门之间和政府部门与公众之间数据交换和业务处理流程的规范标准，即电子政务规范语言。将来，电子公文的数据格式是否符合这一标准，是电子公文能否实现交换与共享的关键，也应成为对其格式合法性审查的重点。

（二）电子公文与纸质公文的关系

电子公文是否会将纸质公文完全取而代之，很快进入"无纸化办公"的时代呢？实践的回答是否定的。前些年西方一度兴起"无纸化办公"热，认为网络时代将彻底把纸张"扫下办公桌"，但事实上全球的用纸量却在增加。这说明数字化的网络办公取代"无纸办公"绝非短期所能办到，它受人文传统、经济技术发展等因素的影响，将是一个渐进的长期的发展过程。由此可以断定，电子公文的发展虽然向纸质公文提出了挑战，但在相当长的一个时期内，纸质公文仍将继续存在。这一方面是因为电子公文的制作版式、传输、办理、归档等技术还不完善，滞后于应用的需要，企图全方位达到取代纸质公文的技术水平和应用水平还有很长的路程；另一方面，纸质公文的安全稳定，易于阅读、书写和归档的优势已扎根于人们生活与工作的习惯之中，一时难以完全改变。看来，在电子公文制作版式未达到纸质化以前，纸质公文与电子公文相互促进、相互补充、彼此并存的局面将长期存在下去。

三、我国电子公文的发展及现状

在我国，电子公文是伴随着办公自动化和电子政务的启动和发展而出现的。经过20多年的发展，我国的电子公文已经进入一个相对成熟稳定的发展时期。截至目前，其发展大体可以归结为三个阶段。

（一）普通电子邮件时代

1988年年底，国务院办公厅秘书局开发完成了以"国务院公文管理系统"、"国务院档案管理系统"、"国务院信息管理系统"及"国务院要事数据库"为标志的基于小型计算机的大型应用系统，并于1989年1月21日正式投入使用。

1989年6月至1990年10月，国务院办公厅秘书局组建了全国第一代数据通信网，在全国范围正式开通了"全国政府系统第一代电子邮件系统"。各地方政府与国务院之间及各地方政府之间，利用电子邮件实现了全国政务信息报送的计算机网络化。

1992年，国务院办公厅下发《关于建设全国政府行政首脑机关办公决策服务系统的通知》，有力地推进了各地政府机关办公自动化发展。在这一文件精神的指导下，各省（自治区、直辖市）、地级政府、县级政府纷纷成立了办公自动化技术的支撑机构。

从 1993 年开始，国务院办公厅秘书局每年下发《全国行政首脑机关办公决策服务系统年度建设指导书》，具体部署当年的建设工作，为各地办公自动化工作指明方向、目标、策略和任务，大大推动了此后 10 余年全国政府系统信息化建设。

1995 年，国务院办公厅秘书局开始规划和论证全国政府系统第二代数据交换网和第二代电子邮件系统的建设方案。1998 年确立了建设"全国政府系统第二代电子邮件系统"和建立"全国政府系统办公业务资源网"的技术框架。1999 年年底，建成了连接全国 47 个副省级以上地方政府办公厅和国务院各部委办公厅的"全国政府系统第二代电子邮件系统"。

1988～1999 年又被称为"邮件公文"时期，特点是公文单纯以邮件形式传送，我国大多数地级以上政府先后建立了基于 Lotus ccmail 和 Notes 邮件技术的政务信息传输系统，分别称为政府"第一代电子邮件系统"和"第二代电子邮件系统"，简称"一邮"和"二邮"。

此时期各地邮件系统的主要功能是用来传送政务信息，电子公文的概念还处于萌芽状态，本质上就是电子邮件，采用的网络平台是一个单纯的、开放的邮件平台，公文正文作为邮件附件形式传送。这种纯粹作为邮件附件被传输的电子公文，只是在内容上实现了电子化，缺乏对发文单位、收文单位的身份认证，也无法确保公文内容的完整性和有效性，缺乏制度和法规保障，未确立与纸质公文等同法定效力的地位。

（二）政府上网工程时期

1999 年全国人大办公厅、国务院办公厅、全国政协办公厅及国务院 80 余个部（委、办、局）共同倡导发起"政府上网工程"，对政府办公自动化建设和随后的电子政务建设影响深远。

2000 年 5 月，国务院办公厅下发《关于进一步推进全国政府系统办公自动化建设和应用工作的通知》，促成各级政府电子公文建设的高潮。

2000 年 7 月，书生公司与国家主管部门指定的有关单位合作开发，推出安全型电子公文系统。该系统采用多项安全措施，全程数字化加密，直接控制硬件操作，具有防篡改功能，使被攻击的可能性降到最低。以电子红头和电子公章的形式保留了传统红头和公章特点，保证了电子公文所具备的有效性、规范性、严肃性和安全性。书生安全型电子公文系统的推出，标志着我国电子公文发展有了可靠的安全技术保障。

这一时期电子公文经历了爆炸般的成长。推进速度之快、应用范围之广是技术进步和政府信息化快速发展的反映。国家实施"政府上网工程"之后，各级政务信息网络得到大规模扩展。办公自动化系统被大范围应用。文档管理、电子邮件、公文流转、流程审批、会议管理等功能成为新一代 OA 系统的核心功能。我国电子公文发展的系统环境（包括组织环境、技术环境、应用环境）已经初具规模，安全型电子公文系统逐渐取代普通电子邮件系统。

截至 2001 年 1 月，我国县市级以上政府基本上全部实现明文网络传输，部分地区还实现请示件的网络上报和网络答复。随着电子公文应用规模的扩大，人们发现，单纯基于邮件平台的电子公文的安全得不到有效保障。一方面巨大的电子公文市场需求激活了国内 OA 市场，书生、方正、浪潮等一大批 OA 软件企业开始围绕公文流转问题，研发文件起草、签发、压缩、分发、盖章等各个环节的安全技术，书生安全型电子公文系统率先在银行和国办试用并得到推广；另一方面，电子公文越来越成为政府 OA 系统的主体功能，电子公文作为纸质公文的替代品，已被各级政府信息化工作人员和文秘人员所接受。电子公文大范围的规模化应用亟须在国家层面制定统一的规章制度，电子公文的法定地位和效用亟须确定。

（三）确定法定地位时期

至 2001 年，政府电子公文经过 10 余年发展，80% 的县级以上政府部门已开通电子公文系统，电子公文在技术上已达到实用程度，在应用规模上已具备全国推广的基础，在管理运行机制上积累了一些好的经验。一批商品化的电子公文系统产品相对完善、成熟和实用，国家电子政务总体框架初步确立，国家电子政务总体标准开始制订，电子公文成为国家电子政务总体框架中的重要组成部分。电子公文立法的时机已经成熟。

2002 年 1 月，国务院信息化工作办公室和国家标准化管理委员会成立电子政务标准化总体组，全面启动电子政务标准化工作，其中包括电子公文的标准化；3 月，《深圳市机关电子公文交换技术规范》发布，同年 5 月 1 日起实施，为电子公文的推广和国家标准的制定提供示范和经验；7 月，中共中央办公厅、国务院办公厅联合下发《国家信息化领导小组关于我国电子政务建设的指导意见》，提出电子政务建设规划指导性意见，电子公文是其中重要的组成部分；12 月，中华人民共和国国家标准《电子文件归档与管理规范》（GB/T 18894—2002）发布，2003 年 5 月 1 日起实施。

2003 年国务院办公厅下发《电子公文传输管理办法》，正式确立电子公文的法定地位，规定电子印章的管理等同实物印章；7 月，国家档案局第 6 号令公布《电子公文归档管理暂行办法》，就电子公文的生成、发送、接收、归档、管理等作出具体规定。

2004 年 8 月 28 日《电子签名法》颁布，这项法令的实施进一步促进电子公文的发展和制度环境的完善，从法律上保证了电子公文的合法、有效地位。

一系列有关电子公文和电子政务文件的下发，既反映出电子公文发展的快速，又为其进一步发展奠定基础、提供保障。电子公文已经在某些办公领域、办公环节确立纸质公文不可替代的地位和优势。目前我国电子政务总体结构从"三网一库"演变为"政务内外网"，结构更趋合理、健全。在此过程中，电子公文系统作为电子政务这个大系统的一个子系统，起到决定性的基础作用，同时电子政务整体结构的发展也促进电子公文的发展。目前，在迅猛发展的现代网络技术、通信技术等高科技技术的强力推动下，在公文学学科体系越来越健全、理论越来越完善的氛围内，在国家方针、政策和资金投入的大力支持下，我国电子公文发展越来越迅速，可以预见，电子公文在不远的将来会在更深、更广的领域内被应用，并影响着人们的政治经济生活。

第二节 电子公文制度

目前我国电子公文制度还处在一个发展建设时期，许多方面还存在缺位、滞后，或不完善，或各自为政的状态，一些基本的标准规范还没有建立，如电子公文办理流程（包括发文办理和收文办理）尚不健全、功能缺位等。但是，我们应该看到，目前我们在电子公文制度建设方面还是取得了相当大的成果，基本上能达到有法可依，有章可循。

一、我国电子公文制度发展简述

如前所述，电子公文是伴随着办公自动化和电子政务的启动和发展而出现的新生事物。以国家行政机关系统为例，从20世纪90年代起步，经过十余年的发展，到2001年已有80%的县级以上政府部门开通了国务院办公厅统一配置的电子公文系统。这标志着电子公文跟随电子政务从无到有、从少到多，达到相当规模的实际应用程度。与此同时，适应市场需要的电子商务也发展起来，支撑它的商务电子公务系统产品也趋于成熟和适用。在这种情况下，从法律法规上确认电子公文的地位和效力，规范其管理也被提到了议事日程上来。为适应这一要求，2002年，国务院办公厅秘书局制定了《电子公文传输管理暂行办法》，并先行在六个省、直辖市进行试点。同年12月4日，国家质量技术监督局发布了中华人民共和国国家标准《电子文件归档与管理规范》（GB/T18894—2002），要求2003年5月1日起实施。2003年，国务院办公厅在试点的基础上，正式下发了《电子公文传输管理办法》，对电子印章的管理等同于实物印章等问题作出了明确的规定。2003年7月22日，国家档案局公布了《电子公文归档管理暂行办法》，要求同年9月1日起施行。2004年8月28

日，中华人民共和国第十八号主席令公布了《中华人民共和国电子签名法》，要求自 2005 年 4 月 1 日起施行。2005 年 2 月 18 日，国家质量监督检验检疫总局、中国国家标准化管理委员会发布《基于 XML 的电子公文格式规范第 1 部分·总则》（GB/T19667.1—2005）和《基于 XML 的电子公文格式规范第 2 部分·公文体》（GB/T19667.2—2005），2005 年 5 月 1 日实施，该标准其余部分正在修订完善。以上一系列文件的出台，为电子公文的科学规范管理提供了有效的法律、法规和管理制度，特别是国家《电子签名法》的公布实施，从法律上确认了电子公文的合法有效地位，使其纳入规范管理的轨道。

二、我国现行电子公文制度

目前在实际工作中，电子公文管理参照规范标准执行的很多，这其中比较重要的是：《电子文件归档与管理规范》《电子公文归档管理暂行办法》《电子公文传输管理办法》《基于 XML 的电子公文格式规范》。分述如下：

（一）《电子文件归档与管理规范》

中华人民共和国国家标准《电子文件归档与管理规范》（GB/T18894—2002）。规定了在公务活动中产生的、具有保存价值的电子文件的形成、积累、归档、保管、利用、统计的一般方法。全文由：电子文件（标准适用、规范引用、术语定义）、总则、保障措施、收集积累、归档方法、归档整理、交接保管六部分构成。

在《电子文件归档与管理规范》中，电子文件的定义为"电子文件是指在数字设备及环境中形成，以数码形式存储于磁带、磁盘、光盘等载体，依赖计算机等数字设备阅读、处理，并可在通信网络上传送的文件。"电子文件的两个基本特征：第一，电子文件是由电子计算机生成和处理，其信息以二进制数字代码记录和表示，因此亦可称为"数字文件"。这是电子文件与以往所有其他形式文件的基本区别，也是电子文件信息与其他数字信息的共同点。数字信息使用 0 和 1 两种数码的组合来记录信息，每一个 0 或 1 叫作 1 个比特，需要记录的信息用一串比特存储于计算机存储器（包括内存储器和各种外存储器）中，并可通过通信网络进行传输。第二，电子文件是文件的一种类型，应该具有文件的各种属性，特别是要有特定的用途和效力。这是电子文件与其他数字信息的基本区别，也是电子文件与其他形式文件的共同点。从逻辑上说，电子文件是"数字信息"和"文件"两个概念的交集，它是具有文件特征的数字信息，又是以数字信息为特征的文件。

该标准适用于党政机关产生的电子文件的归档与管理，其他社会组织的电子文件管理可参照该标准。这为电子公文的归档与管理提供了规范与标准，是我国电子公文归档与管理工作标准化、规范化建设的基础。

（二）《电子公文归档管理暂行办法》

《电子公文归档管理暂行办法》是 2003 年 7 月 22 日经国家档案局局务会议审议通过，并于 2003 年 7 月 28 日由时任局长毛福民签署的国家档案局令第 6 号公布，自 2003 年 9 月 1 日起施行。该办法共二十四条，其目的是"为了加强对电子公文的归档管理，有效维护电子公文的真实性、完整性、安全性和可识别性"。其对电子公文的定义是"本办法所称的电子公文，是指各地区、各部门通过由国务院办公厅统一配置的电子公文传输系统处理后形成的具有规范格式的公文的电子数据。"它对电子公文的收集、整理、归档、保管、利用各环节工作提出了明确的标准和要求，为我国电子公文归档管理工作的规范化提供了行动准则。

必须指出的是，该办法明确规定了电子公文归档的"双套制"，这对电子公文的发展无疑是一个障碍。

（三）《电子公文传输管理办法》

2002 年，国务院办公厅秘书局制定了《电子公文传输管理暂行办法》，并先行在六个省、直辖市进行试点。2003 年，国务院办公厅在试点的基础上，正式下发了《电子公文传输管理办法》。该办法共分五章二十三条。

第一章总则部分对电子公文、电子公文传输、电子公文的法定效力等进行了定义和明确；第二章对电子公文传输使用的平台、设备、软件，对电子公文传输系统所用密钥、IC 卡等密码设备的制发、管理、使用，及电子公文生成、发送、接收的工作程序等问题提出明确要求；第三章对电子印章的制发与管理方法进行了规定；第四章对电子公文传输过程的安全保密提出了明确要求；第五章对电子公文的存放、管理、归档及各地区各部门在本地区本系统开展电子公文传输工作的办法等问题也作了相应的规定与要求。

《电子公文传输管理办法》明确提出"电子公文是指通过国务院办公厅统一配置的电子公文传输系统处理后形成的具有规范格式的公文的电子数据。电子公文传输指电子公文的生成、发送、接收过程。电子公文与相同内容的纸质公文具有同等法定效力。"《电子公文传输管理办法》的发布实施，为我国行政机关电子公文传输工作提供了行为准则，有力地促进了我国电子公文的发展。

（四）《基于 XML 的电子公文格式规范》

2005 年 2 月 18 日，国家质量监督检验检疫总局、中国国家标准化管理委员会发布《基于 XML 的电子公文格式规范第 1 部分·总则》（GB/T19667.1—2005）和《基于 XML 的电子公文格式规范第 2 部分·公文体》（GB/T19667.2—2005），2005 年 5 月 1 日实施。

《基于 XML 的电子公文格式规范》（GB/T19667—2005）共分七个部分：总

则、公文体、显现、办理、交换、归档、安全。

第一部分　总则：定义了用于标准各部分的术语，规定了电子公文基本要素和分类，描述了电子公文特性、电子公文处理过程以及标准各部分内容概述和相互关系，给出了基于 XML 的描述原则。

第二部分　公文体：定义了电子公文体的组成要素、逻辑结构 UML 模型，给出了各组成要素的 DTD 和 Schema 描述及电子公文和公文体的 DTD 和 Schema 描述。

第三部分　显现：定义了电子公文显现的方式，主要包括党的机关公文的显现格式、行政机关的显现格式。

第四部分　办理：定义了电子公文收发、审阅等办理环节的元数据，并对元数据与电子公文的关系加以描述。

第五部分　交换：定义了电子公文交换过程中各个环节的元数据，并对元数据与电子公文的关系加以描述。

第六部分　定义了电子公文归档要求、归档方法和归档过程，并对归档过程中的元数据与电子公文的关系加以描述。

第七部分　安全：定义了电子公文的安全机制。

除第一部分和第二部分已经正式公布外，其余部分处于修订完善中。

第三节　我国电子公文发展存在的问题及发展方向

电子公文正在成为处理公务和管理事务的重要工具，依靠网络信息技术对电子公文进行高效有序处理，对电子政务的建设以及社会管理、行政管理改革具有相当重要的意义。

我国电子公文经过二十余年的发展取得了巨大的成就，但是应该看到电子公文的发展还面临许多技术上的困难和理论上的缺陷，这是我们必须正视的问题。

根据我国电子政务发展的要求，我们认为电子公文的发展方向主要是：

（一）电子公文将具有法律证据功能

作为文件的政府公文具有双重价值：一是对形成机关的第一价值，包括行政管理价值、法律价值、财务价值和执行价值；二是对其他机关和个人利用者的第二价值，包括证据价值和情报价值。电子公文应该同纸质公文一样是社会组织、机构和国家的历史记录、核心信息资源以及主要法律证据，非原始性的电子公文不能作为证据，不具备长久保存的价值，不能转化为档案。目前我国电子公文多数只能发挥第一价值而无法发挥第二价值，这样的电子公文作用是极其有限的。

如何认定电子文件的原始性以使其具有法律效力和凭证价值目前也是国际前

沿研究问题之一,世界各国政府、法律机构、文档管理机构以及联合国教科文组织、国际标准化组织、国际档案理事会、国际文件联合会等国际组织都在积极探求解决之道。2001年,国际标准化组织提出了电子文件管理的目标要求得到了世界范围内的普遍认同,自此电子文件的原始性被具体解释为真实性、可靠性、完整性和可用性。美国、加拿大、新加坡、欧盟及成员国、新西兰、韩国等都把电子公文管理作为政府治理与政府责任的重要内容,纳入国家电子政务建设之中,并制定了相关的法律、法规、政策、标准。其中的相关规定决定了一个国家电子公文管理的宏观战略方向和具体战术措施,对电子公文管理具有根本性、决定性的作用。例如加拿大于1998年颁布了《统一电子证据法》,突破了对"原件"的要求,直接以"电子记录"和"电子记录系统"来界定电子证据,并新创设了"系统完整性"标准来解决电子证据问题,规定法律鉴证只需验证电子记录系统的完整性与可靠性即可。电子公文被纳入"电子记录",电子公文的管理系统被纳入"电子记录系统",只要能够验证电子公文管理系统的可靠性和数据的完整性,电子公文就能作为法律凭证。

在我国,关于电子公文管理也出台了一些相关的法律法规政策标准。如2003年发布的《电子公文归档管理暂行办法》,2004年颁布的《中华人民共和国电子签名法》,2010年颁布的《电子文件管理暂行办法》等。其中《电子签名法》正式明确了数据电文的"原件"要求和保存要求,使得包括电子公文在内的数据电文可以以合法的"证据"身份发挥作用。该法被视为中国首部真正意义上的信息化法律,也成为电子公文管理法制化和认可电子公文法律效力的最基本依据。但同时,它只是一部指导性法律,一个纲领性文件,缺乏详细的实施细则、管理办法和操作程序,离实际应用还有不小的距离。目前我国实际实行的是双套制的保管策略,即电子公文归档后电子文件与纸质文件二者共存,其中电子版本主要发挥参考价值,而由纸质版本来实现凭证价值。但是,随着有关电子公文法律法规的健全、电子公文系统建设的标准化规范化,电子公文与纸质公文一样可以直接作为法律证据来使用的一天一定会来到。

(二) 电子公文将实现文档一体化

有长久保存价值的电子公文办理完毕后,必须进行归档保存才能长久地发挥作用。然而,在我国双套制的归档策略下,电子公文归档普遍未被给予足够的重视。因为有纸质公文发挥凭证作用,电子公文的归档显得可有可无。许多电子公文形成者或囿于传统观念误认为电子公文不需归档,或怕增加工作量而不愿承担此项工作,或由于不熟悉操作技术而对电子公文归档产生畏难情绪。同时,在理论研究上,由于缺乏实践提出问题和检验理论,电子公文管理研究流于泛泛,难以深入涉及管理的一些根本问题,如,如何保证电子公文的原始性及如何长期保存电子公文。以发展的目光来看，由于不符合电子公文的形成规律，双套制绝非长久之计。许多国家的实践表明，对电子文件的"单套制"归档需求已经是一种"刚性需求"。美国、英国、澳大利亚、新西兰、瑞典、德国、新加坡、日本和韩国等国均逐步推进或已经实现了电子文件的"单套制"归档管理模式。

随着无纸化办公的普及，双套制势将成为电子公文归档的掣肘。对我国来说，解决电子公文单套归档问题迫在眉睫。国际上普遍的观点认为，要真正解决电子公文归档管理问题就必须实行文档一体化，实现对电子公文的全程管理。电子文件出现后，传统文件定义受到了挑战，文件的构成方式开始变得重要。根据国际档案理事会电子文件委员会1996年制定的《电子文件管理指南》的精神，电子公文的归档保存需要内容、背景与结构三大要素同时给予支持，保留这些要素是电子公文管理过程中必备的功能。而文档一体化能使档案工作与文件工作密切联系，捕获与记录电子公文从"出生"到归档成为电子档案的一切活动过程和处理情况，通过保存公文的内容、背景和结构来保证电子公文的原始性和凭证价值。

文档一体化并不是很新的理论，但对于电子公文的归档管理意义重大。实现文档一体化，可以在文件管理和档案管理中采用一致的方法，去除重叠、提高效率；可以从电子公文形成阶段开始对文件载体、文件格式、索引编制、数据库结构等各种技术指标进行统筹设计；可以在设计管理系统时预先设定计算机软硬件的配置、网络和节点的规划并采取必要的控制措施保证电子公文的信息安全；可以在管理过程中及时捕获并不断追加"背景信息"以及在文件的恢复和解释中所必要的各种数据；可以在文件管理部分就依据职能鉴定法确定电子公文归档范围，判定保存价值，及早施加影响，最大限度地保证电子公文的真实性、可靠性、完整性和可用性。所以电子公文管理的文档一体化发展必然成为我国电子公文发展方向之一。

事实上，相关工作已经展开，例如，由天津市档案局组织研制并由国家档案局公布的《电子公文文档一体化管理规范（征求意见稿）》的提出就是最好的例证。

（三）电子公文处理向规范化发展

毋庸讳言，纸张比显示屏更能迎合人类视觉需要，更能让人一目十行、省时省力地阅读。电子公文的不足之处是仍然无法像纸质公文那样使纸张、文字、印章等公文要素形成有机的整体。电子印章与电子文档的一体化还需要许多技术上的突破。因此，从应用诉求上看，电子公文制作版式、显现版式的纸质化是必然趋势，像纸质公文那样易看、易用是未来电子公文追求的目标。

（四）电子公文处理流程向规范化发展

电子公文处理流程的规范化是党政机关跨平台、跨部门电子公文交换的基础。我国酝酿多年的《中文办公软件文档格式规范》和《基于 XML 的电子公文格式规范》两个文件已经起草完毕并被列入国家标准修订进程。现阶段的情形是：一方面相关的技术标准还在修订完善，还需要假以时日进一步试点检验；另一方面国家只出台了电子公文传输管理办法和归档办法，各地在电子公文的办理（包括发文办理和收文办理）方面的应用水平参差不齐，缺乏制度约束。主要表现在：公文拟制的起草、审核、签发等环节，发文办理的复核、登记、印制、核发等环节和收文办理的签收、登记、初审、承办、传阅、催办、答复等环节不规范、不完整。电子公文在这些关键环节上的缺失和功能缺位，制约了电子公文行政作用的发挥，同时也说明电子公文处理流程的规范化极其重要。

技术是复杂的现象，它既是对自然力的利用，同时又是一种社会文化变迁过程。纸质公文的电子化不仅体现了传统公文载体的工具性变革，也体现了其文化属性和功能的变化，包含着丰富的文化内涵。电子公文具有高时效性，具有集文字、图像、声音、视频于一体的多媒体优势，具有特殊的时空存储特征。这种对传统公文属性、存储、传输、处理等形态形式的变革必然导致公文内涵外延的扩大化。因此，研究跟踪电子公文的这些新变化新发展，及时反映其技术需要和实践需要，是一项重要课题。

电子公文多元模式主要体现在技术多元化、制度环境多元化、应用多元化、地方标准多元化。技术多元化体现在各地电子公文传输平台的多样性，体现在单位内部 OA 建设、工作流程设计及技术实现程度差异。制度环境多元化体现在各地根据国家规定或在缺乏国家标准参照的情况下，探索制订了差异化的地方规章制度，具有突出的地方特色。应用多元化体现在各地电子公文应用水平的差异上。地方标准多元化主要是由技术多元化造成的。毫无疑问这些多元化造成了信息孤岛效应和重复建设，可以预见，随着国家标准的出台和完善，多元模式必然向单一化发展。

电子公文技术标准是规范电子公文发展的重要技术制度。尽管国家标准还在修订中，但随着各国电子政务的发展，随着国际社会的信息化趋势和全球经济、政治、文化一体化的交流需求，各国在国际社会事务处理中交换"国际化规格"电子公文的这一天不会很远，电子公文走上国际化发展轨道是未来趋势。

主要参考文献

[1] 柯林武德：《历史的观念》，中国社会科学出版社1986年版。
[2] 胡适：《历史科学的方法》，载《胡适文选》，上海远东出版社1995年版。
[3] 吕发成：《中国公文史》，甘肃文化出版社1995年版。
[4] 李昌远：《中国公文发展简史》，复旦大学出版社2007年版。
[5] 李昌远、王焕运：《中国历代公文通览》，河北教育出版社1994年版。
[6] 苗枫林：《中国公文学》，齐鲁书社1988年版。
[7] 许同莘：《公牍学史》，档案出版社1989年版。
[8] 刘雨樵：《公文起源与演变》，档案出版社1988年版。
[9] 郭沫若：《青铜时代》，科学出版社1965年版。
[10] 刘勰：《文心雕龙》，河南大学出版2008年版。
[11] 《档案工作》编辑部：《档案史话》，档案出版社1986年版。
[12] 郁沅、张明高：《魏晋南北朝文论选》，人民文学出版社1999年版。
[13] 黄泽元、吕文英：《中国秘书史》，兰州大学出版社1997年版。
[14] 杨树森、张树文：《中国秘书史》，安徽大学出版社2003年版。
[15] 裴燕生、何庄等：《历史文书》，中国人民大学出版社2003年版。
[16] 刘绍杰：《中国秘书简史》，河南大学出版社2005年版。
[17] 闵庚尧：《中国古代公文简史》，档案出版社1988年版。
[18] 闵庚尧：《中国公文学研究》，中国社会科学出版社2000年版。
[19] 丁晓昌、冒志祥等：《古代公文研究》，安徽文艺出版社2000年版。
[20] 中国第二历史档案馆：《民国时期文书工作和档案工作资料选编》，档案出版社1987年版。
[21] 聂中东：《中国秘书史》，中州古籍出版社2000年版。
[22] 费云东、余贵华：《中共秘书工作简史》，辽宁人民出版社1992年版。
[23] 张希林、吴长有：《文秘学》，辽宁大学出版社1989年版。
[24] 栾照均：《公文病误矫正指南（增订版）》，档案出版社，2006年版。
[25] 柳新华等：《电子公文写作：制作·传输·处理》，中国纺织出版社2010年版。

［26］柳新华等：《实用电子公文处理教程》，科学出版社 2009 年版。

［27］柳新华、董相志、邵明媚：《电子公文发展面临的问题与对策》，载《中国行政管理》2007 年第 11 期。

［28］傅样、郑珺露编著：《电子公文制作与传输》，安徽大学出版社 2009 年版。

跋

  2013年1月12日凌晨，一则噩耗显示在手机屏上：枫林先生于早上4点12分去世，享年81岁。简单明了而寒气逼人的一句话让人的心倏地抽紧，惶惶不安、反反复复看了几遍，不得不承认确是寒风吹落霜叶，先生驾鹤西去。我木然坐在书房座椅上，好半天才回过神来，枫林先生或近或远的音容笑貌翩翩而至。

  枫林先生是位颇有身份的人，曾长期在北京中央机关首长身边工作，在省城那是一位地位显赫的领导干部，但那时我并不认识他，无法对他写下只言片语。我所认识的枫林先生已离开领导岗位，已是进入所谓"无官一身轻"的赋闲光景，"一身轻"的他竟然看不到一点官架，嗅不到一点官气，品不到一点官味，我所认识的仅仅是一位人人尊敬的长者，一位风度儒雅的学者，一位推新扶弱的贤者。所以，文中我不称先生的官职，非为不敬，实在是因为我认识的枫林先生，与做官和权势无关。

  我第一次认识枫林先生是在1992年10月，那一年我因为工作需要，出版了一本薄薄的关于公文写作的书，应邀与枫林先生一起参加了中国公文写作研究会的成立大会。会议在烟台新闻中心举行，枫林先生在会议上当选为中国公文写作研究会第一任会长。枫林先生的当选，并非其他原因，而是由于他在1987年出版了《中国公文学》一书，由此被国内公文学界尊为中国公文学的创始人，会长一职自然非他莫属了。而后，我与他见面多了，他对我讲，这本书是他从政时由北京调山东工作时，待命期间在北京图书馆里写成的，他说，现在这个"学"、那个"学"铺天盖地，而公文"经国之大业、不朽之盛事"怎么就没有"学"呢，这就是他写作此书的动因。后来先生还专门将《中国公文学》题名赠送了我一本，拜读之后，至今受益匪浅。先生写过多少公文已经无人知晓，只是知道"文化大革命"刚刚结束时，为老干部平反冤假错案、党的生活准则等许多重要中央文件均出自他手。中国公文写作研究会是一个名不见经传的全国性二级学术团体，但自成立以来，每次年会他都参加，这个学会后来在全国渐渐有了些影响，实在是赖先生所赐。后来他年纪大了，毅然决然辞去会长职务，推荐年轻同志担任会长，他则成为名誉会长，一般情况下名誉会长都是挂名的，但学会20年来的每次会议他都参加，而且每次会议都会发表具有真知灼见、切中时弊的研究见解。第十二届全国公文写作年会是2010年8月在西安举行的，他不仅在会议上谈了他对公文文风的看法，而且会议期间还接受了多家媒体的采访，他大声呼吁改变文风要从领导干部做起。他认为，"假大空"这种文风，抄袭的文风，最后的避难所就是领导的官僚主义，领导疏于亲政。他的话，引起与会者和媒体的普遍关注。人们没有想到一个79岁高龄的老者有如此敏锐的思想，无怪会后一个刊物发表了一篇题为《老树春深情更浓》的文章，大感惊叹！

如果有人认为官员出身，能写公文，对公文写作有点感想和认识，那不足为奇，也算不得了不起的真才实学。如果你这样来看待枫林先生，我不得不再谈谈他的另一项研究成果。2004年，枫林先生送我一本新著《中国用人史》，并对我讲，这是他自20世纪80年代始，在工作之余，耗时10年，完成的一本我国用人制度史专著。我认真拜读60余万字的皇皇巨著，枫林先生对中华民族历史上用人思想研究之深刻、方略评判之精当令人叹服。长期以来，史学界很少有人对用人史作系统、科学的研究，即或有著述问世，或失之于片断性、随意性，或只是辑录一些用人的故事，缺乏理论的总结与深入的分析。《中国用人史》突破了某些思维定式的束缚，通过全面系统地梳理用人历史上的丰厚遗产，阐释用人与政治、经济及社会发展的关系，从用人的角度去解读历史朝代的兴衰更迭，彰显唯物主义的人才史观和新时期人才强国战略的现实价值。它显示出枫林先生深厚的理论功底和驾驭能力，更蕴含着枫林先生忧国忧民的崇高情怀。

如果有人感觉一个担任过高级领导干部的人谈用人，还是不足为奇的话，那么对一个没有当过兵、打过仗的人，却出版了一本兵书，难道你不感到神奇而非凡吗？！2010年8月在西安，枫林先生又送我一本他刚刚由中国军事科学出版社出版的《中国古代心战》一书，全书50多万字，上起先秦、下迄明清，过去那些屡屡散见于史籍的历代心战战例、战史，历代心战思想与方策，均被他收入锦囊。利用西安会议期间，我把全书通读一遍，发现这是枫林先生奉献给我们的一部极有教益的军事奇书。在中华民族的历史长河中，心战代表了中国古代兵道的智慧，是实现"不战而屈人之兵，善之善者也"的不二法宝。中国古代心战经历了漫长的发展过程，其斗争艺术丰富多彩，奇计妙策蕴含在浩如瀚海的历代兵书和史籍之中，没有剥茧抽丝的毅力和皓首穷经的耐心，实在是难以集大成而为一家。有人评价说，《中国古代心战》一书借鉴《孙子兵法》中丰富的心战思想和原则，研究高技术条件下心理战的基本内涵、应用特点、作战方法，不仅对弘扬中国传统文化具有现实而深远的意义，而且对促进中华民族软实力的提高和对于新时期军事斗争准备都具有极高的价值。这一点，2012年8月18日在北京举行的《中国古代心战》研讨会上得到与会专家的一致认同。同年12月，该书在新闻出版总署举行的第三届"三个一百"原创图书出版工程评选中，从参选的1167种新版图书中脱颖而出，入选"人文社科类原创图书"，被美国国立图书馆和我国各大图书馆收藏,成为我军心理战专业的研修教科书。

我作为晚辈,从30多岁与枫林先生忘年交已20余年,几乎年年相见,每次见面都为他的渊博学问所倾倒,为他的朴实为人所钦佩。他待人谦逊,温和平静,尤其对年轻人的呵护笃爱,事事显示一个长者的胸怀。2002年我在中国人事出版社出版《实用电子公文传输与处理》一书,请先生作序,考虑先生年事已高,且电子公文又是一个新东西,就拟了一个初稿给先生,先生很快就将序言寄了回来,但已不是我拟的初稿,而是先生自己重新撰写的,一看便知先生对电子公文的研究绝不生疏。此书出版后,在社会上引起广泛影响,实在有赖先生推举之力。以后我又在先生鼓励引导之下,陆续出版了几本关于公文写作研究方面的书,每次都是先生欣然命笔作序,为之增彩良多,其呵护之情溢于言表。枫林先生严谨治学,虚怀若谷,每每展现一个学者的风范。学会召开的会议,由于经费有限,一般都在一些简陋的酒店宾馆举行,每次参加会议,他绝不搞特殊,坚持与与会人员在一起食宿、一起讨论。记得2011年暑期,中国公文写作研究会与鲁东大学共同举办"公文学的发展现状与展望"研讨会,枫林先生从青岛赶到烟台参加会议,考虑到学校的接待条件有限,会议特意另作安排,但枫林先生坚决不同意,就在学校与与会人员一起食宿参加会议,两天会议,由于他的亲自参与和指导,会议开得十分成功,会议研究成果结集出版了《公文学现状与展望》一书。枫林先生勤勉一生,努力不懈,他那种对学问孜孜以求的精神,使年轻人常常感到自愧不如。枫林先生70岁左右开始学习电脑,每天坚持用电脑写作3000字。我知道《中国用人史》、《中国古代心战》都是他在笔记本电脑上一个字、一个字敲出来的,这是我与他出差开会在一起时亲眼所见。他曾对我说,现在有些人不是认真做学问,为了赶时髦赚钱,组织一帮人,东拼西凑,粗制滥造,几天就搞出一大本,糟蹋学问,有辱斯文,绝不应该这样做学问啊。现实中像枫林先生这样认真做学问的人可谓凤毛麟角,今天重温枫林先生的话,令人感慨良多。

枫林夕照别样红,霜叶流丹分外娇。枫林先生曾与我谈及自己退休后的生活,他说,他可以有两种"写"的选择:一种是写字,练练书法,既有益身体,还可以百年留名,甚至还可以借机得到不菲的润笔费;另一种是写书,研究点东西,不过比较清苦。朋友劝他选第一种,因为枫林先生的书法造诣很深,稍微再用点心,比一些自我标榜的所谓书法家写得要好。但枫林先生选择了另一种,他心里很清楚,这是自找苦吃,但他认为离岗以后如果能利用晚年的时间,能继续为国家、为民族做点有益的事,为后人留下点有价值的东西,那是值得的。他曾说过,人类文化是一个整体,为人类文化做出贡献的人,是不会被历史遗忘的。正如孔夫子所言,枫林先生"其为人也,发愤忘食,乐以忘忧,不知老之将至云尔"。他离岗以后,研究成果不断问世,一部比一部精彩,且有一发而不可收的态势。除了本文言及的三部著作外，枫林先生还著有《步履集》、《孔子文化大全》、《世界改革史》、《中国古代名物大典》等，都是可以传世的佳篇力作。他在2011年烟台会议上对我说，他计划编著一部公文赏析读物，让今人从中观察前人公文对社会治理的视角，学习前人公文笔者善于透彻说理，又重在提出解决办法的睿智，然后将已有的几十万字的文章出个文集，作为献给自己85岁的礼物。并嘱托公文赏析读物由我协助他完成出版发行工作。这两年我一直在期盼枫林先生的新作问世。

2013年元旦假期之间，得知枫林先生病重入院，我于1月3日匆匆赶到北京301医院看望，因医生嘱咐谈话不能超过一刻钟，本来想好许多要对先生说的话，如他的公文赏析书稿何时杀青，他对此书出版发行有什么要求，等等，但时间不允许，而我也不忍心让先生再劳累，心想等枫林先生病好了，此事再议也不迟。未曾想病魔如此凶狠，北京一晤，顿成永别，回来仅仅十天多一点的时间，就与枫林先生阴阳两隔，从此再也无法聆听先生的教诲。

2013年1月14日，枫林先生遗体告别仪式在济南殡仪馆举行，是日雾霾蔽日，旅程阻隔，竟至未能赶到济南送枫林先生最后一程。正当我哀思无尽的时刻，枫林先生的亲人打来电话，说枫林先生走前通过"遗事"告知方式，请他们与我联系出版《中国公文名篇赏析》之事。经了解，他的最后书稿在他的个人计算机中，已经系统修改过4次，可谓尽心尽力了。他在住院前最后的日子，就是为再修改书稿、增加新内容搬书而"扭伤"了腰。并且在病中多次提到要出好这本书。

根据他的遗愿，鲁东大学公文文献研究中心将他的遗著校订出版，作为本中心公文学系列研究丛书的第一部。鲁东大学公文文献研究中心是在枫林先生的倡议下，于2008年成立的全国首家以公文为研究对象的科研机构，2010年10月28日中国公文写作研究会批准，成为其分支机构——中国公文写作研究会公文文献研究室。鲁东大学公文文献研究中心创立之初，枫林先生捐赠了其珍藏的全部公文文献和著作，供师生学习、研讨利用，并欣然担任中心的兼职教授，中心的发展倾注了先生的许多心血。此次中心能够为先生的遗著出版尽微薄之力，师生感到无限的荣幸和欣慰。

为了纪念枫林先生，我们将本书包括丛书其他分册的出版式样、大小和封面以先生过去出版的著作为蓝本，统一进行了设计，并命名为《中国公文学研究》丛书，算是对枫林先生为中国公文学创立发展做出的卓越贡献表示的崇高敬意，以告慰枫林先生的在天之灵。

是为跋。

柳新华

2014年9月28日

后　　记

在《中国公文史学》即将交付经济科学出版社付梓印刷之际，特将本书成书过程及相关事项向读者作一简单介绍。

《中国公文史学》是中国公文写作研究会公文文献研究室、鲁东大学公文文献研究中心组织撰写的《中国公文学研究》系列丛书之一，本书编写目标是提供一本能够全面反映中国公文发展历史并能适应当前我国公文处理工作实际的教科书。自2012年接受研究任务以来，时常觉得惶恐，总是担心不能完成任务，达不到预期目标。好在丛书总主编柳新华教授一直给予鼓励与支持，并进行悉心指导，大至编写提纲，小至具体细节，无不一一切磋，让我们受益匪浅，使我们在编写遇到困难、疑惑时，能够静下心来设法解决困难，及时解开疑惑，并尽全力开展研究与撰写工作。每每念及，感激之情油然而生。

在本书的编写过程中，我们的困难主要有三：

其一，本书总体结构如何确定、采用什么样的体例，具体章节内容写到什么程度难以取舍定夺。经过反复讨论研究，参阅目前已经出版的相关图书，结合我们提出的编写目标，在与总主编反复商讨的基础上，最终确定了本书的章节结构、编写体例、具体章节编写内容，使章节结构既反映中国公文发展的历史脉络，如第一～四章分别为奴隶社会公文、封建社会公文、半殖民地半封建社会时期公文、社会主义公文，又能体现中国公文史学完整的学科体系，在第五～六章介绍了港澳台公文与电子公文，在绪论部分对中国公文史学的研究对象、内容、意义、方法及中国公文的特点与作用、起源与开端进行了讨论；而编写体例基本遵循：概况（述）、公文制度（含职官制度）、公文文种、公文特点、公文名家或作品、公文特点等；在具体章节内容上，坚持一个原则：在保证学科体系完整的基础上，可写可不写的内容不写，可详可简的内容简写，必须详尽的充分展开，做到详简有度，结构合理。

其二，中国公文史料十分匮乏，可借参考的系统研究资料甚少，而《中国公文史学》的撰写，离开公文史料则无法进行，查阅整理公文史料成为难中难。虽然鲁东大学图书馆和鲁东大学公文文献研究中心，有关中国公文方面的文献资源比较丰富，但远远满足不了撰写的需要。而只有在对有关公文史料资源充分占有的情况下，才有可能达到本书编写的目标。为此，我们穷尽一切办法，努力搜集相关资料，比如利用国内图书馆馆际互借系统、文献传递系统、知识发现系统和各种搜索引擎，对国内及港澳台的相关信息资源进行全面系统的检索查寻和获取，保证了相关信息资源的充分占有、筛选和使用。在此谨向提供便利条件的图书馆、资料室，向被查阅、引证史料的作者、编者、学者表示衷心的感谢。

其三，随着公文史料、资料的搜集丰富，鉴别整理任务十分繁重，查实查证成为必须逾越的最后障碍。中国公文史学既涉及大量史料，也涉及许多前人的研究成果，为了保证引用的史料正确，保证引用他人成果的可靠性，我们对书中引用的典型作品的原始出处进行了查实，对引用他人的成果进行了可靠性验证，尽可能地避免"一字之差、谬以千里"或"以讹传讹、谬种流传"的问题出现。例如，我们在撰写澳门地区公文文种时，发现一篇资料提到："澳门现行的公文文种11类、15种，它是1999年5月31日第22期《澳门政府公报》规定的，而我们在对该期《公报》查阅后并没有发现相关信息，由此进行了全面的检索与查找。最后在陈满祥先生发表于《行政》1999年第十二卷总第四十五期上的一篇题为"澳门中文公文刍议"的论文中，找到了上述的11类15种公文文种的介绍，而这些文种是1999年及之前当时澳门使用的公文文种，并不是现行的公文文种，并由此追溯出了澳门中文公文的历史沿革。类似如此的情况很多，在此不一一赘述。

在全体编著者的共同努力下，本书在历经约三年的时间后终于定稿，如果本书的出版能够为中国公文学学科建设、为反映中国公文发展历史全貌稍尽绵薄之力，并给广大读者一定的参考和借鉴，则此愿足矣。由于编著者水平所限，书中缺点与错误在所难免，欢迎读者、专家批评指正。

张晓青
2014年10月2日于烟台